| 고통 속에서 하나님께 다가감 |

주님! 여전히 당신을 신뢰해야 합니까?

Originally published by College Press Publishing Company
Under the Title of
Yet Will I Trust Him?: Understanding God In a Suffering World
by John Mark Hicks

Copyright   1999 2d printing 2000. ISBN 0-89900-861-5 (pbk.)
Translated by permission of College Press Publishing Company, 2009

Korean Edition
2009 by Tanggulshi Publishing House
Seoul, Korea

Yet Will I Trust Him?
Understanding God
In a Suffering World

by
John Mark Hicks

Trans. by
Nam Soo Chung

주님! 여전히 당신을 신뢰해야 합니까?
| 고통 속에서 하나님께 다가감 |

초판 1쇄 발행 2009년 10월 15일

지은이 · 존 M. 힉스
옮긴이 · 정남수
펴낸이 · 조병호
펴낸곳 · 도서출판 땅에쓰신글씨
주 소 · 서울시 서초구 서초3동 1475-3
전 화 · 02)525-7794
팩 스 · 02)587-7794
홈페이지 · www.tongbooks.com
등 록 · 제21-503호(1993.10.28)

ISBN 978-89-85738-69-9 03230

책값은 뒤표지에 있습니다.
파본은 바꾸어 드립니다.

| 고통 속에서 하나님께 다가감 |

주님! 여전히 당신을 신뢰해야 합니까?

존 M. 힉스 지음
정남수 옮김

※ 헌사

나의 생명보다 더 사랑했던
아내, 쉘라 펫티 힉스(Sheila Pettit Hicks, 1980년에 소천),
아버지, 마크 N. 힉스(Mark N. Hicks, 1994년에 소천), 그리고
아들, 조슈아 M. 힉스(Joshua Mark Hicks, 말기 환자)에게
이 책을 바친다.

말로 다할 수 없는 이들의 고통과 죽음을 통해
하나님은 당신의 영광을 새롭게 보게 하셨습니다.

※ 감사의 글

이 책의 출판을 통해 진술하고자 했던 바를 함께 나눌 수 있도록 기회를 제공해 준, 존 헌터(John Hunter)씨와 대학출판사 편집진에게 진심으로 감사드린다. 또한 나를 격려하여 신학적 성찰을 통해 우리를 향하신 하나님의 구속의 이야기를 함께 나눌 수 있도록 해 준 테네시(Tennessee) 주, 멤피스(Memphis) 시 소재 하딩(Harding)대학원생들에게 깊은 감사를 표하고자 한다. 강의실에서 그들은 적절한 질문을 제기하여, 삶의 고통에 대해 내 자신을 다시 돌아보게 했다.

내 이야기에 귀 기울여 주었던 여러 교회들에게 감사한다. 특히, 테네시 주, 멤피스 시에 있는 로스 로드(Ross Road) 그리스도의 교회 교우들에게 감사한다. 칠 년 넘게 그 교우들과 주의 사역을 해 오면서, 나는 이 책의 자료 대부분을 직접 검증하고 발전시켜 책으로 펴내게 되었다.

나의 질의에 기꺼이 반응해 주고, 이 책의 원고를 다시 읽으며 여러 형태로 검토해 주셨던 알렌 블랙(Dr. Allen Black) 박사, 데이빗 프렛쳐(Dr. David Fletcher) 박사, 그리고 밥 뤼이스(Dr. Bob Lewis) 박사에게 감사한다. 아주 세밀한 부분까지 나의 원고를 검토해 주었던 대학 조교 케이츠 숫앵그린(Keith Stanglin) 형제에게 또한 감사한다. 그분들의 도움은 매우 소중했다. 그러나 이 책의 내용과 출판에 대한 책임은 전적으로 나에게 있다.

이 책이 완성되기까지 지속적인 격려를 아끼지 않았던 어머니 로이스 힉스(Lois Hicks)께 감사한다. 어머니의 신앙과 삶은 나에게 언제나 영감을 주었으며, 그분의 행동은 그리스도인의 모범적 삶이 무엇인가를 보여 주셨다.

그 누구보다도 내가 이 책을 완성하기까지 많은 인내와 관용을 가지고 지켜봐 준, 아내 바바라(Barbara)와 사랑하는 아이들 - 딸 애슐리(Ashley), 아들 조슈아, 그리고 막내 딸 라렐(Rachel) - 에게 고마운 마음을 전한다. 이들은 나의 기쁨이요 생명이다. 이들의 지원과 격려가 없었다면, 나는 이 과제를 제대로 완성할 수 없었을 것이다. 이들은 주께서 내게 주신 가장 귀한 선물이다.

존 M. 힉스

※ 서문

이 책은 글로 기술하기엔 그리 가벼운 내용이 아니다. 하나님의 섭리와 고통(고난)의 의미에 대한 나의 신학적 이해는 과거 20년 동안 여러 번 바뀌었다. 일단 책으로 출판되고 보니, 이것이 혹 나의 달라진 신학적 관점을 부정확하게 반영하는 것은 아닐까 하는 염려도 된다. 그럼에도 불구하고 이 책의 기본적인 이야기의 틀은 성경에 기초하고 있다. 이 같은 틀 속에서 내가 기술하려는 내용이 독자 여러분에게 도움이 되기를 진심으로 바란다.

이 책은 대학 고학년 수준에서 읽힐 내용을 담고 있다. 따라서 나는 이 책을 통해서 어떤 방식으로든 그들을 신학적으로 좀 긴장시키기를 기대해 본다. 이 책의 의도는, 말로 다할 수 없는 삶의 고통을 우리는 어떻게 이해해야 하는가? 그리고 그 같은 아픔을 겪고 있는 사람들을 어떻게 도울 수 있는가에 주목했다. 더 나아가 오늘날 이런 고통의 문제를 다루는 교회 지도자들과 상담자들에게 하나의 신학적 기본 틀을 제공하려는 것이다. 다시 말하면 이 책은 삶의 고통을 겪고 있는 분들과 그리고 그들을 위로하려는 분들에게 중요한 신학적 성찰을 제공하려는 것이다. 이 책은 신학적 반성反省의 이야기이다. 이는 당신의 백성과 함께하시는 하나님의 이야기이며, 우리네 삶의 고통이 하나님의 이야기 속에서 어떤 역할을 하는지에 대한 기술記述이다. 곧, 말로 다 표현할 수 없는 고통을 겪고 있는 사람들과 함께 하나님이 수행하시는 일이 과연 무엇인지, 그리고 주님은 거기서 무엇을 의도하시는지에 대한 신학적 성찰이다.

나는 이 책에서 결코 철학적 신정론神正論에 대해 기술하려는 것이 아니라, 오히려 통전적 방식으로 성경의 이야기를 여러분에게 들려주려고 한다. 따라서 성경 이야기의 마지막 부분에 가서야 비로소 이 이야기 시작의 의미를 제대로 이해할 수 있을 것이다. 일단 우리가 하나님의 구속 이야기를 바르게 알게 되면, 우리는 그 때 개인의 이야기들을 스스로 해석해 낼 수 있는 적절한 안목(렌즈)을 얻게 될 것이다. 나의 과제는 철학적 신학이 아니고 성서 신학이다.

    이 책의 어떤 장들은 다른 장에 비해 보다 좀 더 신학적 비평의 안목이 필요하다. 제1장과 마지막 장은 이 책의 가장 중요한 핵심이다. 제1장은 나의 이야기를 기술하고 있으며, 제11장은 삶의 고통을 겪고 있는 분들과 또 그분들을 위로하려는 분들이 실로 필요로 하는 기본적인 신학적 통찰을 제공한다.

    이 책이 고통을 겪고 있는 여러분 자신의 이야기를 해석하고 내적 치유에 도움이 되기를 기도한다. 더 나아가 하나님의 이야기가 여러분 자신의 이야기와 함께 어떻게 상호 교차할 수 있는지, 그리고 그것을 인식할 수 있는 '하나의 렌즈'를 여러분이 어떻게 가질 수 있는지를 제공하고자 한다. 하나님의 이야기는 – 그분의 목표, 목적, 그리고 의도는 – 각기 여러분 자신의 삶의 이야기와 상호 교차할 수 있다고 확신한다. 삶의 고통을 경험하면서도 하나님의 이야기를 여러분 자신의 삶 속으로 끌어 들여, 그것을 바르게 이해하는 데 도움이 되기를 진심으로 희망한다.

    이 책에 관련된 부가적인 자료들을 여러분은 밥 루이스(Bob Lewis) 형제가 애써 개설해 놓은 대학출판사 웹사이트(College Press website)에서 얻을 수 있을 것이다. 사실, 지면 관계상 여러분에게 좀 더 제공하고 싶었던 많은 자료들을 이 책에 다 포함시킬 수 없음을 양해하시기 바란다. 이 책의 주제들(예, 하나님의 섭리, 신정론, 악, 후기 현대주의 등)과 관련된 많은 자료들을 더 원하시면 나의 홈페이지를 방문하여 얻을 수 있다.

    http://www.collegepress.com/jmhicks
    http://www.johnmarkhicks.faithsite.com

존 M. 힉스

※ 목차

헌사

감사의 글

서문

제1장   하나님은 어디에 계시는가? _ 13
         | 나의 이야기 |

제2장   하나님은 이 세계에 어떻게 개입하시는가? _ 27
         | 근대 세계 對 성경 이야기 |

제3장   하나님은 왜 이 세계를 창조하셨는가? _ 57
         | 성경에서 창조와 타락 이야기 |

제4장   하나님은 타락한 이 세상에 무엇을 허락하시는가? _ 90
         | 하나님과 사탄 그리고 욥의 이야기 |

제5장   하나님은 의도하신 바를 타락한 이 세상에서 왜 이행하시는가? _ 129
         | 하나님의 행위의 목적 |

제6장   신앙은 고통을 어떻게 견디어 내는가? _ 171
         | 하나님의 이야기에서 욥 |

제7장 신앙은 때로 어떻게 의심할 수 있는가? _ 207
    | 하나님의 이야기 안에 담긴 비탄 |

제8장 내가 잠에서 깨어나기 전에 만일 죽는다면 _ 243
    | 하나님의 이야기에서 어린아이들의 죽음 |

제9장 그 최종적 승리는 어디에 있는가? _ 275
    | 예수 안에 있는 하나님의 이야기 |

제10장 우리는 무엇을 희망해야 하는가? _ 317
    | 하나님의 이야기가 보여 주는 영광스런 목표 |

제11장 고통받는 사람들이 기억해야 할 것이 무엇인가? _ 353
    | 우리들의 이야기가 보여 줄 신실한 인내 |

역자후기

미주 및 참고문헌

제1장

하나님은 어디에 계시는가?

| 나의 이야기 |

사람들은 학대가 심함으로 부르짖으며
군주들의 힘에 눌려 소리치나
"나를 지으신 하나님은 어디 계시냐?"라고 하며
"밤에 노래를 주시는 자가 어디 계시냐?"라고
말하는 자가 없구나!

엘리후가 욥에게 한 말
욥 35:9-10

❋ ❋ ❋

어린 시절에 선하신 하나님을 의심해 본 적이 없었다. 나는 신앙심 깊고 헌신적인 부모님의 지도 아래 자랐다. 아버지, 마크 N. 힉스는 1950년도에 목회를 시작하셨고 1994년도에 소천하실 때까지 사역하셨다. 어머니, 에디스 로이스 힉스(Edith Lois Hicks)는 퇴직하신 교사시다. 두 분께서는 모범적인 삶으로 나를 어린 시절부터 키우시고 교육하시며 이끌어 주셨다. 기독교 신앙은 우리 가족의 생활이었다. 어떻게 보면 나는 세상으로부터 보호된 삶을 살았다. 부족함이 없었다. 이에 대해 감사하다. 결과적으로 청년이 되기까지 21년 동안 한 번도 하나님의 선하심, 그분의 세계, 그리고 교회의 삶에 대해 심각하게 고민해 보지 않았다. 하나님을 바라보는 나의 시각은 언제나 사랑이 넘치는 가정과 훌륭한 교회의 삶으로 빚어져 있었다.

나는 1977년 5월 22일에 결혼했다. 매우 어린 나이인 19세, 벌써 사립 기독교 대학에서 신학사 학위를 딴 나였지만, 세상의 악과 고통은 너무나 모르는, 그런 어린 나이였다. 사람들이 겪는 고통, 괴로움을 아직 경험해 보지도 않았고, 이후 석사학위까지 취득했지만 하나님에 대한 생각이 완전히 바뀐 것도 아니었다. 괴로움, 그것은 하나님으로부터 올 수 없는 것이었다. 하나님으로부터는 오직 행복만 오는 것이었다. 하나님 안에 성실하게 거하는 자에게는 오직 좋은 것만 기대해도 되는 것이었다. 나는 기독교 대학 때 받았던 교육을 소중히 여기고 앞으로도 전공을 바꾸진 않을 것이지만, 그 교육은 이런 뿌리 깊은 이해에 도전을 주기보다는 오히려 본래의 이해를 더 견고하게 해 주었다. 혹독한 학문을 접한 나였지만 아직 우물 안의 개구리였던 것이다. 나는 신앙 안에서 자라면서 좋으신 하나님과 그분의 능력을 한 번도 의심치 않았다. 그분이 무엇을 하실 수 있고 하실 수 없으신지 믿고 알았다. 하나님에 대한 이런 개념들에 익숙했던 것이다. 당시 나는 삶의 계획도 어느 정도 세워져 있었고 그 안에서 하나님이 어떻게 역사役事하실까도 스스로 궁리窮理해 본 상태였다.

하지만 나의 이런 관점은 1980년에 크게 흔들렸다. 순수함은 깨지고 하나님의 섭리와 선하심에 대한 어리석고 단순한 믿음은 시험받기 시작했다. 1980년 4월 30일, 수술 후 회복 중이었던 아내, 쉘라는 응혈로 인해 갑작스럽게 죽었고 삼 년도 채 넘기지 못한 우리의 결혼생활은 그렇게 끝이 났다.

당시 우리는 곧 아이를 가질 계획이었다. 사실 쉘라는 아이를 산월産月 동안 뱃속에서 잘 키우기 위해 허리 수술도 받았던 터이다. 그 전, 이미 우리는 자연 유산을 겪었기에 이를 다시 겪고 싶지 않아서였다. 또 우린 독일 동부지역에서 선교 사역을 계획하고 있었다. 우리는 많은 것을 같이 계획했고, 기도했고 또 그것들을 위해 노력했지만 우리의 모든 꿈들은 1980년 4월 30일에 끝이 났다. 그녀의 죽음으로 인해 믿음을 받쳐 주던 '기둥'들이 흔들렸고 서서히 금이 가기 시작했다. 우리가 하나님의 사역을 위해 헌신하지 않았던가? 우리는 건강과 하나님의 보호를 간구하지 않았던가? 이제 나의 기도는 '왜?'를 묻기 시작했다. 하나님은 왜 우리의 기도를 들어주지 않으셨는가? 독일에서 사역을 바라던 우리들을 건강하게 왜 지켜 주지 않으셨는가? 하나님은 왜 아내의 목숨을 지켜 주지 않으셨는가? 응혈로 인해 아내의 심장이 멈추는 순간 하나님은 어디에 계셨는가? 하나님은 응혈을 멈추게 할 수는 없으셨는가? 내가 기도에 충실하지 않았나? 어떻게 아내가 그렇게 죽을 수가 있는가? 하나님은 그의 종들에게 좋은 것을 주지 않으시는가? 그분의 복은 지금 어디에 있는가?

그녀의 목숨을 왜 지켜 주지 않으셨던 걸까?

고통을 겪는 순간에는 자신의 고통 이외에 다른 이들의 고통은 작아 보인다. 왜냐하면 고통은 매우 격렬한 개인만의 경험이기 때문이다. 그 누구도 그 고통을 당한 이만큼 알 수 없다. 그들은 이해할 수 없다. 고통을 겪은 사람은 그 절망스러운 순간 그 누구도 완벽히 자신의 마음을 이해할 수 없다는 것을 깨닫게 된다. 수난자는 때론 욥처럼 쓰레기 더미에 혼자 앉아 있다. 고통의 순간이 지난 후에야 고통은 독자적인 것('sui generis')이 아니라 우리 모두가 공유하는 것임을 깨닫게 된다. 그러나 그 깨달음 후에도, 각자 개인의 고통은 다른 이들의 것에 비해 유일무이하다고 믿는다. 그렇지만 개인의 질문, 의심, 절망감은 다른 수백만 명의 사람들의 그것과 같다. 우리 모두는 이렇게 묻는다: "왜 하필, 저입니까?" "왜 이것입니까?" "하나님은 왜 아무것도 하시지 않습니까?" 우리 모두는 묻는다: "하나님은 어디에 계신가?"라고.

나에게 닥친 비극은 나를 의심과 절망으로 몰아넣었다. 엘리 위젤(Eli Wiesel)의 소설, 『밤Night』에 등장하는 랍비를 생각나게 했다. 아우슈비츠에서 위젤은 이렇게 탄식했다. "이것이 우리의 마지막이다. 하나님은 더 이상 우리와 함께 하시지 않는다. … 신의 은총은 어디에 있는가? 하나님은 어디에 계시는가? 은총의 하나님을 내가 어떻게 신뢰할 수 있는가? 어느 누가 믿을 수 있단 말인가?"[1] 이 랍비의 탄식은 당시 내 마음을 파고 들었다. 이십 년이 지난 지금도 그 랍비가 던진 말의 힘을 느낀다. 그것은 내가 느낀 그대로였다. 결혼한 지, 삼 년만에 아내의 죽음을 겪은 이후, C. S. 루이스(Lewis)의 말처럼, "하나님을 향한 나의 믿음이 멎어 버리는 위기 상황에 처했다." 하여 혹 "잘못하면 하나님에게 몹시 나쁜 면도 있다는 것을 내가 믿게 되지 않을까?"[2] 라며 몹시 혼란스러웠다. 하나님을 믿지 않는 자들로부터 조롱당하는 듯한 "하나님은 어디에 계시는가?"라는 물음은, 성경에 나와 있듯이(욥 2:17; 미 7:10; 시 42:3,10; 79:10; 115:2), 예측 가능한 일이다. 그러나 그 물음이 신앙인의 입술에서 나온다면 이는 고통당하고 있는 자의 괴로움을 나타내는 것이리라! 그

랍비의 질문은 고통을 겪고 있는 신앙인의 절망을 표현한 것이었다.

절망이 비록 이렇게 나를 유혹했지만, 그 절망에 내포되어 있는 것들을 완전히 받아들일 수 없었다. 대신에, 성경을 다시 살펴보기로 했다. 성경은 이렇게 앓고 있는 영혼에게 과연 무슨 말을 할까? 탄식할 수 있는 자리를 마련해 주고는 있는가? 구체적으로 시편, 욥기, 전도서를 살폈다. 하나님의 이야기에 대한 진술들을 다시 읽었다. 이는 마치 처음 접하는 글 같았다. 실상 그랬다. 고통을 겪기 전에는 욥의 심정을 공감할 수 없었다. 시편 기자들의 격한 감정을 제대로 이해할 수 없었다. 이제 나 또한 그들과 같이 고통을 경험한 후에야, 성경에 나와 있는 이야기를 심장心腸으로 읽을 수 있었다. 이렇게 성경을 다시 읽음으로써 나는 새로운 세계를 접하게 되었다. 고통을 경험한 후에야만 진실로 공감하며 성경을 읽을 수 있다는 것을 깨닫게 되었다. 당시 다른 많은 연구도 참된 공감을 일으킬 수 없었다.

믿음 안에 거하는 사람에게는 고통이란 것은 없다고 한동안 믿었다. 우리가 살고 있는 이 세계는 하나님의 선한 피조물이며, 하나님께서는 선하시기에, 특히 예수의 부활로 미루어 보아서 삶에 좋은 것만 기대해도 당연하다고 생각했다. 하나님께서 예수 그리스도를 통해 우리네 삶의 절망을 없애셨기에, 절망은 이 세상에 더 이상 설 자리가 없다고 생각했다. 항상 기뻐해야 하며 결코 슬퍼하지 말아야 한다고 생각했다. 나의 좌우명은 빌립보서 4장 4절이었다. "주님 안에서 항상 기뻐하시오. 다시 말합니다. 기뻐하시오." 이 승리 주의는 나뿐만 아니라 주변 사람들에게도 있었다. 그리스도인이라면 항상 웃음을 잃지 말아야 하는 것. 예수 그리스도 때문에 그리스도인이라면 항상 기뻐해야 하는 것이었다. 하지만 시편, 욥기와 다른 부분의 성경을 진정으로, 마음으로부터 공감하며 읽은 후 나는 새로운 세계, 곧 '신실한 자의 비탄悲嘆'의 세계를 알게 되었다.[3]

신실한 자의 비탄은 새로운 개념이었다. 어떻게 비난, 혼란, 의심, 눈물과 낙담을 내포하는 비탄이 믿음을 표현할 수 있단 말인가? 고통을 겪기 전에는 나에게 비탄이라는 것은 없었다. 전에 성경을 읽을 때에도 그런 것은 눈에 띠지 않았다. 교회 안에서도 고통은 보이지 않았다. 기독교는 기쁨의 신앙, 축제, 그리고 희망에 가득 찬 기대였다. 그 삶은 나에게 기뻐하라고 가르쳤고, 미래를 설렘으로 바라보고, 하나님의 승리를 교회에서 섬김을 통해 찬양하라고 일러 주었다.

나의 세계관은 그렇게 승리주의로 충만했다. 하나님의 군대는 항상 승리하며, 우리는 세상을 올바르게 교정할 것이고, 완벽한 교회를 세울 것이라고 생각했다. 나의 세계에는 비탄, 그리고 실패가 포함될 수 없는 것이었다. 그런 것이 존재하는 세계는 하나님을 비난하고 고통을 하나님의 탓으로 돌릴 터이니 말이다. 고통은 하나님이 아닌 다른 사람이 책임져야 하는 것이고, 고통에 대한 올바른 대응은 그 고통의 원인을 제거하고 징계하는 것이었다. 그러나 고통은 나를 비탄으로 내몰았다. 여전히 하나님을 신뢰하지만, 고통을 당할 때에는 신앙인도 오직 슬퍼할 수밖에 없었다. 혼란, 절망, 의심과 함께 찾아오는 비탄은 괴로워하는 신앙인의 믿음을 표현한다. 비탄해 한다고 하여 하나님을 저버리는 것은 아니다. 하나님께 호소하는 것이다. 하나님께서 자신의 삶에 개입하시도록, 우리에게 도움을 주시도록, 그분에게 충실했던 우리를 구원해 달라고 애원하는 것이다. 비탄은 "오, 나의 하나님!"이라 부르면서 울부짖는다.

나는 사랑하는 사람의 죽음을 통해 그리고 시편과 욥기를 묵상하면서 탄식하는 방식을 배웠다. 성경은 나로 하여금 비탄을 표현할 수 있게 했다. 성경 말씀의 묵상은 이제 하나님께 드리는 기도가 되었다. 그 구절들을 소리 내어 읽으면서, 성경의 비탄은 이제 나의 비탄으로 체현體現되었다.

하지만 하나님의 은총으로 말미암아, 몇 년에 걸친 비탄의 시간은 점차 찬미의 시간으로 바뀌었다. 1983년 11월, 바바라(Barbara)와의 결혼을 통해 하나님은 내 지친 영혼을 회복해 주셨고 삶에 다시 기쁨이 찾아왔다. 우리의 인연은 사랑의 에너지 덩어리로, 15개월 된 애슐리와의 만남을 우리에게 주었다. 이 아이는 항상 우리 가정에게 사랑, 즐거움, 예측 불허를 가득 안겨 주었다.

다시 1985년에 하나님은 우리에게 아들, 조슈아 마크(Joshua Mark)를 허락하셨다. 하나님을 섬기고 하나님의 사람들을 이끌었던 구약의 여호수아처럼 자라길 바라는 마음에서, 우리는 아이에게 그 이름을 지어 주었다(그의 이름은 나의 아버지이자, 또 다른 지도자였던 마크 힉스의 이름도 포함한다). 1987년에 하나님은 우리에게 딸, 라헬 니꼴(Rachel Nicole)을 선물하셨다. 라헬이라는 이름에는 성경의 라헬처럼 우리 딸 또한 하나님께서 쓰셨으면 하는 우리의 소망이 담겨 있었다. 이제 나에게 주어진 이 시간은 너무나 성스럽고 산뜻함 그 자체였다. 마치 욥기의 결말에 공감할 수 있게 해 주었다. 이렇게 하나님께서는 비탄의 삶 이후에 나에게 충분한 복을 내려 주셨다. 하나님께서는 나의 여러 꿈, 희망, 기대를 충족시켜 주셨던 것이다. 가정과 목회 사역은 나의 기쁨이었고, 욥과 같은 고통은 이제 더 이상 나에게 없는 – 지난 일 같았다. 아직 지난날들의 의문이 다 해소된 것은 아니었지만 하나님은 그렇게 새로운 가정을 통해 복 주셨다. 주께서 새 가정을 통해 주신 기쁨을 감사하면서도 그동안 겪었던 고통의 의미에 대해 종종 이렇게 생각했다. '그 고통도 하나님으로부터 온 것인가?' 라고.

젊은 날에 겪었던 고통의 시간을 돌아보며 그 시간에 대해 진실로 감사한 마음을 고백하지 않을 수 없다. 무정하게 들릴 수도 있지만, 만약 그렇다면 이 책은 매우 쓸모 있는 역할을 할 것이다. 시편 기자의 말처럼 나 또한 "고난 당한 것이 내게 유익이라"(시 119:71)라고 고백한다. 물론, 고통이란 것은 절대적으로 결코 좋지 않다(죽음은 하나님께서 의도하신 적이 없다: 오히려 죽음은 그분의 적이다). 하지만 때때로 고통은 상대적으로 좋을 수도 있다. 시편 기자의 말처럼, 고통을 통해 상대적으로 얻은 좋은 것은 고통 전의 (제멋대로였던) 불안정한 삶과 관련이 있다. 시편 기자는 이렇게 말한다: "고난 당하기 전에는 내가 그릇 행하였더니 이제는 주의 말씀을 지키나이다"(시 119:67). 모든 고통을 욥의 이야기처럼 어느 종목별로 다 나눌 수는 없지만, 이 시편 기자의 관점에 동감한다.

전에 쉘라와 나는 선교의 현장에서 몇 년을 같이 봉사할 계획을 가지고 있었다. 가능하면 그곳에서(어느 '유명한' 교수 밑에서) 공부하고, 성공한 모습으로 미국으로 돌아오고 싶었다. 그리하면 나의 두 손에는 박사 학위와 선교 사역의 영광을 쥘 수 있었기 때문이다. 계획대로 하면 유럽의 대학에서 교육을 받았을 것이고 독일 동부지역의 영웅 선교사의 모습으로 돌아왔을 것이다. 그렇게 되면 어느 기독교 대학이든 내게 교수의 자리를 줄 것이라고 생각했다. 신학에 대해 자만했다. 당시 나는 무엇이 옳은지 알았고, 신학적 오류에 대항해서 설교했고 속한 교단의 '옛길'에서 떠난 이들을 바로잡도록 노력했다. 교단의 보수파의 편을 들었고, 그 '보수파'의 전형이었던 편집자, 강사이자 출판 업자인 분들과 어울렸다. 그들은 나의 논문을 논평해 주었고, 나 또한 강의 연사로 초청받았다. 나의 영은 논쟁하기를 좋아했고, 태도는 거만했고, 신학은 꽤나 완벽했으며, 목표는 매우 이기적이었다. 물론, 당시에는 이런 사실을 고백하지 못했다. 자신의 진정한 모습을 제대로 보지 못했던 것이다. 젊음이란 많은 맹점과 보지 못한 부분을 갖고 있기 마련이다. 한창 젊은 21살의 모습을 나는 그때보다 지금 더 잘 안다. 20년이 지난 지금 그 당시의 심정을 더 잘 분석한다. 뒤돌아보는 것은 때론 앞을 내다보는 것이나 현재의 통찰력보다 더 낫다. 만약 나에게 그런 고통이 없었더라면 20대의 삶은 변하지 않았을 것이고, 어느 막다른 종착 길에 도달했을지도 모른다.

쉘라의 죽음은 나를 그렇게 변화시켰다. 성경이 나를 변화시켰다. 성경을 통한 하나님과의 만남은 나를 새롭게 했다. 고통을 통해 나는 사람을 변화시키시는 하나님의 능력과 위안을 경험했고 주님은 나를 새롭게 해 주셨다. 전에는 하나님의 존재를 늘 명확하게 그려 놓고, 그분이 나의 삶의 어떤 부분에 개입하셔야 할지도 정해 놓았었다. 이런 삶에 아무런 방해를 받고 싶지 않았고 그렇게 계획했었다. 그러나 이제 나에게 필요했던 태도는 순종이란 것을 깨달았다. 오만함은 겸손함으로, 자만은 순종으로, 논쟁하기 좋아하는 태도는 온화함으로 바꿔져야 한다. 한마디로 이기심은 물러나고 하나님의 영광이 그 자리를 차지해야 한다. 만약 고통의 경험이 없었더라면, 아마 나의 마음은 더 굳어져 버렸을 것이고, 미래는 그렇게 고착되어 버렸을 수도 있었다.

하나님은 쉘라의 죽음을 통해 나를 그렇게 변화시켰다. 하지만 그것이 공평한 건가? 나의 유익을 위해 왜 쉘라가 그런 값을 치러야 하나? 왜 그녀란 말인가? 내가 문제였지, 그녀가 아니었다! 나는 자만심으로 가득 차 있었지만, 그녀는 아니었다. 나는 교회에서 높은 단계로 올라가고 싶어 했지만, 그녀는 단지 하나님을 섬기고 싶어 했다. 나는 인정받기 원했지만(혹은 알려지길 원했지만) 그녀는 그런 일에 신경 쓰지 않았다. 나 대신 왜 그녀였는가? 이 의문들이 심히 괴롭혔다. 이런 질문은 어렵다. 하지만 고통 안에서 신앙인은 이것을 묻지 않을 수 없다. 그런 질문에 어떻게 대답하든 간에, 하나님이 주신 삶의 변화에 감사할 수밖에 없었다. 고통을 통해 – 그 고통의 근원과 이유가 무엇이든 – 하나님은 삶에 좋은 변화를 주시기 위해 놀라운 능력을 보여 주셨다. 하나님은 내 마음을 여셨고, 이내 나는 새롭게 하시는 그분의 능력을 경험했다.

이런 의문들에도 불구하고 시편 기자처럼 그 괴로움은 결과적으로 나에게 유익했다라고 고백한다. 추측하건대, 만일 그 고통을 경험하지 않았더라면 나는 계속 자만하고, 건방지고, 오만한 길을 걸었을 것이다. 이제 하나님을 찬양하고, 삶 가운데 그분이 주신 변화에 대해 감사한다. 내가 스스로 자신을 변화시킨 것이 아니라, 주님을 새롭게 만남으로써 주께서 나를 변화시키셨다. 나의 이런 변화는 이제 쉘라의 죽음을 기도로 애도함으로써 점차 돌아왔다. 만약 쉘라가 그렇게 죽지 않았더라면 나는 결코 변하지 않았을까봐 두렵다. 하지만 그토록 사랑했던 사람의 죽음에 대해 어떻게 하나님께 감사할 수가 있는가? 의문은 이렇게 계속된다.

그렇지만 1983년 이후, 나는 바바라, 애슐리, 조슈아, 라헬을 통해 하나님이 주신 새로움에 대해 늘 감사했다. 하지만 1990년도 이후, 또 다른 시련이 닥쳐왔다. 조슈아는 항상 건강하고, 건장하고, 활기찬 남자아이였다. 매우 활동적인 아이였고 항상 문제(?)를 일으켜 우리 부부를 긴장시켰다. 물건을 깨뜨리는 것을 좋아했고, 늘 까불었고, 지역 침례교회의 유치원에서도 쫓겨났다. 결코, 악의 있는 행동들은 아니었지만, 우리가 늙어서 아들을 정신 요양소에서 보아야 하냐라는 생각을 한동안 하기도 했다. 이후 우린 그에게 심각한 문제가 있다는 사실을 알았다. 조슈아는 발달도 늦었고 상당히 공격적이었다. 말할 때는 한 문장, 한 문장씩 이야기했고, 그 문장들도 4-5단어 정도인 짧은 문장들이었다. 도화지에 색칠할 때 항상 선 밖으로 나갔고, 알파벳을 깨우치지 못했으며, 4-5살의 또래 아이들이 하는 것을 거의 할 수 없었다. 성장이 늦었고 사회성에도 문제가 있었다.

우리는 치료법을 찾기 시작했다. 우리 부부의 육아법에 문제가 있다고 생각하고 도움을 청했다. 조슈아를 데리고 아동 심리학자에게 찾아갔다. 약물치료로 과잉행동 장애를 치료하려고 시도했다. 하지만 아무것도 도움이 되지 않는 것 같았다. 호전되기는 커녕, 조슈아의 상태는 더 악화되기 시작했다. 그가 갖고 있던 의사소통 능력마저도 상실해 가기 시작했다. 다시 기저귀를 차기 시작했다. 거친 행동들도 더 빈번해졌다. 우리가 무척 감사해 하는 그리스도인이었던 어느 간호사의 재촉으로(그녀는 실로 우리에게 하나님의 축복이었다) 우리 부부는 조슈아를 아동 신경과 의사에게 데리고 갔다. 그 의사는 아이에게 유전학적 문제가 있다는 사실을 알려 주었다. 그날 우리는 아들이 더 나아질 길이 없다는 것을 알았다. 1991년 초, 우리는 조슈아의 유전학적 문제가 치명적이라는 사실을 알았다. 아이는 유전병인 뮤코다당증 III형(Sanfilippo 증후군)을 앓고 있었다. 분해에 필요한 효소가 없기 때문에 뮤코다당(당단백질)이 축적되는 것이었다. 이 병(축적되는 단백질)은 뇌를 파괴하고 몸을 허약하게 한다. 사례 연구들에 의하면 조슈아는 점차적으로 지능적, 신체적인 퇴화를 거쳐 아마도 16세 이전에 우리 곁을 떠난다는 것이었다.

아이는 이제 열네 살이다. 더 이상 의사소통을 할 수가 없다. 스스로 걷거나 서 있을 수도 없다. 정신연령은 6개월된 아이와 같다. 기저귀를 차고 있다. 결국 아이는 몸져누워 있어야 했다. 그의 심장이나 간이 쇠약해지거나 폐렴으로 인해서 죽지 않아도 결국 그는 우리 곁을 떠날 것이다.

고통은 다시 삶에, 또 우리 가족에게 이렇게 찾아왔다. 이번엔 나의 아이를 겨냥했다. 이에 또 다시 나는 욥과 공감했다. 욥의 자녀들은 그의 기쁨이었고, 그의 영적인 관심사였고, 미래를 위한 기업이었다. 하지만 그는 고통 속에서 아이들을 잃었다. 이제 나의 기쁨도 미래의 투자도 사라졌다. 아이는 곧 죽을 것이다. 그는 우리 부부가 뜻한 대로 여호수아처럼 하나님의 백성의 지도자가 되지 못할 것이다. 소년 야구 리그에도 참여하지 못할 것이고, "아빠! 사랑해요."라는 말 한마디조차 못할 것이다.

하지만 이번 일에 대한 관점은 다르다. 모든 고통은 다 각기 다른 것이지만, 나에게 새로운 경험은 아니다. 조슈아라는 이름을 지어 주고, 그에게 희망을 걸었던 우리 부부는 이제 접어야 했다. 그가 하나님 자녀들의 지도자로서 살기를 바랐던 우리의 꿈은 이제 날아갔다. 이제 우리에게 최고의 기쁨은 그의 웃음을 듣고 우리가 그에게 사랑한다고 얘기할 때 구구 소리 내며 좋아하는 그 모습을 바라보는 것이다. 하지만 우리는 아직 그가 "사랑해요!"라고 얘기하기를 간절히 바란다. 나중에 닥쳐올 그의 죽음을 예상하고는 있지만 우리는 이 곤경을 슬퍼한다. 가족으로서 함께 애도하는 것을 배웠고, 슬픔과 함께 밀려오는 고뇌와 우울증을 경험했다.

슬픔의 흔적은 여전하지만, 그럼에도 불구하고 하나님께서 주신 바바라, 애슐리, 조슈아, 라헬과의 삶은 여전히 기쁘다. 우리 가족에겐 한편 기쁨이 있지만, 그 옆에는 또 나란히 깊은 비탄, 고뇌, 슬픔, 그리고 때론 의심이 있다. 이는 눈물이 섞인 기쁨이고, 또한 고통이 정제된 기쁨이다. 이 기쁨은 고통 안에서도 하나님을 바라보고 그분의 존재에서 위안을 얻는 데에서 온다. 이 기쁨은 우리네 고통의 어두운 밤에 하나님이 주신 노래가 아닐까? 고통과 함께하지 않는 기쁨보다 고통과 함께하기 때문에 더 기쁜 것이고, 의미 있는 것이며, 더 풍성한 것이리라.

나는 두 종류의 기쁨을 경험해 보았다: 사전에 고통 없이 경험한 기쁨(쉘라와의 삶) 그리고 고통과 함께 경험한 기쁨(바바라와의 삶). 고통이 없는 기쁨은 표면적이고 덧없을 수도 있다. 하지만 고통과 함께 찾아오는 기쁨은 더 의미 있고, 더 깊이 체현된다. 고통이 정제된 기쁨에는 보이지 않은 삶의 실체가 있다. 이 기쁨이란 쓰레기 더미에 앉아서 하나님을 '보는' 경험에 근거하고 있다(욥 42:5를 보라). 이는 성전에서 하나님의 현존을 경험하고 거기로부터 얻는 확신이다(시 73:17을 보라). 시편의 시들과 욥기는 하나님이 주시는 이 기쁨에 주목한다. 엘리후는, 서두의 장의 표제어에 나와 있듯이, 욥으로 하여금 '밤에도 기쁜 찬송'(욥 35:10)을 주시는 하나님을 바라보도록 가리켰다. 고통의 순간에도 하나님은 기쁨을 주실 수 있다. 어두운 고통의 와중에서도 그분은 찬미의 노래를 허락하신다. 고통은 기쁨과 찬양의 길을 연다. 엘리후는 욥을 바른 길로 가리켰다. 욥은 드디어 하나님을 보고서, 고통의 밤중에서도 찬미의 노래를 불렀다(욥 42:2-6).

    그러나 고통은 그대로 고통이다. 우리는 아직도 이의를 제기하고, 의아해하고, 절망하고, 울고, 의심한다. 고통은 많은 경우에 찬양으로 이끈다. 하지만 때로 고통은 여전히 불평하고, 질문하고, 탄원한다. 슬픔의 흔적은 여전하다. 우리는 조슈아의 건강을 위해 계속 기도해 오지 않았는가? 하나님께 그를 하나님의 백성의 지도자로서 세워 달라고 기도해 오지 않았는가? 왜 하나님은 우리에게 이 기쁨을 허락하지 않으시는 걸까? 하나님은 왜 지도자로서 종이 될 수 있었던 이를 거절하시는 것일까? 어떻게 조슈아가 무덤에서 하나님을 섬길 수 있단 말인가? 이런 의문은 계속된다. 고통은 계속된다. 그러나 아직도 우리에겐 '밤중에 부를 찬양'이 있다. 어떻게 고통과 기쁨이 서로 양립할 수 있는가? 성경과 삶의 실존적 경험은 이를 알게 했다. 하나님은 어두운 밤을 경험한 자에게 찬미의 노래를 주신다. 하지만 예측하지 못하게, 놀랍게 주신다.

    고통이 잇따르자, 성경을 새롭게 읽었다. 하나님의 섭리와 고통을 이해하기 위한 나의 지속된 노력은 예전에 갖고 있던 하나님에 대한 생각을 완전히 깨버렸다. 하나님은 내게 더 이상 '피고석에 계신 하나님'(시험 중인 하나님)

이 아니었다. 이제 하나님을 인식의 틀 안에 가둬 놓지 않는다. 예전엔 그렇게 자주 시도했지만 말이다. 하나님이 하나님이시도록 하라! 하나님께서 우리에게 말씀하시게 하라. 그분 앞에서 겸손하라. 이것이 욥의 결론이다. 하나님은 말씀하셨고, 욥은 그분의 초월적인 주권 앞에 겸손히 엎드렸다. 시편 기자가 하나님의 현존을 경험했을 때, 한동안 그를 억누른 생각들은 이제 사라졌다(시 73:17). 하나님이 하나님이시도록 하라.

불신자들은 "너희의 하나님은 어디 계신거야?"라고 비아냥거린다. 이에 신앙인들은 "오직 우리 하나님은 하늘에 계셔서 원하시는 모든 것을 행하셨나이다"라고 대답한다(시 115:3). "하나님은 어디에 계신가?" 그분은 여기에 계신다. 하나님은 소용돌이치는 중에도 욥에게 다가가시고 그의 기도를 들어주신다. 하나님은 성전에 있는 시편 기자에게 찾아가 평안을 주신다. 성육신을 통해 오신다. 예수를 통해, 그래서 그분은 우리에게 먼저 이야기하시고 우리와 감정이입感情移入하신다. 하나님은 변화시키고 위로하는 성령의 현존을 통해 우리에게 다가오신다. 하나님은 다시 오실 것이고 세상을 새롭게 하실 것이다. 옛것들은 사라지고 모든 것들은 새롭게 될 것이다. 하나님은 다시 "만유萬有의 주로서 만유 안에 계시려 함이라"(고전 15:28). "하나님은 어디에 계신가?" 그분은 당신의 피조물과 함께 계신다. 그분은 당신의 백성을 굳건하게 하시고 위로하신다. 하나님은 오늘도 역사役事하신다. 적극적으로 영광스러운 목표를 위해, 새 하늘과 새 땅에서 당신의 백성과 함께 거하기 위해 역사하신다.

이 책은 세계 내에서 활동하시는 하나님의 이야기이다. 그분이 세계를 창조하셨다. 그러나 세계는 여전히 고통과 죽음으로 만연해 있기 때문에 하나님은 이를 우리네 현재의 삶에서 그리고 새 하늘과 새 땅에서 다시 구속하길 원하신다. 하나님께서 창조하셨던 세계가 원래의 조화와 평화로부터 이탈했다. 이에 주께서 그 원래의 조화와 평화의 상태로 회복시키길 원하신다. 하나님의 이야기는 타락한 세계의 고통을 포함한다. 나아가 하나님의 고통도 내포한다. 우리를 구속하시기 위하여 하나님은 우리의 고통의 세계에 들어오신다.

이 책에서 바로 이 이야기를 하고 싶다. 우리가 하나님의 이야기를 바르게 이해하게 될 때, 기쁨과 고통으로 점철된 우리네 삶의 이야기 또한 새로운 의미를 갖게 될 것이다. 여러분의 삶의 이야기는 그분의 웅장한 계획 안에서만 새롭게 발견된다. 우리는 위안, 평화, 그리고 기쁨을 이 타락한 세상에서도 발견할 수 있다. 하나님의 이야기는 고통과 악으로 만연된 우리네 삶의 실존에 해답을 준다. 나아가 우리에게 평화와 희망을 준다. 그분의 이야기는 우리로 하여금 비탄 속에서도 희망을 경험하게 한다. 그것은 이내 나의 비탄들을 찬양으로 승화시킨다. 독자 여러분이 내가 다시 들려주는 하나님의 이야기를 듣고, 이를 함께 성찰해 보았으면 한다. 그분의 이야기를 여러분이 진실로 깨닫게 되면, 여러분은 그분의 이야기 속에서 자신의 고통의 의미를 발견할 것이다.

제2장

하나님은 이 세계에 어떻게 개입하시는가?

| 근대 세계 대對 성경 이야기 |

나는 순전하다마는
내가 나를 돌아보지 아니하고 내 생명을 천히 여기는구나.
일이 다 일반이라 그러므로 나는 말하기를
"하나님이 순전한 자나 악한 자나 멸망시키신다." 하나니
홀연히 재앙이 내려 도륙될 때에
무죄한 자의 고난을 그가 비웃으시리라.
세상이 악인의 손에 넘어가도
주께서 재판관의 눈을 가려서 제대로 판결하지 못하게 하신다.
그렇게 되게 한 이가 그가 아니시면, 누구이뇨?

욥이 빌닷에게 들려준 말
욥 9:21-24

※ ※ ※
대화

"지난밤에 소름끼치는 폭풍이 불었어!" 마리아(Mary)가 회관에서 질(Jill)을 만나자 어젯밤에 일어난 일을 꺼냈다.

"맞아!" 동료인 질은 맞장구를 쳤다. "나는 어젯밤에 죽는 줄 알았다니깐. 나는 생전에 그렇게 무서운 우박은 처음 봤어. 어젯밤 라디오와 TV를 통해 내가 들은 것은 기껏, 토네이도(tornado) 경보에 불과했어!"

"그런데 말이야, 라디오를 통해 들은 토네이도 경보와 실제로 몰려온 토네이도 소리를 듣는 것은 완전히 달라!" 마리아가 대꾸했다. "그렇게 무서운 토네이도 중 하나가 오늘 아침 새벽 한 시경에 우리 집 지붕 위를 살짝 비껴갔다!"

"너 지금 놀리고 있는 거지? 실제로 그랬다고? 혹시 너 겁먹은 것 아냐?"

"놀란 나머지 정신이 얼떨떨했지! 그러나 나는 어젯밤 토네이도가 우리 집을 덮치지 않은 것에 실로 하나님께 감사해! 불행하게도 어젯밤 그 토네이도는 앤더슨(Anderson)의 집을 날려 버렸고, 짐(Jim)과 그의 두 살배기 아들 조슈아(Joshua)의 생명을 앗아 가 버렸어! 이웃 전체가 충격에 휩싸였고, 황폐화되었어! 짐은 모두 알다시피 선한 사람이었잖아! 조슈아도 아주 귀여운 꼬마였고!"

"정말 안 됐지! 토네이도는 무서운 재난이야! 그러나 마리아! 너 정말 행운이구나. 어젯밤 토네이도가 너의 집을 삼킬 수도 있었고, 네 생명을 앗아 갈 수도 있었잖아!"

"오! 그것은 단순한 행운이 아니야!" 마리아가 말했다. "하나님은 우리를 돌보고 계셨어. 우리를 보호해 주셨다고! 이에 우리는 그분께 매우 감사해 하고 있어. 하나님은 우리의 기도에 응답해 주셨지! 내가 너에게 말해 줄 것이 있어! 우리는 어젯밤에 아주 열심히 기도했었어!"

"음! …" 질은 좀 언짢은 표정으로 투털거렸다. "너 진짜 그렇게 생각해? 정말 그래?"

"당연하지!" 마리아는 말을 계속 이어갔다. "하나님은 당신을 사랑하고 당신에게 기도하는 자들을 특별히 돌보고 계신다고 나는 믿어! 우리는 이 같은 토네이도와 폭풍이 곧 몰려올 것이라는 사실을 뉴스를 통해 알았지. 그래서 우리는 이 같은 재난으로부터 보호해 줄 것을 하나님께 기도했어. 그 토네이도가 우리 집 지붕을 비켜 갔을 때 우리의 기도가 응답받았다는 것을 알았어!"

"그러나!" 질이 마리아의 말을 가로막았다. "그 토네이도는 앤더슨의 집을 덮치고, 두 살배기 아이를 삼켰어. 하나님은 왜 그들을 보호하시지 않았지? 그들 역시 선한 사람들이 아니었던가? 그들이 단지 기도하지 않았기 때문에 그런 재앙을 당한 것일까? 혹은 그들이 기도를 했어도 하나님께서는 마리아, 너에게는 응답해 주셨지만, 그들의 기도는 들어주시지 않았다는 건가? 하나님은 조슈아보다 너를 더 편애하신단 말야? 마리아! 너의 이 같은 이야기는 솔직히 나를 황당하게 만들어. 나는 하나님이 무엇이나 할 수 있다고 생각하지 않아. 토네이도는 단지 자연현상으로 발생한 일에 지나지 않아. 토네이도가 발생한 것은 단지 자연의 힘의 결과라고! 그것은 행운일 수도 있고 불운일 수도 있어!"

질의 논박에 혼란해 빠진 마리아는 이내 자신의 믿음을 옹호했다. "내 기도가 응답받았다고 나는 믿어! 그렇지 않고서는, 토네이도가 우리 집을 납작하게 할 수 있었는데 어떻게 우리 집을 살짝 건너 뛰었는지를 내가 달리 설명할 수 있을까? 내가 만일 하나님의 손길을 감지하지 못한다면, 달리 어떻게 그분께 영광을 돌려드릴 수 있을까? 하나님께서 만일 그 때 아무것도 할 수 없으셨다면, 나의 가족을 구해 주신 일에 대해 내가 어떻게 그분께 감사할 수 있을까? 나는 그분의 보호에 감사해야 하지 않을까?"

"마리아! 나는 너의 그런 생각과 삶의 방식에 연민을 느껴!" 질은 고개를 끄덕였다. "그러나 지금은 20세기야! 중세 시대가 아니라고! 이젠, 하나님을 이 일(토네이도)에 끌어들일 필요가 없어! 우리는 과학의 시대에 살고 있잖아! 지금은 어떤 자연현상의 사건일지라도 바람과 비에 의해서 설명될 수 있는 시대야! 지금은 과학이 어떤 것이라도 규명해 낼 수 있는 시대라고! 알아?"

마리아는 이에, "그런 토네이도가 하나님의 철저한 보호 없이는 우리 집을 그냥 지나치고, 우리 가족의 생명을 어떻게 구해 줄 수 있었는지를 달리 설명할 수가 없어!"라고 반박하면서, 끝내 어떠한 도전에도 감히 응수하겠다고 했다.

드디어 마리아의 고지식과 그녀의 터무니없는 태도에 실망한 질은, 마리아와 같은 자세로 대꾸했다. "하나님이 왜 토네이도를 일으켜 그런 무고한 두 살배기 아이의 생명을 앗아 갔는지를 신앙은 결코 설명할 수 없어! 너의 생명은 보호하시면서도 두 살배기 꼬마의 생명은 그렇게 무참히 앗아 가는 하나님을 너는 어떻게 과연 신뢰할 수가 있는거야? 하나님은 너의 생명을 구하시는 데 있어서 혹은 그 어린아이의 생명을 취하시는 데 있어서 아무 상관도 없어! 하나님은 그 같은 일을 결코 감행하지 않으신다고!"

자신의 신앙에 대한 질의 위협에 모욕을 당한 마리아는, 더 이상 반응하지 않았다. 대화는 갑자기 중단되었다. 마리아는 그렇게 자신의 신앙의 신비를 지닌 채 남게 되었고, 질 또한 그것이 우연한 행운이라 여기며 대화는 중단되었다.

위의 대화는 (여기 마리아와 질의 이름들이 비록 우리네와 같은 이름들로 바꿔진다 할지라도) 허구의 대화가 아니다. 내가 여기서 감히 말할 수 있는 것은, 이 대화는 그리스도인들 가운데서조차 흔히 있을 수 있는 이야기이다. 사실, 이와 유사한 사례가 최근에 알칸사(Arkansas) 주 의회에서 발생했다. 침례교의 목사요 주지사인 마이크 허카비(Mike Huckabee) 씨는 '1999년 3월 1일 알칸사 주를 강타했던 토네이도와 홍수로 인해 하나님을 명백하게 비난하자'는 의회 법안을 거부했다. 그러자 공화당 지미 윌슨(Jimmie Wilson) 주 의원은 "하나님이 그런 토네이도를 일으키지 않았다고 말하는 것은, 하나님 그분은 실로 봄비도 내리게 하지 않는다고 말하는 것과 같다."라고 응수했다.[4] 주지사 허카비 씨는 앞의 질(Jill)과 같이 세계를 전망하는 것처럼 보이고, 주 의원 윌슨 씨는 마리아와 같이 세계를 바라보는 것처럼 생각된다.

비록 그 이름과 개개의 사례들이 혹 바뀔지라도, 이야기의 맥락은 거의 동일하다. 곧, 치명적인 자동차 사고로부터 어렵사리 탈출한 것이나, 교통체증으로 비행기를 탑승하지 못해 이후 비행기 추락으로부터 죽음을 모면한 것이나, 혹은 흔히 있는 미열로 인한 발한 때문에 암세포를 발견하여 제거한 사건 등이 그것이다. 비록 이야기의 사례들이 다소 바뀔지라도, 대화의 맥락은 그대로 유지된다. 그 같은 대화들은 결국 아주 단순한 질문으로 초점이 모아진다: 하나님은 이 세계에 어떻게 개입하시는가? 마리아와 질과의 차이는 사소한 것이 아니다. 그들이 실재實在를 바라보는 방식(그들의 '세계관')은 전체적으로 서로 다르다. 마리아는 자연의 사건들을 하나님의 행위로 인식하려고 한다. 질은 단지 그것들을 계획 없이 자연에서 우연히 발생한 일들로 생각한다. 한 사람은 이를 하나님의 행위를 위한 역할로 인식하고, 다른 한 사람은 자연을 하나님(곧, 하나님이 존재하든지 혹은 존재하지 않든지 상관없이)과는 독립적으로 작동하는 하나의 폐쇄된 체계로 인식한다. 혹은 자연은 최소한 어떤 운韻(rhyme)이나 이성도 없이 카오스(무질서)로 작용한다고 생각한다. 하나님에 대한 마리아의 신앙은 곧 하나님은 마리아 자신을 위하여 인격적으로 행동하신다는 믿음을 동반한다. 그러나 질은 마리아가 생각하는 그런 방식으로 하나님은 행동하신다고 믿지 않는다.

따라서 마리아와 질과의 차이에는 큰 틈새가 있다. 질은 마리아를 보고, "그녀는 중세 시대에나 사는 사람이야!"라고 생각한다. 마리아는 질을 보고, "그녀는 신앙이 없는 사람이야!"라고 생각한다. 질의 입장에서 마리아는 과학에 대해 생무지이고, 마리아의 입장에서 보면 질은 자신의 삶 속에서 역사役事하시는 하나님의 실재에 대한 감각을 상실했다. 자연의 모든 작용 뒤편에서, 마리아는 하나님의 손길을 감지한다. 그러나 질은 자연의 작용 뒤편에서 우연한 행운의 카드를 읽는다. 마리아와 질과의 차이는 사실, 성경이 기록되었던 전근대(premodern) 세계와 그리고 최근의 과학적 세계인 근대(modern)와의 차이이다. 예를 들면, 구약의 욥의 세계는 마리아가 경험했던 토네이도 발생에서 하나님의 행동을 즉각적으로 인식했으리라. 욥의 세계는 상당한 모순에도 불구하고 현저히 다른 방식으로 실재를 조망했을 것이다. 욥 당대의 모든 사람은 하나님께서 무엇인가 중요한 일을 벌이신다는 것에 동의했을 것이다. 그러나 근대 세계는 신적 행동의 '신화神話'의 껍질을 하나씩 벗기고, 자연 그 자체를 독립된 실체로 인식한다. 이제 자연은 하나의 폐쇄된 체계가 되었다. 거기서 과학은 자연 원인의 관점에서 모든 사건들을 궁극적으로 해명해 낼 것이다.

오늘날 과학이 토네이도에 대하여 충분하고 이성적인 설명을 제공하는데, 왜 하나님의 도움을 빌어야 하는가? 과학의 세계에서 하나님은 자연의 사건들을 설명하는 데 더 이상 필요하지 않다. 그분은 그 사건들을 더 이상 발생시킬 필요성도 없다. 참으로, 우리가 만일 주변에서 일어나는 자연 재앙에 대한 설명 때문에 하나님에게 의지해야 한다면, 그때, 우리는 '무고한 자의 고통'이 어떻게 하나님의 선하심과 관련되느냐는 문제에 봉착하게 된다. 하나님이 사태의 원래의 근원이라는데, 우리는 토네이도 발생으로 인한 어린아이의 죽음을 어떻게 설명할 수 있는가? 그런 토네이도의 방향에 대해 어떤 의미에서 하나님에게 책임이 있는 것은 아닌가? 혹 하나님에게 토네이도의 발생에 대한 책임이 있다면, 그렇다면, 무고한 어린아이의 죽음에 대한 책임도 있다. 우리는 여기서 무고한 어린아이의 죽음과 하나님의 선하심을 어떻게 조화시킬 수 있는가? 근대 세계는 자연의 모든 참여로부터 하나님을 제거해 버린다. 결과적으로, 자연 재앙으로 인한 무고한 자의 고통의 문제에 있어서 하나님은 그 책임이 방면放免된다. 하나님은 세계와의 유리遊離로 인해 오히려 면책을 받는다. 하나님은 세계에 개입하시지 않기 때문에 이제 비난도 받을 수 없다.

자연을 통한 세계에 대한 하나님의 줄기찬 개입을 근대 세계에서 우리는 그동안 어떤 식으로 제거했으며, 자연으로부터 어떻게 하나님의 부재不在를 초래했는가? 근대 세계가 성경적 세계를 그렇게 생무지로 만들어서, 결국 무엇을 얻었으며 무엇을 상실했는가? 따져 보자! 현대인들이 마땅히 귀 기울여야 할 성경의 세계에 더 이상 실제적으로 정착할 수 없다면, 그들은 어떻게 성경으로부터 중요한 것을 얻을 수 있는가? 마리아는 자연에 역사하시는 '하나님의 행동'의 원시적이고 단순한 개념을 가지고, 어떻게 예전대로 삶을 조성해 갈 수 있을까?

✳ ✳ ✳
오늘의 상황: 속화俗化

오늘날 세속적 전망 때문에, 현대인들의 근본적 의식 속에는 성경적 하나님이 철저히 손상되고 있다. 보다 넓은 의미에서 오늘날 속화(secularization)는 사회 전반에 걸쳐 나타나고 있다. 전통적인 종교적 신념, 권위, 그리고 그 전망이 쇠퇴하고 있다. 이 같은 속화는 종교적 제도와 실천들을 이제 비종교적인 것들로 대체시킨다. 속화란 무엇인가? 이는 종교적 제도들이 천박한 형태로 바뀌거나, 종교적 기능들이 세속적 영역으로 환원되거나, 혹은 성과 속의 영역이 완전히 따로 노는 분화를 말한다. 이로써 신성은 이제 본래 지니고 있던 그 지향적 권리를 상실한다.[5] 폴 프루이저(Paul Pruyser)에 따르면 사회의 모든 국면에서 속화가 진행되고 있다. 정부 기관들은 사회적 임무를 통해 교회들을 대체하고 있으며, 주립대학들은 공교육을 통해 기독교 제도들을 대체하고 있다. 과학은 자연적 현상들에 대한 신화적 종교적 설명을 흔들고 있으며, 정신 의학은 이제 교회 사역의 조언을 대체시켜 버렸다.[6] 이 같은 예들은 단지, 실재 문제의 징후들일 뿐이다. 사실, 그 근본은 철학적 문제이다. 실재 세계를 어떻게 바라볼 것이냐, 무엇을 인식의 출발점으로 삼을 것이냐가 관건이다. 속화는 그 근본적인 철학적 의미나 지성적 의미에서 일종의 "명료성의 규범들 곧 의미와 무의미의 기준들과 관련되어 있다. 실은, 속화의 이 규범들은 일반 사회 속에서는 널리 받아들여지고 있으나, 종교적 신념과는 논리적으로 잘 들어맞지 않은 규범들이다."[7]

　이것은 정확하게 앞의 대화에서 질과 마리아 간의 문제이기도 하다. 어느 누구도 다른 사람이 사용하고 있는 '그 명료성의 규범들'을 제대로 이해할 수 없다. 마리아에게 있어서 하나님은 자연을 통해 역사하실 수 있다고 믿는 것이 더할 나위 없이 지성적이다. 그러나 질에게 있어서 그것은 어리석은 생각이다. 마리아에게 있어서 '명료성의 규범들'이란 자신의 백성의 생명을 보호하시고 보존하시고자 자연을 통해 때로 섭리하고 역사하시는 주권자 하나님을 내포한다. 마리아는 토네이도 사건에 있어서 하나님의 돌보심을 특별히 기도해 왔기 때문에, 그녀가 토네이도의 사건을 기도에 대한 응답으로 파악한 것은 더할 나위 없이 이해할 수 있는 일이다. 그녀는 자연을 '신성한' 것으로 바라본다. 그러나 질의 세계관에 있어서 자연의 현상들은 능히 이성적으로 설명될 수 있기 때문에 하나님은 배제된다. 그녀의 '명료성의 규범들'은 토네이도에 대한 마리아의 평가를 도저히 이해할 수 없는 것으로 만들어 버린다. 하나님, 그분이 실로 계신다면, 특별히 무고한 어린아이의 고통을 몰고 오는 그와 같은 일은 하지 않으실 것이라고 생각한다. 결과적으로 질의 자연관은 '속화' 되었다.

　마리아의 세계관은 근대적 정황을 별로 지배하지 못한다. 그녀의 전망은 오늘날 대체로 일반 사회는 물론 교회에서조차 더 이상 먹히지 않고 규범적이지 않다. 근대는 세계를 그렇게 속화시켜 버렸다. 따라서 근대 세계는 자연의 현상들, 우연히 일어난 사건들, 혹은 개인적 비극 속에서 어떤 신적 의미를 발견할 필요성을 전혀 느끼지 않는다. 우연한 행운이 하나님을 직위 해제시켰다; 과학적 원인이 이제 신적 원인을 대신했다. 과연 어떤 일들이 발생했기에, 이 같은 종교적 신념의 대체가 광범위하게 허용되었는가? 모든 것을 '자연적인' 것으로 혹은 '세속적인' 설명으로 한결같이 변위變位시켜 버린 그 속화의 근본적 원인들은 과연 무엇인가?

※ ※ ※
이성

속화의 원인들은 다양하고 많다. 그러나 여기서 두 가지 원인들은 특히 중요하다. 첫째, 근대는 '이성'(Reason)에 대해 절대적인 확신을 갖는다(나는 여기서 의도적으로 '이성'을 대문자로 쓰겠다). 이성은 모든 실제적인 목적 때문에 그 자체로 이제 신神이 되었다. 근대는 진리의 식별, 문제의 해결, 실재의 이해에 있어서 이성이 보여 주는 그 능력에 대해 절대적 확신을 갖는다. 참으로, 이성은 모든 판단의 기준이 되었고, 이제 그것은 성경을 판단하는 위치에 서 있다. 신비나 혹은 감추어진 것에 대한 호소는 불합리한 것으로 간주되어 퇴각한다. 지난 17세기 계몽주의 기간(이성의 자율적 특성이 역사를 관통하던 시기)에 지배적이었던 이성의 이 같은 고양高揚은 인간을 모든 만물과 하나님의 판단에 대한 척도로 삼게 했다.[8] 이성은 이제 계시에 맞서 그 위에 군림하게 된다. 진리를 식별하는 인간의 능력은 감추어진 진리를 드러내시는 하나님의 계시에 맞서 그 위에 군림하게 된다. 현대인들은 신비를 털어 버리고, 오직 그들의 합리성이 판단할 수 있는 것만을 수용하려는 뚜렷한 경향을 지니고 있다.

'포스트모더니즘'(후기현대주의)으로 알려진 문화운동은 부분적으로 이 같은 근대성에 대한 반동反動이다.

물론, 기독교 신앙인은 이성을 거부하지 않는다. 성경의 기독교는 이성적이다. 따라서 거기에는 합리성과 일관성이 있다. 신앙인들은 이성의 사용을 회피할 수 없고, 회피하려 해서도 안 된다. 그러나 이것은 신비의 가능성을 부인할 요량으로 눈에 띄게 이성을 고양시키는 것과는 완전히 다르다. 이성의 고양에서는 신앙이 이성의 높은 요구에 종속될 수밖에 없다. 기독교 신앙인들이 이성을 사용하는 것은, 이성 그 자체를 넘어서 있는 존재의 가능성을 부인하려는 목적으로 눈에 띄게 이성을 고양시키는 것과는 다르다. 기독교 신앙인은 인간의 이성을 궁극적인 실재로 생각하지 않는다. 오히려 신앙인들은 인간의 이성이 무한하신 하나님을 이해하고 받아들이기 위한 유한한 도구라고 생각한다. 신앙인들은 하나님의 계시를 이해하기 위하여 이성을 사용한다. 그러나 그들은 또한 계시가 종종 이성을 넘어서 있는 진리를 밝혀 주며, 우리의 유한성을 넘어서 있는 실재를 드러내 준다는 사실을 받아들인다. 이 점이 계시와 이성 간의 본질적인 차이다.

이성(Reason)은 자신에게 주어진 과제는 무엇이든 충분히 해치울 수 있다는 낙관적인 기대 속에서 지식 체계를 나름대로 해체하고 때론 재건하면서, 주어진 목표를 성취하기 위해 꾸준한 활력을 가지고 뻐기면서 앞으로 나아간다. 이에 비해 또 하나의 이성(reason)은 자신의 그 한계를 받아들이고, 우주의 신비 앞에, 특히 하나님의 신비 앞에 경외심을 가지고 다가선다. 전자는 우주를 철저히 연구할 수 있다는 오만함과 축적된 최정상의 지식에 우뚝 섬으로 자신의 역할을 수행한다. 후자는 하나님이 허락하신 바를 진지하게 탐구하려는 노력을 기울이면서도 하나님의 신비에 굴복하여 그분이 초월해 계신다는 의식을 가지고 자신의 역할을 수행한다. 후자가 자신을 겸허히 스스로 굴복시키는 반면, 전자는 뻐기면서 자신의 권리를 주장한다. 후자가 이해를 구하는 신앙("믿어야 이해할 수 있다.")을 표명한다면 전자는 신앙 없이 실재를 이해하려고 한다. M.루터가 말했듯이, 전자는 신앙 위에 군림하는 주인(magisterial)의 통제이고, 후자는 신앙과 관련에서 종(ministerial)의 기능을 수행한다.[9]

※ ※ ※
과학

현대는 또한 과학을 절대적으로 확신하고 있다. 우리의 시대는 과학의 시대이다. 오늘날 현존하는 과학자들의 수가 이전 세대들의 전체 과학자들을 합친 수보다 훨씬 더 많다. 현대인들에게 있어서 과학은 하나의 비법이다. 과학은 시간이 충분히 주어지기만 하면 어느 것이든 설명할 수 있고 어느 것이든 만들어 낼 수 있다. 참으로, 실재는 우리의 논증, 조사, 혹은 증명과 같은 과학적 탐구를 통해서 판단된다. 어떤 이에게 있어서 유일한 진정한 지식은 과학적 지식이다. 우리는 오늘날 과학을 숭상하는 대중 매체와 교육 기제들로 압도되어 있다. 과학의 권위는 그 어떤 연구 결과라도 합법적으로 승인한다. 과학의 이 같은 설명은 인류에게 확실히 혜택을 제공해 왔던 기술사회의 여러 발전(발명, 치료법, 발견 등)에 의해 다시 강화되고 있다.

그러므로 자연은 과학의 무대이지 하나님의 무대가 아니다. 과학은 자연의 거대한 활동들을 발견하고, 설명하고, 그리고 이해할 수 있다. 이제 자연 사건의 인과나 혹은 동인動因으로서 하나님께 의지할 필요성이 없게 되었다. 현대인들에게 있어, 과학은 자연으로부터 하나님을 빼앗아 버렸다. 하나님은 더 이상 필요 없게 되었다. 물론 그분은 어떤 틈새를 채워 가실 것이다. 그러나 종교와 과학의 그 같은 틈새는 점점 더 벌어지고 있다. 참으로, 과학의 목표는 그 틈새를 제거하는 것이다. 이것은 특별히 C.다윈(Darwin)의 진화론과 이후 그 이론의 수정과 변화의 상황 속에서 그랬다. 1859년 『종의 기원』과 1871년 『인간의 계보』의 출판 이후, 과학은 반유신론적反有神論的 전망과 혹은 최소한 무신론적 전망에 의해 점점 더 지배되었다. 자연은 이제 하나님이 배제된 채로 하나의 독립된 자료 체계를 형성했다. 이로써 과학은 홀로 그 자료 체계에 진정으로 접근하게 되었다.

신앙인들도 물론 과학을 거부하지 않는다. 우리는 그것을 하나님이 주신 세계를 탐구하고 개발하고 돌보는 데 있어서 귀한 자원으로 여긴다. 과학이 인류에게 유익을 주고, 잘못된 신화와 미신을 쫓아버리기 때문에 우리는 과학의 긍정적인 이용을 성원한다. 그러나 신앙인들은 전지전능으로서의 과학을 거부한다. 종으로서의 이성처럼, 과학은 그 한계를 인식해야 한다. 분명히 과학은 토네이도를 일으키는 자연의 힘이 무엇인가를 규명해 낼 수 있다. 그러나 과학은 하나님이 과연 그 사건 속에서 활동하시는지 어떤지에 대해서 판단할 수 없다. 그런 판단은 이뤄질 수도 없고 가능하지 않다. 왜냐하면 다른 자료들이 하나님에 대하여 관계하는 것처럼, 하나님은 그런 식으로 과학자에게 접근하시지 않기 때문이다. 양자물리학은 과학적 실재주의가 어디까지 나갈 수 있는가를 과학자들에게 일깨워 주었다. 자연은 실제적으로 예상할 수 없는 것이며, 그 근본원인은 밝혀지거나 알려질 수 없다. 어떤 과학자들은 단지 카오스(chaos)라는 용어로 우주에 대하여 이야기할 뿐이다.[10] 우주의 질서라는 것이 단지 표면적이고 피상적일 뿐이다. 과학자들이 전자電子의 속성은 단정할 수 있을지 몰라도, 이제 더 이상 자연 활동의 역할로부터 하나님을 제거할 수는 없다. 사실, 물리학자들은 개개의 전자가 어디로 곧 우로 혹은 좌로 이동할 것인지를 쉽게 예측할 수 없다. 과학자는 발생한 사건이 기도에 대한 응답인지 어떤지를 우리에게 말해 줄 수 없다. 왜냐하면 궁극적으로 양자물리학에서 과학자는 우주의 기초적인 역할에 대해 확신할 수 없기 때문이다. 진정한 과학자는 하나님이 양자물리학을 넘어서 우주의 근원인지 어떤지, 혹은 전자들을 이동시키는 것이 하나님의 의지인지 어떤지를 발견할 수 없다. 그들은 개개의 암세포 완화가 자연에서 제멋대로 일어난 사건의 결과인지 어떤지, 혹은 기도에 대한 하나님의 응답인지 어떤지를 알 수 없다.[11] 일종의 이 같은 판단은 과학에 의해 쉽게 이뤄질 수 없다.

한편에서 신앙인들이 과학의 진보를 반기는 동안, 그들은 또한 과학이 모든 의문에 대해 대답해 줄 수 없다는 것을 인식하고 있다. 과학은 그 연구방법에 따라 단지 직·간접으로 이용할 수 있는 것만을 연구할 수 있다. 그러므로 과학은 하나님을 증명할 수 없고, 발견할 수도 없다. 이는 하나님에 대해 전혀 언급할 수 없다. 다만 하나님께서 창조하신 것에 대해 연구할 뿐이다. 하나님을 아는 것은 계시의 주제이지, 과학의 주제가 아니다.

그러나 전체적으로 이성과 과학에 대한 낙관적인 관점의 결합은 성경의 낡은 '신화론적' 세계관에 대해 치명적인 타격을 안겨 주었다. 이성과 과학은 공히 유신론적 전망과 세계 사건에 대한 설명의 필요성을 심각하게 약화시켜 버렸다. 그러나 후기현대주의 발흥은, 그것이 어떤 형태로 나타났든 상관없이, 신앙과 과학 간에 대화의 가능성을 열어 주었다. 후기현대주의는 이성과 과학의 거만함을 분쇄하고, 대신, 이성과 과학 간에 균형 잡힌 유신론적 세계관을 다시 재건할 수 있는 기회를 조성해 주었다.[12]

※ ※ ※
기도와 세속 문화의 음험한 영향

17세기 과학적 관찰의 진보는 섭리하시고 개입하시는 하나님에 대한 유신론적 이해에 이의를 제기하고 도전했다. 경험주의적 과학은 자연의 엄정한 규칙을 인식하고, 자연 현상과 사건들을 보다 정확하게 예측할 수 있었다. 그러나 만일 발생된 사건들이 정확하게 예측될 수 있다면, 그렇다면, 하나님의 개입은 어떻게 설명될 수 있단 말인가? 여기서 우주의 혜성들은 더 이상 신적 징후들로 생각되지 않는다. 하나님은 더 이상 모든 자연 현상을 초월하여 존재하지 않으신다. 과학자들은 더 이상 하나님이 자연 세계의 사건들을 넘어서서 활동하신다는 생각에 어떠한 신뢰도 갖지 않는다.

결과적으로, 하나님에 대한 새로운 이해가 나타났다. 그것이 우주를 창조하시고 지탱하시는 일명 시계 제조자로서 이신론의 하나님이었다. 그 하나님은 시계를 수선하듯, 경우에 따라서 종종 초자연적인 행위를 통해 되는 대로 우주를 만지작거리신다. 이는 현대인들에게 있어서 하나님의 지배적인 이미지가 되었다. 세계는 더 이상 하나님이 활동해 오셨던 장소가 아니다. 우리 인간만이 활동하는 장소이다. 하나님은 세계를 창조했고, 그 세계를 끝낼 수 있다. 그러나 그분은 결코 세계 내에 개입하지 않는다. 자연 세계는 다만 그대로 자연일 뿐이지, 초자연 세계가 아니다. 자연은 속화되었다.

하나님에 대한 현대인들의 전망은 이신론에서처럼 그분의 초월성을 강조하는 반면(이신론에서 하나님은 세계로부터 떨어져 초연해 계신다), 하나님에 대한 후기현대주의적 이해는 그분의 내재성을 강조한다(하나님은 세계 내에 함께 현존하신다). 후기현대주의자들에게 있어서, 하나님의 내재성은 우선적이다. 그렇다고 물론 인간 영혼의 주체성을 결코 배제하지 않는다. 후기현대주의에서 신앙이란 감추어져 보이지 않은 하나님에 대한 인간의 헌신이다. 세계는 모호한 곳이다. 그러나 하나님은 비록 경험적 세계에서 활동하지는 않으시지만, 인간의 주체성을 통해 활동하신다. 하나님의 현존은 주체적이고 모호하다. 그러나 실재가 아니다.

하나님에 대한 현대와 후기현대 이해는 주권자로서 우주를 통치하시는 하나님, 곧 섭리하고 개입하시는 하나님에 대한 전통적인 입장을 거부한다. 현대인들에게 있어서, 하나님은 그들의 삶 속에서 한 발짝 물러나 부재不在하신다. 후기현대인들에게 있어서, 하나님은 삶의 이야기 속에서 신성한 가치들의 무력한 격려자이시다.[13]

※※※
기도에 대한 현대인과 후기현대인의 입장들

현대 신학에 있어서 하나님은 '틈새의 하나님'이다. 하나님은 과학이 다 설명할 수 없는 영역을 채운다. 그러나 과학이 점차적으로 사물들을 설명해 나가자, 그 틈새는 사라지고, 이에 자연 세계에서 하나님의 필요성 또한 사라진다. 만물이 자연과학의 원인의 관점에서 다 설명될 수 있다는 것이다. 현대인들은 하나님이 자연 세계를 그렇게 규정해 놓았기 때문에, 자연은 예외 없이 자율적으로 기능한다고 믿고 있다. 하나님은 자신의 시계(자연과 우주)를 만드셨고, 이제 그분은 단지 그것이 똑딱거리며 가는지 만을 지켜볼 뿐이다. 현대인들은 청원의 기도를 미신적인 마술 정도로만 생각한다. 그래서 하나님을 마치 우리가 개인의 유익을 위해 간청하는 우주의 산타클로스로 오해한다. 그들은 하나님이 우리의 경험의 틈새를 채우시려 개입할 수 있다는 어떠한 개념도 거절한다. 그들이 관찰하는 대로, 하나님은 자신이 한 때 창조하고 지금 지탱하고 있는 자연의 질서를 통해서 자신을 드러내신다. 만물은 하나님의 지배 아래 있다. 그러나 그것은 끊임없이 스스로 조정해 나가고 있다. 하나님은 완벽한 체계로 통제하신다. 기도는 그 완벽한 체계의 일부이다. 따라서 기도는 어떤 방식으로든 하나님을 움직이시도록 간청하지는 못한다. 하나님은 인간사에 그렇게 개입하지 않으신다.

이렇게 되면, 현대인의 기도란 하나님께서 우리에게 삶의 지혜를 주시고 그의 선하신 뜻을 보여 주신 것에 대한 감사와 찬양이다. 나아가 그것은 죄와 고백 그리고 하나님께서 자연법칙들을 은총으로 유지하고 있음에 대한 겸손한 신뢰이다. 그것은 세계 내에서 자연법칙들이 하나님의 은총의 수단으로 작용하고 있음에 대한 이해이다. 현대인의 이해의 범위에서, "당신의 뜻이 이뤄지이다!"란 기도는 자신에 넘친 하나의 주장이다. 하나님의 체계는 이렇게 완벽하다. 세계 내의 만물이 완벽하지 않은 것은 단지 인간의 무지와 완고함에 기인할 뿐이다. 기도의 효력이란, 기도하고 있는 그 자신을 얼마나 변화시킬 수 있는가에 따라 평가된다. 기도는 세계를 변화시키지 않는다. 그것은 단지 기도하는 사람 자신을 변화시킬 뿐이다. 하나님의 백성이 기도할 때, 그들은 자신들의 삶 속에서 도덕적 기질을 자극한다. 그것은 일종의 이신론적 자가 치료(deistic self-help therapy)이다.

그러면 후기현대인의 이해는 어떤가. 그들에게 있어서 하나님은 감추어져 있고 모호하다. '자연법칙들'이 비록 피상적인 경험에 의존하고 있지만, 그것들은 우발적으로 발생하는 자연의 현상을 정확하게 파악할 수 있는 근거는 아니다. 예측이 불가능한 우연(chance)은 항상 자연 세계와 인간의 경험의 일부이다. 후기현대의 하나님은 이렇게 감추어져 있으시다. 그분은 자연 세계에서 활동하지 않으신다. 하나님은 일종의 일정한 규율로 삶의 경기를 기획하고서, 그 게임을 즐기도록 인간에게 자유를 허락하셨다. 실재란 따라서 규율과 선택 그리고 우연 간에 상호 작용한다. 하나님은 '공정한 경기'의 장려자이시다. 세계와 하나님과의 관계는 인과의 관계가 아니라 영향력의 관계이다. 따라서 하나님의 영향력은 그분의 음성에 귀를 기울이려는 자에게 한정된다. 하나님은 선을 증진하려는 주체적 인간 영혼을 통해서 활동하신다. 그러나 그분은 원인을 일으키지 않으며 어떤 것도 강요하지 않으신다. 오히려 그분은 자신에게 귀를 기울이려는 사람들을 이끄신다.

후기현대인들은 하나님에 대한 위탁 혹은 헌신을 표현하기 위해 기도를 활용한다. 그들은 세계에 대한 자신들의 깊은 열망을 나타내기 위해 기도한다. 그들은 긍정적인 세계의 존재를 자신들이 얼마나 원하고 있는가를 명확히 표현하기 위해 기도한다. 그들의 기도는 세계 내에서 하나님의 도덕적 의지가 실제로 실현 되기를 열망한다. 이에 그들은 그것이 이행될 수 있도록 자신을 헌신하고 위탁한다. 그들의 선택과 위탁은 세계 내에 영향력을 가져온다. 하나님의 나라가 이 세계 내에 현존할 수 있을지 혹은 부재할지, 이 세계는 대단히 모호하기 때문에, 후기현대인들의 위탁은 하나님의 의제(agenda)에 있어서 매우 중요하다.

하나님은 경험주의 세계에서 활동하지 않으신다. 오히려 그분은 인간 정신의 주체성에 동기를 부여하신다. 하나님은 세계 내에서 자신의 뜻을 성취하려는 인간의 동인動因에 의존하신다. "당신의 뜻이 이뤄지이다!"란 기도는 헌신과 위탁의 기도이다. 그 기도는 하나님의 열망이 어떤 신적 개입을 통해서 실제로 성취되어지는 것을 기대하지 않는다. 그러나 신앙인들은 자신들의 기도를 통해서 하나님의 개입이 성취되기를 열망하고 간절히 바란다. 기도는 하나님께 자신의 보다 깊은 위탁을 촉진한다. 여기서 하나님은 개개인의 주체성에서 활동하며, 그들을 위로하고, 그 신앙인에게 영향을 미쳐 하나님께서 의도하신 바, 선을 행하도록 자신을 계시하신다. 그러나 세계 내에서 하나님 나라의 지배는 우리의 선택과 개입과 참여에 의존한다. 하나님의 뜻이 만일 세계 내에서 성취되게 하려면, 인간이 그것을 이행해야만 한다. 하나님의 뜻은 저절로 이뤄지지 않을 것이다.

현대인들과 후기현대인들은 기도의 개념에 고심하고 있다. 많은 이들이 기도에 대한 세속주의적 관점을 받아들였다. 그들에게 있어서 기도란 단순히 자아실현의 수단이다. 그것은 자기 유도를 통한 치료이다: 그것은 우리에게 용기를 주어 세계 내에서 변화를 유도하려는 심리학적 기제이다. 속화된 기도는 종종 단순한 자아동기 부여를 위한 한 방법이다. 그것은 콜만(R.Coleman)이 적절히 지적한 대로, "하나님을 어떻게 움직여서 개입하게 하거나 혹은 외부의 상황을 변화시키도록 의도하지 않는다. 세속주의자는 만일 자신이 정의, 치료, 위로, 평화를 제대로 실천에 옮긴다면, 이런 일들이 성취되어질 것이라고 믿으며 이 일들을 위해 기도한다."[14] 속화된 기도는 신적 제공보다는 오히려 인간성취를 더 의지한다. 그 기도는 하나님의 은총보다는 오히려 인간의 공로(행위)에 의해 자아를 구원한다.

✳✳✳
문제: 기도의 주안점

기도의 역할과 목적은 성경적 세계와 우리 현대인의 세계 간에 놓여 있는 차이의 실례를 여실히 잘 보여 준다.[15] 그것은 하나님께서 세계 내에서 활동하시고 있다고 믿고 있는 신앙과 그리고 하나님을 세계로부터 제거해 버리는 신앙 간의 차이를 잘 예증하고 있다. 우리는 이 양단간에서 어떻게 적법하게 기도할 수 있는가? 우리는 하나님께서 우리 삶 속에서 역사役事하시기를 기대해도 되는가? 우리는 하나님께서 우리를 도와 고통을 단지 잘 감내할 수 있도록 요구하기보다는, 하나님께서 무엇인가 우리 삶 속에서 직접 역사하실 수 있도록 요구해도 되는가?

질(현대인), 캐롤(후기현대인), 그리고 마리아(현대 이전)는 세 가지 다른 세계관들을 대표한다. 이들은 기도를 이해함에 있어서 결과적으로 서로 다른 방식을 취한다. 마리아는 기도의 능력을 통해서 하나님께서는 믿는 자를 위하여 어떤 행동도 결단하실 것이라고 확신한다. 결과적으로 마리아는 자신의 지역에서 발생한 토네이도에 대한 정보를 들었을 때, 그녀는 하나님께서 보호해 주시기를 기도했다. 마리아에게 있어서, 토네이도가 그녀의 집을 건너뛰었을 때 하나님은 실로 그녀의 기도에 응답해 주신 것이다. 그땐, 그 기도는 다른 청원의 기도 중의 하나이다. 이 때 기도는 하나님께서 개입하셔서 구체적으로 그 상황과 여건들 그리고 전망들을 바꿔주시도록 요청한 것이다. 콜만이 지적한 대로, "하나님이 직접 혹은 간접적으로 혹은 즉시로 아니면 후에, 혹은 자연적으로 혹은 기적적으로 어떤 방식으로 역사하시든 그것은 그리 중요하지 않다. 중요한 것은 하나님께서 그 청원자를 위하여 실로 행동하신다는 사실이다."[16] 하나님의 응답에 보답하여, 마리아는 이제 찬양과 감사를 올려 드린다. 하나님은 그녀의 가족의 생존에 대한 신뢰를 받으신다.

질과 캐롤 또한 하나님을 믿는다. 그러나 그들의 기도는 하나님께서 직접 역사하시어 토네이도의 진로를 바꿔 주시도록 요구하지는 않는다. 하나님은 그런 일들은 하지 않으신다. 오히려 그들의 기도는 가족의 신앙, 인내, 염려에 초점을 맞추고, 자신들이 그 상황을 이겨 내도록 도와 달라고 하나님께 기도한다. 캐롤은 폭우로 인해 부상당한 사람들을 자신들이 도울 수 있도록 하나님께서 자신들에게 힘을 주십사 하고 간청하며, 하나님의 자비에 자신들을 위탁하려는 경향이 더 있다. 그러나 그들은 하나님께서 자연의 위력을 통제하기 위해 행동할 것이라고는 믿지 않는다. 그들은 하나님께서 토네이도의 방향을 바꾸실 것이라고 기대하지 않는다. 오히려 그들은 기도 자체가 개개인을 스스로 변화시켜 각 사람으로 하여금 세계 내에 자기 참여를 가능하게 한다고 믿는다. 따라서 기도를 통해 자신들이 변화를 경험하면서 고통을 이겨낼 수 있다고 믿는다. 여기서 기도는 다소간, 심리학적 기제機制이다. 따라서 신앙인들은 그 기제를 통해 하나님 앞에서 자신들의 가장 깊은 불안을 생산적으로 경험한다. 그러나 그들은 하나님이 구체적으로 어떤 일을 해 주시기를 기대하지 않는다. 캐롤이 기대하는 것은 토네이도가 조성했던 그 불안을 참고 견디어 낼 수 있도록 하나님께서 자신에게 힘을 주십사 하고 바라는 것이다. 질은 기도가 자신의 신앙을 격려하는 수단 이외에 다른 의지가 될 수 있다는 것을 전혀 허용하지 않는다.

아래의 간단한 도표는 질과 캐롤 그리고 마리아 간의 기도에 대한 견해 차이를 잘 설명해 준다. 질이 기도 가운데서 구하여 얻을 수 있는 것은 단지 자아실현이다. 기도를 통하여 그녀는 토네이도에 대한 불안을 이겨낼 수 있도록 자신의 힘을 축적한다. 그러나 캐롤은 하나님으로부터 능력을 힘입어 그 동일한 불안을 능히 이겨낼 수 있도록 하나님의 힘에 의지하고 요청한다. 한편 마리아는 '자신의 힘을 축적하고' 하나님의 힘을 요청할 뿐만 아니라, 그녀는 또한 그 토네이도가 자신의 집을 비켜나가 가족의 생명을 구할 수 있도록 하나님께서 토네이도의 방향을 바꿔 주실 것을 간구한다.

기도의 주안점	질	캐롤	마리아
자아실현과 자아 동기 부여로서의 기도	그렇다	그렇다	그렇다
인간 정신의 주체성과 함께 하나님의 행위의 수단으로서의 기도	아니다	그렇다	그렇다
경험적 실재들을 변화시키 위한 수단으로서의 기도	아니다	아니다	그렇다

마리아의 세계가 전적으로 신성한 자세에 기초한 반면, 질과 캐롤은 기도에 대한 세속주의자의 태도를 반영한다. 질과 캐롤은 하나님이 세계에 대한 경험주의적인 실재들을 어떻게 변화시켜 주기를 기대하지 않는다. 예를 들면, 토네이도의 방향의 변경 혹은 허리케인의 진로의 변경 등이 그것이다. 그들의 자연 세계는 철저히 속화되어 있다. 그러나 마리아는 영적인 실재들뿐만 아니라, 또한 자신의 가족에게 상해를 입힐 수 있는 자연의 재앙들로부터 하나님의 보호하심을 기대하고 간구한다.

H.커스너(Kushner)의 책 『선한 사람에게 나쁜 일이 발생할 때』중, 특히 "하나님은 모든 것을 할 수 없다. 그러나 그분은 어떤 중요한 일들을 하실 수 있다."라는 장은 기도에 대한 세속주의자의 태도를 잘 보여 주고 있다.[17] 커스너는 이제 우리는 '비현실적인 기대들'을 우리 스스로 버릴 필요가 있어야 한다고 확신하고 있다. 예를 들면, 그는 '음식, 옷, 재산, 안전 귀가'와 같은 '긴 요구 사항 목록'을 하나님께 드리는 청원의 기도로 예를 든다. 사람들은 더 이상 그 같은 목록을 기도에 대한 응답으로 받아들이지 않는다는 것이다. 그것은 마치 '어린아이들이 자신들의 기도에 대한 응답으로 좋은 자전거 갖기, 좋은 성적 올리기, 혹은 이성친구 사귀기와 같은 것'에 지나지 않는다는 것이다. 하나님은 물론 그와 같은 것들을 제공하실 수 있지만, 그러나 그분은 명백히 우주를 그와 같은 방식으로 통제하지 않는다. 하나님께서 세계 내에서 하실 수 없는 것들이 분명히 있다. 그것은 그분이 하실 의지가 없는 것이 아니라, '그분이 그것을 하실 수 없다'는 사실이다. 하나님은 이 세계 내에서 당신이 최상으로

하실 수 있는 것을 하신다. 이제 우리는 하나님이 하실 수 있는 것에 대한 우리의 기대를 수정해야 한다.[18]

결과적으로, 하나님께 '악성 질병을 치유하고, 수술 결과에 영향을 미치도록 우리가 기도하는 것은 별 의미가 없다.' 이에 덧붙여서 커스너는, "좋은 수술 결과를 목적으로 한 개인의 건강을 위한 기도는 분명히 사려 깊은 사람을 혼란케 하는 것"이라고 말한다. 만일 그 사람이 완쾌되지 않기라도 한다면, 하나님은 그녀가 완쾌되는 것을 진정 바라시지 않았다는 결론에 이르지 않는가? 그러면 하나님은 어쩐지 남의 불행이나 기뻐하는 그런 가학성인가? 병이 그렇게 호전되지 않았다면, 역으로 내가 충분한 기도를 제대로 하지 않았다는 말인가? 하나님이 이렇게 말씀하셨는가?: "나는 너의 어머니를 다시금 건강하게 회복시켜 줄 수도 있었다. 그러나 너는 나에게 충분히 간청하지도 않았고 납작 엎드리지도 않았지 않았느냐?" 커스너는 이런 생각들을 깨끗이 떨쳐 버린다. 분명, 하나님은 좋으신 하나님이다. 믿음의 기도는 칭찬할 만하다. 그러나 그에게 있어서 그분의 응답은 이렇다: 하나님께서 비록 그것들을 하고 싶어 하실지라도 그분이 분명 하실 수 없는 것이 있다.[19]

그럼에도 불구하고, 커스너에 따르면 기도에는 분명 어떤 긍정적인 측면이 있다. 그것은 삶을 살아가는 한 방식인데, 이를 통해 우리는 '다른 사람과 하나님과의 접촉에서' 살아가게 된다. 우리는 기도를 통해 삶의 기쁨과 슬픔을 다른 사람들과 함께 공유하게 된다. '하나님과 접촉함으로서' 우리는 '하나님은 고통 받은 사람과 절망에 빠진 사람들의 편에 서 계신다는 이해'로부터 새로운 힘을 얻는다. 그 때, 기도란 바로 우리가 '용기를 얻기 위한 것이고, 감내할 수 없는 것을 감내할 수 있도록 힘을 얻기 위한 청원'이다. 전에는 우리에게 '이용할 수 없었던 신앙과 용기의 감추어진 자원'를 이제 우리는 기도를 통해 서서히 꺼내기 시작한다. 따라서 하나님께는 고통에 대한 책임이 없다. 그분은 고통을 어떻게 막을 수도 없고 고통을 어떻게 누그러뜨릴 수도 없다. 단지 그분은 '문제에 대처할 수 있는 힘을' 우리에게 제공할 뿐이다. 그러나 이것이 사람들이 기도를 수단으로 삼아 자신의 삶 속에서 어떤 새로운 힘을 얻는 것보다 더 의미가 있는 것인지 어떤지를 결정하는 것은 그리 쉽지 않다. 엄밀한 의미에서 하나님이 실제로 그녀의 청원의 기도에 응답해 주셨는지는 명확하지 않다. 그러나 그분은 구체적으로 혹은 경험상, 어떤 행동도 하지 않는다.

이제 기도에 대한 커스너의 개념은 단지 자아실현의 수단이거나 혹은 하나님께서 그 믿는 자에게 새로운 힘을 제공할 필요가 있다는 정도의 인식인 것이 분명해졌다. 그러나 이런 기도는 사실 자기 유도 치료 혹은 자립의 형식 정도에 지나지 않는다. 혹은 그것은 인간 정신의 주체성을 통한 하나님의 모호한 사역 정도일 것이다.[20] 여기에는 행동하시는 하나님에 대한 명확한 언질이 없다. 다시 말하면, 하나님은 당신의 백성들이 직면하고 있는 이 타락한 실재 세계를 변화시키기 위해 우리의 삶 속에서 결코 행동하지 않으신다는 것이다. 하나님은 병자를 치유하고 싶으셔도, 그러나 그것을 하실 수 없다.

※ ※ ※
요약

그렇다면 우리가 기도하는 방식은 그 자체로 세계 내에서 하나님의 개입을 우리가 어떻게 해석할 것이냐에 대한 중요한 신호이다. 마리아는 기도를 단순한 심리적 치료법으로 생각하지 않는다. 그 이상이다. 그녀는 성공적인 수술 결과를 위해 기도할 것이다. 그녀는 남편의 안전한 귀가를 위해 기도할 것이다. 그녀는 큰 재난뿐만 아니라 사소한 일들을 위해서도 기도할 것이다. 자녀의 건강뿐 아니라 분실한 집 열쇠를 찾는 일에도 기도할 것이다. 그녀는 하나님이 구체적인 방식으로 행동하신다는 그 세계에서 전과 똑같이 살아간다. 하나님은 당신의 백성들의 삶 속으로 그녀를 개입시킨다. 그리고 그분은 그들의 삶을 위하여 행동하신다.

커스너뿐 아니라, 질과 캐롤에게 있어서 기도는 마리아와는 매우 다른 관점을 보인다. 기도는 하나님이 더 이상 행동하지 않은 세계이다. 그것은 아마도 하나님이 구체적인 방식으로 당신의 백성들을 위해서 어떤 행동도 하실 수 없는 세계이다. 그것은 건강을 위한 기도가 배제된 세계이다. 단지 힘을 얻기 위한 기도가 있을 뿐이다: 그것은 압제로부터 구출을 위한 기도가 배제된 세계이다. 단지 그 압제를 참고 견디어 낼 수 있는 기도만이 있을 뿐이다. 그러나 질과 캐롤의 세계는 사실 성경적 세계가 아니다. 성경에서, 하나님은 구체적인 방식으로 행동하신다. 당신의 백성들의 울부짖음에 응답하신다. 성경의 세계는 질과 캐롤 그리고 커스너가 살아가는 삶의 방식과는 전혀 다른 세계이다.

성경의 이야기에 따르면, 하나님은 인간의 경험적 세계와 주체적 차원에서 공히 모두 상호 작용하시고 인격적으로 이 세계에 개입하여 활동하셨다. 다음 장(제3장)에서 우리는 하나님께서 이 세계 내에 개입하셨던 다양한 방식들에 주목할 것이다. 우리는 성경의 이야기 속으로 좀 더 잠수해 들어가서, 신앙의 눈에 필요한 해석적 틀(준거)을 제공해 주는 성경의 렌즈를 가지고 우리의 삶의 방식을 조망眺望해 보아야 한다. 우리는 성경의 조명照明에서 우리의 경험을 이해하고 해석해야 한다. 성경의 이야기는 우리의 이야기를 반영하고 해석해 준다.

많은 현대인들과 후기현대인들이 기술하고 있는 방식과는 대조적으로, 성경의 이야기는 하나님이 연기演技하고 있다는 식의, 그런 농간 부리는 게임이 아니다. 그와는 반대로 하나님은 우리를 당신의 백성으로 삼으시기 위해 우리의 삶 속으로 개입해 들어오신다. 그분은 우리의 관심과 사랑을 당신 쪽으로 이끌어 내셔서, 종국에는 우리와의 관계 속으로 들어오신다. 그분은 우리의 삶 속에서 우리가 당신을 발견할 수 있도록 도우실 뿐만 아니라, 자연과 역사 속에서 움직이신다. 그렇게 함으로써 우리는 우리 자신을 위해서보다는 오히려 그분을 위해서 사랑하고 살아가는 방식을 터득하게 된다. 하나님은 기꺼이 당신과 사랑의 친교를 나누기를 원하는 사람들을 인류 가운데서 찾으신다. 이것이 세계 내에서 행동하시는 하나님의 배후에 있는 동력이다. 이것이 실로 그분의 행동이 솟아 나오는 구조적 원리이다.

성경의 이야기에서 하나님의 백성들은 하나님께 울부짖어 호소할 때, 하나님께서는 그의 백성들을 찾으시고 그들을 당신께로 이끌어 내시며, 사랑의 언약에 신실하게 반응하실 것이라는 확신이 있었다. 기도란 하나님이 돌보실지 어떨지, 그분이 현존하실지 어떨지, 그분이 세계와 어떻게 관계하실지 어떨지 등, 이런 여러 가정들(assumptions)을 확인한다. 기도는 근본적으로 신앙인이 인격적으로 하나님과의 관계 속으로 들어가는 것이다. 기도란 당신의 백성을 찾아 나서시는 하나님과 그리고 그 하나님을 찾으려는 백성 간의 친교이다. 그것은 하나님께서 당신의 백성들과 관계하시고 그들이 또한 그분과 관계할 수 있는 중요한 기회이다. 그때, 기도는 하나님의 돌보심, 현존, 능력을 당연하다고 여긴다. 기도란 우리의 삶 속에서 하나님의 전적인 개입을 당연하게 받아들인다.

※ ※ ※
원인: 무고한 자의 고통

제1차, 제2차 세계대전과 유대인 대학살(Holocaust)의 여파로, 무고한 자의 고통의 문제는 현대인들의 생각 속에서 성경적 세계의 마지막 흔적들을 송두리째 파괴해 버렸다. 과학과 이성조차도 하나님이 세계 내에 개입하신다는 제 여섯 번째 감각(인간 영혼 안에 깃든 신성에 대한 감각)을 파괴할 수는 없었다. 그러나 과학과 이성조차도 파괴할 수 없었던 바로 그것을 홀로코스트의 인종 청소의 악(이와 유사한 다른 사건들도 포함하여)은 여지없이 파괴해 버렸다. 속화된 세계조차도 히틀러의 그 같은 집단수용소와 가스실의 파괴적인 악에 대해 상당히 잘 설명하는 것 같다. E.위젤의 자서전적 소설, 『밤』이 생생히 증언하고 있듯이, 홀로코스트의 전율戰慄은 유대-기독교 하나님을 살해해 버렸다.²¹⁾ 위젤의 소설 속의 가장 유력한 진술들 중 한 문장은 그가 아우슈비츠(Auschwitz)의 불꽃을 목격했던 그 첫날 밤을 이렇게 상기시킨다:

> 나는 그 밤, 그 첫날 밤을 결코 잊을 수가 없다
> 　그 수용소에서 나의 생을 송두리째 바꿔버린
> 　그 긴 밤을,
> 　일곱 번 저주와 일곱 번 봉인된 그 밤
> 나는 그 연기煙氣를 결코 잊을 수가 없다
> 나는 어린아이들의 그 작은 얼굴들을 결코 잊을 수가 없다
> 　내가 보았던 그 사람들이 한 순간
> 　연기의 소용돌이 속으로 빨려들어 갔다
> 　침묵의 푸른 하늘 아래서
> 나는 나의 신앙을 영원히 소멸시켜 버렸던 그 불꽃을
> 　결코 잊을 수가 없다
> 나는 나의 하나님을 한 순간 살해해 버린 그 순간들을
> 　결코 잊을 수가 없다
> 　그리고 나의 영혼과 나의 꿈들을 한 순간 재로 만들어 버린
> 　그 순간을,
> 나는 이런 일들을 결코 잊을 수가 없다
> 　하나님이 계시어 내 살아서 저주를 받을지라도
> 　결코 잊을 수가 없다!

위젤에게 있어서, 압제자로부터 무고한 자를 (성경에 보면) 관례적으로 해방시켰던 하나님을 이제 소박하게 믿는다는 것은 더 이상 가능하지 않다. 전능하신 하나님의 선하심을 믿는다는 것은 더 이상 가능하지 않다. 그렇게 파괴적인 악의 저지를 위해 역사 속에서 행동하시는 하나님을 믿는다는 것은 더 이상 가능하지 않다. 이 같은 소박한 믿음의 파괴는, 그것이 홀로코스트로부터 비롯되었든, 혹은 제3세계의 착취로부터 경험이든, 혹은 20세기 중엽 미국에서 인종차별로부터 비롯되었든, 이 파괴는 공히 우리 사회와 신학계에 세속주의를

가속화시켰다. 참으로 이것은 많은 이들로 하여금 하나님의 존재를 부인하도록 유인했으며, 혹은 적어도 하나님에 대한 성경적 묘사를 수정하도록 했다.

무고한 자의 고통은 개인적으로 고통을 받고 있는 자의 행위와는 직접적으로 관련이 없는, 부당한 고통이다. 그것은 아무데도 관련이 없는 악의 결과들을 실로 감내해야 한다. 우리는 통상 범죄자의 처벌을 예상한다. 강간범과 살인자들은 마땅히 감금을 당할 만하다. 그러나 무고한 자의 고통은 어떤 악행에 대한 처벌로 해석되지 않는다. 현대인들은 무고한 자의 고통과 응분의 고통 간의 차이를 잘 이해한다. 히틀러는 응분의 고통을 받았다. 그러나 그가 살해한 어린아이들은 응분의 고통을 받은 것이 아니다.

비극적으로, 우리의 세계는 무고한 자들의 고통에 상당히 익숙해져 있다. 그것이 홀로코스트에서 수백만의 어린아이들을 가스실로 보낸 것이든, AIDS 감염으로 태어난 아이든, 오클라호마(Oklahoma) 시에서 발생한 폭탄에 의해 사망한 어린아이든, 시한부 상태로 태어난 아이든, 혹은 지진 발생으로 인한 수천 수만 명의 사망이든, 그러한 전율에 대한 지속적인 질문은 이렇다: "어린아이들은 왜 죽어야 하는가?", "그들은 마땅히 죽지 않아야 했다." 어린아이의 죽음은 비탄이다. "왜 AIDS 감염을 지니고 아이들은 태어나는가?" 분명, 어느 신생아도 마땅히 죽을 만한 잘못은 없다. 우리 모두는 여기서 무고한 어린아이들이 지닌 최우선시 되는 동일한 비전을 공유한다. 우리 모두는 무고한 자라고 해서 고통이 제외될 수 없다는 것을 잘 알고 있다. 음주운전자가 다른 차량과 충돌하여 그 가족 모두를 사망케 했을 때, 어느 누구도 그 가족이 마땅히 죽었어야 했다거나 혹은 그 가족이 자신들의 죽음에 어떤 직접적인 책임이 있었다고 생각하지 않는다. 대부분의 사람들은 그 같은 비극에 대한 책임은 음주운전자에게 있다는 데 동의할 것이다. 그러나 토네이도가 밀어닥쳐 어린아이를 사망케 했다면, 그 책임은 누가 지는가? 아무도 없는가? 혹은 하나님이신가?

무고한 자의 고통은 성경적 세계에 사는 유신론자에게 하나의 심각한 문제를 제기한다. 질은 이 문제를 마리아에게 아주 간결하게 제기한다. 토네이도를 허락하여 앤더슨의 집을 강타하고 이제 막 아장아장 걷기 시작한 아이를 사망에 이르게 한 하나님을 우리는 정직하게 믿을 수 있는가? 만일 토네이도와 같은 사건들이 하나님에게 궁극적으로 책임이 있다면, 만일 하나님께서 자연 질서 가운데서 뭔가 행동을 취하실 수 있다면, 왜 하나님은 그 같은 부당한 고통을 미연에 막지 않으신가? 마리아에게 있어서 그 문제는 예민하다. 왜냐하면 그녀의 신앙은 이 세계 내에 하나님을 연루시키기 때문이다. 질에게 있어서 하나님은 어려운 방정식의 일부가 아니다. 복잡하게 생각할 것도 없다. 캐롤에게 있어서 하나님은 단지 그 영혼을 위로하고, 어려움을 잘 견뎌내도록 용기를 북돋아 주기 위해 현존하신다. 질과 캐롤 모두에게 있어서, 토네이도와 같은 사건엔 누구도 책임이 없다. 그것은 단지 자연의 카오스의 일부일 뿐이다. 그들은 이제 다른 문제로 신속히 이동한다.

세속 사회에서 그들의 입장은 복잡하지 않고 편리하다. 그들의 입장은 조슈아를 사망에 이르게 했던 토네이도에 대해 궁극적으로 어떠한 책임도 하나님에게 전가시키지 않는다. 그 세속주의자는 세계를 선 혹은 악이 우연하게 발생될 수 있는 도덕적으로 중립적인 영역으로 인식한다. 무엇이 일어났든 간에, '자연적으로' 발생한 것은, 관찰 가능한 현상의 관점에서 설명되어질 수 있다. 그것은 자연의 힘이거나 혹은 행운이든 불운이든 우연한 결과일 뿐이다. 따라서 지진 발생으로 인한 수천 수만 명의 사망이나 혹은 토네이도와 같은 사건에서 어린아이의 사망은 도덕적인 의미가 없다. 아무도 거기에 대해 책임이 없다. 단지 그것은 사물이 존재하는 방식일 뿐이다. 그것은 불운일 뿐이지 신의 작용이 아니다. 거기서 고통당하는 자는 견디어 내야만 한다. 그것은 카오스이지 의도된 것이 아니다. 누구도 이에 대해 하나님께 궁극적인 책임을 전가할 수 없다.

※※※
결론

　성경의 빼어난 인물 중 고통받는 자(예수 이외 다른 인물)는 어떻게 하나님의 세계와의 관계를 바라보았는가? 구약의 욥은 하나님이 자신의 고통에 대해 궁극적으로 책임이 있다고 믿었다. 우리는 후에 이 점에 관해서 더 토의하겠지만, 여기서 욥의 세계와 우리의 세계 간의 괴리를 강조하는 것은 중요하다. 욥은 현대인이나 혹은 후기현대인 어느 누구도 감히 참이라고 받아들일 수 없는 것들을 진술하고 있다. 참으로, 욥의 진술들에 비추어 보면, 현대인 혹은 후기현대인의 사고까지도 아예 신성모독이거나 혹은 상상할 수도 없을 것이다. 욥이 자신의 '모든' 고통을 하나님의 손길에 돌리고 있는 것에 견주어 보면, 마리아조차도 아주 대담하고 무모할 정도의 문제를 지니고 있다.

　욥은 하나님 홀로 이 세계와 거기서 일어나는 사건들을 통제하고 있다고 믿는다. 결과적으로, 오직 하나님만이 이 모든 사건들에 대해 궁극적으로 책임이 있으시다. 욥은 이렇게 질문한다, "그렇게 되게 한 이가 그가 아니시면, 누구이뇨?"(욥 9:24). 자신의 상황에 책임이 있는 생물들에게 물어보라. 욥은 이렇게 항의한다. "이것들 중에 어느 것이 여호와의 손이 이를 행하신 줄을 알지 못하랴"(욥 12:9). 욥은 세계로부터 하나님을 분리시킬 수 없다. 불의한 자가 번영하든, 혹은 의로운 자가 고통을 당하든 간에, 하나님은 세계를 통제하신다. 그분이 불의한 자를 번영케 하게도 하고, 의로운 자를 고통당하게도 한다는 점에서, 하나님은 욥의 고통에 대해 책임이 있으시다.

　그러나 한편, 불의한 자가 번영하고 의로운 자가 고통을 당하는 문제는 욥에게 심각한 문제를 야기한다. 물론 모든 신앙인들에게도 그렇다. 욥은 자신의 고통이 마땅히 받아야만 하는 것이라고 생각하지 않는다. 어떤 이들처럼 자신이 하나님을 거부하고 그분을 섬기는 것이 아무 쓸모없는 일이라고 믿고 살아가는 그런 불의한 자가 결코 아니라는 것을 그는 분명히 알고 있다(참고, 욥 21:14-15). 그러나 그는 또한 하나님이 이 고통을 자신에게 가져다주셨다는 것을 알고 있다. 문제는 이렇다: 하나님이 세계를 통제하신다면, 세계는 그분의 정의와 연민을 왜 반영하지 못하는가? 이제 의로운 자의 고통의 질문은 하나님을 향해 대담한 비난으로 변해 가면서, 그는 문제의 핵심을 다음과 같이 정확하게 노출시킨다. "주께서 주의 손으로 지으신 것을 학대하시며 멸시하시고 악인의 꾀에 빛을 비추시기를 선히 여기시나이까"(욥 10:3). 욥은 하나님의 존재를 부인하지 않는다. 그러나 그는 이제 그분의 정의에 대하여 이상하게 여긴다. 욥은 자신이 하나님에 의해 부당한 취급을 받고 있다고 느꼈다. 하나님은 정의로운 분이시면서 어떻게 악한 사람들이 번영을 누리며 살 수 있도록 허용하실 수 있는가? 하나님은 정의로운 분이시면서 어떻게 선한 사람들이 그렇게 고통을 당하도록 허용하실 수 있는가? 욥에 따르면, 세계는 그 도덕적 의미를 상실했으며, 하나님은 이에 책임이 있다.

하나님은 세계에 대한 책임이 있다. 욥은 이것을 이해하고 있다. 그러나 현대 신앙인들은 그 같이 생각하는 것을 꺼린다. 현대 세계는 그 질문을 이해한다. 참으로, 이에 대한 가능한 해법이 혐오스럽게 밖으로 드러난 것은 무엇인가! 그것은 결국, 질을 이신론으로 떠밀었고(우리의 태엽시계처럼, 하나님은 세계가 자율적으로 운행하도록 허용하신다는 것), 그리고 캐롤과 커스너 같은 이들은 이제 전통적인 기독교-유대교의 신론을 수정하게 이르렀다. 하나님은 포악한 악이 만연한 이 세계에 실로 책임을 질 수 있으신가? 현대 신앙인들은 하나님을 세계 내의 개입으로부터 적당히 거리를 두게 함으로써 하나님의 책임을 면하게 하거나 혹은 하나님을 정당화시키려 한다. 어떤 후기현대 신앙인들의 경우엔, 아예 하나님의 제한성을 들어('하나님을 용서하여') 이 난제難題를 해결하려고 한다.[22] 현대/후기현대 신앙인들은 하나님을 그 같은 난제로부터 격리시키기를 원한다: 곧 하나님을 난제로부터 벗어나게 하여 그분이 정당화될 수 있거나 혹은 최소한 이해될 수 있는 귀퉁이의 안전지대로 대피시킨다.

신앙인은 하나님을 방어해야 한다; 혹은 적어도 하나님에 대해 해명해야 한다. 하나님이 하실 수 있는 일이 많다. 그러나 그분에게는 그분만의 한계가 있다. 하나님은 당신이 조성하신 세계와 더불어 하실 수 있는 최선의 것(the best)을 하신다: 그분은 당신이 하실 수 있는 최상의 것(the most)을 하신다.[23] 우리는 하나님의 곤경을 이해해야 한다. 그러나 욥은 이 같은 하나님의 나약함 중 어느 하나도 허용하지 않는 것 같다. 하나님은 책임을 지셔야 한다. 그렇지 않으면 그분은 하나님이 아니시다.

만일 욥의 그런 대답이 현대 사상가들에게 그렇게 이해하기 어려운 것으로 비쳤다면, 성경의 고대 저자들은 어떻게 그런 결론에 도달할 때까지 궁리窮理해 낼 수 있었을까? 하나님의 이야기는 과연 우리를 어디로 이끌어서 그 부당한 고통을 우리로 하여금 견디어 낼 수 있도록 하시려는가? 성경의 이야기는 우리를 때로는 – 절망과 분노와 깊은 회의를 통해 – 미궁으로 인도할 것이다. 그리고 이후, 하나님은 우리의 고통 가운데 우리에게 가까이 다가오심으로써 우리를 신적 초월에 대한 경외감으로 이끌어 가신다. 성경의 이야기는 우리에게 하나님의 창조, 인간의 타락, 구속을 위한 역사 속에서의 하나님의 주도권, 하나님의 감정이입의 성육신, 성령의 현존을 통한 하나님의 능력의 경험, 그리고 승리에 찬 부활의 희망을 진술하고 있다. 성경의 이야기는 하나님께서 우리와 함께 그리고 우리를 위해 어떻게 고통을 받으셨는가를, 이로써 우리가 그 고통의 와중에서조차 그분의 친교와 현존을 알아야 함을 우리에게 전해 주고 있다.

제3장

하나님은 왜 이 세계를 창조하셨는가?

| 성경에서 창조와 타락 이야기 |

태초에 하나님이 천지를 창조하시니라…
하나님이 자기 형상 곧 하나님의 형상대로 사람을 창조하시되,
남자와 여자를 창조하시고…
하나님이 그 지으신 모든 것을 보시니 보시기에 심히 좋았더라.
창 1:1, 27, 31a

뱀에게 이르시되, "네가 이렇게 하였으니
네가 모든 육축과 들의 모든 짐승보다
더욱 저주를 받아…"

또 여자에게 이르시되, "내가 네게 잉태하는 고통을 크게 더하리니
네가 수고하고 자식을 낳을 것이며,
너는 남편을 사모하고 남편은 너를 다스릴 것이니라 하시고,"

아담에게 이르시되, "네가 네 아내의 말을 듣고
내가 너더러 먹지 말라 한 나무 실과를 먹었은즉
땅은 너로 인하여 저주를 받고
너는 종신토록 수고하여야 그 소산을 먹으리라."
창 3:14a, 16, 17

※ ※ ※

하나님이 이 세계를 창조하셨는가? 대답은 '그렇다'와 '그렇지 않다'이다. 하나님이 창조하신 세계는 '매우 좋았다.' 하지만 지금 존재하는 세계는 '저주를 받았다.' 하나님은 생명, 조화, 기쁨을 창조하셨지만 지금 이 땅에는 죽음, 적개심, 고통으로 가득 차 있다. 무슨 일이 일어난 것일까? 이 질문에 대한 대답이 바로 창조와 타락의 이야기이다.

이 이야기의 일부를 이해하는 것이 중요하다. 왜냐하면 우리는 여기서 하나님의 창조를 통해 그분의 사랑의 의도를 알고, 인간의 죄로 인한 악, 고통, 죽음의 시작을 알 수 있기 때문이다. 하지만, 저주에도 불구하고 하나님은 아직도 당신의 피조물에게 좋은 것을 주길 원하신다. 하나님의 의도는 예전과 같다. 그리고 그 목적을 성취하기 위해 적절한 수단을 내세울 것이다. 이제, 섭리의 이야기는 창조 때 나타난 하나님의 의도에서 시작된다.

※ ※ ※
창조: 하나님은 무엇을 의도하셨는가?

처음, 인간에게 행하신 하나님의 은총의 행위는 출애굽도 아니고 십자가도 아닌, 바로 창조였다. 하나님께서 창조하셨을 때, 그분은 자유 가운데서 충동적이지 않게 행동하셨다. 인간은 당연히 창조되어야 할 그런 존재가 아니었다. 존재해야 할 고유한 권리도 없었다. 하나님은 당신의 내적 필요성 때문에 하는 수 없이 창조하신 것도 아니다. 창조는 어찌 보면 우리 분수에 넘친, 그분의 자유로운 의지로부터 일어난 하나님의 사랑이다(계 4:11).

하나님의 은총의 행위인 창조를 이해하기 위한 모델은 그분이 행하신 위대한 두 가지의 구속적 행위에 있다(하나의 행위는 다른 하나를 예시한다): 이스라엘의 창조(세움)와 교회의 창조(세움)가 그것이다. 이 둘은 하나님의 본래의 의도를 나타낸다. 실로 이스라엘과 교회의 세움은 하나님의 처음 창조 행위의 연장이다. 하나님은 타락한 세계를 다시 구속하기를 원하신다. 하나님의 재창조는 처음 창조의 동기와 뜻을 기초로 한다. 하나님께서 당신의 사랑으로부터 세계를 창조하셨듯이, 동일한 의도로 세계를 구속하기로 결정하셨다.

이스라엘은 자력으로 자신을 세운 것이 아니었다. 그들이 원래부터 거부할 수 없는 국가의 가치가 있어서 세워진 것도 아니었다. 하나님은 타자의 강요로 아브라함을 부르신 것이 아니었고, 에서보다 야곱을 선택할 의무가 있으셨던 것도 아니었다(롬 9:10-13). 이스라엘이 위대하기 때문에 선택하신 것도 아니다(하나님에게는 반드시 가장 큰 나라를 선택하셔야 할 의무가 있는 것도 아니다). 또한 이스라엘이 가장 신실했기 때문도 아니다(그 어떤 의로운 나라도 하나님을 빚지게 할 수 없는 것이다). 하나님은 이스라엘이 "모든 민족 중에 가장 적고"(신 7:7) "목이 곧은 백성"(신 9:6)임에도 불구하고 그들을 선택하셨다. 하나님은 그들을 사랑하셨기에 선택하셨다(신 7:8-9). 하나님이 이스라엘을 선택한 이유는 우주를 창조하신 이유와 같다.

교회도 자력으로 자신을 세운 것이 아니다. 그렇다고 교회를 구성하는 사람들이 그 자체로 거부할 수 없는 고유한 가치가 있어서도 아니었다. 하나님은 당신의 아들을 보내셔야 할 의무가 있었던 것도 아니었다. 죄인들을 구속해야 할 의무가 있으셨던 것도 아니었다. 우리가 실로 거룩하기 때문에 하나님께서 그리스도를 통해 우리를 선택하신 것도 아니다(우리는 거룩한 척도 할 수가 없다). 또한 우리가 본래부터 귀중했기 때문도 아니었다(우리는 거만하게 우리 안에 어떤 훌륭함이 있기에 하나님이 우리를 구원해야 한다고 말할 수도 없다). 그와는 반대로, 하나님은 당신의 사랑으로부터 오는 은총으로 말미암아 우리를 선택하셨다(엡 1:4-6). 우리가 죄인이고 하나님의 대적자임에도 불구하고 그리스도는 우리를 위해 죽으셨다(롬 5:6-10). 하나님은 자신의 사랑과 은총의 선물을 당신의 아들을 통해 나타내 보이셨다. '이렇게 하나님의 사랑이 우리에게 나타나셨다' (요일 4:9). 이것이 하나님의 구속의 사랑이다. 우주를 창조하게 하신 동인動因은 바로 이 같은 그분의 동일한 사랑이다.

하지만 우리에게는 여전히 의문이 남아 있다. 하나님께서 우리를 사랑 안에서 창조하셨다면, 이것은 무엇을 의미하는가? 우리는 어떻게 하나님의 이 같은 행위를 이해해야 하는가? 그분의 사랑이 우리를 창조하도록 강요한 것이었나? 우리를 창조하시기 전에 그분의 사랑은 부족했던 것인가?

❋ ❋ ❋
하나님은 당신을 위해 백성을 찾으신다

하나님은 이 세계를 왜 창조하셨는가? 구체적으로 왜 우리를 창조하셨을까? 이 질문은 신학자들을 비롯해 성경공부 시간에 창조에 대해 궁금해 하는 아이들을 종종 혼란케 해 왔다. 쉽게 말해서, "하나님에게는 무엇인가 부족한 것이 있었다." 라고 대답하고 싶은 유혹이 들기도 한다. 하나님은 당신의 만족감, 그분 안에 무엇인가를 채우기 위해서 필요했다고 말이다. 하지만 그렇게 대답하면 하나님의 창조는 은총에 의한 것이 아니고, 이기적인 것이 되어 버린다. 이런 시나리오에 의하면, 하나님은 이기적이고 자기중심적이고 자체로 무엇인가 부족하시다는 것이다. 이렇게 되면, 어떤 내적 필요성이 하나님으로 하여금 당신의 마음의 공허함을 채우도록 했다는 결론에 이른다. 이 말은 하나님이 불완전하기 때문에 우리를 창조했다는 것밖에 안 된다. 그럴까? 아니다! 그렇게 되면, 하나님은 오히려 우리가 필요하기 때문에 존재하는 것이 된다. 그 땐, 우리가 그분께 빚진 것이 아니라 그분이 우리에게 빚진 것이 된다. 결코 그렇지 않다! 하나님은 내적인 필요성 때문에서가 아니라 당신의 자유로운 은총으로 우리를 창조하셨다.

우리가 하나님의 창조 이유를 온전히 파악하기 위해서는, 그분께서 무엇을 창조하셨는지 우리는 이해해야 하고, 또 그것이 어떻게 다른 은총의 행위로 반영되었는지(이스라엘과 교회의 세움)를 알아야 한다. 하나님이 창조하신 것은 무엇인가? 그분은 삶의 공동체를 창조하셨다. 이 땅에 인간의 자손들로 채울 남자와 여자를 창조하셨으며, 결과적으로 그들을 통해 세계를 하나님의 영광으로 채우기 위해 창조하셨다(창 1:28; 9:1). 하나님이 이스라엘을 창조하실 때 아브라함과 사라를 택하셨고 그들의 후손들이 온 나라에 하나님의 영광을 드러내도록 하셨다. 하나님이 교회를 세우셨을 때, 당신의 영광을 위해 만백성을 구속하여 형제와 자매로 불러 올 그리스도를 선택하셨다(히 2:10). 하나님은 항상 당신을 위한 백성을 찾으신다. 처음 창조에서나 구속을 위한 재창조에서나, 하나님은 당신을 위한 사람들을 불러 모으시고, 이내 그 공동체를 통해 당신의 사랑을 함께 나누기를 원하신다.

이것이 성경에 깊게 배어 있는 주제이다. 하나님은 아브라함과 약속하실 때 아브라함만의 하나님이 아닌 그의 후손들의 하나님이 되실 것을 약속하셨다. 아브라함의 자손들은 이제 하나님의 백성이 될 것이고 하나님은 그들의 하나님이 되실 것이다(창 17:7-8). 하나님은 모세를 통해 애굽에 있는 이스라엘 백성에게 다가오셔서, 구속을 약속하셨다. 그분은 "너희로 내 백성을 삼고 나는 너희 하나님이 되리니" 라고 안심시키셨다(출 6:7). 이스라엘이 광야에서 장막을 세웠을 때 하나님은 그들과 함께 거하시고 이제 그들의 하나님이 되기로 약속하셨다(출 29:45; 40:34-35; 레 26:11-12). 이 영광은 솔로몬의 성전

이 완성되자 되풀이된다(왕상 8:11; 대하 5:14; 7:1-3). 예언자들은 계속해서 이스라엘에게 그들과 함께 거하시는 하나님의 약속을 상기시켰다(겔 34:30). 이스라엘은 이제 하나님의 백성이 되고 하나님은 그들의 왕이시라는 사실을 상기시켰다(렘 7:23; 11:4; 24:7; 겔 11:20; 14:11; 36:28; 37:27; 슥 2:11; 8:8; 13:9).

더욱, 이 약속은 '새 언약'의 중심이었다. 하나님은 그의 약속, "나는 그들의 하나님이 되고 그들은 내 백성이 될 것"(렘 31:33)이라는 약속을 성취하기 위하여 예언자 예레미야를 통해 이스라엘의 죄를 용서하실 뜻을 선포하셨다. 바울은 이 새 언약의 사역을 깊이 숙고하면서(고후 3:6), 이 약속이 "우리는 살아 계신 하나님의 성전이다"(고후 6:16)라는 말씀을 상기시키며, 하나님의 교회에서 분명히 성취되고 있음을 밝힌다. 이제 레위기 26장 11-12절의 약속은 교회 안에서 이제 성취된다. 하나님께서 말씀하시길, "내가 저희 가운데 거하며 두루 행하여 나는 저희 하나님이 되고 저희는 나의 백성이 되리라"라고 하셨다(고후 6:16은 레 26:12를 인용한다). 하나님은 교회 안에 당신 자신을 위한 백성을 두신다. 하지만 이 약속의 궁극적인 목표는 하나님의 종말론적 현존 現存이다. 하나님은 새 시대가 완성될 때에 당신의 공동체를 세우실 것이다. 새 예루살렘이 하늘로부터 내려올 때 이는 큰 소리로 선포될 것이다. "보라 하나님의 장막이 사람들과 함께 있으매 하나님이 저희와 함께 거하시리니 저희는 하나님의 백성이 되고 하나님은 친히 저희와 함께 계시리라"(계 21:3).

하나님께서 친히 당신의 백성을 찾으신다는 이 구속사적 동기(motif)는, 구속/재창조에서 그분이 몸소 사랑의 교제를 통해 당신의 백성과 함께 거하신다는 것을 나타낸다. 하나님은 그의 백성들과 교제하길 원하신다. 재창조는 창조를 모델로 하는 것이기에, 원래의 창조 의도와도 같다. 그분은 친히 자신을 위한 공동체 곧 당신의 백성을 창조하셨다. 사랑의 교제를 함께 나눌 수 있는 백성을 당신에게 두셨다.

하지만 하나님은 왜 자신의 피조물과 사랑의 교제를 나누고 싶어 하시는 것일까? 고립되고 외로운 존재이기 때문에 외로움을 보상받기 위해 창조하신 것일까? 하나님은 동행자가 그렇게 필요한 것일까? 아니다!

비록 삼위일체론(어떻게 정의를 내리든)이 어떤 이들에겐 좀 낯설고, 사색적이고, 버거운 것이기는 하지만, 그것은 하나님이 세계를 창조하신 목적을 이해하는 데 도움이 된다.[24] 빼어난 신학자가 아니라도 삼위일체론이 왜 하나님의 창조를 이해하는 데 중요한지 알 수 있다. 실제로, 성경은 창조 자체가 삼위일체 하나님의 행위였음을 보여 준다. 하나님 아버지는 창조의 근원이시다: 존재하는 모든 것의 원천과 기원이시다. 우주의 모든 것은 하나님으로부터 왔다. 모든 것은 "주에게서 나오고", "그분에게서" 났다(롬 11:36; 고전 8:6). 아들이신 그리스도는 창조의 수단이다. 아들은 창조의 수단으로서 아버지는 아들을 통해 세계를 창조하셨다(요 1:1-3; 고전 8:6). 아들의 중재 없이는 아버지는 아무것도 창조하지 않으셨다. 생명의 호흡이신 성령은 이 세계의 생명에 활기를 주시는 하나님의 활동적인 실재이다(욥 26:13; 33:4; 시 33:6; 104:30). 창조 시에, 성령은 하나님과 함께하셨고 생명이 없었던 것에 생기를 주셨던 능력이다(창 1:2; 2:7). 그러므로 창조는 하나님 아버지로부터 그리고 아들을 통해 또한 성령의 능력으로 말미암은 것이다.[25] 따라서 한 분이신 하나님은 이 놀라운 창조를 삼위일체적 공동체(성부 · 성자 · 성령)로서 이루셨으며, 놀라운 구속 또한 삼위일체적 공동체를 통해 이루셨다(참고, 엡 2:18; 벧전 1:2). 따라서 창조와 구속 둘 다 삼위일체 하나님의 행위이시다.

삼위일체론은 하나님의 실재가 실로 아버지와 아들과 성령 간의 사랑의 친교의 공동체라는 사실을 우리에게 가르쳐 준다. 그 공동체는 이 우주가 존재하기 전에 계신 하나님의 거룩한 사랑의 공동체이다. 예수는 하나님이 그에게 주신 영광을 제자들이 보기를 기도하셨다. 하나님께서 아들이신 예수에게 영광을 주신 이유는 그분을 "창세전부터" 사랑했기 때문이다(문자 그대로, 우주의 창조가 있기 전에; 요 17:24). 이 성경 본문은 창세전부터 계셨던 하나님 아버지와 아들 예수의 삶 간에 하나의 구별을 그대로 보여 준다. 우주가 존재하기 전에 아버지와 아들이 공유하신 사랑(아가페)의 공동체는 이미 존재했다.

예수의 기도 또한 하나님의 구원하시는 사랑이 아버지와 아들이 나눈 사랑으로부터 비롯되었다는 사실을 우리에게 알려 준다. 예수는 하나님 아버지께 자신이 계속, 그의 제자들에게 "아버지께서 내 안에, 내가 아버지 안에 있는 것 같이 저희도 다 하나가 되어 우리 안에 있게" 하심을 알 수 있도록 하겠다고 약속하셨다(요 17:26). 구속의 의도는 타락한 세계를 하나님의 아가페(사랑)의 계획 속에서, 아버지가 아들 안에 거하고 아들은 아버지 안에 거하는 것처럼 온전히 회복하는 것이다(요일 1:3). 구속의 의도가 창조를 본 따는 것이라면, 창조의 목적 또한 분명하다. 하나님은 자신의 사랑의 공동체를 함께 나눌 수 있는 백성을 두시기를 원하셨다.

하나님은 외로움 때문에 인간을 창조하신 것이 아니다. D.블뢰쉬(Bloesch)가 언급했듯이, "하나님은 인간의 대화와 활동의 세계로부터 고립되고 동떨어진, 단독자가 아니시고, 오히려 삼위일체적 사랑의 공동체이시다."[26] 교제의 필요성 때문에 인간을 창조하신 것이 아니다. 그분에게는 처음부터 아버지, 아들, 성령의 삼위일체적 교제가 있었다. 비록 어느 시점에서 하나님이 교제를 시작하시기는 하였지만, 그렇다고 하여 그 교제가 하나님에 의해 창조된 것이 아니라, 오히려 그 교제 자체가 하나님의 하나님이 되심이다. 하나님은 사랑이시기 때문에, 그분이 사랑의 공동체이시다. 하나님은 아가페이시다(요일 4:8). 결과적으로, 하나님은 사랑의 공동체를 경험하기 위하여 자신 밖의 다른 것의 도움을 필요하지 않는다. 이 사랑의 공동체는 하나님의 삼위일체적 친교의 상호 호혜적 거하심을 통하여 현존한다.

이 같은 하나님의 행위를 이해하기 위한 최상의 유비有比는 – 비록 그 유비가 제한적이기는 하지만 – 자녀를 갖기로 한 부부의 결정에 비유될 수 있다. 부부들은 왜 아이 갖기를 결정하는가? 분명히, 타락한 이 세상에서, 순수한 동기만은 아닐 것이다. 하지만 가장 순수한 관점에서 바라볼 때, 부부는 자신들의 사랑을 다른 존재와 나누기 위해 아이들을 낳는다. 아이를 갖고자 하는 결정은 가장 좋은 상황에서는 무욕無慾의 결정이다. 그들은 자신들만이 갖고 있었을 수도 있는 것을 나누기로 결정한 것이다. 인간관계에서 남편과 아내 간에 존재하는 사랑을 능가하는 것은 없다. 이 사랑의 교제를 통해 아이들이 태어났을 때, 아이들은 감히 그들이 만들지 않은 중요한 영역에 참여하게 된다. 모든 부모는 어느 강요 없이 자신들의 사랑을 아이들과 나눈다. 자녀들은 이렇게 부부 간의 사랑의 교제로부터 태어난다. 이는 우리 모두가 언제나 바라는 바이지만 말이다. 부부는 자신들의 사랑을 이렇게 상호 호혜적으로 공유한다.

이 같은 예처럼, 삼위일체적 공동체(성부·성자·성령)가 창조하기로 결정했을 때, 삼위일체 하나님은 창조 전에 이미 즐기고 계셨던 그 중요한 친교를 타자와 공유하기로 결정하셨다. 따라서 우리 인간들이 그 교제를 시발始發한 것이 아니라, 그것은 그분의 사랑 속에서 우리에게 제공된 것이다. 하나님은 받기 위해서 창조하신 것이 아니다(하나님은 그분 자체만으로도 완벽하시기 때문이다). 그분은 당신 자신을 나누기 위해 창조하셨다. 그러므로 창조의 행위는 자비로운 무욕의 사랑으로부터 비롯된 것이다.

그럼에도 불구하고, 모든 부모가 자녀들과의 사랑을 경험함으로써 삶이 더 풍성해지는 것처럼, 하나님 또한 그렇다. 하나님은 당신 자신을 위해 세계를 창조하셨다. 성경이 말하듯이, 자신의 영광을 위해 창조하셨다. 하나님께서 당신의 영광을 위해 이스라엘을 세우셨듯이, 교회도 친히 영광을 위해 당신의 것으로 택하셨다(엡 1:14). 이렇듯 하나님은 우주를 당신의 영광을 위해 창조하셨다(사 43:7; 48:11). 창조는 하나님을 위한 하나님의 행위이다. 만물은 그분을 위해 존재한다(히 2:10; 롬 11:36). 다시 말하면, 그것은 그분의 영광을 위해, 영예를 위해, 또 그분의 특권을 위해서다. 하지만 이것은 이기주의자의 행위가 아니다. 오히려, 그분의 친교를 기쁘게 나누는 것이다. 이 기쁨은 그분과 백성이 함께 나누는 친교이다. 하나님은 이 같은 사랑의 친교를 통해 당신을 영광스럽게 하신다. 그분의 타자 중심의 사랑은 나누고 누리시는 친교이다.

그러므로 창조의 목적은 사랑을 나누고 그분이 창조한 사람들과 교제하시는 하나님의 영광을 드높이는 것이다. 친교에서 오는 기쁨을 통해 하나님은 영광을 받으신다. 그래서 하나님은 창조에서나 구속에서나 당신의 백성들과 나누는 친교를 통해 나타나는 영광과 찬양을 위해 행동하신다(엡 1:6,12,14). 따라서 우리 인간은 하나님과의 친교를 나눔으로써, 그분의 영광을 크게 찬양하고 그분의 영광을 반영하기 위해 존재한다.[27]

창조는 하나님의 은총을 드러낸다. 창조에 나타난 은총의 행위, 곧 아가페적 사랑의 행위는, 하나님이 이미 갖고 계신 사랑을 공유하기 위한 그분 자신의 결정이다. 그것은 부족한 것을 얻으려는 목적이 아니었다. 오히려, 하나님은 삼위일체적 공동체에서 나누던 사랑을 타자와 나누길 원하셨다. 이것은 놀랍고도 불가사이한 생각이다. 아무런 강요 없이, 하나님은 자신의 거룩한 친교를 자신이 창조한 인간과 나누길 결정하셨다. 세상을 이처럼 사랑하사 독생자를 주셨던 것처럼, 하나님은 우리를 이렇게 사랑하셔서 당신의 사랑을 나누기 위해 세계를 창조하셨다. 자유로운 결정에 의한 하나님의 사랑은 자기 내어줌이요 타자 중심이다. 따라서 이 사랑은 타자와의 신성한 교제의 기쁨을 나누기를 시도한다.

※ ※ ※
인간의 자유와 하나님과의 교제

하나님은 창조하시고 난 후에, 만드신 모든 것을 보시고 "심히 좋았더라"고 선언하셨다(창 1:31). 이 창조의 최고조는 당신의 형상에 따라 피조된 남자와 여자, 인간의 창조였다. 하나님의 공동체는 고유한 친교를 나누기 위해 인간 공동체를 창조하셨다. 제7일에, 하나님은 당신의 피조물과 친교를 나누시며 안식하셨다. 하나님은 이 친교를 키우고 발전시키기 위한 장소도 마련하셨다. 창세기에서 '에덴'이라 불리는 곳이다(창 2:10-14). 그곳은 하나님이 당신의 백성과 함께하시고 또 인간이 하나님으로부터 숨길 필요가 없는 곳이었다. 에덴동산은 하나님과 인간 사이의 기쁨과 친교의 공간이었다.

창세기는 하나님과 그분의 백성 간의 관계를 추상적인 신학적 용어로 설명하고 있지 않다. 대신에, 이는 서로 간의 긴밀한 관계를 전하고 있다. 하나님은 당신의 피조물을 위해 자원을 공급하신다. 아담에게 호흡을 주셨듯이 생명을 공급하신다(창 2:7). 그분은 삶에 필요한 모든 것을 갖춘 정원도 공급하신다. 하나님은 당신과의 영원한 교제를 가능케 하는 생명나무를 허락하신다(창 2:9). 과제를 주시고(창 2:15) 인간에게 자비로운 보호자가 되라고 당신의 피조물에 대한 통치권을 주신다(창 1:28-30). 삶의 동행을 허락해 주시고, 남자와 여자를 창조하심으로써 인간에게 공동체를 선물하신다. 하나님은 위대한 공급자이시다.

고독, 외로움, 개인주의는 절대적 가치들이 아니다.[28] 오히려, 하나님은 상호 호혜적인 관계로 서로의 삶을 더 풍성하게 할 수 있는 공동체를 창조하셨다. "사람의 독처하는 것이 좋지 못하니"라고 하셨다(창 2:18). 결과적으로, 아담과 하와의 교제 즉, 남편과 아내의 교제는 하나님이 자신의 백성을 위해 만드신 행복의 한 요소이다. 그 같은 교제는 하나님의 삼위일체적 삶을 반영한다. 둘 다 벗은 상태였지만 부끄러움이 없었다는 것은 친밀함, 자유, 숨김이 없는 관계를 강조한다(창 2:25). 이는 더욱이 나중에 느끼는 수치스러움과 비교했을 때와 판이하게 다르다(창 3:7).

하나님의 내적 사랑의 공동체는 인간공동체를 창조하셨다. 그리고 이 인간공동체는 하나님의 형상을 그대로 담지擔持한다. 하나님이 당신의 삼위일체적 교제를 나누기 위해 사랑으로 우리를 창조하신 것처럼, 하나님은 인간에게 하나님의 창조의 행위를 형상화形象化할 후손들로 이 세계를 충만하게 하라고 하셨다(창 1:28). 출산을 통해 인간은 세계를 하나님의 영광으로 채울 수 있는 것이다. 남자와 여자로서 아담과 하와는 먼저 하나님과 친교하고, 상호 나누고, 그리고 사랑으로 인해 태어난 자신들의 자녀들과 나누기를 하나님은 바라셨다.

아담과 하와는 하나님의 사랑의 공동체 안에서 태어났다. 자녀들이 가족의 사랑 안에 태어나는 것처럼 말이다(이상적으로 말하자면). 하지만, 이 교제에서 하나님은 이들 자녀들에게 선택권을 주신다. 에덴의 모든 것들은, 하나만 제외하고는, 그들이 마음껏 이용할 수 있었다. 하나님은 "선악을 알게 하는 나무"를 에덴동산 가운데에 두시고(창 2:9), 그것을 따먹는 것을 금지하셨다(창 2:17). 하나님은 당신의 자녀들 앞에 선택권을 주셨다. 그들이 에덴에 거하는 동안에는, 하나님께 순종하거나 불순종할 수 있는 선택이 있었다. 결과적으로, 하나님은 인간에게 당신과의 교제와 '선악을 알게 하는 것' 중에서 선택할 수 있는 공간을 허락하신 것이다.

이는 심각한 문제를 야기한다. 하나님은 왜 당신의 피조물에게 선택권을 주시는가? 하나님은 왜 에덴동산 가운데 생명나무 옆에 하나님에게 향후 잠재적으로 대항할 수 있는 그런 나무를 두셨는가? 하나님과의 교제가 그렇게 깨끗하고, 순결하고, 고결하다면, 왜 '선악나무'를 그 동산에 두셨던 것일까? 어쩌면 하나님은 선택 자체에 가치를 두시는 것일 수도 있다. 어쩌면 선택이라는 것은 참된, 진정한 자유와 사랑을 표현할 수 있는 기회를 제공하는 것일 수도 있다. 사랑의 진정성은 선택이 있을 때만 알게 되고 경험하게 되는 것일 수도 있다.

몇 년 전 나는 아내와 함께 브로드웨이의 〈별빛 나래 *Starlight Express*〉라는 뮤지컬을 관람했다. 연기자들이 롤러스케이트를 타고 기차를 흉내내는 훌륭한 공연이었다. 각기 연기자들은 기차의 엔진이나 승무원 차를 상징했다. 낡은 증기기관차와 현대식 전기기관차의 경쟁에 관한 이야기였다. 두 기관차 간의 팽팽한 경쟁은 낡은 증기기관차와 그의(사랑을 상징하는) 승무원 차의 관계에 위기를 불러일으켰다. 그 승무원 차는 새롭고 현대적인 엔진을 갖고 싶어하는 유혹을 느꼈다. 중요한 장면에서 낡은 증기기관차가 그녀에게 자신과 같이 있으라고 설득하고, 그녀는 언제나 그의 승무원 차일 것이라고 말한다. 그녀가 대답하길, 만약 사랑이 진실된 것이라면 그녀에게 남으라고 강요할 수 없다고, 그러면 사랑이 아니라고 얘기한다. 만약 그녀가 정말 자유롭게 남을 수 있는 것이라면 자유롭게 떠날 수도 있다는 것이다. 다시 말하면, 낡은 기관차가 진실되고 참된 사랑을 원한다면, 그녀에게 남거나 떠날 수 있는 자유를 허락해야 한다. 자유 없이는 참된 사랑이 있을 수 없다. 자유 없이는 힘과 두려움의 강요된 관계 밖에 존재할 수 없다.

하나님은 왜 에덴동산에 선택권을 허락하셨는가? 이 같은 질문은 하나님의 의도를 밝혀 준다. 하나님은 당신이 이미 갖고 있던 사랑의 공동체를 연장해 우리들과 나누고 싶어 하셨다. 하지만 다른 이로부터 오는 사랑은 결국 선택으로 이루어져야 한다. 그렇지 않으면 그것은 진정한 사랑이 아니다. 그래서 하나님은 당신의 백성에게 진실된 사랑을 체험할 수 있는 선택권을 주신다. 그분은 사랑과 충실에서 우러나오는 진실된 관계를 원하시기 때문에 백성에게 양단兩端간의 선택권을 주신다. 하나님의 피조물인 인간이 그분 곁에 남을 선택의 자유가 있다면 마찬가지로 떠날 자유도 있어야 한다. 그렇기 때문에, 하나님은 선택권을 주신다: 선악나무와 생명나무가 그것이다. 인간은 하나님과의 교제를 즐기거나 아니면 자신만의 길을 찾아 나설 수 있다.

본인이 말하고자 하는 바를 주변의 흔한 이야기로 설명할 수 있다. 부자 왕자가 가난한 시골 여자와 사랑에 빠졌다. 그 왕자는 선택이 있다. 한편으로, 그는 왕실의 호위병들을 마을로 보내 그녀를 납치해서 궁중에서 강제로 살도록 할 수 있다. 그렇게 되면, 그 시골 처녀는 강제로 자신의 가족과 떨어져 살아야 하기 때문에 자신을 납치한 왕자를 원망하고 증오를 키워 갈 수 있다. 따라서 그녀는 강제로 그 왕자와 결혼해야 하지만, 그녀는 왕자를 진심과 진정으로 사랑하지 않을 것이다. 그러면 왕자는 그가 찾던 사랑을 결코 얻지 못한다. 그는 서로를 충족시키는, 상호 간의 사랑의 관계를 원한다. 왕자가 강제적으로 그녀와 혼인 관계를 맺음으로서는, 아내로부터 어떤 '사랑'을 받을 것인지 확신할 수 없을 것이다. 이와 반대로, 왕자가 시골 남자가 되어 그녀의 마음을 훔칠 수도 있다. 그녀의 마을에 살면서 그녀 곁에서 농부로 일할 수도 있다.[29] 이 자유로움에 사랑은 싹이 트고, 결국 그 사랑은 진정성으로 나타날 것이다. 이 때, 사랑은 그녀에게 강요된 것도 아니고 부, 힘, 지위를 준다는 약속으로 자극된 것도 아니다. 왕자는 자신의 아내가 강요가 아닌 자유로움에서 자신을 사랑한다는 것을 알 것이다.

하나님은 아담과 하와가 진정으로 선택할 수 있는 상황에서 그들을 창조하셨다. 하나님은 아담과 하와에게 자신과 교제할 수 있는 기회를 주셨다. 하나님은 그들의 사랑이 강요가 아닌 자유로부터 우러나오길 바라시고 그들에게 선택권을 주셨다. 물론 하나님에게는 당연히 강제할 수 있는 힘이 있다. 참으로 어느 날엔 모든 이들이 무릎을 꿇고 모든 입술로 예수를 주로 고백하고 하나님 아버지께 영광을 돌려드릴 것이다(빌 2:9-11). 언젠가는 모든 사람들이 하나님의 놀라운 영광이 드러날 때에 그 앞에 엎드릴 것이다. 어느 날 그분은 아직 의도적으로 고백하지 않은 이들로 하여금 고백하도록 하실 수 있다. 하지만 이는 그분이 원하시는 바가 아니다. 그분은 '강요된 고백'이나 '강요된 사랑'을 원하지 않으신다. 오히려 그분 안에 사랑할 수 있는 자유가 있는 것처럼, 그분은 당신의 피조물에서도 자유로운 선택으로 이뤄진 사랑을 찾으신다. 하나님의 명령에 의해 '강요된 사랑' 보다 오히려 관계의 자유로움에서 나오는 호혜적 사랑을 원하신다.

비유를 들어 말하면, 하나님은 우리를 당신의 궁전으로 끌고 가 강제로 자신과 함께 살게 하실 수 있었다. 하지만, 그분은 우리의 처지와 친히 공감함으로써 우리의 마음을 얻기로 결정하셨다. 에덴에서 하나님은 당신의 자녀와 함께함으로써 공감하셨다. 그리고 구속에서 하나님은 아들을 통해 인간으로 오셔서 우리와 공감하셨다(요 1:1,14-18). 하나님은 우리를 강요하여 당신과 함께 살게 하지 않으시고, 대신에 당신의 빼어난 사랑으로 우리가 당신을 원하도록 인도하신다.

앞서 이야기했던 부모와 자식 간의 유비는 이 관계를 예증하는 데 도움이 될 것이다. 건강한 가정환경에서 보았을 때, 자녀들은 욕심 없이 자신들을 받아주고 돌보아 주는 부모가 있는, 그런 사랑의 가정에서 태어난다. 이에 부모는 조건 없이 자신들의 사랑을 그들에게 제공하고 서로 사랑을 주고받기를 바란다. 부모가 자녀들을 사랑하듯이 자녀 또한 부모를 존경하기를 바란다. 부모는 집안의 규칙과 단속으로 비롯된, 강요된 사랑을 바라지 않는다. 자녀들 또한 억지로 부모가 안아주기를 바라지 않고, 미리 녹음된 자동응답식 "사랑해!"라는 말을 원하지 않는다. 이와는 반대로, 부모는 자녀들과 자유, 감사, 그리고 진실한 사랑으로부터 발생하는 관계를 원한다.

같은 방식으로 하나님은 우리의 사랑을 무척 갈망하신다. 결과적으로 그분은 진정한 사랑의 토대를 위하여 우리에게 선택을 주신다. 이 같은 선택의 제공은 하나님의 의도가 진정, 상호 호혜적 친교라는 사실을 드러낸다.

※ ※ ※
타락: 저주받은 세계

하나님은 이 새로운 공동체에게 후손들로 번성하고, 자비로우신 하나님이 주신 특권으로 환경을 돌보고, 하나님의 현존에 기뻐할 수 있는 여건을 주셨다. 하나님은 지상 낙원인 에덴동산을 만드셨다. 하지만, 진심에서 우러나는, 상호 호혜적 사랑은 선택을 필요로 한다. 하나님은 명백하게 그들 앞에 선택을 주셨다. 선택은 그들에게 달려 있었다. 하나님의 사랑에 답례할 수도 있고, 아니면, 그들 자신의 '선악나무'를 찾아 나설 수도 있다.

※※※
인간 자유의 모험

하나님이 인간에게 선택권을 주셨을 때, 그분은 모험을 무릅쓰고 그렇게 하셨다. 그분은 어떤 이들은 당신의 사랑의 친교에 답례하지 않을 것임에도 모험을 감행하셨다. 부모가 아이를 가질 때 같은 모험을 감행한다. 부모가 느낄 수 있는 호혜적인 사랑과 기쁨의 가능성은 헤아릴 수 없다. 하지만 아픔과 고통도 똑같이 헤아릴 수 없다. 자녀들이 사랑을 돌려줄 때, 우리가 포옹하고 입 맞춤할 때, 애정 어린 관심을 표현할 때, 그 기쁨은 무엇과도 비교할 수가 없다. 이렇듯 하나님은 성부·성자·성령 간에 공유하고 있는 당신의 사랑이 인간의 가족공동체 안에 나타나기를 바라셨다. 하지만, 우리의 자녀들이 반항할 때, 가출할 때, 모독할 때, 그 고통은 상상할 수 없이 크다. 기쁨의 가능성은 아픔의 가능성과 같다. 하나님은 창조하실 때 결코 아픔을 의도하지 않으셨다. 하지만 인간에게 자유를 허용함으로써 하나님은 그런 모험을 감행하셨다.

어떤 이들은 결국 하나님과의 친교보다는 우선적으로 자신들의 관심사를 선택할 수 있다는 것을 하나님은 각오하셨다.[30] 자유의 선물은 인간이 자신의 길을 스스로 선택하거나 혹은 하나님의 사랑의 공동체와 함께하는 것을 선택할 수 있다는 것을 의미한다. 하나님께서 호혜적인 진정한 사랑을 제공하신다면, 선택의 모험도 감수하셔야 했다. 선택 없는 교제는 무의미한 것이고 진정한 것이 아니다.

어떤 이들은 하나님이 '모험을 감행하시는 것'을 이상하다고 생각한다. 사실, 신학자들은 이 질문에 양쪽으로 나누어 대답한다. 예를 들면 헬므(Paul Helm)는 하나님의 세계는 모험이 없다고 말한다. 하나님은 확실성을 갖고 행동하신다고 얘기한다: 하나님은 미래를 알고, 무엇이 일어날지 결정해 놓으셨다. 하나님은 모험을 감행하지 않으신다.[31] 만약 하나님이 모험을 하신다면 그분은 모든 것을 알고, 모든 것을 통치하고 세계를 어느 확실한 목표에 이끄신다는 성경의 주권자가 될 수 없다. 또한 헤스커(William Hasker)와 같은 이들은 인간이 자유로운 피조물이라는 사실은 곧 하나님이 모험에 개입하신다는 것을 의미하고, 따라서 세계를 창조하시고 지배하시는 것은 하나님에게 있어서 대단히 모험이 따르는 일이라고 주장한다.[32] 만일 하나님이 모험을 감행하지 않으신다면, 이는 인간에게는 진정한 자유가 주어지지 않는다는 주장이다. 인간에게 진정한 자유가 주어져 있다면, 그땐 그들이 하나님의 의도를 거역할 수 있는 방식에서도 행동할 수 있다. 그러한 상황은 결국 하나님에게 어떤 모험을 초래한다.

한편에서 생각하면, 하나님은 모험을 각오하셨고, 또 다른 한편으로 보면 그러지 않으셨다. 창세기 2장에서 아담과 하와에게 자유의 선택을 허용하시는 것은 하나님께는 모험의 상황이다. 만약 선택이 진정한 선택이라면, 다시 말해서, 하나님께서 미리 어떤 선택을 예단하지 않은 것이라면, 그것은 참으로 하나님께는 모험이다. 만약 참으로 진정한 자유로운 선택이라면, 하나님은 당신 자신이 거절되는 것도 감수해야 된다. 자유를 허용함으로써 하나님은 백성이 반항하거나 당신과의 친교를 깰 수 있는 모험도 감수하신다. 선택이 없는 곳에는 모험이나 위기도 없다. 모험이 없는 곳엔 또한 선택도 없다. 성경에 의하면, 하나님은 진실로 선택하게 해 주셨다. 그렇기 때문에, 하나님은 진실로 모험을 감행하신다. 아담과 하와에게는 자신들이 선택한 것에 책임이 있다.

그렇지만, 다른 한편으로 생각해 볼 때 하나님은 모험을 감행하지 않으신다. 하나님은 어떤 선택이라도 놀라지 않으셨을 테니 당신에게는 모험이 있을 수 없다. 하나님의 지혜는 포괄적이다. 전형적인 신학자들의 말을 빌리자면, 그분은 모든 것을 아시는, 전지全知의 하나님이시다. 하나님께서 창조하실 때 이미 어떤 이들은 당신의 의도와 달리 빗나가고 당신과의 친교를 거부할 것을 아셨다. 하나님은 세계를 창조하시기 전, 당신의 아들 예수를 인류의 구원자로 선택하셨다(벧전 1:20; 참고, 딛 1:2). 하나님은 모험의 요소들을 아셨고 미리 인간의 반항에 어떻게 대처하실까도 계획하셨다. 그러므로 하나님은 아담과 하와의 죄에 마음이 아프긴 하셨지만 그리 놀라지는 않으셨다. 하나님은 그들의 선택을 미리 정한 것이 아니라 어떤 선택을 할지 아셨고, 그에 대해 어떻게 대처하실 것도 아셨던 것이다. 하나님은 당신의 목표들을 궁극적으로 이루실 것임을 아시기에 모험을 감행하셨다고 말할 수 없다. 종말론적으로 그분은 창조의 목표를 성취하실 것이다. 하나님은 피조물에게 진정한 선택권을 주시지만, 결코 당신의 주권을 잃지 않으신다.

비록 성경에는 서로 상반되어 보이는 이들 둘 간의 긴장이 있다고 하더라도, 우리는 이런 성경적 사실을 둘 다 이해해야 한다. 한편으로, 아담과 하와는 진실로 선택을 했고 그에 따른 책임도 졌다. 다른 한편으로, 하나님은 그들이 무엇을 선택하실지 알고 계셨다. 성경은 이 두 면을 동시에 가르쳐 준다. 우리가 이 둘을 어떻게 조화시켜 이해하든 이 둘 모두를 받아들이는 것이 중요하다.[33)] 이 둘 사이의 상반되어 보이는 긴장은 우리에게 하나님은 선택권을 주심으로써 인간이 반항할 수도 있는 모험을 감행하시지만, 동시에 하나님은 그런 선택에 놀라지 않으시고 회피하지 않으시고 당신의 권위를 잃지도 않으신다. 하나님은 인간에게 진정한 자유를 허용하시면서도 최상의 주권자시다.

인간의 책임과 하나님의 주권 간(이후 다음 장에서 좀 더 자세하게 취급할 것이다)에 적절한 균형을 유지하면서, 그 이야기의 초점에서 우리는 인간에게 주어진 자유의 진정한 특성을 강조해야 한다. 아담과 하와에게는 참된 선택이 주어졌었다. 그들에겐 '반대의 선택'을 할 수 있는 힘도 있었다. 다시 말하면, 그들은 금지된 과일을 먹을 수도 있었고 먹지 않을 수도 있었다. 달리 방도가 없었던 것도 아니다. 하나님은 그들에게 금지된 과일 A와 금지된 과일 B중에 어느 것을 선택하라는 것이 아니었다. 정확하게 말해서, 상반되는 두 개 중에 - 곧 금지된 것과 허용된 것(금지된 과일을 제외한 모든 과일) 중의 택일이었다.

더 나아가, 이는 마치 하나님이 예정해 놓으신 계획에 따라 선택한 것처럼 그들은 평계될 수 없다. 다시 말하면, 그들은 선악과를 선택하지 않으면 안 되는 본성에 따라 선택한 것이 아니었다. 하나님이 그들을 창조하셨고 이는 하나님이 보시기에 "매우 좋았다!" 하지 않았는가? 그들은 하나님께 반항하는 경향을 갖고 창조된 것이 아니었다. 그들은 반항의 본질을 갖고 태어나지 않았다. 하나님과 친교를 나누고 그와 동행하는 삶을 살기 위해 창조되었다. 따라서 금지된 과일을 먹은 그들의 선택은 그들의 본성과 상반되는 결정이었다. 그럼에도 불구하고 그들은 그 과일을 따 먹었다. 우리는 그들의 결정이 그들 자신으로부터 왔다고 밖에 달리 생각할 수가 없다. 그들은 스스로 금지된 과일을 먹기로 선택했다. 그들의 본성 안에 있는 어떤 악한 충동으로 인해 그 선택을 한 것이 아니다.

그렇다면, 원래의 인간은 죄를 짓거나 혹은 죄를 짓지 않을 가능성을 가지고 창조되었다. 하나님께서 아담과 하와의 반역하는 결정을 미리 예정하셨다는 말은 성경 어디에도 나와 있지 않다. 하나님은 그들의 악의 창시자創始者가 아니다. 하나님은 그들이 죄를 지을 것은 아셨지만 그가 미리 그들이 그렇게 하도록 결정하신 것이 아니다. 또한 그들은 깨끗하고 올바른 본성을 지니고 창조되었기 때문에 그 같은 선택을 할 수밖에 없는 성향이 그들의 본성에 처음부터 주어진 것도 아니다. 그들의 선택은 뱀의 유혹을 받아 그들 자신이 결정한 것이다. 하나님은 그들에게 진정한 선택을 허용하셨으나, 그들은 잘못된 선택을 했던 것이다.

그러므로 하나님은 선택의 허용, 곧 그 선물에 책임이 주어졌다. 하나님은 인간과의 진정한 교제를 원하셨기에, 그 선물은 하나님의 의도를 만족시켰다. 그러나 이 자유의 남용은 인간의 책임으로 돌려진다.

※ ※ ※
반역은 심판을 자초한다

하나님께서는 두 과일나무에 대해 선택권을 부여하셨다: '생명나무' 와 '선악나무'가 그것이다. 어떤 이들은 인간의 운명이 이렇게 과일 한 조각으로 결정되는 것은 불공평하다며 하나님의 이런 방식을 비웃고 조롱한다. 과일이 왜 중요한 건가? 어떤 이들은 아담과 하와가 죄를 짓도록 상황을 만들었다고 생각하거나 하나님은 단지 작은 일에도, 중요하지 않은 것에도, 그들이 순종하는지 보고 싶어서 시험했다고 한다. 이 두 가지의 생각은 하나님을 가학적加虐的(sadistic) 조작자로 만든다: 대수롭지 않은 일로 순종을 시험하기를 좋아하는 하나님, 아니면 인간이 정말 과일 한 조각을 두고 숙고하는 것을 즐기는 하나님. 하지만 이런 생각들은 동산에 있는 나무들의 의미를 잘못 해석하는 것이다.

하나님께서 아담과 하와에게 선택권을 부여하셨을 때, 이는 하나님께서 모래판에 그으신 선을 그들이 넘는지, 넘지 않는지 장난삼아 시험하는 것이 아니었다. 오히려 그 선택은 하나님과 함께하는 삶이냐 아니면 하나님과 상관없이 사는 삶이냐 하는 것이었다. 그 나무들은 과일에 관한 것이 아니라, 하나님과의 친교에 관한 것이다. 그 나무들은 생명과 죽음에 관한 것이고, 하나님과 함께하는 삶이냐 아니면 하나님과 동떨어져 사는 삶이냐에 관한 것이었다. 그 나무들은 이 같은 선택을 상징한다. 그리고 그 선택은 마음이 진정으로 원하는 바를 나타낸다.

'선악과'는 무엇을 상징하는가? 이는 오랫동안 논쟁의 주제였다. 그 논점들은 때로 성적性的 지식으로부터 하나님의 전지全知로, 도덕적 식별로, 죄에 대한 경험적 지식에 이르기까지 그 범위가 넓다.[34] 하지만 이들 중 어느 것도 그리 적합하지 않다. 아담과 하와는 이미 한 몸의 결합으로써 성적 지식을 갖고 있었다. 하나님은 그들의 후손들이 세상에 번성하도록 창조하셨다. 어느 과일은 먹어도 되고 어느 과일은 먹으면 안 되는 것인지를 알고 있었기 때문에 그들에게는 도덕적 판단력도 있었다. 그들에게 적어도 무엇을 먹어서는 안 되는지 알려 주는 도덕적 지식이 있었다. 전지全知는 과일을 따먹은 결과가 아니었다. 이는 죄의 경험이라고 말할 수 없다. 왜냐하면 하나님께서 그들을 에덴에서 추방하셨을 때, 그들이 이미 선과 악에 대해 하나님처럼 알게 되었다는 것을 그분은 아셨기 때문이다(창 3:22). 하나님은 죄의 경험을 통한 전지의 획득을 의도하지 않았다.

해밀턴(Hamilton)은 더 나은 대안을 제시한다. 그 구절은 사법적 결정문을 작성하고 선언할 수 있는 '도덕적 자율'을 언급한다는 것이다. 해밀턴은 인간에게 금지된 것은 "자신이 자신에게 좋은 것은 무엇이고 좋지 않은 것이 무엇인지를 결정할 수 있는 권한"이라고 결론을 내린다. 그 특권은 오직 하나님 한분에게만 속했다. 그러나 인간이 "선악을 아는 일에"(창 3:22) 하나님과 같아져서 자율적으로 무엇이 도덕적이고 아닌지를 결정하게 되었다. 아담과 하와가 하나님의 도덕적 권위를 파괴함으로써 마치 그들은 신과 같이 되었다. 그들은 하나님의 권위에 도전하는 자율적 인간으로서 선과 악을 이제 알게 되었다. 해밀턴은 인간이 "자율적으로 행동하려고 하는 것은 하나님과 같아지려고 하는 것"이라고 말한다.[35]

하나님이 아담과 하와에게 허용하신 선택은 경박하지도 피상적이지도 않다. 이는 우리 모두가 직면하고 있는 기본적 선택이다. 우리는 누구를 섬길 것인가? 이는 충성에 관한 문제이다. 곧 사랑의 친교 안에서 하나님을 섬길 것인가 아니면 우리 자신의 도덕적 자율권을 갖고서 하나님으로부터 독립을 추구할 것인가. 인간의 원죄는 인간의 기본적 죄이다. 이는 우리가 자신의 삶을 자체적으로 끌고 가겠다는 거만함이다. 아담과 하와는 선과 악의 지식을 획득함으로써 하나님과 같아졌다(창 3:5; 참고, 3:22). 뱀은 그들을 유혹하여, "너희는 하나님과 같아질 것"이라고 약속했다: 너희는 자율적이고 이제 독립되어 이 세계에서 너의 길을 만들어 갈 수 있을 것이다. 너는 이제 더 이상 하나님을 의지하지도 혹은 섬기지 않아도 될 것이다. 너희가 그것을 먹는 날에는, 인간은 스스로 충분한 성인이 될 것이다. 그리고 인간만이 자신의 길을 찾아 나서게 될 것이다. 아주 달콤한 약속이 아닌가! 이는 원래의 계몽주의적 사고思考와 같다. 자율적이고 이성적인 결정을 통한 성숙의 약속 말이다.

각기 선택에 부과된 약속들과 위협들은 그 심각성을 나타낸다. 인간이 하나님을 섬기기로 선택할 때, 인간은 생명, 기쁨 그리고 신성한 공동체와의 교제를 택하는 것이다. 인간이 자신의 길을 찾아 나설 때, 그것은 자유의 길로 보일지 모르지만, 사실은 사망의 길이다. 두 나무 중 하나의 선택은 그 자체로 에덴동산에서 하나님과 함께하는 삶이냐 아니면 동산에서 추방된 삶이냐의 택일이었다. 아담과 하와는 자율을 택하고 그들 자신만의 권위를 주장했기 때문에, 동산에서 추방되고 하나님과의 동행을 상실했다(창 3:22).

치명적인 죽음이 창세기 2장 17절에서 명백하게 언급되고 있다. 하지만 그 원래의 의미가 무엇인가에 대해서는 의견이 매우 분부하다. 성경은 문자 그대로 이렇게 적고 있다. "네가 먹는 날에는 정녕 죽으리라" 혹은 새국제성서(NIV)에는 "네가 그것을 먹을 때, 너는 분명히 죽을 것이다" 어떤 이들은 이 말을 아담과 하와가 선악과를 따먹자마자 하나님께서 바로 그들을 죽이신다고 이해한다. 또 어떤 이들은 아담과 하와가 따먹었던 그날에 하나님은 그들을 치지 않으셨기 때문에 이 죽음은 영적 의미라고 결론을 내린다. 다시 말하면 그들은 하나님과의 교제를 상실하게 되었다는 것이다. 하지만, 이것은 창세기에 나와 있는 '죽음'의 뜻에 맞지 않는다. 창세기 3장 이후, 창세기의 줄기찬 강조는, 마치 아담과 하와에게 내려졌던 선고를 우리에게 각인시켜 주었던 것처럼, 그것은 실로 '그리고 나서 그는 죽었더라 … 그리고 그는 죽었더라 … 그리고 그는 죽었더라 … 그리고 그는 죽었더라'(창 5:5,8,11,14,17,20,27,31; 9:29 등)를 반복해서 상기시켜 준다. 다시 말해서, 죽음의 선고는 이미 실행되었다. 아담과 하와는 자신들의 자율을 선택함으로써 죽음을 택한 것이고 후손들에게 죽음을 물려준 것이다(참고, 롬 5:12). 창세기 2장과 3장을 제외하고는, 창세기에서 죽음에 대한 모든 언급은 실상 육체적 죽음에 대한 언급이다. 영적 죽음을 포함하는 것일 수도 있지만, 창세기에 언급되어 있는 어느 성경 본문도 육체적 죽음을 묘사하지 않는 것은 없다. 아담과 하와가 그들 자신의 길을 선택했기 때문에, 이제 죽음은 인간을 지배하게 된다.

"정녕 죽으리라"라는 말은 죽음의 약속인 형벌의 포고이자 형벌을 받는 자는 죽어 마땅하다는 공식적 선언이다. 창세기 20장 7절과 26장 11절에 나오는 이 말은 이 두 가지를 의미하고 있고, 두 구절을 보면, 다른 이가 아닌 하나님이 그들에게 말하고 계신다. 하나님은 이 형벌을 정확하게 실행하실 것이다. "정녕 죽으리라"라는 말은 창세기 이외, 성경의 다른 곳에서도 하나님이나 어느 다른 왕실 인물로부터 받는 형벌로서 쓰인다(삼상 14:44; 22:16; 왕상 2:37,42; 왕하 1:4,6,16; 렘 26:8; 겔 3:18; 33:8,14). 집행유예는 있지만 즉시 처형을 벌하는 것은 없다. 해밀턴에 따르면, 이 죽는다는 구절은 "명백하게 하나님이나 왕족의 포고를 통해 사형을 고시"하는 것을 의미한다.[36] 나아가, "네가 먹는 날"이란 연대기나 어떤 시점보다는 사실의 확실성을 나타낸다. 예를 들면, 시므이가 기드론 시내를 건너는 '날에' 죽임을 당할 것이라고 했지만 그 당일에 처형되지 않았다(왕상 2:37,42). 정녕 죽으리라는 구절은 히브리어 특유의 어법이고 죽음의 확실성을 강조하지 정확히 어느 날에 죽을지를 명시하지 않는다. 이 구절은 보스(Vos)가 말한 것처럼, '회피할 수 없는 결과' 로서 상징적이다.[37] 이 말은 죽음을 당하는 것이 마땅하고, 연기될 수 있지만 결국에는 확실히 처형될 것이라는 것을 선포한다. "네가 … 하는 날에는 … 죽으리라"라는 말은 죽음의 판결을 받은 시각을 말해줄 뿐, 형 집행을 말해 주는 것은 아니다.

아담의 죄와 죽음의 관계는 바울이 두 신약성경 본문에서 명확히 표명하고 있는 주제이다. 바울은 아담의 죄와 육체적 죽음의 상호관계를 분명하게 밝힌다. 여기서 아담의 죽음은 아담만의 죽음이 아닌 모든 피조물을 포함하는 죽음이다. 아담의 죄는 전 인류에게 미치는 보편적인 죄이다. 이는 인류에게 죽음의 선고를 불러온 것이다. 로마서 5장 12절의 구체적인 뜻이 무엇이든 간에, 아담의 죄가 이 세상에 죽음을 불러왔고 결과적으로 죽음이 지배하게 되었다. "아담 안에서 모든 사람이 죽는 것 같이"(고전 15:22)라고 나와 있듯이 죽음이 인간을 지배한다.

죽음의 선고는 생명나무로부터 최초의 부부를 배제시키기 때문에, 그것은 모든 인간에게 보편적으로 영향을 미쳤다. 이제 '생명나무의 길'은 봉쇄되었고(창 3:24), 결과적으로 하나님과의 교제 속에서 영원한 삶은 차단되었다. 인간은 영원한 생명을 갖고 창조되지 않았다. 만약 그랬다면 인간은 절대 죽지 않았을 것이다. 하지만 그들의 죄의 결과로 이제 죽음이 이 낙원에 침입했다. 인간은 에덴동산에서 쫓겨나고 죽음을 맞이하게 되었다(창 5장). 생명나무로 가는 길은 하나님과의 교제와 동행하는 삶을 뜻한다. 하지만 생명나무의 길이 차단된 이상 하나님과의 교제가 차단된 것이고 죽음은 피할 수 없는 것이 되었다. 인간에게는 선택이 주어졌고, 이에 그들은 죽음을 선택했다.

하지만 그들은 왜 생명을 선택할 수 있었는데도 죽음을 선택한 것일까? 누구든 다 영생을 선택하지 않겠는가? 어쩌면 그럴 수도 있다. 하지만 '죽음을 선택하는 것'이 '생명'을 선택하는 것보다 더 좋은 것으로 포장되어 있었다면 인간은 '죽음'을 선택했을 수도 있다. 만약 '죽음을 선택하는 것'이 하나님과 동등한 능력을 갖고 지식을 갖는 것이라면 '죽음'이 더 좋은 선택으로 보일 수도 있다. 이 일이 하와에게 일어난 것이 아닌가? 뱀은 하와에게 금지된 과일을 먹으면 오직 하나님에게만 있는 지식을 그녀도 얻을 수 있을 것이라고 설득했다. 그리고 그녀는 자신의 자만심으로 하나님과 동등해지고 싶었다. 그녀는 "지혜"를 원했다(창 3:6). 그리고 금지된 것임을 알고도 먹었다. 그러나 그녀는 하나님이 그분 자신의 세력을 지키고자 그분이 가지고 있는 지식을 누구도 가지지 못하게 금지하신 것이라고 생각했다. 이렇게 하와는 자신의 도덕적 권위를 하나님보다 우선적으로 행사했고 자신이 원하는 바를 획득하고자 자율적으로 행사했다. 그녀는 하나님이 그녀 자신을 속이고, 당신과 동등해짐을 방해하기 위해 금지시킨 것이라 생각하고, 그 과일을 먹었다. 그녀는 자신에게 가장 이득이 될 것이라고 생각해서 선택했다. 하지만 그녀는 스스로 속았다.

유혹한 자는 뱀이었다. 사탄과 연관되어 주로 이야기되지만(뱀이 등장하는 구절 부분에는 사탄이라고 나와 있지 않지만), 우리는 이 뱀에 대해서 생각만큼 그렇게 많이 모른다. 단지 우리는 하나님이 이 뱀을 만드신 것을 안다(창

3:1). 하지만 가장 중요한 것은, 어느 이유든 간에 뱀은 유혹자로 등장한다. 뱀은 아담과 하와에게 둘 다 이야기한다(창 3:2-5에서 "너희" 복수형으로 나와 있듯이). 여기서 하와만이 대답한다. 아담은 그녀와 함께 있었다(창 3:6). 여기서 그는 말하지 않는다. 뱀은 여기서 하나님을 당신의 뜻대로 조종할 수 있는, 그래서 부부를 속이는 압제자로 이야기한다. 하나님은 그들이 아는 것을 알지 않기를 원하신다. 하나님은 그들이 당신과 같이 동등해지지 않기를 바라신다. 하나님에게는 당신만의 감추어진 의제(목적)가 있다. 하지만 여기서 뱀은 이렇게 약속한다. 하나님이 금하신 과일을 너희가 만일 먹으면, 너희도 그와 같이 될 것이고 그분의 정체(what he is)를 알 것이라고. 뱀이 암시적으로 약속하기를, 너희는 그분처럼 지혜로울 것이기 때문에 이제 더 이상 하나님이 필요치 않을 것이다.

하와는 꼬임에 넘어가 과일을 먹었다. 하지만 여기서 아담은 유혹당하지 않았지만(딤전 2:14) 그도 먹었다. 하와는 하나님과 같이 되고 그분의 지혜를 가질 수 있을 것이라고 믿었다. 아담은 하나님보다 하와를 선택했다. 하와는 지혜를 갈망했고, 최초로 죄를 주도적으로 범했다. 아담은 하나님과의 관계를 유지하는 것보다 하와를 우선적으로 선택하여 그녀와 함께 먹었다. 둘 다 자신들의 오만함으로 죄를 범했다. 둘 다 하나님과의 교제보다 당장의 만족을 선택했다. 둘 다 창조자이신 하나님보다 그분이 만드신 피조물을 선택했다. 그들은 선물을 주신 분보다 그 선물을 택했다.

여기서 그들의 선택은 심대했다. 사소한 것도 아니고 무의미한 것도 아니었다. 그들의 선택은 하나님의 백성을 위한 그분의 의도를 정곡으로 찌른 것이다. 하나님은 자신의 백성과 교제를 나누고 싶어 하셨다. 하지만 그의 백성은 자신들만의 변형된 교제를 선택한 것이다. 하나님의 사랑에 보답하지 않고, 대신에 그들은 자신의 권위를 주장했다. 아버지의 사랑을 함께 누리는 대신에 그들은 자신들의 독립을 주장했다. 그들의 죄는 이웃의 나무에서 사과를 딴 것이 아니었다. 그렇게 했다면 이는 작은 형벌만 주어졌을 것이다. 그러나 그들의 죄는 하나님으로부터 도덕적 독립의 주장이었다. 자신들의 뜻의 관철이었다. 자신들의 길을 선택했다. 여기서 참으로 슬픈 것은, 그들은 자신의 생각에 가장 좋은 길은 선택했는데, 이것이 종국에 그들을 사망의 길로 내몰았다는 사실이다. 한 히브리 잠언이 여기 핵심을 잘 요약해 주고 있다: "어떤 길은 사람이 보기에 바르나 필경은 사망의 길이니라"(잠 14:12).

❋ ❋ ❋
저주의 의미

종종 하나님이 가학성의 판사처럼 묘사되고는 있지만, 창세기 3장의 하나님을 우리는 자녀를 두고 마음 아파하는 부모로 생각하는 것이 더 낫다. 당연히 죄의 결과로서 법적 형벌이 아담과 하와에게 가해졌다. 그러나 이들 최초의 부부가 겪을 아픔과 수치로부터 하나님 자신은 면책되었을까? 그렇지 않다! 아이들이 잘못했을 때 이유라도 듣고 싶어서 아이들을 찾아가는 부모처럼 하나님도 그렇게 다가가신다. 자녀들이 잘못했을 때 부모는 어떤 체벌을 내릴까 결정하기 위해 그들에게 다가가는 것이 아니라, 마음이 아프기 때문에 자녀들이 잘못된 짓을 왜 했는지 알고 싶어서 간다. 하나님은 사태를 몰라서가 아니라, 자식들과 대화를 하기 원해서(그들의 삶에 개입하시고자) 그들에게 질문하신다. 하나님께서 아담과 하와에게 던진 질문의 형태는 단도직입적이지만 여기엔 섬세하고 잠재된 의미가 있다(창 3:9-11). "네가 어디 있느냐?"라고 물으신다. "벌거벗은 것이 두려워 숨었습니다."라고 아담은 대답한다. "누가 너의 벗었음을 네게 고하였느냐?"라고 다시 물으신다. 이 같은 질문들은 화난 재판장보다는 마음이 아픈 부모를 연상시킨다. 물론 이 둘(재판장과 부모)은 상호 배타적이지는 않지만 말이다.

하나님은 그들의 죄로 인해 마음이 상하셨고, 실망하셨고, 몹시 슬퍼하셨다. 아담과 하와는 하나님의 명령을 위반했다. 하지만 그것보다 더 중요한 것은 그들이 하나님과의 교제와 동행을 스스로 깨뜨렸다는 사실이다. 모든 부모가 알고 있듯이 규칙보다 더 중요한 것은 상호 관계이다. 규칙을 어기는 것, 경계를 넘는 것은, 부모와 자녀 간에 존재하는 관계를 망치는 것이다. 자녀가 반항적으로 독립을 주장할 때 모든 부모는 슬퍼하듯, 아담과 하와의 죄는 하나님을 몹시 슬프게 했다. 그분의 꾸짖음의 어조는 아마도 "이제 너는 나한테 딱 걸렸어!"보다는 "어떻게 네가?" 였을 것이다.

그럼에도 불구하고, 여기서 하나님은 재판장으로서도 역할을 하신다. 형벌은 행해진다. 하나님은 당신의 약속과 경고에 신실한 분이시다. 하나님은 가학자가 아니다. 그분은 거룩하시다. 그분의 공동체는 거룩하심에 달려 있다. 하나님은 빛이시고 그분 안에, 그의 공동체 안에, 그 어떤 어두움도 존재할 수 없다. 빛과 어두움은 같은 시간, 같은 장소에 공존할 수 없기 때문에 빛은 어두움을 몰아낸다. 인간은 하나님과의 교제를 거절했고 자신들만의 독립을 선택했다. 하나님의 거룩함은 악과 교제할 수 없다. 시편 기자가 시인하듯이, "주는 죄악을 기뻐하는 신이 아니시니 악이 주와 함께 유하지 못한다"(시 5:4). 결과적으로, 인간의 불순종과 그에 따른 형벌은 이행되어야 한다. 하지만 하나님의 유죄 판결의 선고는 악의에서 오는 것이 아니라, 오히려 하나님의 영원한 빛과 공존할 수 없는 어두움 그 자체를 받아들이기로 한 인간의 선택의 결과이다.

죽음은 이제 만족할 수 없는 폭군처럼 인간을 지배한다. 이는 하나님의 의도가 아니었다. 하나님은 인간을 창조하실 때 "저를 천사보다 조금 못하게 하시고 영화와 존귀로 관을 씌우셨고" 모든 피조물을 그들 발 아래 두시며 다스리게 하셨다(시 8:5-6). 인간은 원래 피조물을 다스렸다. 하지만 이제 죽음이 인간을 다스린다. 죄는 인간의 행복을 역으로 바꿔 놓았다. 인간은 세계를 물려받고 이를 돌보기 위해 창조되었다. 하지만 이제 인간은 하나님이 결코 의도하지 않은 다른 외부의 힘으로 지배된다. 히브리서 기자는 이 점을 명확히 한다. 시편 8장을 인용하면서 이렇게 말한다: "지금 우리가 만물이 아직 저에게 복종한 것을 보지 못하고" 오히려 우리는 인간이 죽을 수밖에 없음을 본다(히 2:8-9,14-15).

비록 하나님께서 죽음을 의도하지 않으셨지만, 실로 죽음은 죄의 형벌이다. "사망의 쏘는 것은 죄요"(고전 15:56a). 죄는 죽음의 권세 아래로 인간을 몰아간다. "죄의 권능은 율법이라"(고전 15:56b). 율법이 죄를 지은 자에게 죽음의 형벌(저주)을 내린다. 죄의 값은 죽음으로 치러진다. 모세의 법(신 30:19-20)이든, 예수의 명령(마 7:21-23; 참고, 고전 16:22)이든, 에덴동산의 부부에게 주어졌던 간단한 명령이든("선악을 알게 하는 나무의 실과는 먹지 말라" 창 2:17), 법을 어기는 자가 형벌은 받는다. 법을 어기는 것은 형벌을 초래하게 한다. 그러므로 죄가 지배하기 때문에 죽음이 지배한다(롬 5:12-14). 그 역이 아니다! 죽음은 죄로 인한 재앙이기 때문에 죄가 범해졌을 때에만 힘을 얻는다. 그러므로 아담과 하와가 죄를 범함으로써, 그들은 이 세계에 죽음을 불러 왔다. 따라서 죄를 통해 하나님의 선한 피조물은 저주 아래 놓이게 된다.

죄가 그의 가증스런 머리를 하나님의 선한 피조물 안으로 들이밀자, 세상은 돌변했다. 죽음이 세상에 침입해 들어와, 선한 피조물을 타락시켰다. 낙원을 메마른 땅으로 황폐시켰다. 한때 사람들과 교제하고 싶었던 하나님의 의도는 에덴동산의 기쁨에서 만족되었지만 그 교제는 죄로 인해 단절되었고, 죽음은 기쁨을 비탄으로 바꾸었다. 세계는 이제 다른 세상이 되어, 죽음의 장막으로 가려졌다(사 25:7). 세계는 저주 아래 놓였고, 타락과 죽음의 소용돌이 속으로 추락했다. 죄 때문에 하나님은 당신의 피조물을 '허무虛無'의 대상이 되게 했다. 이제 모든 피조물은 저주의 무거운 짐 아래서 신음한다.

창세기 3장의 이야기는 이 저주를 요약하고 있다. 이는 하나님이 친히 선언하신 저주이다. 하나님은 뱀을 저주하고(창 3:14) 땅을 저주하신다(창 3:17). 이 저주들의 문맥 안에 하나님은 최초 부부가 지은 죄가 그들의 삶에 미칠 결과를 밝히신다. 하와와 뱀 사이의 첫 대면에서 기대했던 우정 대신에 이제 그들 사이에는 적의敵意가 존재한다(창 3:15a). 출산의 순전한 기쁨 대신에 이제 여자는 고통을 경험할 것이다(창 3:16a). 상호 보완적 관계가 보여 준 결혼의 균형 잡힌 기쁨 대신, 이제 아내는 남편을 지배하고 싶을 것이고, 남편은 아내를 그의 압제로 혹사할 것이다(창 3:16b).[38] 에덴동산을 가꾸는 기쁜 일 대신에 인간은 고통과 땀으로 노동해야 할 것이다(창 3:17-19). 생명나무를 통한 하나님과의 교제 안에서 기뻐하는 대신에 인간은 흙에서 왔듯이 이제 흙으로 돌아갈 것이다(창 3:19).

죄의 결과는 조화와 친교의 파괴를 내포한다. 이제 자연은 그의 지배인의 말을 듣지 않기 때문에 인간과 자연 사이의 조화는 파괴되었다. 뱀은 여자에게 적개심을 품은 듯 행동한다. 자연스러운 일인 출산도 이제 고통스러운 수고가 되었다. 땅은 인간에게 불리하게 작용한다. 노동의 기쁨은 이제 고생과 고통이 되었다. 인간들 사이에 존재했던 평화는 사라졌다. 여자는 이제 자신의 남편을 관리하려고 할 것이고 남편은 이제 아내를 지배하고 학대하려고 할 것이다. 나아가 창세기 4장에서 우리가 능히 알 수 있듯이, 형제는 형제를 살해한다. 죄는 창조 때에 존재했던 평화를 파괴했다. 죄는 "샬롬(평화)의 파괴"이다.[39] 죄가 하나님의 선한 피조물에 적개심, 고통, 죽음과 같은 외부의 요소들을 들여왔다. 하나님은 이것들을 창조하지도, 의도하지도 않으셨다. 그렇지만 이는 죄의 결과들이다. 이것이 바로 죄의 속성이다. 죄는 잠재된 파괴적 특징을 갖고 있다. 선한 것을 부패하게 만든다. 고결한 것을 파괴한다. 한때 생명이 존재했던 곳에 죽음을 가져온다. 죄는 하나님의 선한 피조물 안에 황폐를 초래하는 동적인 힘이다. 노천굴 사업처럼 죄는 피조물 안에 있는 평화, 기쁨, 그리고 조화를 깨뜨리고 벗기고 없애 버린다.

하나님은 죄로 인한 형벌을 강행하기 위해 당신의 선한 피조물에게 때론 재판장으로서 행동하시기도 하지만, 그래도 하나님은 은총의 부모이시다. 죄의 결과와 영향을 선언하기도 하지만 하나님은 당신의 자녀들에게 은총을 베푸신다. 뱀과 하와 사이에 여전히 적개심이 존재하지만, 하와의 후손은 뱀을 눌러 깨부술 것이다(창 3:15). 이 장의 화자話者는 선한 것이 악을 정복할 때가

올 것이라고 한다. 궁극적으로, 성경을 통해 우리가 알 수 있듯이, 예수 그리스도를 통해 하나님은 뱀이 상징하는 악을 궤멸시킬 것이다(참고, 롬 16:20). 어떤 면에서 이것(창 3:15의 말씀)은 '기쁜 소식의 첫 고지告知' 이다.[40]

나아가, 인류는 계속될 것이다. 죽음은 즉시 집행되지 않는다. 아담과 하와는 결국엔 죽을 것이고 에덴으로부터 쫓겨났지만, 에덴 밖에서는 삶을 영위할 수 있었다. 게다가 하나님은 계속 출산을 허락하신다. 하나님은 아직도 당신과 함께할 백성을 찾으시고 은총으로 인류의 삶이 지속되도록 허락하신다. 하나님은 당신의 자비로우심으로 창조 때 품으셨던 바람, 곧 인간이 번성하고 하나님의 백성을 창조하시는 그 최초의 비전을 지속적으로 품으신다. 하나님의 본래 의도가 여전히 타락한 인간을 어떻게 다룰까를 이끌어 간다. 하나님은 인간에게 죽음이 마땅하지만 삶의 은총을 허락하신다. 형벌은 이행될 것이지만, 하나님의 자비로 인해 늦추어진다. 그것은 마치, 그리스도의 재림이 지연되는 것은 하나님이 인내하시는 자비의 표현과 같다(벧후 3:9).

저주의 근본적인 의미는 에덴동산으로부터 최초의 부부의 추방이다. 이는 이후 두 가지 중대한 일을 초래한다. 첫째, 하나님과의 교제의 삶으로부터 추방이었다. 더 이상 그들은 동산에서 거닐 때 느꼈던 하나님의 현존을 경험하지 못할 것이다. 그들의 추방은 하나님의 거룩한 사랑의 공동체로부터 분리를 의미했다. 둘째, 그것은 최후의 죽음을 의미했다. 이제 더 이상 생명나무로 돌아갈 수 없었기 때문에 그들은 죽음의 형벌을 갖고 살아야 했다. 하나님과의 교제에서 벗어나면 생명이 없기 때문에 그들은 죽을 수밖에 없다. 웬햄(Wenham)은 이 점을 이렇게 강조한다:

> 명백히 인간은 그 나무로부터 과일을 먹는 날에 죽지 않았다. 하지만 이 장에 나와 있는 뒷부분의 구절들을 살펴보면, 지성소의 상징과 언어가 재등장한다(창 3:21-24). 하나님은 부부에게 옷을 입히고 케루빔이 생명나무를 지키는 동쪽 출구로 추방하신다. 이 특징들은 장막의 구도(계획)와 관련된 규범들을 예견한다. 에덴동산처럼, 그 장막은 하나님이 그의 사람들과 함께하는 곳이었다. 이스라엘의 진영으로부터 쫓겨나거나 하나님으로부터 거절당하는 것은 죽음과 다름없는 삶을

경험하는 것이었다: 이 두 정황에서 비탄의 행위는 마땅했다. … 하나님이 거하시는 기쁨의 동산에서 추방되는 것은 이스라엘의 경건한 남자들에게는 육체적 죽음보다 더 비극적인 것으로 여겨졌을 것이다. 이 둘 중 나중의 것은 아담과 하와가 금지된 나무로부터 따먹은 당일에 경험한 영적인 죽음의 표시이자 봉인이었다. 41)

그렇다면, 육체적 죽음은 영적 죽음에 비추어서 행해진 형벌이었다. 동산에서 추방되는 것은 이 둘, 육체적 죽음과 영적 죽음을 상징한다. 이 추방은 동산에서 함께한 하나님과의 교제의 삶으로부터 인간이 추방되었음을 의미한다. 하여 이 추방의 결과는 육체적 죽음 그 자체이다. 생명나무는 두 가지의 생명(영적인 것과 육체적인 것)을 상징한다. 그리고 생명나무로부터의 차단은 두 가지의 죽음(영적인 것과 육체적인 것)을 동시에 의미한다. 이 두 가지의 죽음이 바로 저주이다.

❋❋❋
요약

창조 이야기는 하나님의 의도를 나타낸다. 하나님은 교제와 생명을 의도하셨다. 그분은 생명을 창조하셨고, 생계의 수단을 제공하셨고, 생명나무를 제공하셨다. 하나님은 당신의 공동체의 조화, 기쁨, 교제를 보여 줄 인간공동체를 창조하길 원하셨다. 그분은 당신의 형상을 닮은 인간들과 당신의 지배권을 나누어서 사람들이 땅을 돌보고 당신을 섬기길 원하셨다. 하나님은 그 백성의 후손들이 이 땅에 충만하게 되고, 이로 인해 영광을 받으시고 그 백성과 교제하기를 원하셨다.

이 같은 의도는 성경에 진술되어 있는 대로 하나님의 구속의 이야기를 명백하게 관통하고 있다. 시작부터 끝까지, 창조에서 종말까지, 하나님은 자신의 사랑의 친교를 함께 나눌 백성을 원하신다. 신약의 언어를 사용하자면, 하나님은 코이노니아(친교, 교제)를 원하신다. 구원의 때에 하나님은 우리를 "예수 그리스도 우리 주와 더불어 교제"(고전 1:9)하라 부르셨고, "성령의 교통하심"(고후 13:13)을 누리라 하셨고, "아버지와 그 아들 예수 그리스도와 함께함"(요일 1:3)을 경험하라 하셨다. 하나님은 창조 때 삼위일체적 친교를 제공하신 것처럼 구속에서도 그와 같은 친교할 기회를 주신다. 그리스도인들은 하나님 아버지와 아들과 성령의 교제 안에서 그 이름으로 세례를 받는다(마 28:19). 창조에서나 구속에서나 하나님의 이 같은 교제는 그분의 목표이고, 그 교제는 세계 안에서 주님의 행동의 궤적軌跡을 안내한다. 이것이 하나님의 이야기가 지닌 기본적 구조의 원리이다. 이 원리가 그분의 섭리적 사역을 형성한다. 하나님은 친히 자신과 함께할 백성을 원하신다. 창조 때에도 그랬고, 이 타락한 세계에서조차 여전히 그러하다.

창세기 2-3장은 하나님의 선한 피조물에게 어떤 일이 발생했는지를 설명해 준다. '매우 좋았던' 것이 이제는 타락했다. 최초의 피조물의 조화는 파괴되었다. 죽음이 만연한 이 세계는 하나님이 처음 창조하신 세계와 너무나 다르다. 처음 창조 때의 모습은 조화, 평화, 생명, 교제를 위한 하나님의 의도를 보여 주었다. 그러나 현재 세계의 모습은 적의, 고통, 분열, 죽음을 드러낸다. 이 세계는 죄로 인해 오염되었다. 인간은 하나님과의 교제보다 그들 자신의 길을 선택했다. 죄는 하나님의 피조물을 파괴시켰고, 이에 하나님은 타락한 세상에 징벌을 내리셨다. 그분은 세계가 좌절의 대상이 되게 하셨다(롬 8:20).

하지만 이 이야기는 처음 아담과 하와 만의 이야기가 아니다. 이는 각기 개인의 죄의 전형적인 이야기다. 모든 인간은 아담이고 하와이다. 우리 모두는 죄를 범했다(롬 3:23). 우리 모두는 하나님이 우리에게 의도한 영광에 미치지 못한다. 우리 모두는 각기 자신의 죄를 경험한다. 이제 우리는 타락했던 지점에서 과거 순수했던 때를 떠 올린다. 우리는 죄를 실로 깨닫고서야 우리의 순수함을 알아간다. 이제사 우리는 자신의 죄를 고백하며 상실해 버린 그 순수함을 떠올리며 비탄해 한다. 아담과 하와의 이야기는 실로 우리의 이야기이다.

성경의 저자는 우리가 아담과 하와와 공감하길 바라고 그의 이야기가 우리 이야기의 전형적인 예이기를 바란다. 그들처럼 우리도, 순전함에서 반역反逆으로 이동했다. 우리는 동산에서 추방되었다. 창세기 2-3장의 이야기는 인간과 하나님과의 교제의 단절 이야기이다. 창조, 타락, 그리고 구속에 대한 약속의 이야기이다. 아담의 타락만이 아니라, 우리의 타락이다. 아담의 문제만이 아니라, 우리의 문제이다.

하지만 하나님은 은총의 하나님이시다. 그분은 아담과 하와에게도 은총을 베푸셨다. 그들에게 옷을 입히시고 동산을 떠나서도 삶을 허락하셨다. 에덴동산으로부터 추방은 하나님이 본래 의도하신 상황이 아니다. 세계는 이제 다른 곳이 되었고 저주를 받았다. 하지만 하나님의 의도는 아직 여전하시다. 그분은 당신과 교제할, 그래서 당신의 거룩한 사랑을 함께 나눌 백성을 찾으신다. 하나님은 이제 타락한 세계를 위한 구속의 의도를 갖고 계신다. 그분은 이 세계에 좌절하시지만 여전히 희망을 품고 계신다(롬 8:20-21). 하나님은 타락한 세상을 구원하시고 저주로부터 자유롭게 하길 원하신다. 하나님은 죽음을 타파하고 당신의 피조물을 회복하길 원하신다. 언젠가, 새 하늘과 새 땅의 날에, 하나님은 만물을 새롭게 하실 것이다. 거기는 "다시는 사망이 없고 애통하는 것이나 곡하는 것이나 아픈 것이 다시 있지 아니"할 것이다(계 21:4). "다시 저주가 없을"(계 22:3) 그 날이 도래할 것이다.

세계가 이제 타락했다는 사실을 받아들인다면, 하나님은 무엇을 하실까? 하나님은 당신의 원래의 의도를 효과적으로 실현시키기 위해 타락한 이 세계에 어떻게 관여하실까? 하나님은 이 땅에 무엇을 실현하실까? 이야기는 다시 계속된다.

제4장

하나님은 타락한 이 세상에 무엇을 허락하시는가?

| 하나님과 사탄 그리고 욥의 이야기 |

❋❋❋
어느 이야기

우스(Uz) 땅, 에돔(Edom)이란 지역에 욥이라는 남자가 살고 있었다. 그는 하나님의 신실한 종이었으며 흠 없이 완벽한 삶을 사는 남자로 알려져 있었다. 하나님은 그에게 자녀와 부로 넉넉히 복 주셨고, 건강과 성공으로 또 복을 주셨다. 욥은 하나님의 친구였다. 욥이 무엇이든 손을 대면 그에게 복으로 돌아왔다. 하나님은 그를 보호하셨다.

욥은 지역의 지도자로서 존경을 받았고 원로들과 함께 도시의 법정에서 일했다. 그가 어느 방이든 들어가면 젊은이들은 자리를 내어 줬다. 사람들은 그가 오는 것을 보면, 노인들도 존경심에서 서서 그를 맞이했다. 지역의 지도자들도 욥과 함께 있을 때는 말하기보다는 그의 말을 경청했다.

욥은 억압당한 이들의 방패요 변호자였다. 가난한 이들을 불의로부터 구해 주었고 낯선 이들도 서슴없이 도왔다. 고아들도 도왔다. 어느 남편은 죽어가는 와중에도 욥을 축복했다. 욥이 자신의 아내를 돌보아 줄 것이라고 믿었기 때문이다. 욥은 부당한 대우를 받는 이들과 장애자들의 삶에 기쁨의 선물을 주었다. 도시의 법정에서 그들의 처지를 위해 변호했다. 욥은 의로움과 정의를 위해 살았으며, 악한 자들의 송곳니에 물린 피해자들을 구해 주었다. 그는 의로운 지도자, 지혜로운 상담자, 그리고 인정이 많은 가진 자의 전형이었다.

그러나 어느 날, 하나님의 복은 멈추었다. 하나님의 보호는 멈췄다. 이제는 욥이 손을 대는 모든 것이 한줌의 재가 되어 돌아왔다. 단 하루 만에 욥은 자신의 부와 자녀들을 송두리째 잃었다. 사바(Sabean) 사람들은 욥의 종들을 죽이고 500마리의 황소와 500마리의 당나귀를 탈취해 갔다. 갈대아(Chaldean) 사람들 또한 그의 종들을 무차별하게 죽이고 3만 마리의 낙타들을 빼앗아 갔다. 하나님의 불로 7,000마리나 되는 욥의 양들이 죽었고 그 양들을 돌보던 종들도 살해되었다. 거센 폭풍이 식사를 즐기던 집에 몰아쳐, 욥의 자녀들을 삼켰다. 단 하루 만에 하나님의 복들이 이제 재앙으로 변했다. 고작 몇 시간 전까지 욥을 복 주셨던 하나님께서 욥을 타격하는 하나님이 되셨다. 그 재앙은 욥의 몸까지 습격하여 온몸을 종기로 덮었다. 이제 욥은 마을의 쓰레기 더미 위에 앉아 부러진 질그릇 조각으로 짓무른 몸을 긁는다. 오직 사악한 자들만이 마땅히 받을 줄 알았던 징벌을 하나님은 무정하고도 잔인하게 욥에게 내리셨다.

이제 지역 사람들은 욥을 외면한다. 그를 존경했던 어린이들도 그를 놀린다. 아이들은 그의 얼굴에 침을 뱉는다. 그의 이름은 치욕의 상징, 하나님을 불쾌하게 하는 것의 상징이 되었다. 그가 사랑했던, 그의 가장 친한 친구들도 그에게 등을 돌렸다. 그가 한때 초대해 대접했던 손님들도 이제 그를 이방인 취급한다. 욥의 도움과 조언을 구했던 지역 사람들은 이제 그와 거리를 두기 시작한다. 사람들은 그를 무시한다. 이제 욥은 사회에서 거절당하고 압박당하는 신세가 된다. 사회는 그가 갖고 있던 모든 명예를 벗겨 버린다.

욥의 가족들도 그를 피한다. 그의 아내도 그의 몸 상태를 보고 겁에 질려 피한다. 그녀는 욥에게 하나님을 저주하고 죽으라고, 하나님께 그분이 시작한 일을 끝내라고 자신을 죽여 달라고 하나님께 따지라고 종용한다. 아내인 그녀도 욥의 입 냄새를 꺼려해 그의 곁에 가지 않는다. 죽음을 겨우 피한 남은 종들조차도 욥이 불러도, 와달라고 애원해도 욥에게 가지 않는다.

욥은 이제 혼자이다. 그는 자신의 병든 살과 뼈 외엔 가진 것이라곤 아무것도 없다. 하나님께 묻고, 비탄해 하고, 그렇게라도 하나님을 섬기는 일 외에는 아무것도 할 수 없다. 욥은 쓰레기 더미 위에 홀로 앉아 있다.

왜? 어찌하여 이런 일이 일어난 것일까? 모든 축복을 그렇게 받았던 이가 하루아침에 이 모든 저주를 받았다. 하나님으로부터 그 많은 좋은 것들을 받았던 이가 동일하신 하나님으로부터 재앙을 받았다. 하나님을 그토록 닮아가려던 이가, 다른 누구와 비교할 수 없을 정도로 하나님께 헌신한 자가, 그렇게도 따랐던 하나님으로부터 그가 이런 부당한 대우를 받을 수 있는가? 왜? 무슨 일이 있었던 것일까?

- 욥 1-2,19,29-30장의 개작改作-

위의 이야기의 화자話者는 마치 그 당시의 관찰자처럼, 세상의 수평적 관점에서 이야기를 전개한다. 이 사회, 욥의 가족, 그리고 욥 자신도 이 세상의 관점만 갖고 있다. 그들은 '밑에서' 아니면 '하늘 아래에서'만(전도서) 사실들을 단지 관찰한다. 그들은 수평선을 넘어서 보지 못한다. 욥은 겉으로 보기에는 의로운 자, 한 때는 하나님의 복을 차지했던 자였지만 이제 하나님의 저주를 받는다. 욥의 지역사회 사람들이나 가족은 하나님의 저주를 인정해야만 한다. 그들은 욥이 받은 비극적 재앙을 보고 하나님을 분노하게 한 욥으로부터 거리를 두려 한다. 욥은 사회의 모든 이로부터 배척당하고 분리되어 있다. 그는 사람들에게 보여 주었던 것처럼 그렇게 의롭지 못했던 것 같다.

그러나 쓰레기 더미 위에 앉아 있는 욥의 생각은 다르다. 그는 자신이 청렴하다는 것을 안다. 그는 자신이 대단한 죄를 숨기고 있지 않다는 것도 안다. 그는 하나님께 헌신한 자신의 마음을 잘 안다. 그렇지만 그는 이 고통이 하나님께로부터 왔다는 것을 또한 안다. 그의 질문들에 대한 대답이 없지만 그는 다른 이들이 내린 결론을 받아들이지 않는다. 욥은 지금 크게 맞았다. 하지만 그가 숨겨 둔 어떤 죄로 인한 것이라고 믿지 않는다. 욥은 하나님으로부터 재앙을 입었지만 그래도 하나님을 찬양한다. 욥은 이 모든 고통이 왜 밀려왔는지 모르지만, 그가 하나님을 외면하지 않을 것이라는 것은 분명하다. 하나님이 그를 저주한 것처럼 보임에도 불구하고 그는 하나님을 저주하지 않는다.

욥과 그의 사회는 무지하다. 그 누구도 욥의 징벌의 이유를 알 수가 없다. 하지만 욥기의 저자는 그 당시 그 누구도 갖지 못했던 관점을 우리에게 보여 주고 있다. 머리말(욥 1-2장)에 이런 관점이 보인다. 저자는 독자에게 하늘의 시각을 제시한다. 마치 우리가 하늘에서 이 일을 내려다보고 있는 느낌이 든다. 욥의 이야기에 관해서는 독자는 모든 것을 아는 셈이다. 독자는 전경全景이 다 보이는 위치에 있지 않은가! 이는 마치, 연극을 보기 전에 줄거리가 이미 독자들에게 설명된 것과 같다. 연극의 구성원들은 줄거리를 모르고 나중에 이뤄질 결론도 모르지만, 독자들은 머리말(욥 1-2장)과 결말(욥 42장)에 나오는 시작과 끝을 보고 안다. 그러면 독자들은 이야기의 구성원들보다는 확연히 유리한 위치에 서 있는 셈이다. 이야기의 구성원들이 갖고 있지 않은 하늘의 시각을 독자들은 갖고 있다. 머리말과 결말은 이 책(욥기)을 이해하는 데 뼈대 역할을 한다. 우리는 독자의 안목을 가지고 욥기에서 전개되고 있는 대화와 욥의 고통의 의미를 알게 된다.

※ ※ ※
욥의 고통

이 장(앞의 표제문)을 열었던 이야기는 '아래로부터의' 세상적인 시각을 제공한다. 그러나 욥기의 서두는 '위로부터의' 하나님의 시각을 보여 준다. 천상天上의 무대에서 일어난 일은 독자에게만 알려져 있다. 욥은 모른다.

그러나 욥의 무지는 우리의 무지다. 독자는 욥이라는 선한 남자에게 지금 일어난 그 고통이 그렇게 우연한 일이 아니고, 매우 심각하다는 사실을 안다. 우리 독자들도 고통을 경험하게 될 때 그때는 우리의 시각도 욥과 같아진다.

욥처럼, 우리도 고통을 당할 때는 그것만 보인다. 욥처럼, 이때 우리도 천상에서 일어난 일들과 일어나지 않은 일들에 대해 모른다. 따라서 우리는 욥이 처한 곤경困境에 완전히 공감할 수 있다. 욥의 곤경은 우리의 곤경이기도 하다. 하여 우리도 욥처럼 곤경에 처할 때 하나님의 구체적인 목적을 모르고 무지하다.

하지만, 욥의 이야기를 읽는 독자로서 우리는 욥이 본 것 이상을 본다. 정확히 무엇이 일어났는지 안다. 욥에게는 엄청난 고통이지만, 우리는 그 고통에 의미가 있다는 것을 안다. 욥에게는 완전히 말이 안 되는 것이지만 독자에게는 – 일시적일 수도 있지만 – 말이 된다. '하늘로부터' 얻은 뜻만이 확실한 것이다: '밑으로부터' 온 뜻은 일시적이고, 임시적이고, 믿을 수 없는 것이다. 때문에 우리가 하나님의 시각으로, 그리고 그분이 주신 이야기의 문맥 안에서 고통을 이해하는 것이 중요하다. 때론 신성한 왕좌의 방에서 보는 시각으로 우리도 볼 필요가 있다. 욥의 이야기는 거기서 시작된다.

※※※
하나님의 책임

욥기 저자는 우리에게 하나님의 현존에서 사태의 전말을 보게 한다. 거기엔 '하나님의 아들들' (천사들)도 있고, 또한 고소인 '사탄'도 있다.[42] 둘 다 하나님께 다가가 자신들의 활동을 보고한다. 여기서 아마 상상되는 것은 하나님께서 그의 사자使者들과 간부회의를 하고 있는 모습일 것이다. 천사들이란 하나님의 섭리 안에서 행동하는 일꾼이다(시 104:4). 사탄 또한 일을 하고 있다. 사탄의 능력은 하나님의 것보다 낮고 하나님께 복종해야 하는 처지이다. 사탄은 일을 벌이려면 하나님의 힘을 빌려야 한다. 사탄은 하나님의 섭리에 한 역할을 하지만 그는 하나님의 주권에서 벗어난 독립적인, 자율적인 행위자는 아니다. 사탄도 결국에는 하나님의 계획 앞에는 복종해야 한다.

하나님이 사탄에게 던진 질문, "네가 어디서 왔느냐"는 얼핏 보기에 이해가 좀 난감한 대목이다(욥 1:7). 하나님은 사탄이 어디에 있었는지 몰랐던 것인가? 당연히 아셨다. 하지만 하나님은 대화를 원하신 것이었다. 결과적으로 하나님은 사탄에게 당신의 어전御殿에서 대답할 수 있도록 허락하신다. 하나님은 당신이 아직 모르시는 정보를 사탄으로부터 얻고자 하는 게 아니었다. 하나님이 모세에게 질문하신 것과 같은 취지이다. 하나님은 "네 손에 있는 것이 무엇이냐?"(출 4:2)라고, "너는 요즘 무엇을 하고 다녔느냐?"라고 물으신다. 사탄의 두루뭉술한 대답은 그가 세상의 여기저기를 얼마나 쑤시고 다니는지를 암시한다. "땅에 두루 돌아 여기저기 다녀왔나이다"(욥 1:7)라고 대답한다. 하지만 하나님은 구체적인 활동을 이야기하고 싶으신 것이다.

하나님은 사탄의 주목을 욥에게 돌림으로써 이 드라마를 시작한다. 사탄은 욥을 의식한다. 사탄은 겉으로 드러나는 욥의 의로움을 인정하지만 욥의 청렴결백함을 공격한다. "당연하죠." 사탄이 말한다. "욥은 의롭습니다. 어떻게 의롭지 않을 수가 있습니까? 하나님께서 그를 모든 재앙으로부터 보호해 주셨고 모든 복을 주셨으니까요. 누구라도 그런 상황이 주어진다면 섬길 수밖에 없지 않겠습니까?" 사탄에 의하면, 욥은 하나님이 인정하고 싶지 않은 이유로 의로운 것이다. 욥은 자신의 유익을 위해 하나님이 필요한 것이다. 사탄은 욥의 이기심(?) 때문에 그를 고발한다. 그의 신앙은 '좋은 날씨'의 신앙이다. 하나님은 욥을 매수한 것이다. 그래서 사탄은 "욥이 어찌 까닭 없이 하나님을 경외하리이까?"라고 되묻는다.

여기서 사탄이 의도한 공격은 하나님을 믿고 있는 모두에게 던진 공격이다. 우리가 하나님을 섬기고 사랑하는 것은 그분에게서 상을 받기 위해서라는 것이다. 믿음의 근거는 유익, 자신의 덕을 위함이라고 사탄은 주장한다. 믿는 이가 부유하고, 건강하고 행복한 이상, 그는 하나님을 섬길 것이다. 그러나 가족 구성원을 잃었다거나, 직업을 잃는 고통스러운 일이 발생하는 것이 하나님이 허락하신 일이라는 것을 알게 되면, 그들은 아찔하여 하나님께 건 희망을 잃고 그분을 외면할 것이다. 믿음은 되돌아오는 대가가 있을 때에만 가능하다. 믿는 자들은 기쁠 때만 헌신한다. 욥 자신도 이런 태도는 오직 사악한 자의 태도라고 인정한다. 그들은 "전능자가 누구이기에 우리가 섬기며 우리가 그에게 기도한들 무슨 이익을 얻으랴 하는구나."라고 묻는다. 하나님과의 친교 이외에 얻을 것이 아무것도 없다면 하나님을 사랑할 자가 있을까? 단지 하나님과의 교제만을 위해 하나님을 사랑할 자가 과연 있을까? 모든 것을 잃고 지금 비탄해 하고 있는 욥은, 하나님을 그래도 섬길 것인가? 이것이 실로 욥의 시련이고 진실한 믿음의 시험이다. 그러나 욥은 모든 고통을 당했어도, 신앙을 버리지도 않고 하나님을 저주하지도 않는다. 욥은 악한 자들의 조언을 거절한다. 욥은 이렇게 말한다: "그들은 자기들의 성공이 자기들 힘으로 이룬 것이라고 주장하지만, 나는 그들의 생각을 용납할 수 없다"(욥 21:16, 표준새번역 이하 표준).

사탄은 현재의 상황에서 욥에 거스려 행동할 수 없다는 것을 알아차린다. 하나님은 욥을 재난으로부터 보호하시기 위해 산울로, 울타리로 두르셨다(욥 1:10). 하나님은 사탄이 욥에게 다가가는 것에 제한을 두신 것이다. 사탄은 욥이 시험을 받으려면, 재앙을 받으려면, 하나님이 행동을 취하셔야만 한다는 것을 안다. 하나님이 이 울타리를 거두셔야 하는 것이다. 그래서 사탄은 하나님에게 도전장을 내민다. "이제 주의 손을 펴서 그의 모든 소유물을 치소서 그리하시면 정녕 대면하여 주를 욕하리이다"(욥 1:11)라고 말한다.

하나님의 힘과 활동을 상징하는 하나님의 손이, 욥에 거스려 움직이셔야 재앙이 욥의 가족을 칠 수 있다. 천상의 평의회가 욥이 자신의 유익을 위해 하나님을 섬기는 것인지 보기 위해서는 하나님은 당신의 손을 뻗으셔서 행동을 하셔야 한다. 참으로 욥이 첫 시험을 통과하자 하나님은 사탄에게 불평하신다. 하나님은 "네가 나를 격동하여 까닭없이 그를 치게 하였"다고 하신다(욥 2:3). 하나님은 욥에게 준 시련에 책임을 인지하신다. 욥과 대항하여 행동하셨다. 사탄은 다시, "이제 주의 손을 펴서 그의 뼈와 살을 치소서"(욥 2:5)라고 하나님에게 도전한다. 욥이 '악' (재앙)이나 큰 참화를 경험하기 위해서는 하나님이 움직이셔야 한다. 그 권한이 하나님의 손으로부터 사탄에게 옮겨 간다(욥 1:11-12; 2:5-6). 욥을 시험한 것은 사탄의 손에 쥔 하나님의 힘이었다. 하나님의 허락을 받고 사탄은 하나님의 힘을 이제 사용한다.

최소한 우리는 욥에게 닥쳤던 재앙을 하나님께서는 막으실 수 있었는데, 하나님은 사탄이 욥을 괴롭히도록 허락하셨다고 말할 수 있다. 사실, 하나님은 사탄으로부터 욥을 이전에 보호하시지 않았던가! 하지만 하나님은 그 보호막을 거두시고 사탄이 일을 저지를 수 있도록, 어떤 범위 안에서 허락하신 것이다(욥 1:12; 2:6). 첫 시험에서 사탄은 욥의 소유물, 종들, 그리고 가족들을 멸살할 수 있었으나, 욥만은 건드릴 수 없었다. 두 번째 시험에서 사탄은 욥의 몸에 큰 아픔은 줄 수 있었으나, 그를 죽일 수 없었다. 이 일은 사탄이 직접 행한 것이지만 그러나 책임은 하나님에게 있었다. 사탄에게 허용과 능력을 주셨다는 것만으로도 적어도 하나님에게는 책임이 있다. 하나님은 사탄의 도전장을 거절하실 수도 있었다. 그저, "사탄, 너는 욥의 소유물은 없애도 그의 자식들은 건들지 마라."라고 이야기하셨어도 됐다. 사탄의 손에 쥔 힘은 하나님이 결정하신 것이었고 사탄의 능력의 한계도 실은 하나님이 정하신 것이었다. 욥에게 일어난 모든 악한 일들은 일어날 필요도 없었기 때문에 궁극적 책임은 하나님에게 있는 것이 아닌가? 하나님은 보호막을 거두시지 않으셨어도 됐고 사탄이 시도하려고 했던 것을 막으실 수도 있었다. 그러나 하나님의 손은 욥에게 불리한 일을 하셨다. 하나님은 사탄이 욥을 비난하는 것을 듣고 욥을 시험할 수 있는 권한을 결정하신 것이다.

욥은 이것을 명확히 알았다. 그는 천상에서 일어난 내기에 대해 몰랐다. 하지만 이 세계가 하나님에게 속한 것임을 알았다. 그는 사탄의 행동에 대해 몰랐다. 하지만 하나님이 최고의 주권자 되심을 알았다. 그는 하나님의 손이 자신을 힘들게 함을 알았다. 하나님도 사탄이 그를 '격동'하게 하고 ('자극'하여) 욥을 "치게 하였다"고 했다(욥 2:3). '자극하다'라는 용어는 하나님이 어떤 이를 흥분시키거나(화나게 하거나) (삼상 26:15), 어떤 이가 행동하도록 영향을 주는 것을 말한다(대하 18:21). 하나님과 사탄 둘 다 다윗을 자극해서 다윗이 나라의 인구조사를 하게 했다(대상 21:1; 삼하 24:1). 하나님 자신도 욥의 행복에 어긋나게 행하신 것을 아신다. '사탄'이 그분의 분노를 자극했다. 이런 재앙이 일어났는데 하나님은 이것들과 아무 관련이 없다고 볼 수 없다. 하나님은 욥의 믿음을 논쟁점으로 삼으셨다. 그래서 그에게 있었던 보호막을 거두셨고 사탄에게 힘을 주셨다. 그러나 욥이 겪고 있는 고통을 언제든지 멈추실 수 있으셨다. 결과적으로 하나님은 욥에게 불리하게 움직이셨고 욥은 이것을 알았다.

첫 번째 불행에 대해 욥은 "주신 자도 여호와시요 취하신 자도 여호와시오니 여호와의 이름이 찬송을 받으실지니이다"라고 말한다(욥 1:21). 욥은 자신의 자녀와 부가 하나님이 주신 선물임을 알았다. 또한 선물을 거두시는 분도 하나님이심을 고백한다. 주께서 주시는 축복에 대해 찬양한다면, 거두시는 축복에 대해서도 동일하게 찬양해야 한다. 욥은 아주 명백하게 자신의 곤경에 대해 하나님에게 책임이 있음을 주장한다. 주께서 주셨고 주께서 가져가셨다. 하나님은 주시는 것에 능동적이지만 취하시는 것에도 능동적이다. 그럼에도 불구하고 욥은 하나님을 찬양한다.

욥은 두 번째 곤경이 밀어닥쳤을 때에도 첫 번째와 같은 반응을 보인다. "우리가 하나님께 복을 받았은즉 재앙도 받지 아니하겠느뇨?"라고 한다(욥 2:10). 히브리어로 '재앙'은 말 그대로 욥기 1장 1절, 8절과 2장 3절에서 언급된 것처럼 '악'을 뜻한다. 하나님은 좋은 것도 주시지만, 가끔은 재앙, 재난의 의미인 '악'도 주신다. 욥에 의하면, 믿음의 사람으로서 우리는 선(좋은 것)과 악(나쁜 것), 둘 다를 받아들일 수 있어야 한다. 전도서의 지혜자는 이 원리를 잘 이해했다(전 7:13-14):

> 하나님께서 행하시는 일을 보라 하나님께서 굽게 하신 것을 누가 능히 곧게 하겠느냐 형통한 날에는 기뻐하고 곤고한 날에는 생각하라 하나님이 이 두 가지를 병행하게 하사 사람으로 그 장래 일을 능히 헤아려 알지 못하게 하셨느니라

욥은 자신에게 닥친 재앙을 하나님께 돌려서 그분에게 책임이 있음을 말했지만, 욥은 결코 자신의 입으로 죄를 범하지 않았고 어느 죄도 하나님의 탓으로 돌리지 않았다(욥 1:22; 2:10). 다시 말해서, 욥은 하나님의 책임을 인정했지만, 하나님을 결코 저주하지 않았다. 하나님은 욥의 자식들과 성공을 거두어 가져가셨다. 이것이 욥이 하나님에게 부여한 책임이다. 하지만 욥은 어느 잘못된 일로도 하나님을 비난하지 않았다. 욥은 자식들의 죽음을 하나님이 '가져가신 것'이라고 시인했지만 입술로 죄를 범하지 않았다.

서두의 관점은 이후 대화 부분에서 이를 더 깊게 부각시킨다. 욥은 몇 번이고 계속해서 자신의 고통이 하나님으로부터 온 것이라고 이야기한다. 자신의 재앙을 "전능자의 화살"(욥 6:4)이라고 말한다. 욥은 하나님이 자신을 "과녁"으로 삼으셨고 "살[궁수들의 화살]로 나를 사방으로 쏘아" "인정 없이 내 허리를 뚫고 내 쓸개로 땅에 흘러나오게 하시는구나"라고 토로한다(욥 16:12b,13). "여호와의 손"이 그를 멸하셨다(욥 12:9). 욥은 "하나님의 손이 나를 치셨구나"라고 비탄해 한다(욥 19:21). 기도 중에도 욥은 하나님께, "이제 주께서 나를 기진맥진하게 하시고 나의 자식들을 죽이셨나이다"(욥 16:7)라고 한다. 욥은 과거의 일들만이 아니라, 지금 현재의 고통도 하나님의 계속되는 행하심이라고 믿는다. 욥은 "내가 오늘도 혹독히 원망하니 받는 재앙이 탄식보다 중함이니라"라고 불평한다(욥 23:2). 욥에 의하면, 하나님은 "내 줄을 늘어지게 하시고 나를 곤고케" 하셨다(욥 30:11). 욥은 자신에게 계속되는 고통이 하나님의 뜻이었다고 본다. 왜냐하면 하나님의 뜻이 아니었다면, 하나님은 고통을 멈추셨을 것이라고 믿기 때문이다. 따라서 고통이 계속되는 이유는 하나님의 손이 계속 자신을 억누르고 있기 때문이다(욥 6:9; 10:7; 12:9; 19:21; 23:2; 30:1). 하나님은 사탄에게 힘을 주기 위해 손을 뻗으셨고, 욥의 고통을 지속시키기 위해 능동적으로 움직이신다. 그분은 계속해서 사탄이 욥을 괴롭히도록 허용하시나, 아직까지는 욥의 불행을 거두시기 위해 행동을 취하지 않으신다.

서두와 결말에서 욥의 친구들과 욥이 모두 동의하는 점이 있다면 이것이

다: 욥의 고통에 대해 하나님에게 책임이 있다. 하나님이 행동하시면 그 고통은 멈출 수 있다(결말에 언급되고 있듯이 말이다). 만약 고통이 멈추지 않는다면, 하나님이 아직 멈추게 하려고 행동하시지 않았기 때문이다. 어느 면으로 보나 책임은 하나님에게 있다. 어떤 관점에서 보나 하나님의 뜻은 욥이 고통을 당하고, 계속해서 고통을 당하는 것이다.

※※※
고통의 첫 번째 파고 波高

고통의 첫 번째 파고는 네 가지 일들로 발생한다. 첫째, 사바 사람들이 욥의 소와 나귀의 무리를 빼앗아 가고 욥의 종들을 죽였다(욥 1:13-15). 둘째, "하나님의 불"(번갯불)이 화재를 일으켜 그의 양들과 종들을 죽였다(욥 1:16). 셋째, 갈대아 사람들이 침입해 와 그의 낙타들을 훔치고 종들을 죽였다(욥 1:17). 넷째, 강한 바람이 집을 삼키고 그 안에서 식사를 하고 있던 그의 자녀들 모두를 죽였다(욥 1:18-19). 이런 큰 재앙들은 두 종류의 사건들로 나뉠 수 있다: 인간과 자연의 역할이 그것이다.

인간의 자유의 역할

인간은 자유와 책임의 행동을 수반한다. 사바 사람들과 갈대아 사람들의 예가 그것이다. 그들은 욥의 재산을 훔치고 그의 종들을 죽임으로써 죄를 범했다. 그들은 그들 자신의 의지대로 행동했다. 그들은 자신들이 원하는 것을 했다. 하지만 사탄은 그들이 욥에게서 훔치도록 힘을 주었다. 사탄이 어느 경로로 사바인들과 갈대아인들을 자극시켰던 간에 어느 상황, 어느 기회나 우리가 모르는 어느 수단을 통해서였던 간에 그들의 행동 뒤에는 사탄이 있었다. 여기서 기억할 것은 사탄의 행동들도 자유의지였다. 하지만 그는 하나님으로부터 힘을 얻었다. 어떤 점에서 사탄이 사바인들과 갈대아인들 뒤에 있었던 것처럼, 사탄 뒤에도 하나님이 계셨다. 그렇기 때문에, 하나님은 욥의 종들의 죽음에 적어도 간접적인 역할을 하셨다. 하나님은 사탄에게 능력을 주셨고, 사탄은 그것을 활용하여 사바인들과 갈대아인들에게 그런 힘을 주었다.

욥의 고통이 하나님과 사탄 둘로 인해 왔지만, 하나님의 의도와 사탄의 의도는 질적으로 다르다. 하나님과 사탄은 각기 다른 목적으로 일을 진행한다. 사탄은 욥을 없애길 원한다. 그의 의도는 악하다. 그는 욥의 믿음을 깔아뭉개고 욥이 하나님을 저주하도록 유혹하고 싶은 것이다. 그러나 하나님의 의도는 이와 다르다. 그분은 욥의 믿음을 더 굳건하게 하기 위해 시험하신다. 하나님은 욥의 믿음을 더 단련시키고, 그의 인격을 함양시키고, 그의 인내로 인해 세상을 초월하는 승리를 얻고자 하신다. 사탄은 악을 위해 행한 것이고, 하나님은 욥의 고통을 선을 위해 행하신 것이다(요셉의 경우와 비슷하다. 창 50:20). 사탄은 살인과 도둑과 같은 악의를 품고 행동했지만, 하나님은 아버지로서 자비를 품고 행하셨다. 사탄은 욥을 꾀어 하나님을 저주하도록 만들고 싶었지만, 하나님은 욥의 믿음을 시험하신 것이다.

하나의 사건이지만 어느 관점에서는 시험이고 어떤 관점에서는 유혹이었다. 이는 아브라함에게 일어난 일과 비슷하다. 하나님은 아브라함에게 이삭을 산 제물로 바치라고 명령함으로 아브라함의 믿음을 시험하셨다(창 22:1). 그러나 사탄 또한 아브라함에게 순종하지 말라고 유혹했다. 시험은 하나님으로부터 온다. 하지만 유혹은 사탄의 부추김과 함께 우리 자신의 정욕과 이기적인 갈망이 결합하여 온다(약 1:13-15). 따라서 하나님과 사탄 둘 다, 욥의 고통의 근원이다. 그러나 이 둘의 의도는 확연히 다르다. 고통에 대한 욥의 자유로운 응답이 그에게 주어진 시험이 유혹으로 열매 맺을지, 아니면 흠 없는 믿음으로서 우주적인 증언이 될지를 결정한다.

인간의 '악한' 행위 뒤에 하나님이 서 계신다는 생각은 구약성경의 신학에 새로운 것은 아니다. 하나님은 나라들을 통해 다른 나라들을 징계하셨다. 예를 들면, 이스라엘 왕국의 북쪽을 절멸시킨 앗시리아 제국은 하나님의 분노의 회초리였다(사 10:5). 하나님이 "도끼가 어찌 찍는 자에게 스스로 자랑하겠으며 톱이 어찌 켜는 자에게 스스로 큰 체하겠느냐 이는 막대기가 자기를 드는 자를 움직이려 하며 몽둥이가 나무 아닌 사람을 들려 함과 일반이로다"라고 물으신다(사 10:15). 실제로, 하나님은 이스라엘을 당신의 '손'으로 멸망케 하셨다(사 10:10). 앗시리아는 이스라엘 왕국의 북쪽을 멸망시키기 위해 하나님이 쓰신 도구였다. 이스라엘의 하나님은 앗시리아인들의 신들에게 진 것이 아니다. 그와 반대로, 이스라엘에게 닥친 재앙은 하나님이 조성하신 것이었다. 따라서 앗시리아와 바벨론 포로, 전쟁의 경과經過, 그리고 거기서 비롯된 죽음은 실로, 하나님에게 책임이 있었다. 하나님 자신이 선언하시기를, "나는 빛도 짓고 어두움도 창조하며 나는 평안도 짓고 환난도 창조하나니 나는 여호와라 이 모든 일을 행하는 자니라 하였노라"(사 45:7).

또 다른 예는 하나님의 "철퇴"요 그분 "병기"인 바벨론이다(렘 51:20). 당신의 백성을 이겨 낸 바벨론의 승리는 사실, 하나님 때문이었다는 것을 선포한다. 하나님이 유다에게 일어나도록 재앙과 환난을 행하셨다(렘 44:2,11). 하나님은 자신을 "열방을 파하며" "국가들을 멸하는"자로서 말씀하신다(렘 51:20). "내가 너로 말과 그 탄 자를 부수며 너로 병거와 그 탄 자를 부수며 너로 남자와 여자를 부수며 너로 노년과 유년을 부수며 너로 청년과 처녀를 부수며"라고 선언하신다(렘 51:21-22). 하나님은 당신의 백성에게 일어난 재앙에 대해 책임을 지신다. 바벨론은 이스라엘을 치시는 하나님의 도구였다. 바벨론은 자주적으로 행동한 것이 아니다. 바벨론은 하나님의 주권 아래 움직인 것이다.

하나님은 '사탄'을 통해서도 일을 하실 수 있다. 역대상 21장 1절에 "사탄이 일어나 이스라엘을 대적하고 다윗을 격동하여 이스라엘을 계수하게 하니라"라고 언급되어 있지만, 사무엘하에는 이것은 여호와 하나님께서 이스라엘을 훈련시키려고 하신 일이라고 기록하고 있다(삼하 24:1). '사탄'은 다윗이 악을 행하도록 자극시켰지만, 하나님도 그 사건의 뒤에 계셨던 것이다. 하지만 사탄과 하나님은 각기 다른 목적을 갖고 있었다. 하나님의 목적은 '사탄'을 이용하여 이스라엘을 징벌하시려고 했던 것이다. 이는 정당한 이유다. 그러나 사탄의 목적은 이스라엘의 믿음을 파괴하고자 했던 것이다. 이는 악한 의도이다. '사탄'의 의도는 악의였다. 하지만 하나님의 의도는 훈계를 위한 것이었다. 같은 행동이었지만 이에 대한 하나님과 사탄의 이유는 달랐고 의도도 달랐다. 그럼에도 불구하고 하나님은 당신의 목적을 달성하기 위해, 주권적으로 사탄을 이용하신다. 하나님은 당신의 백성이 당신과 다시 교제할 수 있기를 원하신다.

따라서 인간의 행동이 책임감 있고, 자기 결정적이고, 자유의지에 의한 것이라고 해서(사바인들, 갈대아인들, 앗시리아인들과 다윗처럼), 하나님이 그런 행동들과 아무 상관이 없다는 것은 아니다. 인간의 자유행동은 하나님의 목적에 보조적인 것이다. 하나님은 당신의 의도를 이루시기 위해서 인간들의 행동을 활용하시고 인도하실 것이다. 하나님의 주권은 인간의 행동 위에 있다. 예를 들면, 하나님은 사바인들이 욥의 종들을 죽이는 것과 욥의 소유물을 탈취하는 것을 허용하실 수도 있고, 허용하시지 않을 수도 있다. 하나님은 이스라엘 백성을 징계하기 위해 앗시리아인들을 사용하실 수도 있고 하시지 않을 수도 있다. 하나님은 다윗이 인구조사를 하도록 자극할 수도 있고 그렇게 하지 않을 수도 있다. 하나님 한 분이 결정하신다. 사바인들과 갈대아인들의 자유행동 위에 하나님의 손이 얹어 있다는 사실을 욥은 알았다. 욥은 자신의 축복을 거두신 분이 하나님이라고 했다(욥 1:21). 욥은 이 궁극적인 책임이 하나님께 있다고 했다. 그러나 욥은 죄를 범하지 않았다.

그렇다고 하여 이 말이 사바인들과 갈대아인들에게 아무 책임이 없다는 것이 아니다. 욥기에 사바인들과 갈대아인들이 탈취하고 살인하도록 강요받았다라고 나와 있지 않다. 그들은 자신들의 의지대로 행동한 것이고 그들은 그 행동을 통해 죄를 범했다. 그들의 죄는 그들의 정욕과 탐욕 때문에 일어난 것이다. 우리 자신의 악한 욕망으로 인해 우리는 죄를 짓는다(약 1:14-15). 우리의 욕망과 행동의 책임은 전적으로 우리 자신에게 있다. 자신의 죄를 하나님

탓으로 돌릴 수는 없다. 죄인은 오직 자신 안에 있는 악한 욕망을 탓할 수밖에 없다.

그러므로 다윗은 인구조사를 통해 죄를 범한 것이다. 이스라엘 백성을 죽인 앗시리아인들도 죄를 범한 것이다. 하지만, 이런 일들이 발생할 때 하나님도 움직이셨다. 하나님은 앗시리아인들을 자신의 도끼인 것처럼 휘두르셨고 다윗이 인구조사를 하도록 자극하셨다. 사탄을 통해 하나님은 사바인들과 갈대아인들에게 능력을 주셨다. 어떻게든, 어떤 식으로든, 하나님의 거룩한 주권과 인간의 책임은 이렇게 서로 공존한다. 하나님은 주권자이시지만 인간은 자유롭다. 사바인들과 갈대아인들은 그들의 자유의지로 죄를 범했고 따라서 그들에겐 범행에 책임이 있다. 하지만 욥의 부와 종들을 거두신 분은 하나님이셨다.

신비롭게도, 하나님은 인간과 사탄의 죄가 있는 행동에 참여하지 않으면서도 책임이 있으시다. 다시 말하자면, 하나님은 도덕적으로 악한 죄를 범한 분이 아니시다.[43] 이 때문에 카슨(D.Carson)은 하나님의 행동에 대해 기술할 때 '허용'의 의미를 기억하는 것이 매우 유용하다고 말한다. 왜냐하면 그것은 "하나님은 선과 악 뒤에 비非대칭적으로 서 계신다"라는 성경적 패턴의 한 부분이기 때문이다.[44] 사탄과 하나님이 같은 일 위에 '손'을 얹고 있다고 해도, 사탄은 유혹을 의도하는 것이고 하나님은 시험을 의도하는 것이다. 하나님은 사탄, 갈대아인들, 사바인들을 악하게 행동하도록 강요하신 것이 아니다. 하지만 그분은 허용하셨고, 능력을 부여했고, 또한 그들 자신들의 악한 갈망으로부터 나온 죄악된 행동들에 제한을 두셨다. 이런 일들을 행하시는 하나님은 사탄의 의도를 위해서가 아니라, 하나님 당신 자신의 목적을 위해 행하신 것이다.

자연 원인의 역할

욥에게 닥쳤던 두 번째 종류의 재앙은 자연의 사용을 동반한다. 자연의 작용은 인간의 행위처럼 하나님의 목적에 보조적이다. 욥기 저자가 번갯불에 붙인 명칭은 자연 현상들에 대한 그의 관점을 나타낸다. 그는 번개를 가리켜 "하나님의 불"이라 했다(욥 1:16). 하나님은 이 번개를 조정하신다(욥 38:24). 사탄이 행동했지만, 하나님이 허용하신 것이다. 사탄이 행동했지만, 하나님이 능력을 부여하신 것이다. 자연이 직접적인 원인이었다면 하나님은 간접적인 원인이었다. 자연현상은 하나님에게 책임이 있다.

사막으로부터 불어오는 '강한 바람'은 사나운 토네이도와 얼마나 다른가? 욥의 자녀들을 죽인 것은 자연재해였지만 그것의 원인은 과학이 찾지 못하는 것이다. 이는 초자연적이지도 않았다. 이 자연재해들은 초자연적인 힘이나 어느 기적적인 간섭으로 일어난 일이 아니었다. 이 자연재해들에 대해 기적적인 면은 없었다. 하지만 신성한 특성이 거기에 있었다. 그 재해들은 하나님의 허용을 받은, 하나님으로부터 능력을 받은 것이었다. 사탄은 어느 기적도 행하지 않았고, 하나님은 '자연의 법칙'을 어기시지도 않았다. 그러나 사탄에게 부여한 힘을 통해 하나님은 욥에게 '자연재해'로 보이는 고통을 주셨다. 욥기 저자는 이런 사건들에서 하나님의 거룩한 손을 본다. 하나님은 이런 자연재해들을 통해 욥에게 주신 복들을 '거두셨다.'

이와 같은 일은 구약 신학에서 흔히 볼 수 있다. 성경에 나오는 자연재해들은 '하나님의 행위'로 반복적으로 표현된다. 자연은 언제나 하나님의 명령에 따라 움직이도록 준비되어 있고 그분의 뜻에 따라 움직인다. 우리는 이를 "불과 우박과 눈과 안개와 그의 말씀을 따르는 광풍"이라고 노래한다(시 148:8). 하나님은 세계 내에 참여하신다. 그분은 풀이 자라게 하시며(시 104:14) 사자들을 먹이신다(시 104:21,27). 여호와께서는 당신의 피조물 위에 주권자로서 다스리신다. 시편 기자는 이를 명확하게 선언한다(시 135:6-7):

> 여호와께서 무릇 기뻐하시는 일을 천지와 바다와 모든 깊은 데서 다 행하셨도다
> 안개를 땅 끝에서 일으키시며 비를 위하여 번개를 만드시며 바람을 그 곳간에서 내시는도다

욥에게 일어난 자연재해를 고려하여 읽을 때 세계를 지배하시는 하나님의 권위의 냉정함을 알게 된다(렘 10:13; 51:16 또한 읽어 보라). 번개와 바람은 하나님의 명령을 따르고, 욥의 부와 자녀들을 죽인 것은 바로 그 번개와 바람이었다. 적어도, 하나님의 허용 없이는 어느 바람과 번개도 욥의 부와 자녀들을 앗아 가거나 죽일 수 없었을 것이다. 이 이야기 중에 욥에게 가장 마지막으로 등장하여 이야기한 친구 엘리후는(욥 32-27장) "이런 것들로 [하나님이] 만민을 징벌"하신다는 것을 상기시켜 준다(욥 36:31). 하나님은 자연의 작용들을 통해, 비와 번개를 통해(욥 36:27-33) 나라들을 통치하신다. 참으로 하나님은 "그것[번개]을 명하사 목표물을 치게 하신다"(욥 36:32).

하나님은 당신이 원하시는 일을 하신다(시 115:3; 135:6; 잠 21:1). 욥도 이 사실을 42장 2절에서, "주께서는 무소불능하시오며 무슨 경영이든지 못 이루실 것이 없는 줄 아오니"라고 고백한다. 이런 고백은 하나님이 행하시는 그분의 능력과 지혜와 자연을 돌보시는 결과로 나온다. 욥기 38-41장에서 하나님은 욥과 대면하신다. 여기 요점은 하나님 당신이 피조물을 통치하신다는 것이다. 비, 눈, 우박, 바람, 그리고 번개를 내보내는 분이 하나님이시다(욥 38:22-24,28). 변하는 계절에 따라 별들을 배열하시는 것도 하나님이시다(욥 38:31-33). 염소가 새끼를 낳는 것도(욥 39:1), 소가 인간에게 복종하는 것도(욥 39:9), 타조가 알을 낳는 것도(욥 39:14), 말이 전쟁 중에 힘을 보이는 것도(욥 39:19-24), 매가 비행하는 것도(욥 39:26), 하나님의 지혜에서 온 것이다(욥 39:1). 하나님은 당신이 창조하신 세계와 동떨어져 계시지 않는다. 오히려, 우리에게 관심 없는 무작위로 보이는 자연을 통해 하나님은 적극적으로 역사役事하신다.

현대사회는 하나님을 당신의 피조물로부터 제외시키고 자연 현상들의 원인에 대해 하나님과 관련시키지 않는다. 그러나 성경이 그리는 시각은 이와 다르다. 하나님은 자연 안에서 활동하신다. 그분은 이 자연의 세계를 지배하신다. 복잡한 양자물리학 때문에 어떤 과학자들은 이제 하나님의 영을 "피조물을 감싸면서 뜻밖에 일어나는 힘"(enveloping supervenient power)이라고 기술한다. 정신이 마치 몸과 밀접히 관련되어 있는 것처럼, 그분의 감싸는 힘은 피조물 안에서 그리고 피조물을 통하여 피조물의 최상위부터 최하위까지 관계하면서 작용한다.[45] 다시 말하면, 정신이 몸을 통해 원하는 대로 활동하는 것처럼, 하나님은 이 세상을 통해 활동하신다. 이 비유가 너무 극단적으로 주장되면 안 되지만(마치 세상이 하나님의 몸인 듯처럼 말이다. 이때 하나님은 몸이 없이는 완벽하지 못한 분이 되는 셈이다), 자연을 통한 하나님의 행동을 이해하는 데에는 도움이 된다. 자연은 자율적인 실체가 아니다. 오히려, 하나님은 자연에게 생기를 주시고, 자연을 통해 역사役事하시고, 정신이 몸을 통해 움직이고 몸을 지탱하듯이, 하나님은 자연을 지탱하신다. 진정한 과학은 세계에 대해 말할 때 하나님을 제외시키고 말하지 않는다. 대신에, 진정한 과학은 하나님의 거룩한 행동에 대해 판단할 입장이 아니라고 겸손하게 얘기한다. 성경의 세계관은 자연현상 안에서 그리고 자연재해 안에도, 존재하시는 하나님의 손을 인식한다. 욥은 자신의 자녀들을 '취해 가셨던 강한 바람' 안에서도 하나님의 '손'을 보았다.

상황의 특의성(uniqueness)은 그 자체로 고유한 사건들이 아니다. 사건들을 하나씩 개별적으로 볼 때는 그것이 세계의 자연적 구조의 한 부분으로 받아들여지지 않는다. 하지만, 동시에 우연하게 일어난 듯 보이는 네 가지 재앙을 전체적으로 보았을 때 그 특의성이 보인다. 욥기의 독자는 이 사건들이 결코 우연히 아니라는 것을 안다. 이는 불운으로 인해 일어난 일들이 아니다. 임의로, 우연하게 일어난 사건들이 아니다. 오히려 그것들은 근본적 의미에서 하나님의 뜻이다. 하나님은 욥이 이익을 위해 헌신하는 것인지 아닌지를 시험하고자 의도하셨다. 사탄의 의도는 욥의 믿음을 파괴하는 것이었다. 하나님은 사탄에게 힘을 허용하셨지만 사탄의 행동을 적절한 시점에서 멈추게 하실 수도 있으셨다. 따라서 이 '재앙'은 궁극적으로 하나님으로부터 왔다. 욥의 화자話者가 말하듯이 욥의 부, 종들, 그리고 자녀들을 다시 취하신 분은 하나님이셨다

(욥 42:11).

※ ※ ※
고통의 두 번째 파고

시험의 두 번째 파고는 자연을 통해 다시 닥쳤다. 이번에는 욥의 건강이 표적이었다. 사탄은 "욥을 쳐서 그 발바닥에서 정수리까지 악창이 나게"했다(욥 2:7). 물론 이 종기에 대해서는 아무런 초자연적인 것이 없다. 이 말은 욥에게 일어난 일들 중 자연의 규칙으로 설명되지 않은 일은 없었다는 것이다. 그의 육체적 고통은 다른 이들도 때로 경험하는 것이었다. 그러나 그의 고통은 극심했고 강렬했다. 욥은 대화 가운데 자신의 몸에 난 역병에 대해 곰곰이 생각한다. 그의 말에서 우리는 그의 육체적 고통의 심대한 증상을 본다. 앤더슨(F. I. Anderson)은 욥이 보였던 증상들과 그 질병에 대한 정보를 전해 준다:

> 욥의 몸에 난 그 질병은 모든 부위에 퍼지는 심한 피부염이다. 이 어둡고(욥 30:28) 벗겨지는(욥 30:30) 피부와 끊임없이 터지는 혹들과 점점 심해지는 전염은 2장 7절에 나오는 가려움증과 고름을 분명하게 증명한다. 다른 증상들은 이 심한 만성 질환 때문에 나타난 합병증일 수도 있다: 거식증, 여윔(욥 19:20), 열병(욥 30:30b), 우울증 발작(욥 7:16; 30:15f), 울음(욥 16:16a), 불면증(욥 7:4), 악몽(욥 7:14)이다. 이와 더불어 악취의 입 냄새(욥 9:17; 참고, 17:1), 쇠하는 시력(욥 16:16b), 썩어가는 이(욥 19:20), 초췌한 모습(욥 2:12)이 나타났다. 이 같은 질병은 욥의 고통을 간접적으로 말해 준다. 이 모든 것은 심하게 손상된 몸과 견딜 수 없는 아픔에 괴로워하는 흉측한 한 남자의 모습을 떠올리게 한다. 그리고 이는 결국 인간이란 땅의 흙으로 만들어진 육신이라는 점을 처량하게 상기시켜 준다.[46]

이런 악화시키는 질병의 결과는 육체적으로만이 아니라 사회적으로 그리고 심적으로 느껴졌다. 욥기 29장과 30장에서 욥은 과거의 삶과 현재의 삶을 상호 비교하면서, 자신의 감정적 비탄을 쏟아 놓는다. 29장은 욥의 '그 때'의 삶을 이야기하고 30장은 '지금'의 삶을 이야기한다(욥 30:1,9,11).

'그 때'는 욥이 복을 받았다. 그는 자신이 복 안에 살았던 삶을 여러 방식으로 설명한다. 그 때는 "하나님이 나를 보호하시던 날"(욥 29:2), "하나님의 우정이 내 장막 위에 있었으며"(욥 29:4), "그 때는 전능자가 오히려 나와 함께 계셨으며 나의 자녀들이 나를 둘러 있었"(욥 29:5)던 때였다. 축복 안에 살았을 때 욥은 도시의 지도자였고(욥 29:7), 모든 사람들이 그의 말을 들었고(욥 29:9,21), 사람들은 그의 자선, 공의, 성실에 대해 높이 칭찬했다(욥 29:11-17). 어린이로부터 노인에 이르기까지 그를 차별화하여 대했다(욥 29:8). 그는 '그 때'의 사회적 위치를 시로 요약한다(욥 29:25):

> 내가 그들의 길을 택하고 으뜸으로 앉았었나니
> 왕이 군중軍中에 거함도 같았고
> 애곡하는 자를 위로하는 사람도 같았었느니라

한 때 욥은 죽을 때까지 이 상태로, 영적인 사회적인 축복 안에 있었던 이 상태로 살 줄 알았다. 한 때 그는 "나는 내 보금자리에서 선종善終하리라 나의 날은 모래 같이 많을 것이라 … 내 영광은 내게 새로와지고 내 활은 내 손에서 날로 강하여지느니라"라고 말했다(욥 29:18,20). 하지만 그는 이제 다른 것을 깨달았다. 그는 "이제는 나보다 젊은 자들이 나를 기롱欺弄하는구나 그들의 아비들은 나의 보기에 나의 양떼 지키는 개 중에도 둘만하지 못한 자니라"(욥 30:1)라고 불평한다. 그는 "이제는 내가 그들의 노래가 되며 그들의 조롱거리가 되었고 그들은 나를 미워하여 멀리 하고 내 얼굴에 침 뱉기를 주저하지 아니하나니"라고 울부짖는다(욥 30:9-10). 욥은 자신의 손에서 '내 활'이 '새로워' 졌던 때가 있었던 반면에, 이제는 "하나님이 내 줄을 늘어지게 하시고 나를 곤고케 하시매"(욥 30:11; 참고, 30:16)라고 고백한다.

과거의 축복에서 현재의 저주로 변한 자신의 처지에 대한 책임이 하나님에게 있다고 욥은 생각한다. 그의 불평은 감정으로 쌓여 있으나 진실하다(욥

30:20-21,26,31):

> 내가 주께 부르짖으오나 주께서 대답지 아니하시오며
> 　　　　내가 섰사오나 주께서 굽어보시기만 하시나이다
> 주께서 돌이켜 내게 잔혹하게 하시고
> 　　　　완력으로 나를 핍박하시오며…
> 내가 복을 바랐더니 화가 왔고
> 　　　　광명을 기다렸더니 흑암이 왔구나…
> 내 수금은 애곡성이 되고
> 　　　　내 피리는 애통성이 되었구나

고통의 경험은 그를 삶의 새로운 정거장으로 데리고 갔다. 한 때 그는 풍성한 곡식의 더미 위에서 삶을 내려다봤으나, 이제는 쓰레기 더미에서 삶을 바라본다. 그 차이는 무고한 자를 살해하고, 순진한 자를 파괴함과 같다. 예전의 축복과 기쁨의 삶은 과격한 악, 고통, 그리고 상실로 이어져 전혀 다른 삶으로 변했다. 이것은 고통당하는 자 모두의 경험이다. 하루 만에, 한 순간에, 예전의 평화와 안정의 삶은 이제 혼란과 고통의 삶으로 변한다. 한 순간 우리는 기뻐하고, 한 순간에 우리는 또 슬퍼한다. 고통당하는 자 모두와 같이, 욥도 단 하루 만에 자신의 순결과 순진함을 상실했다. 고통의 하루는 다른 모든 날들을 물들이고 세상은 더 이상 옛 것이 아니다.

✵ ✵ ✵
하나님의 허용의 원리

욥의 이야기는 하나님의 허용이 어디까지인가를 예증해 준다. 하나님은 사탄이 욥의 신실함을 시험하도록 허락하셨다. 하나님은 '자연스럽게 일어날 일들'을 그냥 놔두신 것이 아니다. 그분은 그런 일들이 예전에는 일어나지 않도

록 욥의 삶을 장막으로 보호하셨다. 사탄이 욥을 시험하기 위해서는 하나님이 그 장막을 거두는 결정을 하셔야 했다. 여기서 하나님의 허용은 사탄이 욥을 시험하도록 결정한 능동적인 선택이다. 그분은 당신이 어디 선까지 욥을 보호하실지를 결정하셨다. 하나님은 사탄으로 하여금 정확히 어떻게 행동하라고 결정하지 않으셨지만, 사탄이 욥의 삶에 개입하도록 자유와 권한을 주셨다.

욥에게 닥친 재앙들을 하나님이 계획하셨다는 암시는 어디에도 없다. 성경 본문에 따르면, 하나님은 욥의 자녀들이 언제 죽을지 미리 정하지 않으셨다. 오히려, 미래에 대해서는 인간의 이야기, 인간 드라마와 같이 아무것도 미리 예정되어 있지 않은 열린 현실이라고 생각하는 것이 더 낫다(물론 예수의 죽음처럼 예외도 있다. 행 2:23). 우리는 하나님의 지배와 그분의 주권적 지혜 아래 있지만, 미래는 여전히 개방되어 있다. 사탄은 하나님이 그으신 한계선 안에서 어떻게 욥을 시험할지 정했다. 사탄이 무엇을 할지 하나님이 결정하셨다는 언급은 전혀 없다. 하지만 오직 하나님만이 사탄에게 욥을 공격할 수 있는 자유와 힘을 주셨다. 그러므로 우리는 하나님의 허용에 대하여 이야기할 때, 그분이 미래의 모든 일들을 각기 다 계획하지 않고 예정하지 않으신다는 의미에서 진술해야 한다. 역사는 하나님의 주권적 지배 아래 있지만, 거기엔 여전히 열린 미래가 있다.

욥의 이야기에서 하나님의 허용이 무엇으로 비쳐지든 간에, 중요한 사실은 하나님의 주권이 결코 포기되지 않는다는 것을 일깨워 준다. 도덕적 대리인(원리)들과 자연은 하나님의 세계 안에서 자율적으로 작용하지 않는다. 하나님은 예전에 사탄이 욥을 공격하지 못하도록 막으셨다. 그리고 이후엔 사탄이 욥을 시험하도록 허용하셨다. 사탄은 자율적인 도덕적 대리인이 아니라 하나님의 주권 아래 작용하는 대리인이다. 사탄이 할 수 있는 것과 하지 못하는 것은 하나님이 결정하신다. 사탄의 도덕적 자유는 하나님의 활동을 제한하지 못한다. 반대로, 하나님의 허용은 사탄의 자유를 제한한다. 일어나는 모든 사건들은 적어도 고의로 허용되었다는 점에서, '구체적 허용'에 대한 설명은 성경적 증거보다 더 일치한다.

하나님은 미래의 모든 사건들을 인간의 선택들과 자연의 규칙성과 관계없이 계획하시지 않는다. 그분은 주권적으로 일어나는 모든 사건들을 고려하여 허락하실지 또는 행동하실지 결정하신다. 따라서 하나님의 허용은 하나의 결정을 포함한다. 그분의 허용은 수동적인 관람자도, 스스로 제한하는 구경꾼의 무능도 아니다. 그것은 오히려 관심을 보이는 부모의 행동이다. 이는 자녀의 전진을 위해 행동할지 안할지, 예방할지 놔둘지 결정하는 부모의 모습이다. 결과적으로 내 삶의 사건들 중에 하나님의 결정이 없었던 사건이 없다. 그분은 독단적으로, 목적 없이, 결정을 내리시지 않는다. 우리의 삶에 일어나는 모든 일에 하나님의 계획이 있다. 어느 순간이라도, 하나님은 세상이 지금의 모습이 아닌 다른 모습이 되어야 하는가를 결정하실 수 있다. 그러므로 "하나님께서 왜 이 일이 일어나도록 허용하셨는가?"를 제기해 보는 것이 중요하다. 코츄렐(J. Cottrell)은, "따라서 이것은 어떤 사건을 하나님이 미리 알지 못하기 때문에 그 일이 발생하지 못하도록 미연에 막지 않는다는 것이 아니다."[47] 라고 주장한다.

그렇다면, 그분의 허용은 하나님께서 정하지도 않고 계획하지도 않은 일들을 허용하신다는 것을 의미한다. 하나님은 나의 첫 번째 아내의 죽음을 계획하시지 않으셨을지라도, 그 일이 일어나도록 허용하셨다. 그녀의 건강을 위해 기도한 나에 대한 응답 안에서 결정하신 것이다. 적어도 하나님은 그녀의 죽음을 허용하신 것이다. 하나님은 아들 조슈아의 유전적 상태를 계획하지 않으셨을지라도, 그렇게 태어나도록 허용하셨다. 조슈아를 위해 기도한 우리 부부의 기도에 대해 응답을 하셨다. 적어도 하나님은 조슈아의 상태를 허락하셨다. 만약 하나님이 전능자로서 나 개인의 역사에 어느 순간에도 개입하셔서 바꾸실 수 있다면, 하나님은 또한 모든 순간에 행동하실지 행동하지 않으실지를 결정하신다. 그분은 모든 주어진 사건들을 허락하실지 허락하지 않으실지 결정하신다. 그러므로 하나님이 무엇을 허용하셨을 때에는 그 상황에 대한 그분의 결정을 포함한다. 따라서 그분의 결정은 당신 마음대로 아무렇게나 내려진 결정이 아니다. 사탄은 어떤 상황을 악을 위한 의도로 쓰지만 하나님은 선을 의도하신다. 사탄은 욥의 믿음을 파괴하려고 의도했지만 하나님은 욥의 믿음을 더 정결케 하려고 의도하신다.

그렇게 해서, 하나님은 당신의 허용을 통해 이 세계에서 당신의 계획들을 달성하신다. 하나님이 사탄으로 하여금 욥을 시험하도록 허용한 것은 주께서 욥을 시험하시기로 결정했기 때문이다. 그분이 그렇게 하는 데에는 당신만의 목적이 있으셨다. 하나님의 허락을 받고 사탄은 욥을 시험하기 위해 대리인으로 인간과 자연의 힘을 이용했다. 그렇다고 하면, 하나님은 사탄, 인간, 그리고 자연을 대리인으로 삼아 당신의 허용의 의지를 이행하신다.

❈ ❈ ❈
사탄의 세력의 존재

죄란 하나님의 선하신 피조물 안으로 들어온 외부의 세력이다. 죄는 사탄에게 힘을 실어 준다. 타락한 세계 안에서 사탄과 그의 패는 실재적 힘이다. 예수도 사탄을 "이 세상 임금"이라고 부른다(요 12:31; 참고, 16:31). 바울은 그것을 "믿지 아니하는 자들의 마음을 혼미케 하는" "이 세상 신"이라고 말한다(고후 4:4). 사탄은 "지금 불순종의 아들들 가운데서 역사하는" 영을 갖는 "공중의 권세 잡은 자"이다(엡 2:2). 요한은 "온 세상은 악한 자 안에 처한" 상태라고 말한다(요일 5:19). 사탄에게는 이 타락한 세상에 대한 힘, 영향력, 그리고 지배권이 있다.

사탄은 하나님의 목적에 대적한다. 사탄은 하나님과 그분의 피조물 사이에 존재하는 화합을 파괴하고 교제를 원하시는 하나님의 의도를 훼손하기 원한다. 결과적으로 사탄과 하나님 간에는 실재적 대립이 존재한다. 그것은 사람들의 마음을 서로 얻고자 하는 싸움이다. 누가 하나님을 찾고 사랑하고 섬길 것인가? 사탄은 자신의 힘을 이용하여 하나님과 그분의 자녀들 사이의 교제를 파기하길 원하고, 순종하지 않는 자들의 마음을 노예로 삼고자 한다. 사도 베드로는, "우는 사자와 같이 너희 대적 마귀가 두루 다니며 삼킬 자를 찾는다"고 했다(벧전 5:8, NRSV). 마귀의 꾀는 하나님의 사람들을 표적으로 삼는다. 사탄은 분노로 차 있고 하나님의 성도들에 대적하여 "싸우려고" 애쓴다(계 12:12,17, NRSV). 그래서 하나님의 사람은 "이 어둠의 세상 주관자들과 하늘에 있는 악의 영들을" 대항하기 위해서 하나님의 갑옷을 입어야 한다(엡 6:12). 사탄은 기회만 주어지면 하나님의 백성을 유혹하고(참고, 고전 7:5), 또한 유혹하려고 음모를 꾸민다(계 2:10).

욥의 이야기는 우주적 전쟁의 한 단면을 보여 준다. 하나님의 허용과 함께, 사탄은 악의적으로 욥을 공격했다. 사탄은 욥을 괴롭게 하여 영혼이 부서지기를 의도했다. 하지만 하나님의 의도는 욥을 시험하는 것이었다. 여기서의 논점은 욥이 자신의 이익을 위해서 하나님을 섬기느냐는 것이었다. 욥이 하나님을 저주할 것인가? 사탄은 어떤 대답도 강요할 수 없다. 이에 하나님은 당신의 자유로, 욥 자신이 스스로 대답하도록 허락하셨다. 이는 교전交戰과도 같았다. 여기서 욥은 하나님을 결코 저주하지 않았기 때문에, 그는 승리에 도달하기까지 혼신의 노력을 다했다. 흥미 있는 점은 사탄이 이 책의 서두에는 출현하지만 이야기의 결말에는 등장하지 않는다. 그는 서두에서 자신의 으뜸 패, 곧 그가 갖고 있었던 최선의 패를 썼다. 그러나 이제 이야기의 결말에서 그는 욥에 대해서 더할 말도 더할 것도 없었다. 사탄의 침묵은 욥의 믿음을 통한 하나님의 승리이다. 그렇다면 욥의 믿음은 우리의 믿음에서처럼, 중요한 우주적 의미를 갖는다.

그러나 욥의 이야기는 마성魔性의 세력들이 세계에 엄연히 존재한다는 사실을 보여 준다. 사탄의 영향은 하나님의 사람들에게 걸림돌이 되거나 사람들의 마음 안에 악을 부추기고 자극하도록 움직인다. 사탄의 영향은 사람의 마음을 악으로 가득 차게 만들 수 있다. 강압 없이도 사탄은 사람이 악을 행하도록 자극할 수 있다. 사탄은 가룟 유다의 마음 안에 "들어가" 예수를 배반하도록 "생각을 넣었다"(요 13:2,27). 사탄은 속임으로 사람들의 마음을 사로잡아 "그 [마귀] 뜻을 좇게" 한다(딤후 2:26). 사탄은 마음 안에 가득 차, 거짓말하고 하나님을 속이려고 한다(행 5:3). 사탄은 사람을 질병으로 괴롭히거나 그 삶을 패망시킬 수도 있다. "십팔 년 동안 사탄에게 매인 바 된 이 아브라함의 딸"처럼 말이다(눅 13:16). 이에 비해, 예수의 사역은 '착한 일을 행하시고 마귀에게 눌린 모든 자를 고치신다.' 예수는 사탄에 의해 고통받는 자들에게 찾아가신다(행 10:38, NRSV). 타락하고 저주받은 이 세상 안에, 주님은 때로 사탄이 당신의 백성과 피조물을 괴롭히도록 허용하신다.

하나님은 마귀에게 그들만의 도모圖謀대로 행동하도록 허용하신다. 사탄의 도모는 장애물이 생기도록 기회를 제공하고, 하나님의 자녀들의 일을 실패하게 하고, 하나님과 백성 사이의 교제를 파괴하여 그분의 자녀들을 괴롭히는 것이다. 예를 들면, 바울은 데살로니가로 돌아가고 싶었으나 "사탄이 우리를 막았도다"라고 얘기한다(살전 2:18). 그럼에도 불구하고, 바울은 하나님이 그를 다시 데살로니가로 갈 수 있도록 "직행하게 하옵시며"라고 기도했다(살전 3:11, NRSV). 바울은 사탄이 그의 일을 방해하고 망치려고 하는 것을 알았다(참고, 고후 2:11). 하지만 그는 이 세상의 실재적인 군주가 누구인지도 알았다. 바울은 하나님이 사탄의 방해물들을 뒤엎으시고, 그가 데살로니가로 돌아갈 수 있도록 허락해 달라고 기도한다.

그렇다면, 하나님은 당신의 전지전능하신 주권적 통치로 사탄의 세력을 통제하시고 제한하신다. 사탄은 행동하기 위해서 허용을 요청해야 하고, 때론 그 허락을 받기도 한다. 우리는 욥의 이야기에서 이런 실례實例를 본다. 성경의 다른 부분에서도 이 실례는 나타난다. 예를 들면, 예수는 베드로에게 "사탄이 밀 까부르듯 하려고 너희를 청구하였으나"라고 일러 준다. 사탄은 베드로를 유혹하기 원했다. 하여 그는 분명히 하나님의 허락을 받았다. 바울의 육체의 가시에 관한 예도 그렇다. '육체의 가시'가 무엇이든 간에, 이는 사탄으로부터 온 것이지만 하나님의 주권적 결정에 따른 것이다. 사탄은 그 가시로 바울을 고문하지만, 하나님은 그것으로 바울이 계속해서 겸손해지도록 만든다. 사탄과 하나님 둘 다 이 '가시' 위에 손을 얹었지만, 그 의도는 다르다. 바울은 그 가시로 인한 아픔에서 벗어나고자 생애 가운데 세 번이나 기도하지만 그 때마다 하나님은 "아니다!"라고 하신다. 하나님은 "사탄의 사자使者"를 지배하고 계신다(고후 12:7). 가시는 사탄이 사용하고 있는 적극적인 대리인이지만, 그 가시가 언제 제거될지 혹은 제거되기나 할 것인지는 하나님이 결정하신다.

사탄에게는 그들만의 제한된 자유가 있다. 그는 세상에 돌아다니며 누구를 삼킬지 찾는다. 그는 자신에게 기회가 되는 것을 선택하고 그 기회들을 최대한 활용한다(참고, 엡 4:27). 그러나 사탄은 자주적 존재가 아니다. 사탄이 하는 것은 하나님의 허락을 받고 하는 것이다. 하나님은 사탄을 묶으시기도 하고 풀기도 하신다. 하나님은 각기 사람들의 삶에 여러 단계에서 보호막을 세우시고 또 거두신다. 그 대표적인 예가 요한계시록 20장에 묘사되어 있다. 사탄은 "만국을 미혹하지 못하게" 묶여 있다(계 20:3). 그러나 그는 다시 그들을 유혹하기 위해 풀려난다(계 20:7). 하나님은 사탄 위에 주권을 갖으신다. 따라서 사탄은 하나님이 허락하신 것 이외에는 어느 것도 할 수 없다.

사탄이 어떤 자유를 가졌던 간에, 하나님은 그 자유를 지배하신다. 그리고 믿는 자들은 사탄이 자신들에게 불리하게 행하도록 허락하는 최후의 권위가 하나님에게 있다는 것을 안다. 그러므로 아버지를 향한 우리의 기도는 "우리를 시험에 들게 하지 마옵시고 다만 악에서 구하옵소서"이다(마 6:13). 우리는 기도할 때에 - 그 어느 것도 어느 능력, 어느 마성의 세력, 그 어느 것도 - "우리 주 그리스도 예수 안에 있는 하나님의 사랑에서 끊을 수 없으리라"(롬 8:37-39)는 것을 확신한다. 우리는 하나님이 악한 자, 곧 사탄을 지배하신다는 것도 확신한다. 사탄의 능력을 인정한다 해도, 우리는 그를 두려워하지 않는다. 우리는 이 세상에 존재하는 이보다, 더 높은 이를 알고 그분은 우리 안에 또한 거하신다(요일 4:4).

※※※
인간의 선택의 자유

아담과 하와에게 처음엔 선택의 자유가 있었다. 곧 '서로 상반되는 선택'을 할 수 있는 능력을 갖고 창조되었다. 그들은 자신의 판단 아래 도덕적 자율을 주장할 수도 있었고 하나님과의 사랑 안에서 교제를 선택할 수도 있었다. 이 선택은 모든 인간이 내리는 기본적인 결정이다. 하나님의 피조물 중에서 우리 자신을 초월할 수 있는 독특한 능력이 우리에게 있다. 뿐만 아니라, 하나님과 관련하여 우리 자신을 독특한 존재로 숙고할 수 있다. 아담과 하와처럼, 우리는 하나님 앞에서 우리의 결정에 따른 책임을 져야 한다. 특히 가장 기초적인 선택에 따른 책임 - 우리 자신의 자율로 안정을 찾을지, 아니면 하나님과의 친교를 통해 안정을 찾을지 - 그 선택의 책임이 우리 자신에게 있다.

성경은 이 선택을 계속해서 제안한다. 하나님은 타락한 피조물들에게 계속해서 당신 자신과 교제할 기회를 제공하신다. 모세는 싯딤에서 이스라엘 백성에게 '생명과 사망과 복과 저주' 가 그들 앞에 있음을 말하고 '생명' 을 선택하여 하나님의 언약에 복종하며 하나님과의 교제를 제안했다(신 30:19). 여호수아는 세겜에서 이스라엘 백성에게 하나님의 은혜를 전하며 그들에게 "너희 섬길 자를 오늘날 택하라" (수 24:15)라고 제안했다. 예수는 예루살렘이 하나님과의 친교를 구하기보다는 하나님의 계획에 대적하는 행태에 비탄해 하셨다(마 23:37). 에덴동산에서 그랬던 것처럼, 인간은 생명과 죽음, 이 둘 중에서 하나를 선택해야만 한다. 그리고 그 선택이 무엇이든 간에 책임을 져야 한다.

그럼에도 불구하고 이 타락한 세계에 거하는 한, 죄와 인간의 반역은 피할 수 없다는 것을 안다. 이런 불가피함에도 불구하고, 매 순간 우리의 선택들은 억지로 강요된 것도 아니고 미리 결정된 것도 아니다. 우리는 우리의 반항에 대해 책임이 있다. 우리 모두는 죄에 얽매여 있고 노예와 같이 죄의 마성과 파괴성에 휩싸여 있다. 의인은 하나도 없다(롬 3:9-23). 타락한 세계는 타락한 자들로 만연하다. 비록 자유가 인간에게 선을 향한 놀라운 가능성을 제공하지만, 그것은 또한 악을 향한 끔찍한 가능성도 열어 준다. 과격한 악은 다른 이들의 고통, 착취, 아픔을 즐기는 타락한 인간의 마음으로부터 나온다.[48] 죄는 자율과 독립심을 추구하는 인간의 자유를 그렇게 남용한다. 타락한 인간의 마음은 자신을 내세우는 일이라면 자신의 자유를 주장하기 위해 그 어떤 것도 실행에 옮기려 한다. 그런 영혼은 자신만의 삶의 방식을 추구함으로써 불안함을 스스로 해결하려고 한다. 죄란 우리를 위한 하나님의 의도에 대한 반항이다. 하나님의 영광을 드러내지 못하고 그분의 품성을 지니지 못하는 것은 우리의 실패이다(롬 3:23). 하나님은 거룩한 사랑의 교제 속에서 우리와 친교하기를 원하시지만, 타락한 인간은 자신의 독립과 자신만의 행복을 추구한다.

인간의 자유는 참된 것이고 우리의 행동에는 책임이 따른다. 그러나 인간의 자유는 자율적이지 않다. 우리의 자유는 하나님의 통치권에서 벗어나 독립적으로 작용하지도 않고 하나님의 능력 밖에서 작용하지 않는다. 인간은 상반된 선택권을 두고 자율적으로 결정할 수 있지만 (하나님의 사랑을 선택할 수도 있고 하나님을 거절할 수도 있는 것처럼), 인간의 자유는 하나님의 통치권 안에 있다. 하나님은 이 자유를 소중히 여기신다. 그는 강요된 복종보다 진실한 사랑을 소중히 여기시기 때문이다. 따라서 하나님은 인간에게 자유를 허락하신다. 이는 마지못해 주신 허락이 아니라 창조 때 보여 주셨던 가치이다. 그분은 우리를 창조하실 때 이 상반된 선택의 자유를 주셨다. 하나님은 우리가 선택하기를 원하신다. 하나님은 인간이 자신의 자율을 추구할 것인지 아니면 자신의 존재를 하나님의 사랑 안에서 찾을지를 두고 결정할 수 있도록 이 궁극적인 선택권을 은총으로 보존하신다. 하지만 하나님은 이 자유를 허락하기 위해 자신의 주권을 포기하지 않으신다. 대신에 하나님은 자신의 주권의 범위 안에서 이 자유를 허용하신다. 그분은 당신의 도덕적 의지와 다른 선택까지 인간에게 허락하신다. 이것이 의미하는 바는, 인간의 모든 선택을 인정한다는 것이 아니라, 그들에게 선택을 허용함으로써 자유의 토대를 제공하시는 것이다. 다른 말로 하면, 하나님은 도덕적으로 악한 행위를 항상 방해하지는 않으신다(행 14:17; 롬 1:18-32).

그럼에도 불구하고 인간의 자유는 하나님을 어떤 테두리 안에 가두지 못한다. 오히려 하나님께서 인간의 자유를 한정하신다. 예를 들면, 야곱은 외삼촌 라반으로부터 도망치려고 준비하면서 라반이 자신의 수당을 열 번이나 바꾸면서 자신을 어떻게 속였는지 말한다. 하지만 하나님의 주권적 섭리에 대한 야곱의 믿음은, "내 아버지의 하나님은 나와 함께 계셨느니라"(창 31:5)와 "하나님이 그를 금하여 나를 해치 못하게 하셨으며"(창 31:7, NRSV)라고 고백하는 말에서 명백하게 드러난다. 라반이 그를 해치는 것 대신에 "하나님이 이같이 그대들의 아버지의 가축을 빼앗아 내게 주셨느니라"(창 31:9)라고 말한다. 이 이야기는 하나님의 허용이 어떻게 인간의 자유를 제한하는지 보여 준다. 하나님은 라반이 제멋대로 욥의 번영을 망치고 해치도록 허락하시지 않으셨다.

하나님의 약속, 곧 하나님은 우리 능력이 감당할 수 없을 만큼 우리가 시험 받도록 허락하지 않으신다는 약속은, 위와 같이 하나님이 허락하신 유사한 개입을 보여 준다. 하나님은 우리가 벅차고 감당할 수 없는 시험을 받도록 허락하지 않으신다(고전 10:13). 이 약속은 하나님께서 인간의 자유를 제한하신다는 것을 의미한다. 다시 말하면, 하나님은 다른 이들에 의해 우리가 견딜 수 없는 시험을 받도록 놓아 두지 않으신다는 것이다. 라반이 야곱을 파괴하지 못하도록 보호하신 것처럼, 하나님은 우리가 감당할 수 없는 시험을 다른 이들이 하도록 놓아 두지 않으신다. 인간이 어떤 것을 행동으로 옮기려면, 거기에는 하나님의 허락이 있어야만 한다.

이에 대한 또 다른 예는 바울이 그의 여행 계획에 대해 얘기하는 장면이다. 바울은 하나님의 허락 안에서 자신의 선교 여행들이 이뤄진다는 것을 안다. 바울은 고린도 교인들과 만나길 원하면서 그들에게 "주께서 허락하시면 내가 너희에게 속히 나아가서"(고전 4:19)라고 말한다. 그는 "주께서 만일 허락하시면"(고전 16:7) 고린도 교인들과 시간을 함께 보내겠다고 한다. 코츠렐은 이를 이렇게 석의한다. "바울은 자신의 계획들이 오직 하나님의 허락으로만 실행될 수 있다는 것을 깨달았다. 그는 하나님께서 당신의 주권적 섭리로 인해 자신의 어떤 방문도 막으실 수 있다는 것을 알았다."[49] 이와 유사하게, 바울은 에베소 교인들에게 "만일 하나님의 뜻이면"(행 18:21) 다시 오겠다 말한다. 바울은 다시금 오직 "하나님의 뜻 안에서"만 로마를 방문할, "좋은 길"이 열린다고 확신한다(롬 1:10). 그리고나서 그는 로마의 그리스도인들에게 자신이 "하나님의 뜻을 좇아" 로마인들에게 나아갈 수 있도록 기도해 달라고 요청한다(롬 15:32).

또 하나의 중요한 예는 야고보서 4장 13-16절이다. 우리가 때로 우리 앞길을 설계할 수 있지만, 이 계획들은 하나님의 뜻에 의해 어떤 테두리 안에 한정된다. 야고보는 우리의 관점은 항상 "주의 뜻이면 우리가 살기도 하고 이것 저것을 하리라"(약 4:15)라고 고백할 수 있어야 한다고 권고한다. 우리는 살든지 죽든지, 우리가 '이것'을 하든지 '저것'을 하든지 간에, 하나님의 의지에 의존한다. 만일 하나님이 우리에게 생명을 허락하시고 '이것'이나 '저것'을 하도록 허락하신다면, 우리는 그의 뜻에 따라 삶을 살아가야 할 것이다. 그러나 우리가 이것에 동의하지 않는다면 – 곧 하나님이 만일 우리의 결정 과정에 전혀 관여하시지 않는다고 생각한다면 – 이는 실로 '허탄한 자랑'이고 "이러한 자랑은 다 악한 것"이다(약 4:16). 인간의 자유는 그 한계 또한 알아야 한다. 인간의 자유는 하나님의 허락하시는 뜻에 따라 제한된다.

욥의 이야기에서 갈대아인들과 사바인들은 하나님의 허락 없이는 욥의 종들과 부를 공격할 수 없었다. 하나님의 허락 전에 갈대아인들과 사바인들은 욥을 공격하지 못했다. 이는 하나님이 욥에게 보호막을 두르셨기 때문이다. 어느 악한 것도, 어느 인간의 자유도 하나님의 허락 없이는 그 보호막을 넘을 수 없었다. 오직 하나님이 뜻하셨을 때만 욥을 시험할 수 있었다. 하나님은 그를 시험하기 위해 악이 그에게 침투할 수 있도록 허락하셨다. 이것은 하나님이 악을 성스러운 것으로 만들었다는 것이 아니라, 악함을 품고 있는 자들이 자유롭게 그의 종인 욥을 공격할 수 있도록 허용하셨다는 것이다. 하나님은 욥을 시험하기 위해 악한 자들이 자신들의 악한 마음으로부터 악한 행동을 할 수 있도록 욥을 허용하셨다. 하나님은 악도 다스리신다. 악의 경계선을 정하시고 당신의 목적을 위해 악의 존재를 허용하신다.

❋ ❋ ❋
자연의 혼돈

하나님이 창조하신 것은 "매우 좋았다"(창 1:31). 하나님은 원초적이고 무질서한 공허로부터 이 선한 것을 창조하셨다(창 1:2). 하나님은 어두움 속에서 빛을 만드셨고 대 혼돈에서 질서를 만드셨다. 창세기 1장 2절에 묘사되어 있는 공허가 무엇이든 간에, '하나님의 영'이라는 표현은 "우주를 지배하시고 그의 뜻을 우주에 부과하신다는 것을 보여 준다."[50] 이 같은 하나님의 창조적 행위는 혼돈(공허)을 정복하고 '좋은 것'으로 바꿨다.[51] 그러나 죄가 이 세상에 들어와, 하나님의 선한 피조물을 타락시켰다. 이제 세상은 좌절의 대상이 되었고 땅은 저주를 받았다. 현재 세계는 더 이상 하나님이 창조하셨던 순수한 행복이 아니다. 이제는 하나님의 저주의 혼돈이다. 몸 안에 있는 암처럼 타락한 세상에는 혼돈만이 작용한다. 최초의 부부가 죄를 범했을 때 자연의 세계 또한 혼돈의 형벌 아래 굴복하게 되었다(적어도 인간과의 관계에서 그렇다). 이제 하나님은 이 세상의 타락한 특성 때문에 혼돈을 허락하신다.

앞에서 언급했듯이 구속은 창조의 양식을 본 뜬다. 그리고 구속의 양식은 창조를 밝혀 준다. 그렇다면 구속을 이야기하는 성경 본문 안에서 혼돈에 대한 주제가 언급되는 것도 그리 놀라운 일이 아니다. 하나님이 이스라엘을 선택하셨을 때, 그들을 "황무지에서" 그리고 "짐승의 부르짖는 광야에서" 찾으셨다(신 32:10). 여기서 '광야'라는 표현은 창세기 1장 2절에서 언급되고 있는 무질서의 공허와 같다. 이스라엘은 혼돈으로부터 창조되었다. 이스라엘은 고집이 세고, 애굽의 노예로 알려진 빈약한 자들로 이뤄진 아주 작은 나라였다. 그럼에도 불구하고 하나님은 당신의 사랑으로 그들을 형성하셨다(신 7:7-9; 9:1-6; 32:6).

그러나 이스라엘은 하나님께 반항한다. 그들은 이제 죄로 인해 저주 아래에 놓인다. 하나님은 이스라엘의 순종에 대해 생명과 축복을 약속하시지만, 그들의 불순종에 대해서 죽음과 저주 또한 약속하신다(신 28장; 30:11-20). 이스라엘이 죄를 짓고 반항할 때에, 하나님은 에덴에서 그랬듯이, 당신의 저주들을 내리신다. 그 저주들은 이스라엘의 땅을 기근, 메뚜기 떼, 가뭄, 질병, 그리고 불모의 땅으로 만든다. 이스라엘을 축복하던 자연은 이제 이스라엘을 저주한다. 이는 처음 창조 때와도 같다. 인간에게 복을 주시던 하나님의 의도가 이제 죄의 결과로 인해 저주가 되었다.

이 같은 이미지(표현)는 예레미야가 신명기적 저주를 유다의 죄에 적용할 때, 보다 더 생생하게 그려지고 있다(렘 4:23-26).[52] 이 신탁神託에서 하나님은 백성들의 죄에 대한 당신의 분노를 표출하신다. 그럼에도 불구하고 유다의 징계는 그들이 스스로 자초한 것이다(렘 4:18-19). 바벨론은 하나님의 진노의 표출로 인해 이스라엘을 파괴할 것이다. 예레미야는 하나님의 저주가 초래할 혼돈을 설명하기 위해 혼돈으로부터의 하나님의 창조 이미지들을 사용한다(렘 4:23-26):

> 내가 땅을 본즉,
> > 혼돈하고 공허하며
> > 하늘들을 우러른즉 거기 빛이 없으며,
> 내가 산들을 본즉,

>   다 진동하며
>   작은 산들도 요동하며,
>   내가 본즉 사람이 없으며
>   공중의 새가 다 날아갔으며
>   내가 본즉 좋은 땅이 황무지가 되었으며
>   그 모든 성읍이 여호와의 앞,
>   그 맹렬한 진노 앞에서 무너졌도다

창조에 대한 암시는 분명하다. 히브리어로 된 문서 중 '혼돈과 공허'가 같이 묶여서 이야기 되는 부분은 창세기 1장 2절과 예레미야 4장 23절 뿐이다. 더 나아가, '하늘들'과 '땅'은 창세기 1장 1절처럼 여기에서도 유사하게 비유된다. 예레미야의 묘사에는 빛이 없다. 창조 기사는 뒤로 물러난다. 더 이상 사람도 없다. 하나님이 창조하신 풍요로운 땅이 황무지가 되었다. 하나님이 창조하신 것은 파괴되었다. 그것은 유다의 반역에 대한 하나님 자신의 진노로 파괴된 것이다(참고, 렘 10:10). 유다의 징벌의 관점에서 창조는 다시금 혼돈의 상태로 돌아갔다. 이것은 창세기 3장에 나오는 이야기와 평행한다. 죄의 결과로 하나님께서 창조하신 선한 것은 이제 타락했다. 하나님은 땅을 저주하시고 인간이 무용無用과 공허의 대상이 되게 하셨다. 죄가 세상에 들어오자 혼돈은 다시 되돌아왔다.

그러나 혼돈의 자연은 하나님의 지배와 무관하게 자율적으로 혹은 독립적으로 작용하지 않는다. 그와 반대로, 자연은 하나님의 목적들을 위해 작용한다. 이 우주에 질서가 유지되는 이유는 하나님의 은총 때문이다. 만약 그렇지 않았다면, 하나님의 창조는 완전히 역전되어 모든 피조물이 혼돈의 상태에 빠졌을 것이다. 그러나 은총의 하나님은 이 세상을 지탱하시고 자연을 통해 당신의 영광을 드러내신다. 에덴을 떠나서도 아담과 하와에게 삶을 계속 이어가도록 허락하신 것처럼 말이다. 하지만 이 타락한 세계는 하나님이 원래 창조하신 세상이 아니다. 하나님은 에덴을 창조하셨다. 우리네 현재의 세상은 에덴이 아니다. 죄가 이 세상에 들어오자, 창조는 혼돈이 되었다. 하나님의 은총의 축복이 없었더라면 이 세상은 더 황폐한 혼돈이 되었을 것이다(참고, 시 104편; 136:1-9; 148편). 우주가 비록 하나님의 능력으로 유지되고 있지만, 그분의 뜻에 따라 지탱되고 있다. 피조물이 비록 혼돈의 상태일 때조차도 하나님의 은총으로 지탱된다.

하나님은 타락한 이 혼돈된 세계를 통치하신다. 그분은 빛과 어두움, 질서와 혼돈 둘 다를 지배하신다. 이는 시편 97편 1-5절의 메시지이다. 하나님의 주권에 대한 선포다.

> 여호와께서 통치하시나니 땅은 즐거워하며
> 허다한 섬들이 기뻐할찌어다
> 구름과 흑암이 그에게 둘렸고
> 의와 공평이 그 보좌의 기초로다
> 불이 그 앞에서 발하여
> 사면四面의 대적을 사르는도다
> 그의 번개가 세계를 비추니
> 땅이 보고 떨었도다
> 산들이 여호와의 앞 곧 온 땅의 주 앞에서,
> 밀 같이 녹았도다

욥의 이야기는 자연을 지배하시는 하나님을 보여 준다. 자연의 재앙은 하나님의 주권에서 벗어난 영역이 아니다. 굶주림이 아이들을 기아로 만들고, 지진으로 수천수만이 죽고, 허리케인(폭풍)이 도시들을 파괴하는 것처럼, 자연은 인간의 삶에 악한 작용을 한다. 욥도 이를 경험했다. 그는 번개, 강한 바람과 질병으로 인해 고통을 받았다. 그럼에도 불구하고 하나님은 그런 혼돈의 힘조차 지배하신다. 이 모든 것들이 욥에게 일어나지 않았을 수도 있다. 하나님은 사탄이 이런 자연의 힘을 활용하여 욥을 시험하도록 허용하셨다.

사실 이 혼돈의 세상을 다스리시는 하나님의 지배는 주께서 욥에게 말씀하신 주요한 주제이다. 세계를 창조하시고 그것을 이내 지탱하시는 것은 하나님의 은총의 권능이다(욥 38-39장). 거대한 바다의 '리워야단'(Leviathan, 악어)과 거대한 '베헤못'(Behemoth, 하마)같은 자연의 무질서의 힘을 지배하고 길들이는 것도 하나님의 권능이다(욥 40-41장).[53] 여기서 핵심은 이렇다. 곧, 욥은 이런 자연의 힘들을 지배할 수도 그렇다고 알 수도 없다, 하지만 하나님은 그렇게 하신다. 하나님은 자연을 통제하신다. 비록 혼돈이 상존하지만 하나님의 통제를 벗어나 작용하지 않는다. 오히려, 그 혼돈은 하나님의 명령하에 있다. 혼돈조차도 주께서 명령하시는 것을 이행한다. 하마는 그 어느 누구도 잡을 수 없는 짐승이다. 그러나 그의 창조자는 그를 순종케 할 수 있다(욥 40:19,24). 악어는 그 어느 누구도 굴레를 씌울 수가 없다. 그러나 그것도 하나님의 피조물일 뿐이다(욥 41:11,13). 하나님 이외의 어느 누구도 자연의 혼돈의 힘을 통제할 수 없다. 하나님이 타락한 이 세계를 통치하시니, 우리도 욥처럼 "주께서는 무소불능하시오며 무슨 경영이든지 못 이루실 것이 없는 줄 압니다"라고 해야 한다(욥 42:2). 하나님 한분만이 자연을 지배하신다.

따라서 우리가 어떻게 무슨 말을 하던 간에, 우리는 적어도 하나님이 자연을 그렇게 완전히 지배하신다고 시인해야 한다. 이는 어느 일도 어느 때라도 그분이 원하시면 막으실 수 있다는 것을 의미한다. 결과적으로 우리는 자연의 모든 일이 하나님에 의해서 행해진 것이며, 최소한 그분이 허용하신 것임을 알아야 한다. 실로, 하나님은 세계 내에 자연의 재앙을 허용하신다. 그분이 막으실 수도 있는 것이지만, 타락했기 때문에 죄의 결과로 자연의 재앙을 허락하셨다. 인간이 자율을 원한다면 저주받은 땅에서 식량을 얻기 위해 피땀을 흘려야 한다. 아마도 그런 노력은 인간으로 하여금 하나님에게 의지하는 방법과 그분과 교제할 수 있는 방법을 배우게 할 수도 있다.

결론

하나님은 타락한 이 세계에 악의 존재를 허용하신다. 그러나 이는 이론적 근거에 대한 물음을 제기한다. 하나님은 왜 악을 허용하시는가? 하나님은 왜 욥의 고통을 허락하셨는가? 이 도덕적 악과(예, 갈대아인들이 욥의 종들을 죽였던 것) 자연의 악(예, 욥의 아이들을 죽게 한 강한 바람)에 대한 허용은 도대체 어떤 이유에서 나오는 것인가? 예전에는 울타리를 쳐 보호하셨던 하나님이 왜 이를 거두셨는가? 하나님은 욥의 신실함을 시험한 것인데 사탄이 욥의 가족들을 치도록 왜 허락하셨는가? 욥의 일곱 아들과 세 딸 그리고 그의 종들, 아무 죄도 없는 무고한 자일뿐인 그들을 사탄이 치도록 하나님은 왜 허락하셨는가?

그러나 독자는 이 시험에 의미가 있음을 알고 있다. 이 시험에는 우주적 의미가 있었다. 그것은 그 누구이든 간에 구체적으로 욥이어도 좋다. 하나님과 사탄 (혹은 신앙과 불신앙) 간의 경쟁이었다. 그 누구가 하나님 그분만을 위해 사랑할 수 있을까? 이는 그 어느 누구이든 간에 구체적으로 욥이어도 좋다. 자존심을 버리고 하나님과의 교제를 선택할 수 있는가에 대한 시험이었다. 욥은 하나님을 찬양할 것인가 저주할 것인가? 욥은 생명나무 – 하나님과의 친교 – 를 선택할 것인가 선악나무 – 도덕적 자치 – 를 선택할 것인가? 욥은 하나님과의 친교를 선택했다. 그는 여러 번 비록 조급해 하였지만 한 번도 하나님을 저주하지 않았다: 그의 마음은 쓰라리고 비참했지만 견뎌냈다. 하나님은 그 시험을 허락하심으로써 욥의 마음을 벗기어 온 세계에 증인이 되게 하셨다. 욥은 그 어떤 이유도 아닌, 단지 하나님 때문에 그와 교제하고 싶어서 하나님을 사랑한다. 하나님의 그 같은 허용은 욥의 신실한 믿음을 통해 하나님께 영광을 더하게 했다.

그때, 하나님은 사탄의 자유, 자연의 혼돈 그리고 인간의 자유를 허락하신다. 왜냐하면 그분은 당신의 백성과 진정한 친교를 원하시기 때문이다. 그 친교는 하나님이 죄와 자연의 재앙을 허락한 이 타락한 세상의 시련도 견뎌낸 친교이다. 그 시련은 백성의 입장에서 볼 때, 진정한 믿음을 일으키고 지탱하는 목적 때문에 하나님이 실로 그것을 허용하신다. 하나님은 그 같은 신실함으로 영광을 받으신다. 욥의 신실한 인내가 하나님의 영광을 크게 드러냈듯이, 우리의 신실한 인내도 또한 그러할 것이다.

그러나 하나님의 목적에 대해서는 아직 더 할 이야기가 있다. 이야기는 계속된다.

제5장

하나님은 의도하신 바를
타락한 이 세상에서 왜 이행하시는가?

| 하나님의 행위의 목적 |

> 너희 패역한 자들아 이 일을 기억하고,
> 장부가 되라. 이 일을 다시 생각하라.
> 너희는 옛적 일을 기억하라
> 나는 하나님이라 나 외에 다른 신이 없느니라
> 나는 하나님이라 나와 같은 이가 없느니라
> 내가 종말을 처음부터 고하며,
> 아직 이루지 아니한 일을 옛적부터 보이고 이르기를,
> 나의 뜻이 반드시 성취될 것이며,
> 내가 하고자 하는 것은 내가 반드시 이룬다' 고 말하였노라
> 내가 동방에서 독수리를 부르며,
> 먼 나라에서 나의 뜻을 이룰 사람을 부를 것이라
> 내가 말하였은즉, 정녕 이룰 것이요
> 경영하였은즉, 정녕 행하리라.

이사야 46:8-11

❋ ❋ ❋

　하나님이 허용하실 때, 언제나 그것은 실행된다. 그분은 죄의 위험으로부터 보호하실 수 있었던 것을 때로 허용하기로 결정하신다. 하나님은 사탄, 인류, 자연의 혼돈을 그들의 자유의 한도 내에서 작용하도록 허용하신다. 그러나 그분은 그들의 자유를 지배하는 주권자이시다. 그분이 허용하시기에 무엇이든 발생한다. 이는 그분 자신의 의지의 결정이다. 하나님의 결정들은 변덕스럽지도 혹은 맹목적이지도 않다. 결과적으로 세계 내의 모든 사건들은 하나님의 목적을 수행한다.

　하나님의 허용과 행위 간의 구별은 비록 유용하기는 하지만, 아마도 그것은 궁극적으로 신비에 쌓여 있다. 허용이 하나님의 의지의 행위를 여전히 수행하고, 하나님이 그 선에서 그것을 방해하지 않기로 결정하는 한, 그 때 허용은 하나님의 수동적인 섭리로 작용한다. 하나님은 당신의 그 '수동성'으로, 자연 사건들의 경과(예, 토네이도의 진로進路처럼)를 허용하신다. 그분은 도덕적 악을 자행하는 인간의 결정을 수동적으로 허용하신다. 혹은 사탄이 누군가를 시험하도록 수동적으로 허용하신다. 구체적인 인과관계에서 고려해 볼 때, 하나님은 필연적으로 그 같은 행위들의 장본인은 아니다. 오히려 그분은 역逆인과관계(counter causation)의 억제를 결정하신다. 다시 말하면, 그분은 그 같은 원인들의 자유를 파기하지 않으신다. 하나님은 다른 방식으로도 친히 결정하실 수 있었기 때문에, 그분은 허용하신다. 이런 의미에서 그분은 비록 주권자이시나 그분의 허용은 수동적이다. 그럼에도 불구하고, 하나님은 어떤 이유로 허용하시기로 한, 그 선에서 중대한 일을 '하신다.' 하나님이 무엇을 허용하신다면 거기엔 분명한 목적이 있다. 결과적으로, 하나님은 수동적으로 개입하신다. 그분은 도덕적 악의 장본인이 아니다. 그분은 당신의 자유로운 피조물들이 그런 악을 저지르는 것을 허용하신다는 의미에서 수동적이다.

하나님의 허용과는 대조적으로, 그분의 행위는 구체적이다. 따라서 그분은 당신의 목적을 성취하기 위해 계획을 세우시거나 혹은 원인을 일으키신다. 하나님의 허용은 어떤 의미에서 그분의 행위이다. 거기서 하나님은 타자들의 자유(행위)를 통하여 당신의 목적을 실현하기 위해 다른 것들을 허용하신다. 그러나 엄밀한 의미에서 하나님의 행위는 그분의 부가적 활동을 통해서 그 특성을 나타낸다. 곧 하나님은 스스로 창조 사역을 통하여 세계 내에서 행위자이다. 그 창조 사역에서 하나님은 당신의 구체적인 목적을 성취하기 위해 행동을 시작하신다. 하나님은 한 나라가 다른 나라를 공격하도록 항상 허용하는 것은 아니다. 그러나 그분은 때론 그것을 계획하신다(바벨론에 의한 예루살렘의 멸망처럼 말이다). 하나님은 사탄이 누군가를 시험하도록 항상 허용하는 것은 아니다. 그러나 그분은 종종 사람을 시험하도록 계획하신다(아브라함이 이삭을 희생 제사로 드리려는 것처럼 말이다). 하나님은 한 왕이 어떤 특별한 결정을 내릴 수 있도록 항상 허용하는 것은 아니다. 그러나 그분은 때로 그 같은 결정을 계획하신다(앗시리아의 왕의 마음을 감동시켰던 것처럼 말이다). 하나님은 세계 내에서 단지 수동적이지만은 않고(하나님의 허용의 관점에서처럼), 때론 오히려 적극적이다.

그렇다면 하나님이 허용하시든 혹은 행동하시든 간에, 거기에 담긴 그분의 목적은 과연 무엇인가?

하나님의 궁극적인 의도

　타락한 이 세계에서 하나님의 근본적인 목적은 피조물에 대한 당신의 원래의 의도를 실현하는 것이다. 하나님이 행하시는 모든 것은 그의 백성이 당신과 거룩한 교제 속에서 삶을 영위할 수 있도록 하는 데 있다. 이것이 피조물에 대한 그분의 의도였다. 이는 지금도 재창조와 구속 사역에 드러난 그분의 의도이다. 하나님의 목표는 종말론적인 공동체이다. 거기서 그분은 우리의 하나님으로 거하시고, 우리는 그분의 백성으로 살아갈 수 있다. 하나님은 장차 새 하늘과 새 땅에서 거룩한 삼위일체적 교제를 당신의 백성과 함께 충만히 누릴 것이다.

　이것이 성경에 나타난 하나님의 이야기의 핵심적 구조 원리이다. 하나님이 이루시고 허용하시는 모든 것은 근본에 이 원리가 있다. 무슨 일이 발생하든 간에, 하나님은 그 발생한 일마다 당신의 이 목적을 나타내고, 또한 그 목표를 향하도록 의도하신다.

　이는 매우 중요한 원리이다. 우리는 종종 우리 자신의 행복에 몰두한다. 우리가 하는 모든 것은 행복을 목표로 한다. 우리는 혹 결혼 생활이 행복하지 못하면 이혼한다. 우리는 혹 직장 생활이 만족스럽지 못하면 그 직장을 이직한다. 우리는 행복에 대한 깊은 열망을 충족시키기 위해, 혹은 우리의 불행을 잊기 위해 사행성 오락, 현실도피(마약과 음주), 그리고 희한한 일(퇴폐적 성性)에 우리의 많은 정열을 소비한다. 우리는 이런 일에서 행복을 찾으려고 우리가 소유한 것이면 무엇이든(권력, 부, 명예, 지식, 재능, 가족, 심지어 종교까지도) 그것을 증진시키고, 이용하고, 때론 왜곡시키기까지 한다. 우리는 그 행복을 얻기 위해 쉼 없이 달려간다. 따라서 우리는 쉼이 없기에 매우 불행하다.

　우리를 향한 하나님의 목표도 물론 행복이다. 그러나 그것은 타락한 세계가 추구하는 바에 철저히 몰두하는 식의 그런 행복이 아니다. 우리는 자신만의 이익, 자신만의 자율, 자신만의 자립을 추구한다. 그러나 하나님의 목표는 우리가 당신과의 교제 속에서 행복을 찾는 일이다. 하나님은 우리의 행복을 원하신다. 그러나 그분은 또한 창조자로서 그 행복을 분명하게 정의하셨다. 행복이란 하나님과 삶을 함께 누리는 것이다.[54]

우리는 이런 점에서 인간론에 대한 통찰로부터 도움을 얻을 수 있다. 그것은 W.판넨베르크가 '세계에 대한 개방성'이라고 부른 통찰이다.[55] 그 표현은 새로운 방식에서 우리의 환경을 경험할 수 있는 고유한 인간의 능력을 나타낸다. 인간에게는 환경을 초월하는 재능이 있다. 우리는 항상 무언가 새로운 것을 추구하고 찾는다. 우리는 항상 세계 내에서 우리의 위치와 삶의 의미를 발견해 내려고 애쓴다. 우리는 행복을 손으로 붙잡으려고 하나 결코 그것을 만족스럽게 획득하지 못한다. 우리는 항상 우리 자신의 행복을 위한 거처를 마련하려고 애를 쓴다. 그러나 우리가 만든 그 거처에서도 그렇게 썩 평안하지 않다. 세계에 대한 우리의 개방성은 우리의 유한성의 표현이며, 역으로 우리가 우리를 초월해 있는 실재에 의존해 있다는 사실이다. 우리는 그 초월적 실재와의 일치를 그리워한다.

결과적으로 우리는 우리의 성취가 우리 자신을 넘어서, 그 무엇에 의존해 있다는 사실을 직시한다. 따라서 우리는 항상 미래에 개방되어 있다. 우리는 결코 완전하지 않다. 성 어거스틴(St. Augustine)은 이렇게 고백했다. "오 하나님! 우리의 심령이 당신 안에서 평안을 얻기까지는 결코 평안하지 않습니다!"[56] 또한 파스칼이 말한 것으로 생각되는데, 모든 사람의 마음 안에는 하나님이 거하는 빈 공간이 있다. 혹은 구약의 「전도서」기자가 기록한 대로, 하나님은 우리에게 "영원을 사모하는" 마음을 주셨다(전 3:11). 우리가 비록 물질세계를 넘어서 궁극적인 성취를 바라보지만, 그러나 이 우주에서 우리는 평안이 없는 피조물이다. 우리는 우리의 존재 의미와 정체성을 세계와 그리고 특히 하나님과 관련하여 발견할 수 있도록 설계되어 있다. 하나님이 의도하시는 미래는 종말론적인 교제이다. 비록 우리가 이 땅에서 지금 그 교제를 미리 맛보기는 하지만, 참으로 진정한 행복은 바로 그 종말론적 친교에서만 발견할 수 있다.

우리는 행복한 삶을 영위할 수 있도록 창조되었다. 그러나 우리는 항상 잘못된 길에서 그것을 찾는다. 우리는 창조자보다는 오히려 피조물을 찾는다. 하나님과의 교제보다는 오히려 육체적 쾌락을 추구한다. 우리는 무형보다는 유형을, 불가시적인 것보다는 가시적인 것을, 영원한 것보다는 일시적인 것을 더 취한다. 아담은 하나님의 말씀보다는 하와의 말을 들었다. 우리 또한 하나님보다는 우리 자신, 다른 사람, 혹은 다른 대상을 선택한다. 우리는 매우 잘못된 길에서 여전히 사랑을 찾고 있다.

우리의 그릇된 추구에 대한 하나님의 첫 반응은 구속의 시작이다. 하나님은 당신의 목표를 성취하기 위해 허용하시고 행동하신다. 당신의 피조물과의 종말론적 교제를 시도하신다. 그분은 성령으로 말미암아 비록 지금 우리 가운데 거하시지만(고전 6:19), 얼굴과 얼굴을 맞대는 교제를 또한 몹시도 갈망하신다. 결과적으로 하나님은 우리의 육체적 쾌락보다는 당신과의 교제에 더 관심을 갖으신다. 그분은 우리를 신앙과 신뢰로 초대하신다. 우리를 당신의 교제 속으로 부르신다. 하나님은 우리의 쾌락보다는 신앙에 더 관심을 두신다.[57] 현재의 즐거움은 하나님의 종말론적 목표에는 이차적이다.

그러므로 하나님의 의도는 우리가 원하는 행복의 방식대로(부, 명예, 권력, 지식 등) 모든 사람을 행복하게 하는 것이 아니다. 하나님은 우리 인간의 타락한 심령들이 요구하는 모든 것을 들어줌으로써 이 세계에서 인간의 행복을 보증하지 않는다. 그분은 산타클로스가 아니다. 그분의 궁극적인 목표는 이 땅만의 일시적인 행복이 아니다. 오히려 영원한 지복至福이다. 결과적으로 우리의 현재의 고통이 만일 하나님의 종말론적 목표에 기여한다면, 그 땐, 하나님은 지복의 우선순위 때문에 우리에게 고통을 가하시고 있는지도 모른다. 따라서 우리는 시편 기자처럼, "고난 당한 것이 내게 유익이라"(시 119:71)라고 고백해도 좋다. 우리가 고난의 '유익'을 인식하게 될 때, 우리는 그 고난의 기원을 알 수 있다. 하나님은 시편 기자에게 고난을 주시어 이렇게 고백하게 했다: "주께서 나를 괴롭게 하심은, 성실하심으로 말미암음이니이다"(시 119:75). 하나님의 신실은 당신 자신의 목표에 충실하심에서 드러난다. 하나님은 시편 기자의 쾌락보다는 그의 신앙에 더 관심을 두셨다. 결과적으로 하나님은 당신의 목표가 성취될 필요가 있을 때, 우리가 당신에게 가까이 다가가도록 우리에게 고통을 가하실 수 있다. 그 고통은 우리로 하여금 육적 추구로부터 벗어나 당신 자신과 교제할 수 있도록 돌아서게 하는 사건이다. 이것은 적어도 시편 기자가 실로 마음에 두고 기술하고자 했던 바의 내용이다: "고난 당하기 전에는 내가 그릇 행하였더니 이제는 주의 말씀을 지키나이다"(시 119:67).

하나님은 우리의 신앙을 일으키고 강화하고 혹은 단련시키기 위해, 질병, 고난, 시련을 활용하신다. 하나님은 당신과의 교제의 수단으로서 우리의 신앙에 관심을 갖으신다. 결과적으로 그분은 우리가 불신앙에서 신앙으로, 불신에서 신뢰로 돌아서고, 우리가 세상과 육체적 쾌락으로부터 벗어나 당신과의 교제의 기쁨으로 돌아서는 데 필요한 것이라면 어떤 수단이든 사용하실 것이다. 하나님은 이 타락한 세계의 상황들을 활용하여 당신의 종말론적 목표를 성취하신다. 여기에는 당신의 백성에 대한 단련, 징계, 시험 등이 수반된다.

'공평公平'이란 하나님의 목표에 비추어 평가되어야 한다. 하나님은 모든 이에게 당신의 동일한 목표를 두신다. 그러나 그렇다고 하여 그분은 "사람을 외모만 보시지 않는다"(행 10:34). 그분은 모든 백성이 당신의 종말론적 교제를 나누기를 열망하고 의도하신다. 어느 누구도 멸망하기를 원하지 않으신다(벧후 3:9). 그러나 하나님은 모든 이에게 당신의 동일한 목표를 둠과 동시에, 한편 당신의 목표를 성취하기 위해 다른 수단들을 사용하신다. 그것은 마치 자녀들이 다른 인격체를 지니고 있고 성격이 다르기에 우리가 그들을 서로 다르게 대하는 것과 같다. 다시 말하면, 하나님에게 일종의 평등주의적 정의와 같이, 모든 이를 대할 의무는 없다. 또한 모든 사람이 일종의 분배 정의 차원에서 하나님의 응분의 축복과 고통을 서로 고르게 받을 수는 없다.[58] 인간과 관계하시는 하나님의 일에 이 같이 적용되었던 평등주의와 분배 정의는 사실 성경적이라기보다는 미국 민주주의의 발상이다.

하나님은 이삭을 대하는 방식으로 이스마엘을 다루지 않으셨다(창 17장). 또한 야곱을 다루는 방식으로 에서를 대하지 않으셨다(롬 9:9-16). 그분께서는 백성을 서로 다른 방식으로 다룰 주권이 있다. 하나님은 어떤 이를 가난하게도 하시고, 어떤 이를 부하게도 하신다(삼상 2:7). 그분은 어떤 이를 건강하게도 하시고, 어떤 이를 병약하게도 하신다. 따라서 '공평'이란 하나님께서 모든 이를 아주 정확하게 동일한 방식으로 대해야 한다든가 혹은 축복과 고통을 균등하게 분배해야 한다는 것을 의미하지 않는다. 그것은 단지 하나님이 모든 이에게 동일한 의도를 지니고 계신다는 것을 의미한다. '공평'은 하나님의 종말론적인 의도를 최상으로 성취시킬 수 있는 수단들에 비추어 상대적이다. 따라서 하나님은 당신의 목표를 성취시키기 위해 때론 '고난'을 사용하시기도 하며, 혹은 '축복'을 사용하시기도 한다. 하나님은 특별한 상황에서 그 목표를 최상으로 성취하실 수 있는 것을 고려하여 당신의 백성을 때로 단련시키고, 징계하시고, 시험하신다.

그러나 모든 이가 이에 호응하여 하나님께 돌아와 그분의 훈계를 받아들이는 것은 아니다. 많은 이들은 자신의 삶의 방식을 그대로 고집하고 하나님이 제공하시는 교제를 거부한다. 그들은 자신들의 악덕한 행실을 자랑하기까지 한다. 가난한 자들을 억압한다. 궁핍한 자들을 노예로 삼는다. 하나님의 백성을 핍박한다. 자신들의 삶의 방식을 구축하기에 혈안이 된다. 그들은 하나님의 거룩한 교제보다는 자신들의 자율을 더 선호한다. 거룩한 하나님과 친교를 나누기보다는 오히려 죄인들과의 사귐을 더 시도한다.

따라서 하나님의 거룩하심은 역설적으로 그분이 악한 자들을 징벌하신다는 것을 의미한다. 그분의 교제는 거룩하기 때문에 하나님은 악한 자들을 당신의 친교에서 배제시킨다. 당신의 교제를 거부했던 이들과는 친교를 나누지 않으신다. 하나님의 거룩하심은 당신의 현존으로부터 악한 자들을 배제시킨다.

이는 마치 에덴동산으로부터 불순종 때문에 아담과 하와를 배제시켰던 것과 같다. 하나님의 거룩하심이 반역자들과 사악한 자들과 맞닥뜨려질 때, 그것은 악한 자들을 징벌하시는 하나님의 진노로 변한다. 진노는 사악한 자들을 대하시는 하나님의 거룩하심의 표출이다. 따라서 진노는 하나님의 거룩하심의 역할로서, 그분의 영광의 표현이다(참고, 시 76:10).[59]

이스라엘과 가나안 땅의 원 거주자 간의 관계가 이 점을 잘 예증하고 있다. 이스라엘은 본래 하나님의 거룩한 백성이었다(신 7:6; 참고, 레 18-20장의 성별聖別 규례). 그들은 우상숭배자들의 소유였던 땅을 받았다. 하나님은 우상숭배자들의 악함 때문에 그들을 파멸시켰다. 이스라엘이 그 땅을 획득한 것은 그들이 그렇게 의로워서가 아니었다. 오히려 가나안 거민들의 악함으로 인한 것이었다(신 9:4-5). 하나님은 아브라함의 시대 이후로 가나안 민족들에게 인내해 오셨다. 하나님은 그들의 죄악이 무르익을 때까지 인내하셨다가(창 15:16), 결국 그들을 파멸시켰다. 그러나 그들의 응분의 파멸은 역설적으로 하나님께서 이스라엘에게 옥토의 선물을 제공할 수 있었던 수단들이었다(신 9:6).[60] 참으로 가나안 족속에 대한 하나님의 진노는 이스라엘에게는 하나님의 축복이었다. 가나안 족속의 파멸 역시 이스라엘에게 경고였다(신 7:4). 하나님은 당신의 거룩하심이 행동으로 옮겨질 만큼 그들의 죄악이 만연될 때까지 인내로 기다리셨다. 이는 마치 창세기의 노아의 홍수의 교훈과도 같다. 그와 동일한 방식으로, 곧 이스라엘에게 축복과 경고 두 가지 모두를 제공하심으로써, 거룩하신 하나님은 그들에 대한 당신의 사랑을 나타내셨다.

요약해 보자. 여기서 중요한 것은, 하나님의 행동은 당신의 종말론적 의도를 수행한다는 것을 기억하자. 하나님께서 허용하시거나 혹은 행동하시는 모든 것은 그분의 마음에 달려 있다. 악이 하나님의 거룩한 교제에 참여할 수 없기 때문에 그분은 악을 징벌하신다. 악한 자, 하나님을 두려워하지 않은 자, 믿지 않은 자들이 하나님의 거룩한 교제에 맞서 반역하기 때문에 하나님은 그들을 파멸시키신다. 그분은 믿는 자를 훈련하여, 그들의 신앙을 굳건하게 하고자 시험하신다. 그분은 믿는 자들과의 종말론적인 친교를 시도하신다. 하나님은 그들이 당신의 종말론적 현존을 최상으로 경험할 수 있는 삶의 방식으로 허용하시고 행동하신다. 하나님은 당신이 거룩하시기 때문에 악한 자들을 징벌하신다. 그분은 사랑이시기 때문에 믿는 자들이 당신의 현존 속으로 들어오도록 초청하신다. 하나님의 거룩한 사랑은 이 같은 종말론적 친교의 본질을 부여하고 규정한다. 이 거룩한 사랑은 세계 내에서 하나님의 허용과 행동을 이끈다.

※※※
하나님의 정황적 목적

우리가 '하나님의 허용'의 본질에 대해 무엇이라고 말하든, 하나님은 고통이 만연한 이 세계를 지배하신다. 우리가 '하나님의 행동'의 본질이 무엇이라고 말하든, 하나님은 구속과 마찬가지로 파멸시키고 훈련시키기 위해 세계 내에서 역사役事해 오셨다. 그분은 타락한 이 세계에서 모든 악을 지배하신다. 하나님은 도덕적 악(죄)이나 자연의 재해(토네이도)가 일어나는 그런 세계를 왜 허용하시는가? 하나님은 세계 내에서 어떤 악도 직접적으로 일으키지 않으셨음에도 불구하고, 어떤 이들은 그런 세계(죄와 재해)조차 하나님이 창조하지 않았겠느냐고 반문한다. 그런 질문에 대해, 많은 이들은 이를 '영혼의 조성' 혹은 품성의 개발을 위한 것이 아닐까 라고 생각한다.[61]

이런 시각에서 보면, 하나님은 '영혼의 조성' 혹은 '품성 개발'을 위한 이상적인 여건을 제공하기 위해 이 세계를 창조하셨다. 인간이 도전을 받는 곳, 인간이 배우고 성장하는 곳, 그리고 인간이 자유로운 도덕적 힘을 발휘하는 곳은 바로 그런 경우이다. 그것은 죄에 압도되지 않은 채, 품성을 개발시켜 인간을 하나님께로 이끈다. 고통은 그런 품성을 도야케 하고, 신앙에 도전을 제공하며, 하나님에 대한 사랑과 배척 사이에서 우리가 선택할 수 있도록 작용한다. 그 때의 고통은 가치가 있다. 왜냐하면 우리는 다른 방식으로는 도달할 수 없었던 그 높은 품성에로 그 고통을 통해 차츰 나아갈 수 있기 때문이다. 인간은 이 같은 '영혼의 조성' 과정을 통하여 성숙해 가며 자신의 잠재력을 성장시킨다.

이러한 관점에 나름대로 적법성이 있다. 하나님은 물론 품성 개발에 관심을 갖는다. 그러나 그분은 그런 목적 때문에 인간을 창조하지 않았다. 그분은 당신의 백성과의 친교를 나누시기 위해 인간을 창조하셨다. 자연적 혹은 도덕적 악을 의도하지 않았다. 죄를 도저히 피할 수 없었다거나 혹은 자연재해는 불가피한 것이었다 할 만큼 세계를 그렇게 창조하지 않았다. 그러나 반역의 죄가 세상에 들어오자 상황은 바뀌었다. 죄는 저주를 불러왔다. 오늘날 우리가 경험하는 세계의 환경은 피조물 본래의 세계와 다르다. 하나님의 원래 의도는 무엇인가? 그분은 당신의 백성의 성품을 개발하기 위해 '악'을 이용하시려고 했는가? 아니다! 하나님은 죄가 없는 자유 가운데서 그들과 친교를 나누기를 바라셨다. 하나님은 그들 백성이 당신과 함께 거하고, 당신의 거룩하심에 따라 삶을 완성해 가고, 그들의 삶 속에서 죄나 자연적 재해가 일어나지 않은 채, 진정 그들이 당신의 백성이 되기를 의도하셨다. 그러나 인간은 죄를 범했다.

하나님이 창조한 세계는 선하고 아름다운 것이었다. 그러나 타락이 이 세계를 부패시켰다. '선한' 피조물 대신에, 그분은 이제 타락하고 저주받은 세계를 맞이한다. 세계에 사망이 선고되었다. 인간은 사망의 지배 아래 놓이게 되고, 사탄에 의해 노예로 전락하고, 죄에 의해 더욱 타락한다. 이런 세계에서 인간은 생명의 고유한 주장을 더 이상 할 수 없다. 하나님 앞에서 권리를 상실한다. 하나님이 주시는 것은 무엇이든 그분의 은총에 의한 것이다. 따라서 하나님은 욥에게 이렇게 말씀하신다, "누가 먼저 내게 주고 나로 갚게 하였느냐 온 천하에 있는 것이 다 내 것이니라"(욥 41:11, 롬 11:35에서 바울에 의해 인용됨).

하나님은 항상 당신의 궁극적인 의도에 따라 허용하시고 행동하시기 때문에, 이 타락한 세계의 현실에서도 그분은 저주뿐 아니라, 또한 구속을 허용하시고 이루신다. 그분은 훈련을 통하여 우리의 성품을 개발시킨다. 당신과의 교제를 거절하는 악한 자들을 징계하신다. 그분은 '우리의 영혼을 조성시키며' 당신과의 교제와 인간의 자율 중, 우리로 하여금 선택하도록 하신다. 하나님은 한편에서 악한 자를 멸하시나 또한 다른 한편에서 우리의 적절한 선택을 장려하신다. 하나님은 당신의 궁극적인 목표를 위한 것이라면 악을 허용하시고 심지어 악을 통해서도 행동하신다. 타락의 여건들을 통해서도 '인간 영혼의 조성'을 시도하신다. 그러므로 하나님은 당신의 목적을 위하여 때론 죽음, 아픔, 그리고 고통을 이용하신다. 이로써 당신의 궁극적인 목표를 완성해 가신다. 하나님은 세계의 타락까지도 주권적으로 활용하여 때로 허용하시고, 때로 행동하신다. 따라서 악까지도 하나님의 목표에 기여할 수 있다. 다른 말로 하면, 하나님은 그 궁극적인 선한 목표가 가장 극단적인 악에서조차도 발생할 수 있도록 행동하신다.

하나님의 행동의 목표는 크게 세 가지 범주로 요약될 수 있다. 첫째는 하나님의 징계이다. 악한 자들은 하나님과의 교제를 거부하기 때문에 그분의 거룩하심은 그들을 파멸로 몰고 간다. 둘째는 훈련이다. 이를 통해 하나님의 사랑은 당신 자신과 피조물과의 교제를 촉진시킨다. 셋째는 구속이다. 이를 통해 하나님은 고통을 역전逆轉시키고, 고통의 결과를 파기하고, 그의 백성을 당신 자신과 화해시키신다.

※ ※ ※
징계

징계는 응보應報나 제지制止 등을 동반하는 하나님의 소극적 목적에 기여한다.[62] 그것은 도덕적 악에 대한 하나님의 대응이다. 이는 하나님의 거룩하심으로부터 발생한다. 고통은 악을 징계하고, 사람들로 하여금 더 이상 죄를 짓지 못하게 제지한다.

타락한 세계를 고려한다면, 성경은 이 둘(응보와 제지)의 가치를 인정하고 있다. 참으로 하나님은 종종 죄의 응보나 혹은 죄의 제지에 직접 개입하시는 분으로 묘사된다. 죄는 징계를 받을 만하다. 하나님의 거룩하심은 죄에 맞서는 행동으로 나타난다. 하나님은 또한 그의 피조물들이 죄를 짓지 못하도록 제지하시며, 결과적으로 인간의 비도덕적 행위에는 거기에 따르는 결과를 맞이하게 하신다. 하나님께서 행악자들을 징계하신다는 사실은 다른 사람들로 하여금 죄를 더 이상 짓지 못하게 제지한다. 그러나 비도덕적 행위로 초래되는 결과들은 단지 제지의 소산이 아니라, 그것들은 마땅히 받아야 할 벌이다. 부산물로는 그 결과들이 결국 죄를 제지하는 데 있다. 제지는 하나님의 은총의 경고로, 최상으로 이해될 수 있다. 하나님께서 사악한 자들에 맞서는 응보로 행동하신다고 할 때, 그것은 또한 죄의 결과에 대해 다른 사람들에게 주시는 하나님의 은혜로운 경고의 목적에 기여한다.

징계는 궁극적으로 응보이다. 하나님은 고통으로 악을 징계하시며, 궁극적으로는 죽음으로 악을 처벌하신다. 이러한 전제가 만일 제거된다면, 하나님의 은총의 전체 구조는 무너져 버린다. 은총은 너무나 놀랍고 정확하게 예측될 수 없는 선물이다. 왜냐하면 우리는 마땅히 징계를 받아야만 하기 때문이다. 만일 하나님의 진노가 없다면, 은총 또한 없다. 결과적으로 은총의 경탄驚歎은 진노의 실재와 직접적으로 관련되어 있다. 벌카우워(Berkouwer)가 예리하게 주목했듯이, "우리가 하나님의 진노의 전적인 타당성을 제대로 인식할 때에만, 우리는 복음을 '전적인 경이驚異로움'으로 받아들일 수 있다."[63] 이때, 은총은 예측 밖이다. 왜냐하면 그것은 "진노가 내려질 때에 호의 또한 주어지기" 때문이다.[64]

하나님의 진노의 실재는 신약(예, 롬 1:18; 2:5,8; 3:5)과 구약(예, 사 1:24; 5:25; 13:9,13; 63:3-6) 성경 모두에서 나타난다. 이런 진노의 실재는 종말론적이며(예, 롬 5:9; 살전 1:10), 또한 역사 내적이다(예, 롬 1:18-31;

13:4; 살전 2:16). 이스라엘과 함께하신 하나님의 생명의 이야기는 그분이 어떻게 그들의 죄악에 대한 징벌을 배분하셨는지를 설명해 준다. 하나님은 역사 속에서 곧 자연을 통하여, 다른 나라들을 통하여, 개인들을 통하여 그들의 죄 때문에 이스라엘을 징계하셨다.

아모스 4장 2-13절은 역사 속에서 하나님의 행동의 목적을 잘 예증하고 있다. 세 가지 점이 주목할 만하다. 첫째, 이스라엘 백성의 반역적 성품이 하나님으로부터 이 같은 행동을 초래한다. 그들은 예배를 드리기 위해 벧엘과 길갈로 올라간다. 이들 두 장소는 당시 하나님의 백성의 역사歷史에 매우 중요했다. 예를 들면, 야곱은 그곳을 벧엘이라 불렀고(창 28:19), 길갈은 약속의 땅에서 이스라엘 백성이 첫 번째로 진을 친 곳이었다(수 4:19,20). 그러나 이스라엘 백성은 하나님께서 역사 속에서 어떻게 자신들에게 행하셨는지를 기억하는 대신에, 자신들의 거짓 희생 제사와 예배만을 자랑했다. 그들은 사회적으로 가난한 자와 궁핍한 자들을 억압함으로써 교만의 죄를 저질렀다(암 2:6-7; 4:1; 5:10-13; 6:1-7). 마치 그들의 겨울과 여름 집들이 사회적 불의에 대한 기념물과도 같듯이, 벧엘에 있는 그들의 제단들은 자신들의 교만에 대한 기념물들이었다. 이러한 교만에 대한 응보로 하나님은 그들의 제단들과 집들을 파괴시키기로 결정하셨다(암 3:14-15). 하나님은 자신의 거룩하심으로 그런 징계를 맹세하신다. 하나님은 자신의 의義를 높이려는 교만한 백성 가운데는 거하지 않으신다. 그러므로 하나님은 교만한 자의 대적이시다(사 63:10; 시 18:28; 78:21-22).

둘째, 아모스 4장은 하나님께서 이스라엘 백성으로 하여금 패역한 길에서 돌아설 수 있도록, 당신의 백성을 어떻게 제지하셨고 훈련시켰는지를 잘 보여 주고 있다. 하나님은 구체적인 방식으로 죄를 제지하셨다. 그분은 그들에게 먹을거리가 다 떨어지게 (기근)하셨다. 비록 당신의 은총으로 혹 어떤 성읍에는 비를 내리게 하셨지만, 전반적으로 비를 멈추게 하여 그들이 심한 가뭄을 겪도록 하셨다. 이에 굶주림과 목마름은 당시 만연했다. 하나님은 또한 메뚜기를 보내어 그들의 소출을 삼키게 하셨다. 역병, 전쟁 그리고 불로 사망을 몰고 왔다. 이러한 재앙들이 실로 하나님의 행동의 결과였다. 그분은 때론 파멸시키고 죽이기 위해 행동하신다. 아모스는 이렇게 역설적으로 묻는다. "여호와의 시키심이 아니고야 재앙이 어찌 성읍에 임하겠느냐"(암 3:6). 이것은 하나님의 의지에 의해 일어난 단순한 자연의 재앙들이 아니었다. 오히려 그것은 당신의 백성을 억제시키기 위한 하나님의 행동들이었다. 하나님은 이스라엘 백성이 진정으로 당신에게 돌아오도록 하기 위해 이러한 재앙들을 의도하셨다. 하나님은 그렇게 행동하신다. 그러나 후렴에서 5회에 걸쳐 이 사실이 반복된다. "그러나 너희는 내게로 돌아오지 않았다." 하나님은 당신의 백성에게 회개를 촉구하신다. "너희는 나를 찾으라 그리하면 살리라"(암 5:4). 또한 "너희는 살기 위하여 선을 구하고 악을 구하지 말지어다"(왕 5:14). 아모스는 약속한다. "만군의 하나님 여호와께서 너희 말과 같이 너희와 함께하시리라"(암 5:14). 그러나 이스라엘은 자신들에게 밀어닥친 그 재앙에 깊이 새겨진 경고에 유의하지 않았다. 그들은 계속해서 죄악을 저질렀다. 이에 대한 대응으로 하나님은 앗시리아 제국의 손에 그들을 내어 주셨다.

셋째, 아모스 4장은 하나님의 응보적 정의를 증거한다. 그분은 당신의 의도를 분명히 선언함으로써 자신의 메시지를 종결한다. 이스라엘이 주께 돌아오지 않았기 때문에, 그분은 그들에게 자신들의 하나님을 만날 준비를 하라고 선언하신다(암 4:12). 이제 이스라엘은 하나님 앞에 서야 한다. 그리고 하나님은 그들이 무엇을 해야 할 것인가를 선언하신다. 산을 만드시고 바람을 일으키시고 낮을 밤으로도(참고, 암 5:8-9) 바꾸시는 하나님을 그들은 만나야 한다. 그렇지 않으면 분명 그분은 패역한 백성에 맞서서 행동하실 것이다. 하나님은 이렇게 말씀하신다. "내가 너희를 다메섹 밖으로 사로잡혀 가게 하리라 이는 만군의 하나님이라 일컫는 여호와의 말씀이니라"(암 5:27). 하나님은 앗시리아를 통하여 이스라엘을 징계하실 것이며, 죄악으로 가득 찬 그의 백성을 멸하실 것이다. 하나님은 이스라엘을 "학대할 한 나라를 일으켜서" 그들을 "치실 것이다"(암 6:14). 그분은 그동안 이스라엘의 악을 지켜보고 계셨기에, 이제 당신의 거룩하심을 들어 그들을 "지면에서 멸하리라"라고 맹세하신다(암 9:8).

하나님이 친히 이스라엘을 징계하셨다. 그분은 이 같은 자연의 재앙들을 일으키셨다. 그분은 때론 "앗시리아 왕 불(Pul)의 마음까지도 부추기셨다"(대상 5:26). 비록 불 왕 자신이 교만과 탐욕을 가지고 전쟁으로 나오기는 했지만, 하나님은 그런 왕을 부추기어 당신 자신의 정당한 징계의 행동으로 이스라엘을 치셨다. 여호와께서는 "르신(Rezin)의 대적을 일으켜 사마리아와 에브라임을 치게 하시며, 그 원수들을 격동시키셨다"(사 9:11). 이사야는 앗시리아를 하나님의 "진노의 몽둥이"로 묘사했다(사 10:5). 이에 하나님은 앗시리아를 이스라엘과의 전쟁으로 내보내, "그의 백성을 쳐서 탈취하며 노략하게 하며 또 그들을 거리의 진흙 같이 짓밟도록" 했다(사 10:6). 이스라엘이 받은 징계는 하나님께서 앗시리아를 통해 실행하셨던 하나님의 행동이었다(참고, 사 10:12-19).

하나님은 죄악을 저지른 백성에게 인내하신다. 그러나 그분의 인내도 인간의 교만함에 지쳐 최후엔 약해진다. 마침내, 그들의 악이 정점에 이르게 될 때 하나님은 그들을 파멸시키신다. 하나님은 노아의 홍수 시대에 그렇게 하시지 않았는가? 그분은 가나안 정복 시에도 그렇게 하셨다. 예언자 아모스를 통해, 하나님은 이스라엘을 반드시 멸하실 것이라고 당신의 의도를 선언하신다. 그분은 악의 만연을 용인하지 않으신다. 오히려 그분은 자신의 거룩하심을 들어, 당신에게 귀 기울지 않은 죄인들을 멸하신다. '주의 그 날'은 낮이 이제 밤으로 변하는 시간이다. 그것은 피조 세계를 뒤집는다. 주의 그 날은 당신의 피조물에 대한 하나님의 심판이다. 하나님은 거기서 피조물의 죄악 때문에 그들을 멸하신다. 그것은 마치 낮이 밤으로 변하고, 혼돈이 피조 세계를 저주하는 것과 같다(암 5:18-20). 하나님은 교제를 우리에게 제의하신다. 그러나 반역자들은 자신들의 교만과 거만을 내세워 그분의 제의를 거부한다. 결과적으로 하나님은 그들을 파멸시키신다.

    죄악을 저지른 백성을 멸하시는 하나님의 이 목적은 단지 이스라엘 백성에 대해서만 실행되는 것이 아니라, 또한 모든 민족들에게도 해당된다. 이는 역사를 관통하는 하나님의 사역이다. 그분은 바벨 탑(창 11장)으로부터 로마 제국의 멸망(계 17-18장)에 이르기까지 인간의 교만을 징계하셨고, 이는 현재까지도 지속되고 있다. 예언자 아모스는 이스라엘 백성뿐만 아니라 또한 이스라엘의 이웃 나라들에 대해서도 경고의 메시지를 보냈다. 유다(암 1:2)의 죄뿐 아니라, 다메섹(암 1:3), 가사(암 1:6), 두로(암 1:9), 에돔(암 1:11), 암몬(암 1:13), 모압(암 2:1)의 죄악은 하나님의 진노의 대상이었다. 하나님은 이들 나라들로부터 당신의 진노를 거두시지 않을 것이다. 그들을 파멸시키기로 결정하셨다. 예언자들은 하나님의 은총이 종종 포함된 심판의 경고 메시지를 그들 나라들에게 어김없이 보낸다(사 45:22-25). 이사야(사 13-23장), 예레미야(렘 46-51장), 에스겔(겔 25-32장)의 많은 부분들은 그들 나라들에 대한 하나님의 심판의 말씀들이다.

    요한계시록 또한 여러 나라들, 특히 로마 제국에 대한 하나님의 심판의 메시지이다. 하나님은 당신의 예언자 요한을 통하여 바벨론(로마 제국)이 곧 멸망할 것이라고 공포하신다. 로마는 자신의 폭력, 부도덕, 과도한 사치 때문에 심판을 받았다(계 18:4-9,24). 하나님의 백성은 그 로마로부터 나와, '그런 재앙들'을 받지 않도록 부름을 받는 백성이다. 왜냐하면 "그의 죄는 하늘에 사무쳤으며 하나님은 그의 불의한 일을 기억하시기" 때문이다(계 18:5). 하나님은 구약의 여러 나라들 가운데서 이를 보이셨고, 신약의 여러 나라들 가운데서도 그리고 전체 세계 역사를 통하여 지금도 지속적으로 이렇게 행동하신다. 하나님은 만국의 주이시며, 모든 역사의 주이시다(행 17:26; 단 4:25,35).

    하나님은 이 세계에서 제지시키고 파멸시키는 데 있어서 적극적이시다. 하나님은 죄악을 제지시키기 위해 때론 재앙들을 불러드린다(사 43:7). 제지가 그 구속적 목표(즉, 회개하게 하는 것)를 제대로 이루지 못할 때, 하나님은 그

땐 징계할 것을 결정하신다. 제지에서 하나님은 최종적인 선택을 그의 백성에게 강하게 밀어붙인다. 곧 하나님께 복종하든가 아니면 거역하든가 둘 중 하나를 선택하게 하신다. 실로 그들은 하나님을 찾고 살 것인가? 아니면 그들은 자신의 정욕에 따라 그대로 살 것인가? 실로 그들은 하나님과의 교제를 시도할 것인가? 아니면 그들은 자신의 자율을 그대로 선택할 것인가? 그들이 하나님과의 친교를 지속적으로 거부할 때, 그분은 당신의 현존으로부터 그들을 내치신다(참고, 왕하 17:22-23).

그러나 우리는 아모스서에서 또 다른 중요한 문제를 주목하지 않고서는 제지나 징계의 주제를 제대로 파악할 수 없다. 하나님은 교만한 자들을 멸하실 때조차도, 한편 그분은 남은 자들을 보존하신다. 그분은 "야곱의 집은 온전히 멸하지" 않으신다(암 9:8). 하나님은 그 남은 자들을 다시 본국으로 돌아오게 하실 것이다(암 9:14). 하나님께서 파멸을 선포하실 때조차도 그분의 의도는 백성이 다른 신에게 의존하지 않고 스스로 잔존하는 것이다. 그의 백성이 죄악으로 만연할 때조차도, 그분은 당신과 함께할 수 있는 남은 자를 찾으신다. 노아 홍수 시대에도, 노아는 하나님의 면전에서 은총을 입었다(창 6:8-9). 가나안 정복 시대에도, 기생 라합은 하나님께 은총을 입었다(수 6:25). 예언자 아모스의 사역 기간에도, 하나님은 은총을 입은 남은 자들이 본국으로 돌아올 것이라고 약속하신다. 진노 가운데서조차, 하나님은 당신의 백성을 향하여 은총 가운데 행동하실 방안을 여전히 찾으신다.

❋ ❋ ❋
훈련

하나님은 때때로 죄인들을 징계하기 위해 행동하시기는 하나, 그렇다고 모든 고통이 다 응보는 아니다. 욥은 죄 없이 고통당하는 자의 전형이다. 그의 고통은 징계가 아니었다. 그것은 우주적인 시험이었다. 인간은 시험 중에 있었고, 욥은 그 정점에 있었다. 결과적으로, 고통이 하나님의 진노를 항상 나타내는 것은 아니다. 그와 반대로, 그것은 당신의 백성에 대한 하나님의 신뢰를 표현한다. 하나님은 욥을 신뢰했다. 그분은 욥이 그 자신의 신실함을 그대로 유지할 것이라고 믿었다. 욥은 실제로 그랬다. 그는 결코 하나님을 저주하지 않았다. 그는 조바심, 비통함, 그리고 회의懷疑들로 갈등하고 있을 때조차도 자신의 신앙을 온전히 유지했다.

만일 고통이 언제나 응보만은 아니라면, 고통에는 어떤 적극적인 목적이 있지 않을까? 여기에 시험과 교육이 포함된다. 이들 시험과 교육의 목적은 현실적인 아픔이 없다는 점에서 그렇게 적극적이지 않다. 아픔은 진정한 것이고, 고통은 실재적이다. 그러나 그것들은 개인의 삶 속에서 분별력 있는 선과 실재적인 유익을 가져다 준다는 점에서 적극적이다. 여기서 고통은 징계하려는 데 그 목적이 있는 것이 아니라, 순화시키고, 훈련시키고, 교육시키려는 데 있다. 고통은 우리를 훈련시킨다. 여기서 믿는 자들은 자신을 사랑하는 것보다 더 하나님을 사랑하는 방법을 배운다.

시험

하나님은 당신의 백성을 항상 시험해 오셨다. 시험을 통해 하나님은 백성의 순전한 심령을 찾으시고, 당신의 의도를 촉진하시고, 그의 백성의 믿음을 순화시킨다. 믿음의 조상 아브라함까지도 이 방식으로 훈련을 받았다. 창세기 22장의 이야기는 단순하게 시작하나 거기엔 심오한 진술이 담겨 있다: '얼마 후에 하나님은 아브라함을 시험하셨다.' 이것이 하나님의 행위셨다. 그분은 아브라함의 믿음을 시험하기로 결정하셨다. 아브라함에게 약속의 아들, 곧 독생자 이삭을 희생 제물로 바치라고 명령하셨다(참고, 히 11:17-19). 이는 아브라함이 하나님을 더 사랑하는지 혹 자기 아들을 더 사랑하는지를 보기 위한 시험이었다. 아브라함은 한 민족의 아버지가 되어야 하는 이유를 들어, 자신의 방식을 선택하지 않을까? 아니면 그는 공손한 신뢰로 하나님의 의제 앞에 복종할까? 에덴동산의 아담과 하와와는 다르게, 아브라함은 자신의 자율을 선택하기보다는 하나님을 더 신뢰했다. 아브라함은 자신의 아들보다는 하나님을 선택했다. 하나님의 반응은 아브라함의 신앙에 대한 칭찬이었다(창 22:12).

전체 이스라엘의 역사를 통해 볼 때, 하나님은 종종 그들을 시험하시곤 했다. 우리는 이 같은 시험들을 인류 역사를 위한 하나님의 장대한 계획에서뿐만 아니라(참고, 출 15:25), 또한 그들의 일상의 삶을 통해서도 발견할 수 있다. 예를 들면, 하나님은 광야에서 이스라엘 백성에게 만나를 제공하셨고, 그것을 거두는 방식까지도 구체적으로 가르쳐 주셨다. 하나님은 말씀하시기를, "이같이 하여 그들이 나의 율법을 준행하나 아니하나 내가 시험하리라"(출 16:4). 결과적으로 이스라엘은 매일 시험을 통과해야만 했다. 그들이 실로 하나님의 지침에 순종할 것인가? 아니면 그렇지 않을 것인가? 그들은 자신들을 위해 분에 넘치게 그 양식을 매점賣店해 둘 것인가? 아니면 그들은 하나님의 일용한 양식을 믿고, 필요한 것만큼만 거둘 것인가? 그러므로 그분의 지침은 에덴동산에 있던 선악과가 주는 교훈과 아주 유사한 방식으로 역할을 했다. 하나님을 신뢰할 것이냐? 아니면 신뢰하지 않을 것이냐? 이스라엘은 이렇게 선택을 요구받는다. 그들은 실로 하나님의 현존을 찾고 그분의 율법에 순종할 것인가? 아니면 자신의 삶의 방식대로 살면서 하나님의 현존을 거부할 것인가? 이같이 하나님의 율법은 그의 백성을 시험한다. 이제 그들은 자신들의 순종의 마음을 내보여야 할 때다.

하나님은 이스라엘 백성의 마음이 어떠한지를 알기 위해 그들을 시험하신다(참고, 신 8:2; 13:3; 삿 2:22; 3:4; 대하 32:31). 하나님께서 아브라함을 시험하신 뒤에, "내가 이제야 네가 하나님을 경외하는 줄을 알겠다."라고 결론을 내리신다. 이와 유사한 방식으로, 하나님은 그의 백성의 마음들이 진실로 당신과 교제하기를 원하는지 어떤지를 알기 위해 당신의 백성을 시험하신다.

이것이 신명기의 중심 사상이다. 이스라엘이 자신들의 반역에 대한 징계로서 광야에서 헤매고 있었지만, 그것은 또한 최종적으로 가나안 땅에 들어가는 사람들에게는 훈련이고 시험이었다. 광야에서 그 방랑은 죽은 자들에게는 징계였으나, 신명기서에 보면 그들의 자녀들은 이제 요단 강을 건널 채비를 끝내고 그 강둑에 서 있다. 그들 역시 광야의 방랑 속에서 고통을 받았다. 이들 반역자들의 자녀들은 그들 부모의 죄 때문에 왜 고통을 받았는가? 신명기 8장 2-5절에 그 대답이 있다:

> 네 하나님 여호와께서 이 사십 년 동안에 너로 광야의 길을 걷게 하신 것을 기억하라 이는 너를 낮추시며 너를 시험하사 네 마음이 어떠한지 그 명령을 지키는지 아니 지키는지 알려 하심이라 너를 낮추시며 너로 주리게 하시며 또 너도 알지 못하며 네 열조도 알지 못하던 만나를 네게 먹이신 것은 사람이 떡으로만 사는 것이 아니요 여호와의 입에서 나오는 말씀으로 사는 줄을 너로 알게 하려 하심이니라 이 사십 년 동안에 네 의복이 해어지지 아니하였고 네 발이 부르트지 아니하였느니라 너는 사람이 그 아들을 징계함 같이 네 하나님 여호와께서 너를 징계하시는 줄 마음에 생각하고

광야에서 방랑은 훈련이 목적이었다. 하나님은 그들이 당신에게 순종할 마음이 있는지 없는지를 알기 위해 그들을 시험하셨다. 그분은 그들이 자신의 힘을 의지하기보다는 하나님 자신을 의지하도록 가르쳤다. 그들이 빵만 의지하지 말고 오히려 하나님의 말씀에 따라 살아갈 것을 가르쳤다. 하나님은 그들을 시험하여 순종케 할 수 있었다. 하나님의 의도는 실로 이스라엘에 대한 구속이었다. 하나님은 그들을 시험하여, 마침내 그들에게 '선한 것'을 주시려 했다 (신 8:16, NRSV). 하나님은 당신의 훈련을 통하여 이스라엘이 유업遺業을 받을 수 있도록 그들을 준비시켰다. 그 훈련은 그들을 순화시켜서 그들이 최종적으로 약속의 땅에 들어갈 때에 여호와가 그들의 하나님이라는 사실을 기억나게 했다(참고, 신 11:1-2).

하나님은 이렇게 역사를 통해 당신의 백성을 지속적으로 시험하셨다. 사사기 2장은 사사 시대에 이스라엘 백성의 성품을 특징 짓는 반역과 회개의 순환

구조를 기술하고 있다. 그런 순환 구조는 다음과 같은 경향을 띤다: 이스라엘이 죄악에 빠져든다. 이에 하나님은 다양한 수단을 통하여 그들을 훈련시킨다: 그 백성은 도움을 간절히 요청한다. 이에 하나님은 사사를 일으켜 세운다: 이제 그 백성은 회개한다. 이에 하나님은 그들을 구원하신다(삿 2:10-19). 이런 정황에서 하나님은 그 땅에 살고 있던 가나안 족속들을 활용하여, "이스라엘을 시험하고, 그들이 과연 여호와의 율법을 지키고, 그들의 선조들이 행했던 것처럼 그 율례에 따라 살아가는지를 확인"하셨다(삿 2:22; 참고, 3:1,4). 하나님은 때론 이스라엘의 신앙을 '시험' 하기 위해 그들에게 '적대적으로' 행동하신다(삿 2:15). 그분은 때로 그들의 타락한 여건까지 활용하셨다. 하나님은 이스라엘을 시험하기 위해 가나안 족속의 멸절까지 감수하고 명령하셨다. 그러나 그들은 이를 준행하지 않았다. 하나님은 당신의 백성의 마음을 시험하기 위해 피조물의 타락까지 활용하셨다.

바벨론 포로의 수년 전에, 하나님은 예언자 예레미야를 그의 백성에게 보내어, 그들의 마음을 수차에 걸쳐 시험하셨다. 그러나 유다의 백성이 불행하게도 패망에 이른 것은 시험이었다. 하나님은 유다를 징계하시기 전에, 그분은 먼저 그들을 시험하셨다. 그분은 그의 백성을 버리기보다는 오히려 그들을 순화시키기 원하셨다. 그러나 하나님은 당신의 시험이 결국에 아주 나쁘게 나타날 것임을 예레미야에게 경고하셨다(렘 6:27-30):

> 내가 이미 너로 내 백성 중에 살피는 자와 요새를 삼아
> 그들의 길을 알고 살피게 하였노라
> 그들은 다 심히 패역한 자며 다니며 비방하는 자며
> 그들은 놋과 철이며 다 사악한 자라
> 풀무를 맹렬히 불면 그 불에 납이 녹아져서
> 단련하는 자의 일이 헛되게 되느니라
> 이와 같이 악한 자가 제하여지지 아니하나니
> 사람들이 그들을 내어버린 은이라 칭하게 될 것은
> 나 여호와가 그들을 버렸음이니라

예레미야의 메시지는 기본적으로 유다의 백성을 위한 시험이었다. 그러나 그들의 마음은 이미 굳어 있었다. 그들은 경청하지 않았다. 그래도 하나님은 계속하여 그들을 시험하셨다. 그분은 다른 곳에서 예레미야에게 이렇게까지 말씀하셨다. "내가 내 딸 백성의 죄를 어떻게 처치할꼬 그들을 녹이고 연단시키리라." 그러나 결국 하나님은 "예루살렘을 폐허의 무더기로 만들겠다"라고 하셨고, 이내 최후로 여호와께서 "내가 이 일들을 인하여 그들에게 벌하지 아니 하겠느냐?"라고 선언하셨다(렘 9:7,9,11).

하나님은 또한 이 같은 방식으로 개인들을 시험하셨다. 히스기야 왕은 이에 전형적인 예이다. 전에, 하나님은 그의 교만 때문에 히스기야를 질병으로 치셨다. 그러나 하나님은 히스기야의 믿음의 기도에 응답하여 죽음으로부터 그를 구해 주셨다(왕하 20:1-11; 대하 32:24-26). 히스기야가 치유된 후, 그는 자신의 병세에 대해 소문을 듣고 찾아 온 몇 명의 바벨론의 사절단을 접견한다. 그는 사절단에게 자신의 왕궁의 모든 것을 자랑삼아 보여 주었다(왕하 20:12-15). 역대기 사가史家는 이 때 그 상황을 이렇게 기술한다. "하나님이 히스기야를 떠나시고 그의 심중에 있는 것을 다 알고자 하사 시험하셨더라"(대하 32:31). 그러나 히스기야의 마음은 여전히 교만으로 가득 찼다. 이에 하나님은 바벨론이 이 모든 부富를 자기 나라로 가지고 가려고 어느 날 다시 공격할 것이라고 예언하셨다(왕하 20:16-19). 히스기야는 결국 그 시험에 실패한 것이다.

하나님은 당신의 사랑에 보답하는 자들, 당신의 교제를 추구하는 자들, 그리고 당신의 약속을 신뢰하는 자들과 친교를 나누기를 바라신다. 결과적으로 하나님은 사람을 시험하는 데 있어서 항상 이 세계에서 적극적으로 활동하신다. 그분은 우리의 마음을 시험하신다(렘 11:20; 12:3; 17:10; 시 7:9; 11:4-5; 대상 29:17). 하나님은 그의 백성이 진실로 교제를 원하는지 혹은 자신들의 자율적 삶을 좇는지를 알아보기 위해 그들을 시험하신다. 그분은 그의 백성의 마음을 알아보기 위해 시험하신다. 그분은 선악을 알게 하는 나무를 에덴동산에 두셨던 동일한 방식으로 오늘도 우리를 시험하신다. 그 시험에서 우리는 가장 사랑하고 신뢰해야 할 대상이 – 하나님인가 혹은 우리 자신인가? – 누구인지를 발견하게 된다.

교육

훈련을 통한 하나님의 교육 목적을 잘 드러내 주는 고전적 성경 본문은 히브리서 12장이다(훈련을 의미하는 그리스어 동사와 명사들이 12:5-11에 8회에 걸쳐 사용된다). 히브리서 저자는 그의 독자들이 어떤 상황에서도 자신을 살필 수 있도록 신앙 훈련에 관한 구약의 원리들을 소개한다. 훈련에 관한 구약의 원리들이 이제 신약 시대의 성도들에게 적용되는 셈이다. 저자는 신앙의 선조들이 핍박을 경험했던 것처럼, 그 독자가 또한 곧 핍박의 시대를 맞이할 수 있음을 예견한다. 그는 독자들에게 핍박이 닥칠 때에, 그 선조들이 "많은 싸움에서 괴로움 가운데서도 견디어 내던 옛날 일들을" 되새겨보라고 요구한다 (히 10:32). 그 선조들은 공개적으로 모욕을 당하고 핍박을 받았다. 어떤 이들은 신앙 때문에 감옥에 갇히고, 또 어떤 이들은 자신들의 재산 전체가 몰수되었다(히 10:33-34). 그때 믿는 자들은 견디어 냈다. 그러나 이제 그들은 또 다른 고통의 시련을 예상해야만 한다(히 12:4).

이같이 다가오는 시련의 본질이 무엇이든지 간에, 히브리서 저자는 그것을 이제 해석하고 적용한다. 여기, 그런 시련은 죄를 단지 징계하기 위한 것이라든가 혹은 하나님이 그의 백성에게 진노하시기 때문에 밀어 닥친 것이 아니라, 오히려 하나님의 사랑으로부터 발생하는 훈련이다(히 12:7-10). 저자는 잠언 3:11-12를 인용하여, "아들들에게 대하듯이 여러분에게 대하여 권하는 말씀"에 귀 기울이라고 말한다(히 12:5-6):

> 내 아들아, 주님의 징계를 가볍게 여기지 말고,
> 주께서 꾸짖는다고 낙심하지도 말아라

> 주님은 사랑하시는 자를 단련시키시며,
> 아들로 맞이하는 모든 이를 채찍질하시느니라

'징계'로 번역된 그 용어는 '매질'(채찍질)을 의미한다(예수와 그 제자들은 매질을 당했다: 마 10:17; 20:19; 23:34; 막 10:34; 눅 18:33; 요 19:1). 히브리서 11장에 언급된 어떤 신앙의 증인들은 심하게 매를 맞았다(히 11:36). 아마도 독자들은 그 같은 상황을 스스로 충분히 예상할 수 있으리라. 여기서, 그 상황은 하나님께서 죄인에 대하여 당신의 의를 나타내실 때 사용하는 그런 '징계'를 의미하지 않고, 오히려 종종 훈련이 수반된 고통을 의미한다. 하나님은 그의 백성을 체벌하신다: 그분은 보다 높은 목표를 위해 그의 백성에게 고통을 주신다. '질책'은 이에 유사한 개념이다. 이 질책은 분노로부터 일어나는 것이 아니라, 하나님의 백성이 보다 높은 수준의 성숙에 도달하기를 바라는 그분의 요구로부터 일어난다. 하나님은 그런 목표의 관점에서 그의 백성을 훈련시킨다. 그분은 종말론적 친교를 위한 준비와 거기에 이르는 수단으로써 당신의 백성이 온전히 갖추어지기를 바라신다.

그러므로 독자들은 핍박의 이 같은 파고波高를 하나님의 분노로 잘못 해석해서는 안 된다. 그것은 그분의 부성애적父性愛的 징후이다. 하나님은 이 같은 아픔을 통해 그의 백성을 단련시킨다. 그분은 그의 백성이 당신의 거룩함과 교제를 함께 나눌 수 있도록 그들을 교육시키신다. 그 고통을 참아 내기 위해서, 믿는 자들은 하나님이 자신들을 불러내 지시했던 그 목표에 주목해야 한다. 이것이 인내의 모범을 보여 주신 예수의 삶이다. 예수는 자기 앞에 놓인 기쁨을 마다하시고 부끄러움을 개의치 않고, 십자가를 참고 지셨으며, 이제는 하나님의 보좌 우편에 앉으셨다(히 12:2). 이와 같이, 앞서 간 모든 신앙인들은 신앙의 위력을 증언한다. 그들의 신앙이 비록 이 생에서 희망하던 것을 다 받지 못했지만, 그럼에도 불구하고 그들은 하나님이 친히 세우시고 건설하신 한 성城을 바라보았기 때문에, 그들의 신앙은 인내로서 참아 냈다(히 11:13-16,39-

40; 12:1). 하나님은 그의 백성의 신앙이 굳건해져서 견디어 낼 수 있도록 그들의 삶 속에서 고통을 활용하셨다.

여기서 하나님의 의도를 깨닫는 것이 중요하다. 하나님은 이유가 있어 훈련시키시며, 때로 체벌하신다(고통을 주시기도 하고 심지어 매질을 하신다). 히브리서 기자는 이렇게 말한다(히 12:10-11):

> 하나님은 우리의 유익을 위해서, 당신의 거룩하심을 함께 나누시려고 단련시키는 것입니다 모두, 단련을 받을 때는 기쁨도 없고 괴롭겠지만, 받는 다음에는 그 단련으로 올바른 길을 걷는 이들에게 평화의 열매를 맺게 합니다

하나님은 훈련을 통해 과연 어떤 선을 우리에게 의도하시는가? 그분은 우리가 당신의 거룩하심을 함께 나누기를 의도하신다. 훈련은 의와 평화의 열매를 맺을 수 있는 방식으로 우리를 단련시킨다. 이 같은 훈련의 효력은 곧 우리가 하나님의 거룩하심을 함께 나누는 것이다. 그분은 당신과의 교제의 열매를 맺도록 고통과 아픔을 때론 활용하신다.

그렇다면 하나님의 거룩하심을 함께 나눈다는 것은 무엇을 뜻하는가? 그것은 분명히 열매 맺기 위한 경작을 의미한다. 의와 평화의 수확을 거두게 될 때, 우리는 하나님의 거룩하심을 삶 속에서 반영한다. 그러나 여기에는 "거룩하지 않고는 아무도 주님을 뵙지 못합니다."와 같이 그 이상이 요구된다(히 12:4). 종말론적 차원이 있다. 거룩함은 하나님의 종말론적 현존으로 들어가는 데 필수적이다. 우리는 믿음으로 인내하는 한, 그리스도의 보혈로 말미암아 거룩해진다(참고, 히 10:14). 인내가 만일 우리 앞에 놓인 기쁨 – 하나님의 현존의 기쁨 – 을 위하여 고통을 참아 내는 것이라면, 그때, 고통은 그 목표에 이르는 데 가치가 있다. 하나님은 고통과 아픔을 이용하신다. 곧 그분은 그 목표에 우리가 보다 더 가까이 다가가도록 우리를 훈련시키신다. 만일 예수께서 자기 앞에 놓인 기쁨을 위해 고통을 받으셨다면, 그리고 히브리서 11장에 나오는 신앙의 선조들이 그 약속을 위해 수난을 받았다면, 그땐, 오늘날 하나님의 백성

또한 고통받는 것을 예상해야만 한다. 신앙의 목표는 고통을 받을 가치가 있게 한다. 훈련이 만일 기쁨에 이르는 수단이라면, 그때, 훈련은 그 기쁨을 위해 견디어 내야만 한다. 그러나 그 기쁨은 지상의 낙원이 아니다. 그것은 하나님과의 교제이고 그분의 종말론적 나라, 곧 천상의 예루살렘에 대한 기대이다.

히브리서 기자가 훈련을 위하여 시련을 잘 견디어 내도록 자신의 독자들에게 용기를 북돋아 주듯이, 야고보 또한 "여러분은 여러 가지 시험을 만나거든, 도리어 큰 기쁨으로 여기시오. 여러분이 아시는 바와 같이, 믿음이란 시련을 겪을수록 인내심도 자라나기 때문입니다."라고 자신의 독자들을 격려한다(약 1:2-3). 이에 덧붙여, 야고보는 사람들에게 이렇게 용기를 북돋아준다, "복되어라! 시련을 참아낸 자여, 그것을 견디어낸 다음에는 주님을 사랑하는 자에게 약속하신 생명의 면류관을 씌워 주실 것입니다."(약 1:12). 생명의 면류관은 그 시련에 가치가 있다. 그리고 하나님은 그 목표를 이미 염두에 두시고 우리를 시험하신다. 하나님은 우리가 당신의 거룩하심을 함께 나눌 수 있도록 우리를 단련시키고 준비시키기 위해, 때론 아픔으로 고통을 주시고 때론 매질까지 하며 행동하신다. 하나님은 당신의 행동이 우리에게 때론 심한 아픔뿐이요 의미 없는 것처럼 보일 때조차 거기서 선을 의도하신다.

✻✻✻
하나님의 구속적 행위

하나님의 현존으로부터 종말론적 배제(예, 지옥)를 제외하고는, 하나님의 행위는 항상 구속적 의도를 지닌다. 하나님께서 여러 자연 재앙들을 통해 이스라엘을 제지할 때조차도, 그분의 의도는 구속적이었다. 훈련은 당신의 백성을 향한 하나님의 사랑이 주어지는 기회이다. 훈련은 그들의 신앙을 순화시키고, 그들의 인생행로를 바르게 인도하며, 그들의 마음을 일깨운다(참고, 학 1:5-

14). 그것은 구속적 의도를 지닌다. 그분은 백성을 새롭게 세우려는 의도에서 훈련시킨다.

그러나 하나님은 제지하고, 시험하고, 혹은 교육시키기 위해서만 단지 행동하지 않는다. 하나님의 모든 행위가 구속적 의도를 지니고 있기는 하나, 한편, 그분의 어떤 행위 그 자체는 성격상 구속이다. 하나님의 구속적 행위들은 당신께서 인간의 고통을 제거하시고, 악을 극복하시며, 사망을 멸하시기 위해 행동하시는 중요한 기회들이다. 이는 또한 하나님께서 당신의 백성을 구원하시고, 해방하시고, 복원하시는 기회들이다.

신앙인들은 그리스도 안에 나타난 하나님의 행위가 종말론적 의도(곧, 사망을 멸하시는 것)를 계시하기 때문에, 그 행위를 성경의 결정적인 구속의 사건으로 이해한다. 구약성경은 그리스도 안에서의 하나님의 사역을 예상하는 그분의 구속적인 행위들을 풍부하게 기술하고 있다. 하나님께서 갈대아 우르 지역에서 아브라함을 불러내셔서, 그와 언약을 맺고 그로 모든 열방에 복의 근원이 되게 하셨을 때에, 그분은 이 모두를 구속적으로 행동하셨다(창 12:1-3; 17:1-8). 하나님께서 이스라엘의 남은 자를 스스로 보존하시기 위해 요셉을 앞서 애굽에 보냈을 때에, 그분은 이 모두를 구속적으로 행동하셨다(창 45:7; 시 105:17). 이스라엘을 애굽의 노예 상태로부터 해방하셨을 때에, 이를 구속적으로 행동하셨다(출 15장). 하나님은 이스라엘의 대적들을 물리치기 위해 사사들을 세웠을 때에, 이를 구속적으로 행동하셨다(삿 2:18). 메시아적 왕국을 보증할 수 있는 다윗과 왕권의 언약을 맺을 때에, 이를 모두 구속적으로 행동하셨다(삼하 7:5-16). 하나님께서 매번 당신의 예언자들을 보내 백성에게 경고할 때에, 구속적으로 행동하셨다(렘 7:25-26; 느 9:30). 유다를 바벨론 포로로부터 다시 귀환시킬 때에, 구속적으로 행동하셨다(렘 32:37-38). 그분은 느헤미야와 에스겔을 보내 예루살렘의 성벽을 재건하게 하시고, 백성의 신앙의 정결을 회복시켰을 때에도, 구속적으로 행동하셨다(느 2:12; 스 7:6,28; 9:9).

구약성경은 구속의 역사이다. 특히 두 가지 구속의 사건들이 이스라엘 역사 속에서 중요한 의미를 지닌다. 첫째는 출애굽 사건으로, 구속의 기본적이고 전형적인 사건이다. 둘째는 바벨론 유수流囚로부터의 귀환으로, 이는 출애굽 사건을 그대로 본떠 반영한다. 결국, 이들 두 사건들은 향후 이스라엘이 자신들의 삶 속에서 하나님의 구속적 사역을 해석할 수 있는 배경을 제공한다.

출애굽

하나님은 그의 백성의 울부짖음에 응답하여, 애굽의 종노릇에서 이스라엘을 해방시키셨다(출 3:7 이하). 출애굽의 이야기는 하나님의 구속적 사랑의 이야기이다. 하나님은 그의 백성의 비참함을 보시고, 그들의 울부짖음을 들으셨다. 이에 당신 자신의 긍휼로 응답하셨다. 출애굽은 하나님의 구속적 행위였다. 이로써 그분은 아브라함과의 언약을 기억하시고 노예의 처지로부터 그의 백성을 구속하셨다(출 2:23-24; 6:2-3).

하나님은 그의 백성이 그 출애굽을 통하여 하나님 당신 자신을 제대로 알기를 원하셨다. 바로 왕이 히브리인들은 스스로 짚을 모아 벽돌을 만들어야 한다고 포고했을 때, 여호와께서는 모세에게 다음과 같이 재차 안심시켰다(출 6:6-7):

> 나는 여호와라 내가 애굽 사람의 무거운 짐 밑에서 너희를 빼어 내며 그 고역에서 너희를 건지며 편 팔과 큰 재앙으로 너희를 구속하여, 너희로 내 백성을 삼고 나는 너희 하나님이 되리니 나는 애굽 사람의 무거운 짐 밑에서 너희를 빼어낸 너희 하나님 여호와인줄 너희가 알지라

하나님은 출애굽에서 당신 자신을 아브라함, 이삭, 야곱의 하나님 여호와로 계시하셨다. 그분은 당신의 백성과의 교제를 위해 자신을 나타내셨다. 이스

라엘이 자신의 백성이 되고, 자신은 그들의 하나님이 되기를 바라셨다. 출애굽은 하나님께서 이스라엘을 왜 자신의 백성으로 삼고자 하는지를 보여 준다.

그러나 출애굽의 구속적 이야기는 그의 백성에 대한 하나님의 연민의 이야기일 뿐만 아니라, 또한 자연을 지배하시는 승리의 이야기이며 바로에 대한 그분의 영광의 계시이다. 하나님은 애굽에 내보이셨던 재앙들을 통하여 자연의 혼돈을 폭발시키셨다. 이스라엘을 구속하시고 애굽을 징벌하셨다. 하나님께서 그의 백성을 구원하셨을 때(출 15:13-18), 그분은 또한 그의 대적들을 멸망시키셨다(출 15:1-12). 시편 기자는 하나님의 사역의 내력을 이렇게 열거한다(시 105:28-36):

> 여호와께서 흑암을 보내사 그 땅을 어둡게 하셨으나,
> 　　그들이 그의 말씀을 거역하였도다
> 저희 물을 변하여 피가 되게 하사
> 　　저희 물고기를 죽이셨도다
> 그 땅에 개구리가 번성하여
> 　　왕의 궁실에도 우굴 거리게 하셨도다
> 여호와께서 말씀하신즉 파리 떼가 오며
> 　　저희가 사는 온 땅에 이가 생겼도다
> 비 대신 우박을 내리시며
> 　　저희 땅에 화염(火焰)을 내리셨도다
> 저희 포도나무와 무화과나무를 치시며
> 　　저희가 사는 온 땅의 나무를 꺾으셨도다
> 여호와께서 말씀하신즉 황충과 무수한 메뚜기가 이르러
> 　　저희 땅에 모든 채소를 먹으며 그 밭에 열매를 먹었도다
> 마침내 여호와께서 또 모든 기력의 시작인
> 　　땅의 장자를 모두 치셨도다

시편 기자는 애굽의 징계를 포함하여, 하나님의 구속 사역에 대해 주님을 찬양한다. 이스라엘을 구속하기 위해 그분은 피조 세계에 대혼돈을 일으키셨다. 주께서 말씀하신즉 무수한 메뚜기가 이르렀다. 말씀하신즉 파리 떼가 온

땅을 뒤덮었다. 비가 우박으로 변하고 물이 피로 변했다. 그분은 낮을 흑암으로 바꾸셨다. 피조 세계에서 가장 결정적인 사건이 일어났으니, 곧 애굽의 장자長子를 모두 치니 생명(출산)은 사망으로 돌변했다. 하나님의 선한 피조물이 애굽을 징계하기 위해 대혼란을 맞이했다. 하나님은 자연의 혼돈을 통해 이스라엘을 노예로부터 구속하셨다.

하나님은 또한 백성의 심령과 삶 속에서 적극적으로 행동하셨다. 하나님은 이스라엘을 향한 당신의 구속적 목적을 성취하기 위해 바로의 마음까지도 강퍅하게 하셨다. 출애굽기는 바로의 마음의 강퍅함을 가히 하나님의 행위(출 4:21; 7:3; 9:12; 10:1,20,27; 11:10; 14:4,8)와 바로 자신의 행위(출 7:13-14,22; 8:15,19,32; 9:7,34-35) 두 가지 모두에서 기술하고 있다. 하나님은 애굽 사람들뿐만 아니라 이스라엘에게 자신의 영광을 나타내기 위해 바로의 마음을 강퍅하게 하셨다. 동시에 바로의 교만은 하나님의 요구들에 복종하기를 거부했다.

출애굽의 이야기는 하나님이 왜 바로의 마음을 그렇게 강퍅하게 하셨는지를 우리에게 정확하게 들려준다. 하나님은 자신의 기적의 표징들이 향후 이스라엘의 세대들에게 토론의 중요한 교훈이 될 수 있도록 바로의 마음을 그렇게 강퍅하게 하셨다. "내가 애굽 가운데 행한 표징을 네 아들과 네 자손의 귀에 전하게 하려 함이라 이로써 너희가 나를 여호와인 줄 알리라"(출 10:2). 하나님은 이 같은 기적의 표징들을 통하여 자신을 영광스럽게 하시고, 세계에 당신의 위엄에 찬 현존을 나타내심으로, 애굽 사람들조차 여호와가 하나님이신 줄을 알게 하셨다(출 14:4,18). 하나님은 "당신의 능력을 보이고 당신의 이름을 온 천하에 전파되게 하여"(출 9:16), 곧 '이러한 분명한 목적을 위해' 바로의 마음을 강퍅하게 하셨다.

출애굽의 이야기는 또한 바로가 왜 자신의 마음을 그렇게 스스로 강퍅하게 했는지를 우리에게 보여 준다. 바로는 모세와 아론에 귀 기울기를 거부했다. 그의 교만은 그들의 요구를 받아들이지 못하게 했다(출 8:15,32). 바로 자신의 제사장과 마술사들까지 나서서 그를 누그러뜨리려 하였지만, 그의 교만은 이를 거부했다(출 8:19). 하나님도 그를 누그러뜨리고 재앙으로부터 애굽을 구제할 때조차도, 바로는 자신의 마음을 더 강퍅하게 하였다(출 9:34). 바로는 스스로 그 마음의 충동으로부터 행동했고, 자신의 교만으로 죄를 가중시켰다.

우리는 어떻게 이 두 가지의 개념들을 상호 연관시킬 수 있을까? 바로가 스스로 자신의 마음을 강퍅하게 하는 동안, 하나님은 어떻게 또한 바로의 마음을 그렇게 강퍅하게 하실 수 있을까? 여기에 신비가 있는 동시에(예, 하나님은 어떻게 미래를 내다보시고, 당신의 의지를 실행할 만한 사람에게 영향을 미칠 수 있는가를 어떻게 아실 수 있는가), 한편 간단한 설명이 있다. 하나님은 자신의 구속적 의도를 성취하기 위해 바로의 마음을 자극하여 역사役事하셨다. 바로의 교만은 결과적으로 하나님의 행위에 의지적으로 협력했다. 바로는 그가 하고자 원했던 바를 정확하게 행동으로 옮겼다. 자신이 추구했던 바를 그대로 시행했다. 여기서 하나님은 자신의 목적을 성취하기 위해 바로의 교만을 있는 그대로 활용하셨다. 하나님은 자신의 목적을 위해, 고집이 세고 교만에 찬 심령들을 어떻게 활용하실지를 능히 아신다. 바로는 자신의 고집과 교만으로 하나님의 이 같은 권능의 행위에 제대로 반응했고, 이내 하나님의 목표에 기여했다.

그러나 여기 핵심은 하나님의 주권이다. 하나님은 긍휼히 여기시고자 하는 사람을 긍휼히 여기시고, 강퍅하게 하시고자 하는 사람을 강퍅하게 하신다(롬 9:18). 그럼에도 불구하고 하나님의 결정은 변덕스럽지 않다. 그분은 당신 자신의 구속적 의도에 따라 행동하신다. 그분은 믿음으로 당신에게 나오는 모든 자들에게 은혜를 베푸시나, 불신앙으로 거부하는 자들을 그분 역시 거부하신다(롬 11:20,23). 바로는 불신앙으로 넘어졌고, 이스라엘은 신앙으로 구속을 받았다. 하나님은 모든 피조물과의 친교를 원하시나, 당신이 제시하는 교제를 거절하는 자들을 그분 역시 거부하신다. 하나님께서 바로의 심령을 강퍅하게 하신 것처럼, 이스라엘과의 전쟁을 치르는 데 있어서 그분은 가나안 족속들의 심령을 강퍅하게 해서서, 결과적으로 이스라엘이 그들을 전멸시킬 수 있었다 (수 11:20). 하나님께서 바로의 심령을 강퍅하게 하신 것처럼, 그분은 이방인 모두가 '구원에' 들어와 찰 때까지 이스라엘의 심령을 강퍅하게 하셨다(롬 11:7-12; 11:25).

바로, 가나안 족속, 혹은 바울 시대의 유대인의 심령에 끼친 하나님의 영향에 대해 무엇이라고 말하든 간에, 하나님은 인간의 마음의 작용을 통하여 당신의 목적을 성취하신다. 하나님은 당신의 목표를 위해 질서를 무질서로도 바꿀 수 있는 자연의 주님일 뿐만 아니라, 또한 인간의 결정과 행위를 통하여 당신의 목적을 성취하실 수 있는 인간 심령의 주님이시다(삼상 10:9; 왕상 18:37; 스 6:22; 시 105:25; 잠 21:1), 그 심령을 강퍅하게도 하시고(신 2:30; 사 63:17; 요 12:40; 롬 9:18), 당신의 목적에 따라 때론 그 심령을 열게도 하신다(행 16:14). 그러나 인간 자신의 변화(신 30:17; 왕상 11:9; 렘 5:23; 17:5; 히 3:12)와 고집(삼상 6:6; 대하 36:13; 히 3:8,15; 4:7)과 마음의 개방(고후 6:13)에는 각기 그에 상응하는 책임이 따른다. 하나님은 바로의 교만에 찬 심령을 더 강퍅하게 하심을 통해 이스라엘을 구속하셨다. 그러나 바로는 자신의 죄악에 대해 스스로 책임을 져야만 했다. 하나님은 이스라엘과 맞서 전쟁을 치르는 부족 왕들의 심령을 돌이키심으로써 가나안 땅을 이스라엘에게 주셨다. 그러나 이들 왕들은 자신들의 행동들에 대해 스스로 책임을 져야만 했다. 하나님은 교만한 이스라엘의 마음을 강퍅하게 하심을 통해 이방인들을 구속하셨다. 그러나 이스라엘은 자신들의 불신앙에 대해 책임을 져야만 했다. 따라서 바울이 궁극적으로 하나님의 사역의 신비에 절로 무릎을 꿇어야 했던 것은 그리 놀라운 일이 아니다. 그가 여기서 깨달았던 핵심은 주권자 하나님께 찬양을 드리는 것이다(롬 11:33-36):

오! 깊도다 하나님의 부요와 지혜와 지식이여
그분의 판단은 감히 짐작할 수조차 없고,

> 그분의 도는 감히 측량할 수조차 없나이다
> 누가 주의 마음을 알 수 있으랴!
> 아니면 누가 주의 의논 상대자가 될 수 있으랴
> 아니면 누가 주께 먼저 드려서
> 그분의 보답을 받을 수 있으랴
> 이는 모든 것이 주에게서 나오고,
> 주를 통하여 있고, 주께로 돌아가기 때문입니다
> 주님께 영광이 영원토록 있으시기를! 아멘

❋ ❋ ❋
바벨론 포로로부터 귀환

예언자 예레미야는 바벨론 포로를 유다의 죄악에 대한 하나님의 징계로 해석했다. 예레미야의 성전 설교가 그의 대표적인 연설이다(렘 7:1-8:3). 유다의 삶의 방식이 그 죄로 인해 성전에 나타나시는 하나님의 거룩한 현존을 반영하지 못했기 때문에(렘 7:5-6,9), 하나님은 마치 북왕국 이스라엘을 당신의 현존으로부터 밀어 내쳤던 것처럼 유다를 그렇게 내치시기로 결심했다(렘 7:15). 하나님은 이렇게 말씀하신다, "보라 나의 진노와 분한忿恨을 이곳에 붓되 사람과 짐승과 들나무와 땅의 소산에 부으리니 불 같이 살라지고 꺼지지 아니하리라"(렘 7:20). 한때는 기쁨과 풍요와 생명이 넘쳤던 곳에 하나님은 이제 그곳을 "황폐"하게 하실 것이다(렘 7:34). 죄에 대한 하나님의 징계는 죽음, 포로, 자연 재앙이다. 주께서는 "네 죄악이 크고 허물이 많음으로 인하여, 내가 네게 이 일을 행하였다"라고 선언하신다(렘 30:15).

그러나 우리가 예언자 아모스에게서 본 것처럼, 하나님은 여전히 당신의 백성과의 교제를 갈망하신다. 그들의 죄악에도 불구하고 하나님은 당신의 백성을 위해 슬퍼하시고, 깊은 사랑으로부터 남은 자들과 함께 당신의 현존을 다시금 공유하시기를 원하신다. 하나님은 그들을 결코 '무죄한 자'로 여기지는 않으시나, 한편 다른 열방들을 진멸시키셨던 것처럼 당신의 백성을 완전히 진멸시키지는 않을 것이라고 약속하신다(렘 30:11; 호 11:8-11). 하나님은 "야곱의 장막들의 신분을 회복시키고, 야곱의 거처를 불쌍히 여기기로" 결정하셨다(렘 30:18). 에브라임과 유다가 반역할 때도 하나님은 그들을 징계하셨다. 그러나 하나님은 여전히 그들을 측은히 여기신다(렘 31:20). 하나님은 당신의 백성을 "영원한 사랑으로" 사랑하신다(렘 31:3). 결과적으로 하나님은 한 지도자를 세우실 것을 결의하신다. 그 지도자는 여호와께 "자신을 온전히 드려 가까이" 다가갈 것이다. 이제 하나님이 "너희는 나의 백성이 되고, 나는 너희의 하나님이 될 것"이라고 선언하신 것처럼(렘 30:21-22), 그분은 당신의 영원한 의도를 성취하실 것이다. 이렇게 하나님은 "당신의 마음의 뜻한 바를 시행하고 이루실" 것이다(렘 30:23-24).

그땐, 하나님이 당신의 영원한 사랑으로 바벨론의 노예로부터 유다를 구속하신다. 그분은 바벨론을 징벌하시고, 당신의 권능으로 그들을 진멸하셨다. 하나님은 당신의 백성을 재창조하셨다. 타락한 그들을 구속하시고, 황폐한 땅을 재창조하시고, 당신의 백성과의 교제를 갱신하셨다. 결과적으로 그분은 온 땅 위에 당신의 이름을 영화롭게 하신다. 왜냐하면 땅 위의 모든 열방들이 이 같은 일들을 듣게 될 것이기 때문이다(렘 33:9).

이사야 40-48장은 이 같은 하나님의 구속을 기술하고 있다. 하나님은 광야에서 이스라엘을 바벨론으로부터 다시금 시온으로 귀환하는 길을 예비해 주셨다(사 40:3-5). 창조자 하나님은 구속의 길을 트셨다. 출애굽의 하나님께서 다시 한 번 당신의 백성을 노예로부터 구속하기 위해 행동하신다(사 40장). 이 긴 부분의 핵심은 이렇다. 하나님은 바벨론 제국에게는 파멸을 몰고 오시고, 동시에 페르시아 왕 고레스의 칙령을 통하여 당신의 백성에게는 구속을 선포하신다. 하나님은 페르시아 왕의 마음을 "감동시켰고"(대하 36:22, NRSV), 주변 열방들을 그에게 넘겨주셨다. 그러나 고레스 왕은 이 같은 대위업을 완수할 수 없을 것이다. 왜냐하면 그가 그 대위업의 창시創始가 아닐뿐더러 그것을 이루지도 못할 것이기 때문이다. 하나님께서 물으신다, "이 일을 누가 행하였느냐 누가 이루었느냐 누가 태초부터 만대萬代를 정하였느냐? 나 여호와라. 태초에도 나요 나중 있을 자에게도 내가 곧 그니라"(사 41:4).

포로로 잡혀간 유다에 대한 이사야의 메시지의 골자는 하나님께서 한 종을 세워 그들을 구속하실 것이라는 것이다. 그러나 그들은 바벨론으로부터 페르시아에 이르기까지 하나님이 주신 이런 경계警戒의 변화를 역사의 맹목적인 과정으로 오해해서는 안 된다. 오히려 그것은 하나님의 행동이다. 고레스 왕조차 예루살렘에 대해, "거기를 재건하라."라고 말한 것처럼, 하나님은 예루살렘에 대해, "다른 나라로 도피하지 말고, 거기에 거하라."라고 말씀하신다. 하나님은 고레스에 대해, "그는 나의 목자라 나의 모든 기쁨을 성취하리라."라고 말씀하신다(사 44:26-28). 하나님은 고레스의 오른손을 굳게 잡아 "열방을 그 앞에 굴복시켰고" "열왕의 허리띠"를 풀어놓게 하셨다(사 45:1). 하나님은 당신의 목적을 성취하기 위하여 고레스의 마음을 움직이셨다(렘 51:1,11). 하나님은 고레스를 통해 자신의 목적을 이행하셨다. 주께서는 "내가 고레스를 의의 도구로 일으키리라. 그의 모든 길을 곧게 하리라."라고 선언하신다(사 45:13).

고레스를 통해 하나님은 모든 열방 중에서 당신 자신을 영화롭게 하실 것이다. 주께서 "우상들 가운데서 누가 이런 일들을 예언하겠느냐?"라고 물으신다. "주의 택하신 자가 주의 뜻을 바벨론에 행하리니 … 또 내가 그를 부르며 그를 인도하리라" 하신다(사 48:14-15). 하나님은 세계 만방에 당신의 영광을 선포할 것이다. 다른 누구에게 당신의 영광을 돌아가게 하시지 않으실 것이다(사 48:11). 그분은 바벨론의 우상들, 점술가, 별들에 대해 그들로 하여금 승리를 담보하지 못하게 하실 것이다. 바벨론은 거만하게 "나는 영원히 여왕으로 군림할 것이다."라고 말했다. 또한 "나 뿐이라. 나 외에 다른 이가 없도다."라고 스스로 말했다(사 47:7-8,10). 결과적으로 하나님은 바벨론에게 재앙을 불러온다. 주께서는 "재앙이 네게 임하리라. 그러나 이를 물리칠 능력이 없을 것이다."라고 선언하신다(사 47:11). 바벨론이 매 순간 자신의 악을 의지해 온대로, 하나님은 그에게 재앙을 보낼 것이다(사 47:10-11, 10절의 '악'은 11절에 사용된 '재앙'을 나타내는 동일한 용어이다). 하나님은 친히 바벨론에게 임할 악(재앙)도 일으키실 것이다(사 45:7). 이스라엘의 여호와 하나님만이 오직 하나님이시다. 그분은 당신의 영광과 백성을 위하여 바벨론의 멸망을 계획하셨던 분이시다(사 46:8-11). 하나님은 교만을 용납하지 않으시며, 당신의 영광을 다른 누구에게 허용하지 않으신다. 하나님은 당신 자신이 받아야 할 영광을 우상들이 차지하도록 허용하지 않으신다.

더욱, 하나님은 고레스 왕을 지명하여 바벨론을 파멸시켰으며(렘 51:11), 또한 그를 들어 당신의 칙령을 시행하게 하여 예루살렘에 백성이 그대로 거주하도록 하셨다. 예루살렘을 재건토록 하는 그 칙령은 바로 하나님의 칙령이다. 그러나 그것은 고레스를 통해 주어졌다(사 44:24-45:7). 비록 고레스가 여호와를 하나님으로 알지는 못했지만, 그럼에도 불구하고 하나님은 그 이름을 불러 당신의 목적을 이행하게 하셨다. 고레스는 여호와께서 자신에게 능력을 부어 주심을 알지 못한 채 주의 명령을 이행한다. 여호와께서는 고레스의 마음을 격동시켜서 바벨론을 멸망시켰을 뿐만 아니라, 또한 그의 마음을 감동시켜서 유다의 복원을 수행하게 하신다: "페르시아 왕 고레스 원년에 여호와께서 예레미야의 입으로 하신 말씀을 응하게 하시려고 페르시아 왕 고레스의 마음을 감동시키시매, 저가 온 나라에 공포도 하고 조사도 내리게 했다"(스 1:1, 참고, 6:22; 7:27).

하나님께서 페르시아 왕 고레스의 정부를 통하여 당신의 백성을 이렇게 구속하셨다. 하나님은 다른 열방들을 일으켜서 바벨론의 신들을 타파하시고, 이방 왕의 칙령을 통하여 당신의 백성을 해방시키신다. 다소 이렇게 하나님은 고레스로 인하여 이 같은 구속의 행위들을 성취하신다. 하나님은 바벨론을 활용하여 유다를 징계하셨던 것처럼 이제 하나님은 페르시아를 활용하여 바벨론을 멸망시키신다. 이 같은 일들을 행하시는 분이 곧 이스라엘의 여호와 하나님이시다. 다른 누구도 고레스 왕까지도 하나님의 영광을 훔칠 수 없다.

더욱, 하나님은 당신의 백성을 그들의 땅과 성전으로 귀환시키시고자, 그의 피조물을 새롭게 갱신할 것이라고 약속하신다. 하나님이 유다를 징계하셨을 때, 그분은 그들의 땅을 혼돈과 쓸모없는 황무지로 바꾸었다. 이제 하나님이 당신의 백성을 구속하실 때, 그분은 그 땅을 갱신하시며, 땅의 소출과 열매가 다시금 풍성하게 하신다. 유다의 땅을 황무지로 선포했던(렘 4:23-26) 그 동일한 예레미야가 이제 백성뿐만 아니라 땅의 회복을 약속하고 있다(렘 33:12-13).

> 황폐하여 사람도 없고 짐승도 없던 이곳과 그 모든 성읍에 다시 목자의 거할 곳이 있으리니 그 양 무리를 눕게 할 것이라. 산지 성읍들과 평지 성읍들과 남방의 성읍들과 베냐민 땅과 예루살렘 사면과 유다 성읍들에서 목자들이 그들이 치는 양 무리를 다시 셀 것이라. 여호와의 말이니라

하나님은 당신의 백성에게 다시금 번영과 평화를 가져오게 하실 것이며(렘 33:9), 그 백성은 다시금 포도나무를 심고 거기서 열매를 거두어 즐거워할 것이다(렘 31:5). 하나님은 당신의 피조물을 새롭게 갱신할 것이며, 저주를 물리치시고, 그의 백성이 바라던 대로 자연의 혼돈을 지배하실 것이다. 당신의 구속으로 인하여, "여호와가 새 일을 세상에 창조하실 것이다"(렘 31:22). 하나님은 백성의 탄식하는 소리를 들으시고 그들에게 구원으로 응답하셨다(렘 31:18-19).

하나님은 이스라엘을 징계하셨다. 그러나 자신의 긍휼로서 남은 자를 구속하셨다. 그 남은 자들은 바벨론 유수 가운데서 하나님을 찾았다. 이에 하나님은 그들의 기도에 응답하셨다. 하나님은 당신을 찾고 부르는 자들을 만나 주실 것이다(사 55:6). 구속은 하나님의 크신 사랑으로부터 일어난다. 이로써 그분은 당신의 교제를 그의 백성과 함께 공유하기를 원하신다. 하나님은 백성을 갈망하시고 세계 내에서 스스로를 위해 당신의 백성으로 조성하신다. 결과적으로 새로운 시대가 다가온다고 예레미야는 예언한다. 하나님께서 이스라엘과

유다와 새로운 언약을 맺으실 때, 그분은 "나는 그들의 하나님이 되고 그들은 내 백성이 될 것"이라고 말씀하신다(렘 31:33). 신약성경은 예수 그리스도의 구속 사역에서 그 같은 약속의 궁극적 성취를 발견한다(히 8:7-13; 10:15-18). 예수를 통한 구속의 이야기는 차후 이 책의 또 다른 장에서 좀 더 살펴볼 것이다.

※ ※ ※
시편 107편

시편 107편은 하나님의 권능의 행위들을 선포하고 있는 연속 시편들(104-107편) 중에서 마지막 말씀이다. 이들 시편들은 하나님의 행위를 기뻐하는 찬양 시이다. 시편 104편은 피조물 가운데서 역사役事하신 하나님의 행위를 하나하나 나열한다. 시편 105편은 출애굽 사건에서 하나님의 구속 사역의 역사歷史를 열거한다. 시편 106편은 출애굽으로부터 그리고 바벨론 유수로부터 이스라엘의 귀환에 이르기까지 발생했던 하나님의 구속 사역을 일일이 열거한다. 따라서 이들 세 편의 시편들은 이스라엘의 삶 속에서 피조물과 타락 그리고 구속의 역사를 요약하고 설명한다. 그 시편들은 이스라엘의 이야기를 서사시敍事詩로 재구성하여 전해 준다.

시편 105편과 106편은 따라서 하나님의 구속 사역을 위한 시적 유형을 제공한다. 시편 107편은 이 같은 구속 사역의 유형을 이제 하나님의 백성의 개인적인 삶에 적용시킨다. 하나님께서 애굽과 바벨론 유수에서 당신의 백성의 울부짖음에 응답하셨듯이(시 106:44-45), 이제 하나님은 울부짖는 당신의 백성의 기도에 귀 기울이신다. 구속사救贖史에서 하나님의 권능의 사역은 당신의 백성의 삶 속에서의 하나님의 사역의 유형을 보여 준다. 따라서 그의 백성은 하나님께서 자신들에게 귀 기울이신다는 것을 안다. 왜냐하면 하나님은 그의 백성을 구속하기 위하여 항상 행동해 오셨고, 당신의 언약을 기억하시는 전능하신 여호와라는 사실을 언제나 나타내 오셨기 때문이다.

따라서 시편 107편은 그의 백성의 개인적인 울부짖음에 대한 하나님의 놀라운 행위들로 인하여 주께 드려진 찬양이다. 그것은 하나님의 구속적 개입에 대한 축하다. 여호와 하나님은 국가적 수준에서 행동하실 뿐만 아니라, 또한 개인적으로 당신의 백성을 돌보신다. 이 시편(107편)은 하나님의 백성을 위해 펼치시는 "그분의 놀라운 행위들"을 그들이 인식하고, "그분의 인자하심"에 대해 감사를 요구하는 시이다(시 107:8). 이 같은 요구는 이 시편 전편에 걸쳐 후렴에서 반복적으로 나타난다(시107:8,15,21,31). 하나님의 백성은 하나님이 고통으로부터 자신들을 해방시키고 자신들의 삶 속에서 구속적으로 활동하심을 인식해야 한다. 그분은 "목마른 자에게 물을 주시며 주린 영혼에게 좋은 것으로 채워주신다"(시 107:9). 그분은 감옥에 갇힌 자들을 풀어 주시며 고난 중에 여호와께 부르짖는 자들을 그 곤경에서 구원해 주신다(시 107:10, 13-14). 그분은 치명적인 질병으로부터도 당신의 백성을 구원해 주신다(시 107:18-19). 그분은 인간의 생명을 위협하는 자연 재앙들을 통제하신다(시 107:23-30). 그분은 혼돈을 풍성한 열매를 맺는 땅으로 바꾸신다(시 107:35-40). 그분은 궁핍한 자를 그 곤란에서 빼내 높인다(시 107:41). J.메이즈(James L. Mays)는 그 같은 구속적 사례를 주목하면서 이 시편의 중요성을 요약한다:

> 그 구속적 사례들은 우리의 삶 속에서 해방의 범주(형식)들이 과연 무엇인가를 보여 준다. 따라서 하나님의 구원 사역으로부터 은혜를 덧입었던 사람은 누구나 그 해방의 범주에 들어갈 수 있다. 굶주림과 목마름, 어두움과 우울함, 죄와 고난, 폭풍과 바다 등 이 모든 일들은 평범한 상징적 용어에 속한다. 그러나 구속을 받은 자들은 이런 상징적 용어를 통해 자신의 고난과 구원을 표현한다. 전반적으로 그 시편은 구속을 받은 모든 이들이 구원의 감사를 요약하여 부를 수 있는 아름다운 노래이다.[65]

하나님의 백성은 출애굽과 바벨론 유수에서뿐만 아니라, 또한 그들의 일상의 삶 속에서 그분의 구속적 사역에 대해 주께 찬양을 돌림으로써 응답한다. 그들은 감사제로 하나님을 찬양하며, 그들의 일상의 삶 속에서 일어난 하나님의 은총의 사역을 즐거운 노래로 알린다(시 107:22). 그들은 백성이 다 모인 가운데서 하나님을 기리며, 그분의 이름을 높인다(시 107:32). 이 시편은 구약의 샬롬(평화, 친교)의 제사祭祀의 역할을 반영한다(참고, 레 3,7장). 거기서 이스라엘 백성은 희생 제사를 통해 감사를 표현하고, 그분의 현존 안에서 음식을 먹고(신 27:7), 백성이 다 모인 가운데서 하나님의 사역을 증명하기 위해(시 40:9,10) 하나님 앞으로 나간다. 따라서 우리의 예배는 구속사에서 하나님의 권능의 행위들에 그 근거를 두고 있을 뿐만 아니라, 또한 그것은 신자 개인의 삶 속에 나타난 하나님의 구속적 사역에 근거를 둔다. 우리는 살아 계신 하나님을 예배한다. 그분은 과거 역사 속에서 구속적 사역을 통해 스스로를 증명하신 분이며, 또한 현재 속에서 당신의 백성을 구제하시고, 치유하시고, 채워주시기 위해 우리의 일상에서 행동하시는 분이시다. 당신의 백성을 향한 하나님의 사랑은 우리의 일상의 삶 속에서 여전히 하나님께서 활동하신다는 것을 의미한다. 결과적으로 그 시편 기자는 이를 지혜롭게 적용할 것을 요구하면서 끝맺는다: "지혜 있는 자들은 이 일에 주의하고 여호와의 인자하심을 깨달아라"(시 107:43). 하나님의 인자하심은 변함이 없기 때문에 그분의 구속적 행위는 계속된다.

※※※
결론

성경에 의하면 하나님은 세계 내에서 활동하신다. 그분은 악을 징계하시고, 악한 의도를 제지하시며, 의인을 시험하시며, 당신의 자녀를 훈련시키며, 당신의 백성을 구속하신다. 하나님은 결코 방관자가 아니시다. 하나님은 연주

자이시다. 그분은 세계를 지배하시는 주권자이시며 동시에 세계 내에서 그리고 세계와 더불어 활동하신다. 하나님은 당신의 의도에 따라 자신의 자유 가운데서 그리고 그 자신의 의지로 행동하신다.

하나님의 행위에는 목적이 있다. 그분에게는 어느 것도 변덕스러움이란 없다. 그분은 세계에 악을 허용하신다. 그리고 징계하기 위해, 제지하기 위해, 시험하기 위해, 교육시키기 위해 이 악을 때론 활용하신다. 그러나 그분은 또한 징계하기 위해, 제지하기 위해, 교육시키기 위해, 그리고 가장 중요한 것은 구속하기 위해 행동하신다. 하나님이 실로 바라는 것은 백성과의 거룩한 친교이다. 하나님이 하시는 모든 것은 바로 그 단순한 목적과 의도와 관련되어 있다. 하나님은 당신의 종말론적 목표 – 곧 백성이 하나님의 소유가 되는 것 – 를 성취하기 위해 행동하신다.

결론적으로 하나님의 백성은 그분의 주권을 신뢰한다. 우리는 하나님께서 하고자 하시면 어떤 일이든지 하실 수 있음을 안다(시 115:3). 그분은 당신의 허용과 행동을 통해 세계를 통제하신다. 통제하신다! 어떤 악도 하나님의 이 같은 목적을 전복시킬 수 없다. 하나님은 악을 통제하시는 주권자이시다. 그분이 당신의 종말론적 목표에 기여할 수 있는 것이라면 허용하시고 행동하심을 우리는 믿는다. 결국, 우리의 삶의 여건이 처참하고 의미 없을 때조차도, 하나님에게는 당신의 그 같은 허용에 분명한 이유가 있으며, 혹은 당신의 행위에 어떤 이론적 근거가 있음을 우리는 믿는다. 왜냐하면 하나님의 모든 행위는 우리를 위한 당신의 영원한 사랑에 근거하고 있기 때문이다.

제6장

신앙은 고통을 어떻게 견디어 내는가?

| 하나님의 이야기에서 욥 |

사람이 무엇이관대 주께서 크게 여기사
그에게 마음을 두시고 아침마다 그를 살피시며
매 순간마다 시험하시나이까?
주께서 내게서 눈을 돌이키지 아니하시며
나의 침 삼킬 동안도 나를 놓지 아니하시기를 어느 때까지 하시리이까?
사람을 감찰하시는 주여
내가 범죄하였던들 주께 무슨 해가 되오리이까
어찌하여 나로 과녁을 삼으셔서 스스로 무거운 짐이 되게 하셨나이까?
주께서 어찌하여 내 허물을 사하여 주지 아니하시며
내 죄악을 제하여 버리지 아니 하시나이까?
내가 이제 흙에 누우리니 주께서 나를 부지런히 찾으실지라도
내가 있지 아니하리이다.

하나님을 대하는 욥
욥 7:17-21

※ ※ ※

　　모든 고통이 상대적일지라도, 고통의 인내는 그 모든 고통을 동일한 수준으로 고르게 한다. 물론 사랑하는 이의 죽음은 직업 상실에 비해 정신적으로 더 고통스럽다. 아마도 그것은 서로 다른 차원의 고통이라고 말하는 편이 더 나을 것이다. 가장 가슴 아픈 고통은 현재의 고통이다. 비록 우리가 서로 다른 고통을 구별한다 할지라도, 그 아픔은 감정적으로나 영적으로 서로 식별할 수 없다. 우리가 실로 제기하는 질문, 우리가 곰곰이 생각하는 회의懷疑는, 그 고통이 무엇이든지 간에 상관없이 이는 동일한 것이다.

　　그것은 또한 욥의 질문과 회의이다. 결과적으로 의로운 욥은 우리에게 인내에 대해 가르쳐 준다. 우리는 욥을 관찰하면서, 시험을 통과한 한 사람을 관찰하게 된다. 결국, 우리는 신앙에 대해 중요한 무엇을 배우게 된다. 거기서 우리가 필적할 수 있는 한 사람을 만나게 된다. 욥의 시련은 신앙의 분투였다. 그는 신앙의 시련을 빛나게 했다. 그러나 그것은 쉽게 이루어지는 일이 아니었다. 욥기는 질문과 회의와 절망과 맞서 투쟁하는 신앙인의 이야기이다. 하나님을 저주하는 일에 줄기차게 단호히 맞서는 그의 태도는 신앙의 한 모범이다. 그의 시련은 모든 신앙인들의 시련이다. 그의 승리는 모든 믿는 자들의 승리이다. 그러므로 신앙의 본질에 대해 교훈을 얻으려면 그가 어떻게 분투해 왔는가를 관찰하는 일이 중요하다. 욥의 이야기는 타락한 이 세계에서 우리가 하나님과 맺는 관계에서 경험하는 것처럼, 신앙과 비탄의 본질을 밝혀 준다.

욥은 하나님께 질문을 제기한다. 자연을 통제하시는 바로 그분께 물었다. 결과적으로, '어찌하여' 라는 질문은 실재적이고 적절한 것이다. 그것은 단순한 감정의 폭발도 아니고, 좌절의 표출만이 아니다. 그것은 진심에서 울어난 의미 있는 질문이다. 만일 하나님이 행동하시고, 허락하시고, 그 사태를 일으키셨다면, 하나님에게는 그만한 이유가 있으시다. 하나님은 변덕스럽게 행동하시지 않는다. 따라서 우리는 욥처럼 '어찌하여' 라고 묻는다.

어떤 이에게 있어서 '어찌하여' 는 사실, 질문 이상의 절규이다. 그것은 선언이다: '어리석고 무의미한 이런 일이 어찌하여 발생한단 말인가!' 욥에게 있어서, '어찌하여?' 는 주권자 하나님에 대한 실재적인 질문이다. 그것은 한편 절규이면서 또한 이렇게 묻는다, "어찌하여 하나님은 이렇게 하시는가?"라고. 그것은 묻는다, "하나님은 어찌하여 그런 어리석고 무의미한 일이 발생하도록 허락하시거나 혹은 작용하셨는가?"라고. "이 고통의 의미는 무엇인가?"라고.

※※※
신실한 비탄자로서 욥

욥은 초반 이후 잇따른 계속되는 대화에서 세 친구들과 하나님께 자신의 문제를 직접적으로 제기하고 청원하지만, 자신의 비탄을 쏟아 놓은 이 개막(開幕)에서는(욥 3:1-26) 그렇게 하지 않는다. 그래도 여기엔 방법상 유익이 있다. 욥은 자신의 절망을 토해낸다. 그는 여기 개막에서 자신의 딱한 처지를 시적으로 표현하여 하나님께 불평한다.[66]

욥은 자신이 유산되지 않고 잉태된 것을 비탄해 한다(욥 3:1-8). 자신의 생일이 동트지 않았더라면 한다. 생일이 이제 기쁨이 없는 날이 되었다(욥 3:7).

욥은 더욱 그의 어머니의 태가 열리지 않아, 현재의 고통을 받느니 차라리 태어나지 않았더라면 얼마나 좋았을까 한다(욥 3:9-10). 욥은 차라리 죽어서 자신이 쉴 수 있는 무덤에 있기를 바란다. "그 곳은 삶에 지친 사람들도 쉴 수 있는 곳"이라고 욥은 말한다(욥 3:18-19). 거기는 갇힌 자들이 해방되어 함께 평화를 누릴 수 있으며, 종까지도 주인에게서 자유를 얻어 기쁨을 누릴 수 있다(욥 3:18-19). 그러나 하나님은 지금 욥처럼, 불행에 처한 사람들에게 지속적으로 빛을 보여 주신다. 욥은 지금 죽기를 더 바라고 있다(욥 3:20-22). 왜냐하면 그 죽음은 고통으로부터 해방이 될 것이기 때문이다. 욥은 묻는다, "하나님에게 둘러싸여 길이 아득한 사람에게 어찌하여 빛을 주셨는가?"라고. 생명은 욥에게 더 이상 허락되지 않는다. 그에게는 "평화도 없고 안정도 없고" 그리고 "안식도 없고 고난만 끝없이 임한다"(욥 3:26). 그의 유일한 해법은 죽음이다. 오직 거기서만 그는 평화와 쉼을 찾을 수 있다. 머리에 잿더미를 뒤집어 쓴 욥의 모습에서, 우리는 그가 현재 그런 고통을 받느니 차라리 태어나지 않았더라면 더 좋았을 것이라는 생각을 한다. 욥은 여기서, '전혀 사랑하지 않았던 것보다 누군가를 사랑하고 잃었던 것이 더 낫다.'라는 말을 뒤집는다. 욥은 누군가를 사랑하고 잃었던 것보다 차라리 전혀 사랑하지 않았던 것이 더 낫다고 믿고 있다. 이것이 욥이 안고 있는 깊은 슬픔이다.

불평은 이후 연속적인 질문에서 더욱 분명히 드러난다. 여기, 고통을 당하는 자에게 있어서 가장 의미심장하고 분명한 말은 짧은 비탄으로 다섯 번(NIV, NRSV) 반복된다.[67] 그것은 '어찌하여'(why)라는 말이다. "어찌하여 내가 모태에서 죽지 않았던가?"(욥 3:11). "어찌하여 나를 무릎으로 받았으며, 어머니가 나를 품고 젖을 물렸던가?"(욥 3:12). "어찌하여 나는 낙태된 핏덩이처럼 땅에 묻히지 않았는가?"(욥 3:16). "어찌하여 하나님은 고난당하는 자들에게 빛을 보게 하시며, 이렇게 쓰디쓴 인생을 살아가는 자들에게 생명을 주시는가?"(욥 3:20). "어찌하여 하나님은 길 잃은 사람을 붙잡아 놓으시고, 사방으로 그 길을 막으시는가?"(욥 3:23). 욥은 인생을 거의 불행과 비통함으로 묘사한다. 어머니의 태가 닫히지 않았기에 지금 '고통'이 자기 앞에 있는 것이다(욥 3:10,20). 지금, 욥에게 세올(Sheol, 무덤)의 죽음과 어두움이 불행과 고통보다는 차라리 더 낫다.

욥은 실재적인 질문을 제기한다. 그는 '그 이유'를 알기를 원한다. 하나님은 그에 대한 대답을 가지고 있을 것이다. 욥의 질문은 절망에 처한 사람의 비탄이다. 자신의 고통스러운 현실보다 죽음이 차라리 더 낫다고 생각하는 사람의 비탄이다. "내가 다시는 좋은 세월은 못 볼 것이다"라고 그는 비탄해 한다(욥 7:7). 죽음이 욥의 최상의 기대이다. 그러나 죽음조차도 찾아와 주지 않는다(욥 3:21).

운명의 꼬임에서, 하나님이 사실 욥 자신을 보호하는 '울타리'로 단단히 감싸 줄 수도 있었는데도(욥 1:10), 하나님은 오히려 자신을 '둘러싸고' 길을 막았다라고 욥은 생각한다(욥 3:23).[68] 울타리의 본질은 사람의 관점에 달려 있다. 욥에게 있어서, 하나님은 지금 자신을 찌부러뜨리고 있는 중이다. 이는 모든 고통당하는 자의 관점이다. 물론 하나님이 욥 자신의 처지에 전적인 책임이 있다는 점에서 그의 시각은 옳다. 욥기의 서언序言은 하나님의 울타리로 욥을 감싸는 것으로 묘사하고 있다. 여기서 사탄의 권한은 제한적이다. 하나님은 욥의 생명을 울타리로 감쌌다. 그분은 사탄이 욥의 생명을 취하는 것을 허락하지 않는다. 그러나 욥의 시각에서 보면, 그것은 전혀 보호막이 아니다. 오히려 고통이 연장되고 있다. 빈정거리듯, 욥은 지금 그 울타리가 제거되기를 원하고 있다. 고통의 경감을 원하고 있다. 아니 죽음을 원하고 있다. 그러나 그것은 하나님이 결코 허용하실 수 없는 일이다. 욥은 하나님이 자신을 감싸고 있는 바로 그 울타리를 속히 제거해 주시기를 원하고 있다. 욥은 결과적으로 좌절과 고통과 슬픔에 지금 처해 있다.

욥의 비탄은 그가 당면하고 있는 고통을 반영한다. 그는 자신의 아픔, 환멸, 절망을 표출하고 있다. 고통당하는 자들은 자신들이 받고 있는 '그 이유'를 알고 싶어 한다. 그들은 그 고통이 어떻게 비롯되었는지를, 더 나아가 자신들이 태어난 것이 가치가 있는 것인지조차 생각한다. 죽음이 비록 무섭기는 하지만, 그들은 현재 경험하고 있는 고통에 비해 더 낫다고 생각한다. 고통의 순간에는 고통당하는 자에게 있어서 평온한 쉼이란 없다. 믿는 자들이 머리에 잿더미를 뒤집어쓰고 앉아서, 그들이 보이는 유일한 반응은 신실한 비탄이다. 그들은 거기서 하나님께서 위로의 말씀을 자신들에게 들려주시기를 기다린다.

※ ※ ※
문제: 고통의 불공평

　욥은 자신이 죄가 없다는 것을 안다. 그는 하나님의 손길이 자신의 고통에 작인했다는 것을 또한 안다. 문제는 공평성이다. 하나님은 여기서 당신이 세운 규범에 의하여 행동하시지 않는 것처럼 보인다. 욥의 친구들은 욥이 거만한 위선자라는 결론을 이끌어 낸다. 그 친구들은 하나님이 욥의 죄 때문에 그를 징계하신다고 생각한다. 그러나 욥은 그 이상을 안다. 그는 지나치게 단순한 그런 대답에 굴복할 수 없다. 만일 그렇게 되면 그것은 자신의 신실함을 부인하는 꼴이 된다.

　독자로서 우리는 욥의 문제를 알고 있다. 욥이 흠이 없고 정직하다는 것을 그 자신도 알고, 우리도 안다. 그는 하나님의 정직한 종이다(욥 1:1,8; 2:3). 그러나 그는 악한 자가 흔히 당면하는 그런 고통을 받고 있다. 그는 선택의 여지가 없고, 다만 하나님의 공평성을 의아해한다. 그는 지금 자신에게 일어난 일을 단순히 우연한 일로 혹은 '불행'이라고 얼른 단정지을 수 없다. 그는 하나님이 이 일에 전적으로 관련이 없다고는 생각할 수 없다. 그러나 그는 한편 자신의 정직성을 부인할 수도 없다. 그러한 재앙이 악한 자에게나 해당된다고 생각했는데, 그러면 자신에게 밀어닥친 그 '해惡' (evil)는 무엇인가 하고 이상하게 여기고 있다. 결국, 그것은 악인이 하나님께 받을 벌을 욥이 지금 받고 있는 꼴이다(욥 27:13). 과연 그런가? 욥기 배후에는, "사람은 그가 뿌린 대로 거둔다."라는 전통이 있다. 이제 여기서 욥은 그 원리에 대한 전통적 해석을 받아들이든가 아니면 하나님에 대한 전통적인 해석을 취하든가 해서 이를 조정해야만 한다. 고통의 와중에 있는 욥으로서는 이 둘을 조정한다는 것은 그리 쉽지 않다. 따라서 그의 신앙은 이제 엄격하고 통렬한 신학적 비난보다는 오히려 자신을 비탄으로 내몬다.

욥은 모든 고통당하는 자들이 그렇듯이 '어찌하여'라는 질문을 처음으로 제기한다. 그 질문은 극심한 고뇌와 환멸로부터 나온다. 모든 고통당하는 자들은 서로 감정이입할 수 있다. 그 질문은 의미를 모색한다. 여기서 욥도 우리처럼, 고통의 이유를 알게 되면 그것은 아픔을 경감시킬 수 있고, 인내에 대한 동기를 제공할 것이라고 생각한다. 그것은 욥의 환멸의 일부이다. 욥이 지금 감내하고 있는 고통을 정당화할 수 있는 어떤 정형定形의 이유가 과연 있는가? 자녀들의 죽음을 이해할 수 있는 인간적 이유가 욥에게 있는가? 욥은 적절한 이유를 찾을 수 없다. 따라서 그는 이렇게 질문한다. 자신의 인생의 결국이 혹 이런 고통이라면, '어찌하여' 왜 모태에서 자신을 살아 나오게 했습니까? 라고 묻는다(욥 10:18). 이것이 혹 자신의 고통의 본질이라면, '어찌하여' 하나님은 자신을 과녁으로 삼으시냐? 라고 묻고 그 이유를 알기를 원한다(욥 7:20). 욥은 자신이 만일 정직하여 이런 고통을 당할 수 없는 것이라면, '어찌하여' 하나님은 자신을 원수로 여기시냐 라고 묻고 그 이유를 알기를 원한다(욥 13:24). '어찌하여'라는 질문은 욥이 경험하는 당혹감을 강조한다. 그는 지금 어찌할 바를 모르고 있다. 그는 지독하게 고통을 당하고 있는 정직한 사람이다. 그가 혹 '어찌하여'를 알 수만 있다면, 그가 혹 그 이유를 알기만 한다면, 그렇다면 그는 그 고통의 짐을 이해하고 감내할 수 있을 것 같다. 그러나 이제 그의 무지는 점점 혼란과 환멸을 야기시킨다.

하나님에 대한 그의 부단한 질문에도 자칭 위로자라는 친구들의 가시 돋친 공격 말고는 대답이 없다. 친구들은 그 이유를 알고 있다. 곧 욥이 남몰래 하나님께 큰 죄를 지었다라고. 그러나 욥은 그런 대답을 수용할 수 없다. 그는 전혀 다르게 알고 있다. 그러나 그는 지금 자신이 질문했던 그분으로부터 어떠한 대답도 받지 못하고 있다. 하나님은 응답하지 않으신다. 침묵하고 계신다. 이것이 욥의 좌절을 가중시킨다. 욥은 초조해한다. 이제 그의 질문은 신랄한 불평으로 변한다.

엘리바스에 대한 반응으로, 욥은 더 이상 온유한 침묵 가운데서 가만히 앉아 있을 수 없다며 단호하게 표효豹虎한다. 욥은 울부짖는다, "나는 침묵하지 아니하고, 내 마음의 아픔을 인하여 말하리라. 내 영혼의 괴로움을 인하여 원망하리라"(욥 7:11). 회개 이후 따라오는 복원의 희망을 엘리바스가 제시할 때도(욥 22:22-30), 욥은 누그러지지 않고, 그가 유일하게 남겨두었던 것, 자신의 신실함을 결코 포기하지 않는다. 그는 "오늘도 나의 원망은 지독하구나"라고 탄식한다(욥 23:2).

'불평'과 '비통함'으로 욥의 감정을 표현하기 위해 사용된 세 본문(욥 7:11; 10:1; 23:2)에서, 그는 자신의 좌절을 토해 낸다. 욥은 하나님과의 관계를 다시 생각해 볼 때, 자신의 유일한 방책은 그분에 대해 불평을 호소하는 것이다. 이 불평은 비통함으로 싸여 있다. 불평을 '잊어버린다' 해도 욥에게서 고통을 제거하지는 못한다(욥 9:27,28). 하나님께서 혹 고통을 경감시켜 주신다면, 혹은 그 이유라도 설명해 주신다면, 욥은 기꺼이 불평을 중단할 수도 있으리라. 그러나 하나님의 침묵과 결합된 아픔은 욥으로 하여금 더욱 자신의 불평을 강요하게 한다.

욥은 최종적으로 불공평의 하나님을 비난하기 시작한다. 욥이 이런 식으로 고통을 당해야만 하는 것이 실로 공평한가? 하나님은 이 같은 처사를 정당화하기 위하여 어떤 이유를 들이댈 것인가? 욥은 지금 "어찌하여?"라는 질문을 회피할 수 없고, 그렇다고 고통에 대한 적절한 이유를 찾을 수 없기 때문에, 그는 하나님은 불공평하다는, 가히 불가능한 생각과 몸부림칠 수밖에 없다. 그는 하나님의 공평성을 의심한다. 물론, 욥은 하나님의 공평성을 의심에 부치는 것 그 이상을 안다. 그러나 잿더미를 머리에 뒤집어 쓴 마당에, 욥은 다른 대안을 생각할 수 없다. "하나님이 어찌 심판을 굽게 하시겠으며, 전능하신 이가 어찌 공의公義를 굽게 하시겠느냐?"(욥 8:3)라고 말하는 빌닷의 수사적 의문에 욥은 동의한다. 하나님은 그렇지 않다! 욥은 동의한다. 그러나 그는 혼란스럽다. 그는 정직하다. 그러나 고통을 당한다. 욥은 지금 도저히 생각할 수 없는 일을 생각해야 한다. 하나님이 불공평하고 그래서 피조물의 불행과 혼란을 다소 즐기신다는 것이 가능한 일인가? 욥의 고통의 와중에서 정의의 하나님은 어디에 계시는가?

욥은 자신이 하나님의 정의를 분해分解할 수 없다는 것을 깨닫는다. 하나님은 "나처럼 사람이 아니신 즉 내가 그에게 대답함도 불가하고 대질하여 재판할 수도 없다"(욥 9:32). 욥이 혹 하나님의 정의에 대하여 다음과 같이 질문하기를 원해도, 곧 "심판으로 말하면 누가 그를 호출하겠느냐?"(욥 9:19), "누가 정결한 분 앞에서 자신을 깨끗하다 할 수 있으며, 그분의 정의를 논박할 수 있겠느냐?"(욥 14:3,4). 그 대답은 "아무도 없다!"이다(욥 14:4). 그러나 욥은 자신이 전능자에게 필적할 수 없다는 신학적 인식에도 불구하고, 그의 고통은 그로 하여금 감히 생각할 수 없는 일을 떠올리게 함으로써, 좌절과 분노를 처절히 토해 내게 한다. 이것은 평상시 감히 누구도 제기할 수 없는 질문들이다. 그러나 이는 누구나 일을 당하면 제기할 수 있는 질문이기도 하다.

욥기 19장에 이르러, 욥은 특히 그의 친구들과 하나님 모두에게 심히 좌절하고 만다. 그는 배신한 친구들을 비난한다. 욥은 자신의 실망을 다음과 같이 비통하게 표현한다(욥 19:5-7):

> 너희가 참으로 나를 향하여 자긍自矜하며
> 내게 수치羞恥될 행위가 있다고 증명하려면 하려니와
> 하나님이 나를 궁지로 몰아넣으시고
> 자기 그물로 나를 에워싸신 줄은 알아야 할지니라
> 내가 포학暴虐을 당한다고 부르짖으나 응답이 없고
> 내가 도움을 요청할지라도 공의가 없구나

여기서 욥은 지금 빌닷의 질문, "하나님이 어찌 공의를 굽게 하시겠느냐?"에 답하고 있다(욥 8:3). 욥은, 하나님이 자신을 '궁지로 몰아넣었기에', 이제 하나님의 '공의'를 기대할 수 없다고 대답한다. 동사 '궁지로 몰아넣었다'(wronged)(욥 8:3에서는 '굽게 하다(pervert)'로 번역됨)와 명사 '공의'(justice)는 모두 빌닷이 사용한 동일한 용어들이다. 자신의 경험에 비추어 보아, 욥은 빌닷이 틀렸다고 생각한다. 하나님의 공의는 단지 악인만 고통을 당하는 것을 말하지 않는다. 욥은 무고한 자의 고통(innocent sufferer)이다.

모든 고통당하는 자들의 귀에는 "공의란 없다!"란 소리가 들린다. 고통당하는 자들은 이런 외침에 쉽게 공감한다. 우리는 여기서 욥처럼, 그 외침("공의란 없다!")을 혹 말로 표현하지 않는다 해도, 그것을 삶 속에서 피부로 느낀다. 욥은 우리와 마찬가지로, 무고한 자의 고통과 하나님의 공의와의 관계에 어떤 심각한 문제가 있음을 보고 있다. 욥은 자신이 겪고 있는 것은 신학적으로 설명이 불가능하다고 확신한다. 고통당하는 자의 실존적 삶의 순간은 행복한 시절에 이뤄진 지적 성찰과는 비교도 안 되는 보다 중대한 상황이다. 이런 상황에서 그리고 대화가 절정에 이르렀을 때, 욥은 맹세의 형태를 빌어, 하나님은 "나를 공정한 판결을 받지 못하게 하셨다"라고 감정을 실어 진술한다(욥 27:2).

고통당하는 자는 자신의 고통에 대한 적절한 이유를 발견할 수 없다. 욥이 그에 대한 대표적인 예이다. 욥은 고통에 대한 적절한 이유를 발견할 수만 있다면, 하나님의 손길을 징계나 혹은 훈련, 혹은 구속을 위한 것으로 인정할까 했다. 그러나 적절한 이유를 찾아낸다는 것은 고통의 순간에 거의 불가능하다. 우리는 나중에 생각나는 묘안으로 그 이유를 떠올릴 수는 있다. 그러나 그 땐 그 이유조차 이해하기 어려워서 거의 제대로 설명될 수 없다. "적절한 이유들"을 발견해 내려는 희망을 보란 듯이 무시하려는 꽤나 많은 사정들이 있다. 그러나 고통의 순간에는 혹 고통에 대한 적절한 이유들이 있다 한들 그것들을 쉽게 알아차릴 수 없다. 따라서 믿는 자의 좌절은 자연스럽게 하나님께 불평으로 쏟아진다. 정직한 욥까지도 그런 감정을 피할 수 없었다. 아픔의 순간에, 대화가 한창일 때, 욥은 하나님이 분명 자신을 공정한 판결을 받지 못하게 하셨다는 결론 말고는 다른 대안을 생각할 수 없었다.

욥의 담화談話에 내포되어 있는 다른 문학적 장르들은 이 같은 당황스런 입장을 반영한다. 욥은 지금 비탄해 할 뿐만 아니라, 또한 그의 친구들과 하나님과 격한 논쟁적 대화에 끼어들고 있다. 거기서 그는 자신의 정당성을 변호한다.[69] 그는 정직하다. 따라서 자신은 고통을 당할 만한 일이 아니라고 주장한다. 이 같은 항의는 특히 무고한 자에 대한 그의 주장 혹은 '단언'에서 두드러지게 드러난다(참고, 욥 6:28-30; 16:17; 23:10-12; 27:2-6).[70] 물론 하나님은 친히 욥기의 서두에서 그의 흠 없는 정직함을 확인하셨다. 욥의 그러한 항의는 그로 하여금 다른 문학적 장르를 이용하게 한다: 곧 법률적 은유가 그것이다. 그것은 욥기 31장에서 절정에 이른 그의 담화에서 특히 중요하다. 하나님의 대답형식의 담화(욥 38-41장)에 앞서서 욥이 하나님께 진술한 최종적인 용어는 그 성격상 법률적이다. 그는 하나님에 대해 기소하면서, 하나님 당신 자신의 공의에 대해 해명하라고 요구한다. 욥은 지금 하나님께서 적시한 상세한 공판 기록 - 거기서 하나님이 그 고소장에 판결을 내리실 - 그 기록을 찾고 있다(참고, 욥 31:35-37).

욥의 첫 번째 질문은 "어찌하여?"이다. 두 번째 질문은 "이게 실로 공평한가?"이다. 그의 이러한 질문들은 항변과 요청을 곁들인다. 최종적으로 그의 항변은 이제 청구로 변한다. 그는 직접, 하나님께 회견을 청한다. 그는 자신을 향한 혐의의 목록과 그리고 자신의 정당성을 입증하는 공판을 원했다.

✣ ✣ ✣
법률적 은유: 확인된 무고자[71]

사실, 욥은 이미 공판 중에 있다. 쾨히러(Kohler)는 욥기 3-27장의 전체 대화는 성문城門에서 열리는 법적 집회의 공식적인 과정을 나타내는 것이라고 시사했다.[72] 그것은 마치 그 도시 장로들이 욥의 정직함을 놓고 벌이는 토론과 같다. 지혜는 정직한 자와 악한 자의 결말을 분명하게 구별한다. 그들의 증거는 하나님이 지금껏 욥에게 행해 오신 바 그대로이다. 세 친구와 거기에 가까이 있는 다른 사람들(욥 32-37장에 나오는 엘리후처럼)은 이제 대법률적 담화에 개입하여 관계한다. 그 담화는 한 질문에 답하도록 만들어진다: 욥은 어찌하여 그렇게 심하게 고통을 당하는가? 법률적 논증은 다음과 같이 전개된다: (1) 오직 악한 자만이(다른 일과 함께) 자녀의 죽음으로 고통을 받는다. (2) 욥은(다른 일과 함께) 자녀들을 잃었다. 그러므로 (3) 욥은 악한 자 중의 한 사람이다. 친구들은 욥이 분명, 하나님을 분노케 할 만한 중죄를 지었다고 결론을 내린다. 오직 자신의 신실성만으로 무장된, 욥은 이런 혐의를 논박할 태세를 취한다.

사탄의 고소는 세 명의 친구들에 의해 계속되었다. 욥은 그의 친구들과 자리를 함께한다. 그는 자신이 유일하게 호소할 방법은 하나님께 자신의 사건을 직접 제출하는 것이다. 그는 세 친구에게 말한다, "너희가 아는 것만큼은 나도 알고 있으니, 내가 너희보다 못할 것이 없다. 그러나 나는 전능하신 분께 말씀드리고 싶고, 하나님께 내 마음을 다 털어놓고 싶다"(욥 13:2,3 표준). 친구들은 이제 잠잠해야만 했고, 욥은 마치 하나님이 자신을 소환이라도 한 것처럼, 하나님께 자신의 사건을 제출한다. 그는 친구들을 몰아붙인다, "어느 누가 나를 고발하겠는가? 만일 그렇다면, 나는 침묵하고 죽겠다"(욥 13:19). 욥은 무엇인가 말하고 싶고, 그리고 하나님이 이에 대답해 주시기를 바라고 있다(욥

13:22). 그는 결과적으로 이런 고통이 초래케 된 자신의 죄의 목록을 알기를 원했다. "내가 지은 죄가 무엇입니까? 내가 무슨 잘못을 저질렀습니까?"라고 그는 묻는다. "나의 허물과 죄를 내게 알게 하십시오!"(욥 13:23 표준). 그는 자신을 누르고 있는 하나님의 '손'을 치워 달라고, 그리고 '주의 위엄으로' 자신을 '두렵게 하지 말라'고 요청한다. 그는 하나님께서 자신을 소환하여 그 면전에서 진술하게 하고, 이에 하나님의 대답을 들을 수 있도록 해 달라고 요구한다(욥 13:22).

물론, 독자와 더불어 욥과 하나님은 욥에게 죄의 목록이 없다는 것을 알고 있다. 하나님은 욥을 기소하시지 않는다. 사탄이 고소이고, 하나님은 변호자이시다. 하나님은 욥의 신앙을 들어 사탄의 고소를 논박하신다. 하나님은 자신의 종, 욥을 신뢰하신다.

욥은 자신이 법정에 서는 날이 주어지면, "거기서는 정직한 자가 그와 변론할 수 있은즉" 자신이 심판자에게서 '벗어날 수 있을 것'이라고 확신한다(욥 23:7). 우리는 여기서 오해하지 않도록 해야 한다. 우리는 그 확신이 욥 자신의 신실성이지, 그가 무죄하다는 것은 아님을 주목해야 한다. 욥은 "어렸을 때 자신이 지은 죄"를 인정하고 있다(욥 13:26). 그러나 그는 하나님 앞에서 자신의 신실성에 비추어 무고를 단언한다. 이것이 시험의 요체이다. 곧 하나님은 믿음으로 당신을 찾는 자를 찾으시며 진실한 심령을 찾으신다. 욥은 극심한 고통의 와중에서조차, 하나님의 말씀을 깊이 간직하며 그의 명령을 지키는 하나님의 제자로 남는다. 하나님의 무거운 손 아래서 고통을 당하면서도, 그는 하나님께 자신을 위탁한다. 그의 신조는 확고부동하다(욥 23:10-12).

> 하나님은,
> > 내가 발한 번 옮기는 것을 다 알고 계실 터이니,
> > 나를 시험해 보시면 내게 흠이 없다는 것을 아실 수 있으련만!
> 내 발은 오직 그분의 발자취를 따르며,
> > 나는 하나님이 정하신 길로만 성실하게 걸으며

> 길을 벗어나서 방황하지 않았건만!
> 그분의 입술에서 나오는 계명을 어긴 일이 없고,
> 그분의 입에서 나오는 말씀을 늘 마음 속 깊이 간직하였건만!

이미 욥은 하나님의 교훈을 받아들이지 않았다는 엘리바스의 논리의 함의를 반박하면서, 욥은 자신이 하나님의 말씀을 결코 거역한 적이 없다고 대응한다. 그와 반대로, 그는 항상 빵보다 더 하나님의 말씀을 사랑하여 마음에 간직했다(참고, 신 8:3; 마 4:4). 욥은 하나님께서 이 어둠에서 자신을 시험하고서 그 기간이 끝나면, 자신은 정금같이 그 불(시험)에서 나오리라고, 확신한다. 그의 시련의 와중에서, 고통조차 욥으로 하여금 거짓 자기 유죄를 이실직고하라는 친구들의 충고를 수용하는 그런 궁지로까지는 내몰지 못했고(욥 19:4-6), 또한 하나님을 섬기는 일이 쓸데없는 짓이라는 사악한 자의 충고를 수용하는데까지는 내몰지 못했다(욥 21:16).

욥의 문제는 그가 지금 하나님을 발견할 수 없다는 데 있다. 하나님의 현존에서 그는 자신의 불평을 늘어놓고, 그것을 제출할 수 있었다. 그러나 이러한 자신의 고통 와중에 하나님은 과연 어디에 계시는가? 그가 어디를 돌아보아도 하나님은 거기에 계시지 않는다(욥 23:8,9). 하나님은 욥에게 대답하시지 않는다. 사실, 욥은 지금 하나님의 감추임에 당황해 하고 있다. 그는 "어찌하여 주께서 나를 피하십니까? 어찌하여 나를 원수로 여기시나이까?"라고 묻는다. "어찌하여 전능하신 분께서는 심판하실 때를 정하여 두지 않으셨을까? 어찌하여 그를 섬기는 사람들이 정당하게 판단 받는 날을 정하지 않으셨을까?"(욥 24:1)라고 묻는다. 다른 말로 하면, 하나님은 왜 세계가 똑바르게 나가도록 처음부터 세우지 않으셨으며, 세계의 불의를 왜 바로 잡지 않으시냐? 이다.[73] 하나님의 침묵은(욥에게서처럼) 성도들의 비극적 상황과 악한 자의 번영 둘 모두에 냉담하다. 가난한 자가 억압을 받고 굶주릴 때 하나님은 침묵하신다(욥 24:4-5). 가난한 자의 자녀들이 채무 때문에 노예로 붙잡혀 갈 때(욥24:9), 하나님은 침묵하신다. 살인, 도둑, 간음이 인간성을 강탈할 때(욥 24:14-15), 하나님은 침묵하신다. "하나님은 행악자에게 책임을 묻지 않는다"(욥 24:12).

하나님이 이렇게 침묵하실 때조차도, 욥은 그냥 있지 않는다. 그는 악한 자에게 저주가 임하도록 호소하고, 하나님께서 그들을 심판해 주시도록 요청한다.[74] 하나님이 침묵하실 때조차도, 욥은 하나님이 자신의 '길'을 아시는 것처럼(욥 23:11), 하나님의 "눈은 그들의 행동을 낱낱이 살피신다"는 것을 확신한다(욥 24:23). 욥은 하나님이 더 이상 침묵하시지 않을 것이라는 희망 속에서 악한 자를 저주한다. 하나님은 결국에 그런 상태를 바로잡을 수 있는 유일한 분이시다. 그분 한 분만이 악한 자에게 죄를 선고하고, 정직한 자를 구속하신다(욥 24:22). 그러므로 욥은 우주적으로 타락한 본질을 토론하기 위해 하나님께 알현謁見을 요청한다. 그는 자신이 마치 악한 자인 것처럼, 왜 그런 대우를 받아야 하는지 그리고 악한 자들이 마치 의로운 자나 되는 것처럼 왜 그렇게 좋은 대우를 받아야 하는지에 대해 하나님께 해명을 요구한다. 여기서 욥은 한 가지 사실을 확신한다: 하나님은 "한번 하려고 하신 것은 반드시 이루고 마신다"는 것이다(욥 23:13). 그렇다면 그분은 왜 지금 정의를 실행하지 않으신가?

친구들이 긴 침묵에 젖어 들고, 그들이 욥의 변화를 포기하게 되자, 욥은 자신의 사건을 보다 확장하여 선언한다. 욥기 29-31장은 하나님의 법정에서 욥 자신의 법률적 적요서摘要書로서의 역할을 한다. 거기서 그는 자신의 신실함을 제시하고 변호한다. 이것이 그의 법률적 불평이다. 그의 대담한 호소는 절정에 다다른다(욥 31:35-37, 표준):

> 내가 한 이 변명을 들어줄 사람이 없을까?
>   맹세코 나는 사실대로만 말하였다
>   이제는, 전능하신 분께서 말씀하시는 대답을 듣고 싶다
> 내 원수가 나를 고발하면서, 뭐라고 말하였지?
>   내가 저지른 죄과를 기록한 소송장이라도 있어서,
>   내가 읽어 볼 수만 있다면, 나는 그것을 자랑스럽게 어깨에 메고 다니고,

그것을 왕관처럼 머리에 얹고 다니겠다
나는, 내가 한 모든 일을 그분께 낱낱이 말씀드리고 나서,
그분 앞에 떳떳이 서겠다

욥은 자신의 사건을 제출했다. 그의 처지는 축복으로부터(욥 29장) 고통으로(욥 30장) 이동한다. 그는 자신의 윤리적 삶의 방식을 확인한다. 지금 그는 하나님이 그 고소에 판결을 내려 주시기를 바라고 있다. 그는 자신에 대한 정확한 고소 내용을 알기를 원한다. 무슨 죄가 있어서, 하나님의 정의가 이런 고통을 야기하도록 허락했는가? 만일 그런 죄가 없다면, 이제 욥의 고소는 취하되어야 한다. 만일 욥이 이런 고통을 당할 만한 것이 아니라면, 하나님은 무슨 권리로 그에게 그런 고통을 안기셨단 말인가? 욥은 자신의 사건에 대해 확신하고 있다. 그는 자신의 신실함을 안다. 욥은 일단 자신의 고소(무혐의)를 알고, 하나님이 그런 혐의에 대해 대답해 줄 수 있다는 것을 그는 알고 있기 때문에, '왕자처럼' 하나님께 나아갈 수 있다. 그는 자신의 무죄방면을 확신하고 있다. 욥의 문제는 자기 의에 있지 않고, 무지에 있다. 욥은 자신의 신실함을 안다. 그러나 그는 욥기 서막의 내용을 모른다. 그는 자신의 신실함을 안다. 그러나 그는 하나님의 의도를 모른다. 그분이 어떻게 역사役事하실 것인가를 모른다. 욥은 흠이 없는 무고한 자이나, 그는 하나님의 신비로운 방식을 이해하지 못한다.

❋❋❋
신앙의 승리

욥의 질문들은 지나치게 간소화한 것도 아니고 환상적인 것도 아니다. 그것들은 다루기 어렵다. 그러나 실재적이다. 그의 절망은 일시적인 함정이 아니라, 깊은 협곡의 기슭이다. 고통은 울적한 생각(원수로서의 하나님, 욥 19:11), 가혹한 비난(하나님은 그를 진노 가운데서 치신다, 욥 16:7), 그리고 비통한

불평(욥 7:11)을 더 되살려 놓곤 한다. 욥은 행복을 다시금 보려는 희망조차 상실했다(욥 7:7). 그는 자신의 모든 꿈과 계획의 상실을 놓고 절망한다(욥 17:11). 그는 자신이 차라리 평안을 얻고 쉼을 얻을 수 있는 무덤을 염원한다(욥 17:13 이하). 그러나 이것은 '견딜 만한' 욥이다! 그는 일종의 감상적인 자기 묵인에서는 인내하지 못한다. 사실, 욥은 자신의 '조급함'을 인정한다. 오히려, 그에게는 하나님을 여전히 신뢰하는 자로서 인내심이 있다. 욥은 인내의 모범이다(약 5:11). 그러나 신앙의 사람이 하나님을 비난할 수 있는가? 신앙의 사람이 절망할 수 있는가? 신앙의 사람이 삶 속에서 기쁨의 희망을 상실할 수 있는가? 욥은 이 셋 모두를 그렇게 경험한다.

욥은 자신의 처지에도 불구하고 하나님을 신뢰하려고 몸부림쳤다. 그는 신뢰할 만한 근거가 전혀 보이지 않을 때에도 신뢰한다. 욥의 아내는 여기서 최상의 해법은 하나님을 저주하고 죽는 것이라고 생각했다(욥 2:9). 그러나 이것이 그 시험의 본질이었다. 욥은 신뢰할 만한 이유가 없을 때조차도 그는 과연 신뢰할 것인가? 그는 얻은 것이 없고 이익이 없을 때에도, 자신의 신실함을 그대로 유지할 것인가? 모든 것이 물질적으로, 신체적으로, 감정적으로도 그에게서 앗아가 버리지 않았는가? 욥은 이런 절망적인 처지에서도 과연 자신의 신실함, 곧 하나님에 대한 경외를 그대로 유지할 것인가? 욥기서 전편에 흐르는 대화를 통해서 볼 때 그 대답은 "그렇다!"이다.

욥은 실로 절망과 분노, 의심과 공포 사이에서 동요하면서도, 그는 하나님에 대한 절대적인 신뢰를 그대로 유지했다. 욥은 자신의 신실성도 부인하지 않으려 했으며, 하나님을 저주하려고 하지도 않았다. 성경의 여러 본문들은 교훈을 삼고자 욥의 그 같은 신앙을 들여다볼 수 있는 창을 제공한다.

※ ※ ※
욥 13-14장

  욥기 13장에서 하나님을 대신해서 자신에게 악담을 해대는 친구들을 욥은 논박한다. 그의 친구들은 하나님에게 '편파성'을 드러내거나 혹은 '그분을 기만하면서' 말했다. 욥은 그들에게 침묵할 것을 요구한다. 왜냐하면 하나님이 그들 속마음을 조사할 수 있어도 그들은 하나님을 더 이상, 속일 수 없기 때문이었으리라(욥 13:9-12). 이에 그들은 침묵해야 했고, 욥은 진술해야만 했다. 그는 자신의 두려움과 오해를 억제할 수 없다. 그는 하나님께 다가가야만 한다(욥 13:13-14). 이것이 하나님 앞에 서서 자신의 신실함을 변호해야 할 그의 두려운 과제이다. 그러나 기도로서의 비탄은 종종 신실한 신앙인들이 자신의 감정, 의심, 그리고 좌절을 토해낼 수 있는 수단이다. 비탄은 세계의 타락에 대해 하나님께 울부짖으며, 정직한 자의 고통에 대해 종종 불평을 쏟아 놓는다. 욥은 비탄의 기도를 통하여 자신의 신앙을 확인한다. 그는 이렇게 고백한다(욥 13:15-16, 표준):

> 하나님이 나를 죽이려고 하셔도, 나는 그분에게 희망을 두리라[75]
> 나는 그 앞에서 내 사정을 분명히 변호하리라
> 적어도 이렇게 하는 것이, 내게는 구원을 얻는 길이 될 것이다
> 사악한 자는 그분 앞에 감히 나서지도 못할 것이다

  신앙과 희망은 서로 함께 묶여 있다. 참으로, '희망'은 때때로 신뢰로 번역된다. '희망하다'는 동사는 '기대하다' 혹은 '기다리다'를 정확히 의미한다. 여기서 그것은 신뢰/희망/신앙의 의미를 분명히 지니고 있다. 욥은 하나님 앞에서 자신의 사정을 진술하거나 혹은 변호하기로 결심한다. 이로 예측될 수 있는 결과는 죽임이거나 혹은 하나님의 현존으로부터 추방임을 그는 알고 있다('죽이다'라는 용어는, 시편 139편 19절에서처럼, 악인을 대하시는 하나님의

행위이다). 그러나 그의 신앙은 하나님을 여전히 의지하고 신뢰한다. 그는 하나님을 기다린다. 어떤 상황에서라도 하나님을 신뢰한다. 앤더슨은 "이 고백은 욥 자신의 무고와 하나님의 정의 모두에 대한 그의 굳센 확신을 표현한다."라고 논평한다.[76] 하나님께서 혹 부당한 태도로 행동하신다 해도, 곧 욥 자신을 죽이려고 하신다 할지라도, 욥은 여전히 자신의 희망을 하나님께 두겠다는 것이다. 모든 것을 다 잃었는데, 그가 달리 누구를 신뢰할 수 있을까? 이 상황에서 감히 누구를 신뢰할 수 있을까? 베드로가 예수께 대답했던 것처럼, "영생의 말씀이 주께 있는데 우리가 누구에게로 달리 가겠습니까?"(요 6:68).

욥의 깊은 신앙은 다음의 동일한 진술에서도 다시 나타난다(욥 12-14장). 욥은 사후에도 하나님과의 친교를 희망한다. 욥은 구차한 변명 없이 음부에라도 내려갈 준비를 하고 있다(욥 14:13). 그러나 그는 하나님께서 자신을 불러 죄를 돌아보실 때에, '새로운 삶' 혹은 '고통의 해제'를 기대하고 있다(욥 14:14). 하나님은 그때 자신의 허물을 주머니에 봉하실 것이다(욥 14:17). 그리고 나면 욥에게는 죄 없음이 입증될 것이다. 그러나 욥은 다가올 그런 때를 잠잠히 "기다려야만 한다"(욥 13:15에서도 동일한 용어 사용)는 것을 알고 있다(욥 14:14). 하나님의 시험이 지나고 나면, 하나님은 욥과의 친교를 갱신하고 그 관계를 복원할 것이다. 하나님은 부르실 것이고 욥은 이에 응답할 것이다. 이것이 하나님과 욥과의 개인적 관계의 언어요, '새롭게 된 교제'의 언어이다.[77] 이것은 아마도 욥이 여기서 일종의 어떤 종말론적 확증을 기대한 것이리라. 그는 알덴(Alden)의 말대로, "다시 사는 것을 경험하고, 하나님과 대화하고, 나아가 자신의 죄가 용서받고 잊혀질" 그런 날이 도래할 것이라고 예상한다.[78]

욥은 정의가 언젠가는 명백히 드러날 것이라고 믿는다. 그땐, 하나님이 다시금 욥을 당신의 친구로 여기실 것이다. 어떤 시점에 하나님은 세계를 올바르게 세울 것이다. 어떤 시점에 하나님은 욥의 결백을 입증할 것이다. 욥은 사후에 자신의 공동체로 다시 돌아올 수 없는, 죽음의 그런 최후가 있음을 안다(욥

14:7-12). 그는 혹 자신의 결백이 입증되어 복권復權된다 할지라도, 예전처럼 그런 축복의 삶으로 돌아갈 수 있다고는 기대하지 않는다. 그럼에도 불구하고, 그는 하나님의 대본(drama)에서 자신의 죽음이 종막終幕(final act)이 될 것이라고는 생각하지 않는다. 욥은 사후엔, 하나님께서 자신을 입증할 것이라고 믿는다. 욥이 혹 현재의 조건에서 죽을지라도, 욥의 이야기의 종막은 결백의 입증과 복원이다. 그는 이런 갱신을 위해 하나님을 기다린다. 그는 하나님을 신뢰하기 때문에 이를 기대한다.

※※※
욥 16-17장

욥기 16장은 또한 절망의 순간을 초월하려는 신앙의 표현을 담고 있다. 욥은 "재난을 주는 위로자"인 친구들을 거부했다(욥 16:2). 그들은 욥과 감정이입을 할 수 없다. 욥은 마치 사자가 먹이를 찢는 것처럼 하나님께서 어떻게 자신을 내리치셨는가를 곰곰이 생각해 볼 때, 그의 아픔은 한층 격렬해진다(욥 16:6,9). 하나님은 그를 악인의 손아귀에 넘기셨고(욥 16:11), 그의 온 집안을 황폐시켰고(욥 16:7), 과녁의 중심으로 삼으셨다(욥 16:12-13). 그 결과, 욥은 지금 비탄 속에서, "나의 기운이 쇠하였으니, 이제 살 날도 얼마 남지 않았고, 무덤이 나를 기다리고 있구나!"라고 통곡한다(욥 17:1). 욥은 자기 동료들 앞에서 자신의 흠의 없음을 입증할 때까지 살 수 있을 것이라고 생각하지 않는다(욥 17:13-16). 그럼에도 불구하고, 그는 그 슬픔의 와중에서 범죄하지 않는다. 그의 기도는 정결하다(욥 16:17). 그는 의인의 길에 자신을 위탁한다(욥 17:6-9). 그 반대의 형세形勢에도 불구하고, 욥은 자신에게는 하늘에 "증인"이 계시고, 혹은 자신을 위해 중재하실 "변호인"이 계신다고 믿는다(욥 16:18-21, 표준):

> 땅아, 내 피를 가리우지 말라
>   내 부르짖음이 허공에 흩어지게 하지 말라!
> 지금 나의 증인이 하늘에 계시고
>   내 변호인이 높은 데 계시니라
> 내 중재자는 내 친구다
> 내 눈은 하나님을 향하여 눈물을 흘리고
>   사람이 친구를 위하여 변호하듯이
>   그가 하나님께 내 사정을 아뢴다

보다 일찍이 욥은 하나님과 자신을 화해시킬 수 있는 중재자를 요구했었다(욥 9:33). 그러나 여기서 그는 자신의 사정을 변호해 줄 한 중재자가 있다는 확신을 드러낸다. 그는 공정한 조정자를 요구하는 것으로부터 이제 한 중재자에 대한 확신으로 이동한다. 이 중재자가 누구이든 간에, 욥은 그에게 희망을 둔다. 그의 의심과 회의懷疑까지도 그를 궁극적인 절망에 이르게 하지는 못한다. 그는 절망한다. 그러나 그는 또한 희망한다. 그는 불평한다. 그러나 그는 하나님께서 다시금 자신과 교제하실 것이라고 확신한다.

욥기 16장 18절에 서술된 그의 울부짖음은 흘린 피에 대한 복수의 부르짖음이다. 그것은 마치 땅이 아벨의 피(창 4:10)에 대해 복수를 부르짖었던 것과 같다. 그것은 마치 순교자들의 피(계 6:10)에 대해 하나님의 제단의 성도들이 복수를 부르짖었던 것과 같다. 욥의 피는 가리어져서는 안 된다. 그와 반대로, 이 비극은 뒤집혀져야 한다. 정의는 이뤄져야 한다. 그런데 오직 '하늘에' 계시는 분만이 이런 복수를 이행할 수 있다. 욥은 여기서 과연 누구를 마음속에 염두에 두고 있는가? 헬츠리(Hartley)는 이런 물음에 잘 대답하고 있다:

> 하나님 앞에서 욥이 자기 사정을 변호하고 있는 여러 본문들을 고려해 보면, 거기서 발견될 수 있는 최상의 후보 변호인은 하나님 자신이다. … 여기서 욥은 하나님께서 그 자신이 무고하다는 사실을 입증해 주실 것이라는 희망을 진술하면서 하나님의 거룩한 신실성에 호소한다. 혹 그러한 입증이 하나님의 행위와 상호 모순처럼 보일 수도 있는데 말이다. 실로 그러한 모험이 신앙의 본질이다. 어떤 순간에도 욥은 하나님을 자신의 확고한 후원자로 인식한다. 하나님은 이미 욥기의 서언

에서 욥에 대한 신뢰를 보여 주셨다는 사실을 욥 자신은 이 탄원에서 표현하고 있다. 하여 그는 자신의 고통의 그늘을 통하여 진실한 하나님께 지금 나아간다. 그는 본질적으로 하나님 대(對) 하나님으로 대항시키고 있지 않다; 오히려 욥은 하나님께서 명백히 자신을 그런 방식으로 대하고 있음에도 불구하고, 하나님에 대한 온전한 확신을 확인한다. 그의 친구들과는 대조적으로, 욥은 진리란 그 나타난 현상과 항상 일치한다는 것에 동의하지 않는다. 때문에 그는 자신의 불평에 대한 진정한 해법을 하나님으로부터 찾아 나선다.[79]

욥이 하나님께 눈물을 쏟아 놓는, 바로 그 순간 그는 하나님이 자신의 친구요 자신의 중재자가 되심을 안다. 사실 전모를 아시는 하나님께서 서언에서 이미 입증했듯이(욥 2:3), 이제 욥의 무고함을 입증하시며, 에필로그(종결)에 가서 다시금 입증하실 것이다(욥 42:7). 하나님은 결국, 나타난 현재의 현상이 비록 어긋나기는 하지만(이 모순은 에필로그에 가서 과연 무엇인가가 드러날 것이다), 욥에게 당신 자신을 친구로 나타내 보이실 것이다. 비록 욥이 자신의 대적자로서 하나님과 대화하며 비탄을 토해내지만, 폐부 깊은 곳에서 그는 하나님이 자신의 친구임을 알고 있다.

※ ※ ※
욥 19장

욥기 19장에서 욥은 그의 친구들이 자신을 원수처럼 취급하고 있다고 불평한다. 이 상황에서 욥은 가장 칭찬할 만한 신앙을 드러내고 있다. 여기서 분명하게 그리고 결정적으로, 우리는 신앙의 인물을 만난다. 자신의 신실함을 부인하는 것을 거부한 욥은 또한 이제 자신의 하나님을 부인하는 것을 거부한다. 욥은 하나님이 왜 이런 고통을 자신에게 허용했는가를 이해할 수 없기 때문에, 그는 두 의제(욥 자신의 신실성의 부정의 거부와 하나님에 대한 부정의 거부)를 어떻게 적절히 통합하지 못한다. 이 두 의제 간의 긴장은 욥에게 비탄을 야기시킨다. 그러나 그것은 또한 희망을 불러일으킨다. 비록 그가 이 세계에서 미래의 기쁨에 대한 희망이 없이 살아가지만, 그러나 자신의 입증에 대한 궁극적인 희망도 없이 살아가지는 않는다. 그의 확신은 구속자이신 하나님에게 그 근거를 두고 있다(욥 19:25-27, 표준):

> 내가 알기에는 나의 구속자가 살아 계시니,
> 　후일에 그가 땅위에 우뚝 서실 것이다
> 나의 이 가죽, 이것이 썩은 후에도,
> 　나는 육체 밖에서도 하나님을 뵈리라
> 내가 친히 그를 직접 뵈리라
> 　내 눈으로 직접 볼 때에
> 　하나님은 나에게 낯설지 않을 것이다

이는 결정적인 진술이다. 어떤 이들은 여기서 하나님과 인간의 중보자이신 예수 그리스도 안에서 성취된 '구속자'에 대한 욥의 확신을 보았다(참고, 딤전 2:5).[80] 또 다른 이들은 욥의 '구속자' 개념을 그의 흠 없는 무고와 정직함으로 보고 있다. 다시 말하면, 욥 자신이 그의 법률적 변호자인 것이다.[81] 그러한 해석의 차이는 이 본문의 난해성難解性을 드러낸다. 그러나 그런 난해성에도 불구하고, 욥은 하나님에 대한 확신을 분명하게 표현한다.

이 본문은 욥의 신앙에 대해 세 가지 중요한 점을 명시한다. 첫째, 그는 구속을 확신한다. 그의 구속자는 살아 계시고, 그분은 욥을 위하여 행동하실 것이다. 당신의 백성의 해방자로서 계시는(참고, 출 6:6; 15:13; 시 74:2; 77:16), 그 구속자는 살아 계시는 하나님이시다.[82] 욥은 자신의 대적자로 나타나신 그 하나님이 또한 욥 자신을 구속하실 하나님이심을 믿고 있다. 둘째, 그는 부활에 의해 혹은 적어도 사후, 하나님과의 교제의 복원에 의해 자신의 최종적인 죄 없음의 입증을 확신하고 있다.[83] 욥은 미래에는 부활이 있든지 혹 없든지 간에, 하나님과의 일종의 만남이 가능할 것이라고 생각한다. 그 하나님과의 교제에서는 얼굴을 맞대는 것처럼 서로를 충분히 알아 볼 수 있다. 욥은 하나님을 '뵐 것'을 기대한다. 욥은 실로, 책의 말미에서, 하나님을 "본다"(욥 42:5). 셋째, 그는 하나님과의 관계의 복원을 염원한다. 이 본문의 난해성이 어떠하든 간에, 이 본문은 신앙의 부르짖음이다. 그것은 욥의 신뢰를 나타낸다. 이 울부짖음 자체가 하나님을 부인하지 않는다. 오히려 그는 하나님을 뵙기를 염원한다. 이 부르짖음은 거만함이나 자기 의로부터 발생한 게 아니다. 욥은 지금 하나님과의 교제와 그로 인한 우정을 다시금 경험하기를 갈망한다.

욥은 현재 자신의 처지를 환상적으로 바라보지 않는다. 그는 하나님이 자신에게 분노하고 있으며, 자신을 대적자로 삼으셨으며, 이 땅에서 혹 다시금 평안의 삶이 회복되지 않을 수도 있다고 생각한다. 하여 그는 지금 하나님으로부터 무엇인가 듣기를 간절히 바라고 있다. 그러나 그는 죽음을 통해 하나님이 자신을 구속하시고 관계를 복원하실 것이라고 확신하고 있다. 그의 구속자로서 하나님은 사후에 자신을 만나실 것이며, 욥은 거기서 하나님을 뵐 것이다.

그러나 그의 고통은 하나님과의 관계에 대한 그의 인식을 어둡게 했다. 다시 말하면 욥은 하나님이 실로 자신의 친구일 때조차도 그분을 대적자로 인식한다. 고통은 욥의 시야를 왜곡시켰다. 고통은 사람들의 눈을 왜곡시킨다. 그것은 우리가 사물을 제대로 볼 수 없게 만든다. 욥은 자신의 현재 삶을 놓고서 의심하고 절망하면서도, 그는 하나님과의 최종적인 삶의 관계에 대해서는 의심하지 않는다. 그는 자신의 구속자가 살아 계신다는 것을 안다. 그는 하나님이 하늘에서 자신을 위한 증인이요 변호인이라는 것을 안다. 하나님이 그를 죽이려 할 때조차도, 욥은 하나님을 신뢰한다. 욥은 자신의 고통으로 삶의 균형이 깨져 버릴 듯한데도 그는 흔들리지 않는다.

욥은 신앙으로 견디어 내고, 하나님을 저주하지 않는다. 그는 자신의 신실함을 그대로 유지한다. 그는 희망을 마음에 간직한다. 그러나 그의 이런 인내하는 신앙은 의심, 절망, 좌절, 혹독한 비난과 함께 혼재混在되어 있다. 그럼에도 그것은 여전히 믿음이다. 그것은 신앙의 갈등이었으나, 승리를 얻는 신앙이다. 그것은 사탄의 비난 – 곧 욥이 실로 까닭 없이 하나님을 섬기는가? – 에 대응하는 신앙이다. 대답은 '아니다' 이다. 참으로, 욥은 조롱자들의 입에서 그 같은 질문을 받을 때, 그는 이를 '악인의 계획' 으로 규정하고, 거부한다(욥 21:16). 욥은 하나님을 자기 이익을 위해 섬기지 않는다. 오히려 그는 하나님을 신뢰할 만한 이유가 전혀 보이지 않을 때조차도 하나님을 신뢰한다. 그것이 신앙의 인내이다. 진정한 신앙은 의심과 절망을 통해 갈등할 때조차도 하나님을 궁극적으로 신뢰하고 희망하는 신앙이다. 욥은 우리에게 진정한 신앙은 완벽한 신앙이 아님을 가르친다. 오히려 진정한 신앙이란 갈등 속에서도 신앙의 성실성을 그대로 간직하는 신앙이다.

❋❋❋
하나님이 욥을 만나시다

　대화의 도처에서, 욥은 먼저 자신의 친구들에게 진술하고 그리고 나서 이제 하나님에게 진술하기 위해 방향을 바꾼다. 그의 연설의 면면은 불평과 비난으로 가득 차 있다. 세 친구들은 논증으로 굴복시키기에는 욥이 너무나 거만하다는 결론에 이를 때까지 욥에게 답변한다(욥 32:1). 무려 24장을 할애하며, 친구들은 욥의 질문에 대답하려고 시도했다. 그들은 계속해서 대답하였으나, 하나님은 이에 침묵하신다. 하나님의 침묵은 욥을 불안하게 한다. 하나님은 욥 자신의 고뇌를 정녕 모르신다 말인가? 그의 기도를 듣지 않으신단 말인가? 하나님은 대답하지 않으신다?
　하나님이 현재의 욥의 삶의 불행을 다소 벗어나게 하시겠다는 말씀을 혹 하시지나 않을까? 욥은 그런 환상을 기대하지 않았다. 오히려 그는 혹 하나님께서 자신에게 유죄를 선고하신다 할지라도, 하나님으로부터 오는 한 말씀을 듣기를 원했다. 욥은 혹 그 말씀이 자신이 정작 듣기를 원했던 말씀이 아닐지라도, 그것을 단지 알기를 원한다. 그는 하나님께로부터 온 것이라면, 자신을 향한 비난도 알기를 원한다(욥 10:2; 13:23). 그는 악한 자가 번성하고 의인이 고통을 당하고 있는 그런 세계의 현저한 도덕적 혼돈을 이해하기를 원한다(욥 21:7-26; 24:1-12). 하나님이 만일 악한 자를 그 악으로 기소하고 그들을 심판하신다면, "어찌하여 그를 섬기는 사람들이 정당하게 심판 받을 날을 정하지 않으셨는가?"(욥 24:1). 욥은 하나님께 도전한다. "전능하신 분께서 저에게 대답하십시오"(욥 31:35). 하나님은 말씀하실까? 그분께서 설명하실까?

의심할 바 없이, 모든 참여자들에게 놀랍고도 충격적으로 하나님은 말씀하신다. 하나님은 폭풍 가운데서 욥에게 다가오신다(욥 38:1; 40:6). 하나님은 더 이상 침묵하지 않는다. 그러면 욥의 질문에 대답하시는가? 그분은 말씀하신다. 그러면 그분은 설명하시는가? 하나님께서 말씀하셨던 것은 놀라움이다. 그러나 그분이 말씀하셨던 것은 또 다른 차원이다.

여기, 하나님은 폭풍 가운데서 욥에게 두 가지 형태의 연설(욥 38:2-40:2; 40:7-41:34)을 먼저 하시고, 욥은 그 말씀에 걸맞는 두 가지 반응(욥 40:4-5; 42:1-6)을 나타내 보인다. 각기 하나님의 연설은 유사한 형식을 지닌다. 첫째, 하나님은 문제를 제기하며 욥에게 다가온다(욥 38:2-3; 40:7-14). 둘째, 하나님은 자연의 질서와 세계의 계획에 대해 욥에게 연속적인 문제를 제시한다(욥 38:4-39:30; 40:15-41:34). 셋째, 하나님은 첫 번째 연설을 약식의 문제 제기로 종결한다(욥 40:1-2). 하나님이 직접, 욥에게 다가서는 것을 보여 주는 것은 첫째와 셋째 부분이다. 하나님은 욥을 어떻게 바라보시는가? 그분은 욥을 거칠고 자기-의에 갇힌 죄인으로 여기시는가? 그래서 당연히 하나님에 의해 으스러져야 하는 자로 여기시는가? 아니면, 그분은 그를 무식하게 고통당하는 자로 대하시는가? 그래서 그의 불행이 그를 하나님과 대항하는 위기로 내몰았는가? 내 생각에 하나님은 욥을 후자의 관점에서 보시는 것 같다. 하나님은 진노나 혹은 분노보다는 오히려 자비와 은총 가운데서 욥과 대면하신다. 하나님은 지독한 사랑으로부터 나온 혹독한 질문과 함께 그와 마주 대하신다. 여기서 욥은 또한 하나님의 종이며, 하나님은 은총 가운데서 그에게 다가서신다.

그러나 하나님의 대답은 어떤가? 그것은 욥의 질문들에 대한 대답이 아니다. 어찌하여 하나님은 고난당하는 자들을 태어나게 하셨는가?(욥 3:20). 이에 하나님은 대답하지 않으신다. 어찌하여 하나님은 욥을 당신의 과녁으로 삼으셨는가?(욥 7:20). 하나님은 대답하지 않으신다. 어찌하여 하나님은 욥에게서 당신의 얼굴을 피하시는가? 그리고 그를 원수로 여기시는가?(욥 13:24). 하나님은 대답하지 않으신다. 어찌하여 악인이 번성하는가?(욥 21:7). 대답이 없으시다. 어찌하여 하나님은 심판의 때를 정하지 않으시는가?(욥 24:1). 대답이 없으시다. 여기서 하나님은 세계에 대한 당신의 도덕적 지배에 대해 설명하지 않으시며, 비극이 왜 그렇게 욥에게 일어났는지에 대해 그에게 설명하지 않으신다.

대신에, 하나님은 인격적 대화 속으로 욥을 끌어들여, 당신의 두 가지 연설과 병행하는 두 가지 우선순위의 사안에 초점을 맞추어 대화하신다. 첫 번째 연설은 하나님의 초월적 지혜와 돌보심에 관한 것이다. 두 번째 연설은 피조물, 특히 악을 다스리시는 주권에 관한 것이다.

첫 번째 연설(욥 38:1-40:2)은 욥의 유한성과 무지와 대조되는 초월적 창조자로서, 하나님의 역할에 대한 연속적인 질문들이다. 욥은 이제껏 자신이 알지 못한 일에 대해 진술해 왔다. 따라서 하나님은 우주에서 욥의 역할에 대하여 물으신다. "내가 땅의 기초를 놓을 때에, 너는 어디에 있었느냐?"(욥 38:4). 하나님은 자신의 역할을 우주의 창조자와 주권자로서 충분히 상기시키면서, 꼬리를 물고 질문을 계속한다. 하나님은 그런 식으로 질문을 이어가면서, 욥의 한계를 노출시키기 위해 그를 자극한다. "너가 이를 다 알거든 한번 말해보아라"(욥 38:18). 그 질문들은 욥으로 하여금 자신의 무지를 받아들이게 하고, 이 우주에서 그의 유한한 역할을 상기시킨다.

그러나 이들 질문은 또한 하나님의 지혜와 돌보심을 드러낸다. 이것은 단지 능력에 관한 질문이 아니다. 그 질문의 역할은 욥에게 하나님의 능력을 상기시키려는 것뿐만 아니라, 또한 하나님의 지혜와 돌보심을 그에게 환기시키려는 것이다. 하나님의 질문은 제멋대로 된 것이 아니다. 그것은 하나님의 창조 사역으로부터 이제 그분의 초월로 나아간다. 다시 말하면 그 질문은 하나님께서 세계의 기초를 놓으시고, 혼돈의 바다를 통제해 오셨던 때로부터, 이제 악과 죽음의 혼돈을 넘어선 초월(욥 38:31-33), 땅의 물(비, 눈, 강)에 대한 통제(욥 38:22-30, 34-38), 그리고 별과 바다에 대한 당신의 규정(욥 38:31-33)으로 이동한다. 다시금 그 질문은 동물의 왕국과 당신의 피조물에 대한 하나님의 경영으로 이동한다. 그 질문은 단지 지식에 관한 것이 아니라, 돌보심에 관한 것이다. 하나님은 마치 욥이 '알고 있는 것'처럼 물으신다(예, 욥 39:1). 그러나 그분은 또한 욥이 이러한 피조물을 관리할 수 있는지, 하나님이 하는 방식대로 피조물을 잘 돌볼 수 있는지에 대해서 물으신다. 욥은 암사자를 위해 먹이를 사냥할 수 있는가(욥 38:39), 까마귀 새끼들을 먹일 수 있는가(욥 38:41), 들 나귀를 길들일 수 있는가(욥 39:7), 들소로 밭을 갈게 할 수 있는가(욥 39:9-12), 어리석기 그지없는 타조를 돌볼 수 있는가(욥 39:12-18), 말에 힘을 줄 수 있는가?(욥 39:19). 하나님은 물으신다. "너의 지혜로 매가 높이 떠올리게 할 수 있느냐?"(욥 39:26), 혹은 "독수리가 너의 명령으로 하늘 높이 오를 수 있느냐?"(욥 39:27). 하나님은 당신의 능력을 통하여, 그의 피조물을 지혜와 돌보심으로 경영하신다. 하나님의 창조는 그분의 능력의 유희장이 아니라, 돌보심의 육아실이다. 세계는 그분의 통제 밖에 있지 않다: 하나님은 세계를 훌륭하게 경영하신다.

두 번째 연설(욥 40:6-41:34)은 혼돈의 세력에 대한 하나님의 통제에 관한 연속적인 질문들이다. 하나님은 욥에게 당신보다 이 같은 혼돈과 악을 더 잘 경영할 수 있는지 설명해 보라고 한다. "네가 하나님처럼 힘센 팔이 있느냐?"(욥 40:9). 만일 그렇다면, "네 끓어오르는 분노를 그들에게 쏟아 내고, 교만한 자들을 노려보며, 그들의 기백을 꺾어 보아라"(욥 40:11). 그리고 "악한 자들을 그 서 있는 자리에서 짓밟아라"(욥 40:12). 만일 너가 이 세상에서 나보다 더 악을 잘 다스릴 수만 있다면, 그땐, "네 오른손이 너를 구원할 수 있다고 내가 인정하리라"(욥 40:14).

'하마'(욥 40:15)와 '악어'(욥 41:1)라는 동물들은 세계 내의 악과 혼돈을 의미한다. 전자는 큰 육지 동물이나, 후자는 일종의 수중 동물이다. 여기 사용된 언어는 고도의 시어詩語로, 혼돈과 악에 대한 하나님의 절대적인 지배를 암시하고 있다. 욥은 '악한 자들을 짓밟을 수 없고' 교만한 자들을 꺾을 수도 없다. 그러나 하나님은 하실 수 있다. 하나님은 아무도 잡을 수 없는 하마까지도 통제하신다(욥 40:19,24). 그분은 아무도 다룰 수 없는 악어까지도 통제하신다(욥 41:1-10). 어떤 피조물도 이런 동물들을 통제할 수 없다. 하마는 하나님의 피조물 중 '으뜸'이고, 악어는 그것과 겨룰 만한 것이 없어서, "모든 교만한 것의 왕이다"(욥 41:33-34). 악이 세계 내에서 세력을 떨치며, 혼돈이 땅을 가득 메운다. 그러나 하나님은 여전히 이를 통제하시며, 모든 것은 그분에게 속해 있다(욥 41:11).

그렇다면 하나님의 그 연설들은 어떻게 욥의 질문에 대답하는가? 어떤 의미에서 거기엔 대답이 없다. 그분의 연설은 욥의 특별한 처지에 대해 하나하나 응대하지 않는다. 하나님은 서언에 묘사된 천상의 내기에 대해 욥에게 말해 주지 않는다. 더욱 그 연설은 분배의 정의와 도덕적 조화의 문제에 대해 언급하지 않는다. 그분은 욥이 고통을 당하는 한편, 악인은 왜 번성하는지에 대해 설명하지 않으신다. 그 연설은 고통과 정의에 대한 욥의 구체적인 질문에 대해 대답하지 않는다. 오히려, 보다 근본적인 문제에 대해 진술한다. 그것은 서언에서 이미 제기되었고, 대화 전편을 통하여 추정되는 결정적인 문제에 대해 진술한다. 곧 세계에 대한 하나님의 통치에 대한 신뢰이다. 우리는 하나님이 당신의 피조물을 현명하게 경영하시는 것을 믿는가? 이는 욥이 실로 문제시했던 사안이며, 또한 그의 질문과 비탄의 혐의에 대하여 답해 주어야 할 내용이다.

악이 우리를 둘러싸고 혼돈이 우리의 삶을 뒤덮을 때, 그때, 우리는 하나님의 주권을 의심하기 시작한다(하나님은 실로 이 세계를 통치하시는가?). 또한 우리는 그분의 선하심을 의심한다(하나님은 실로 이 세계를 돌보시는가?). 우리는 하나님이 지금 당신이 하시는 일이 무엇인지 아시기나 하는지, 혹은 무엇이든 하실 수나 있는지에 대해 의아하게 생각한다. 이것이 비탄의 원인이 된다. 욥처럼, 우리는 하나님을 신뢰한다. 그러나 우리 삶의 혼돈은 의심, 좌절, 절망을 가져온다. 따라서 욥처럼, 우리는 불평하고, 질문하고, 비난한다.

하나님의 대답은 이렇다: 나는 세계를 통제하고 있다. 나는 돌보고 있다. 나는 내가 하는 일을 알고 있다. 너는 나를 신뢰할 수 있느냐? 내가 만일 피조물 가운데 혼돈의 물을 통제한다면, 내가 너의 삶의 혼돈을 다스릴 수 없겠느냐? 나의 돌봄이 만일 사자와 까마귀를 충분히 먹일 수 있다면, 내가 어찌 너를 돌보지 않겠느냐? 만일 내가 교만한 자들을 짓밟는 악어를 길들일 수 있다면, 내가 어찌 너의 삶 속의 혼돈과 악을 물리칠 수 없겠느냐? 하나님의 답은 그분의 초월이다. 그러나 그것은 인간이 범접할 수 없는 초월이다. 그것은 권능의 절대적인 주장이 아니다. 오히려 그것은 하나님의 자애로운 목적을 위하여 세계의 혼돈을 지배하시는 그분의 사랑과 돌봄의 초월이다. 여기서 문제는 욥이 피조물에 대한 하나님의 경영을 실로 신뢰하는가? 혹은 그렇지 못하는가이다.

욥은 하나님의 대답 속에서 하나의 답을 확인했다. 그것은 그가 찾고자 했던 대답은 아니었으나, 그의 필요에 충분한 것이었다. 그는 하나님의 초월을 고백하고, 자신의 무지를 인정한다. 참으로 이제 그는 하나님을 찬양한다. 그는 자신이 이해하기에는 너무나 '놀라운' 일들이 있음을 고백한다. 세계는 하나님에게는 다 이해되지만, 그에게는 불가해不可解하다. 하나님의 섭리가 비록 그에게 다 이해될 수 없지만, 하나님의 계획은 어느 것도 "못 이루실 것이 없다"는 것을 그는 안다(욥 42:2). 욥은 하나님과의 대화에서 이제 찬양으로 답한다. 그는 하나님의 섭리와 그분의 계획의 놀라운 불가해성을 고백한다. 욥의 비탄은 찬양으로 바뀐다. 그는 더 이상 질문하지도 의심하지도 않는다. 하나님과의 만남을 통해, 그는 불평에서 이제 찬양으로 나아간다.

욥은 '회개' 하고, 자신이 비탄 속에서 쏟아 놓은 모든 것을 부인하는가? 욥은 그의 모든 질문들을 이제 철회하는가? 나는 그렇게 생각하지 않는다. 욥기

42장 6절의 표준번역은 새 국제번역(NIV)에서처럼, "그러므로 나는 스스로를 경멸하고, 티끌과 재 가운데서 회개하나이다"로 해석되고 있지만, 이는 최상의 번역은 아니다. '경멸하다'로 번역된 그 용어는 또한 '용해溶解되다'로도 해석될 수 있다. 그것은 하나님 앞에서 욥의 겸손을 의미할 수 있다. 그 동사는 히브리어 용법에서 목적격이 없다. 따라서 그것은 아마도 '나는 당신 앞에서 나 자신을 낮추나이다' 정도를 의미한다. '회개하다'로 번역된 그 용어는 '마음을 바꾼다'를 의미하거나 혹은 '어떤 것에 대한 결정을 뒤집다'를 의미한다(출 32:12,14; 렘 18:8,10; 암 7:3,6).[84] 그것은 죄에 대한 죄책감이나 혹은 죄의 고백을 의미하지 않는다. 실로, 그는 죄를 고백하지도 혹은 회개하지도 않는다. 사실, 하나님은 욥이 진술했던 것은 옳고, 그의 친구들이 진술했던 것은 틀렸다고 판단하셨다(욥 42:7). 욥은 어떤 죄를 회개하는 대신에, 그의 마음을 바꾼다. 그는 비탄에서 이제 찬양으로 나아간다. 그는 하나님에게 접근하는 태도를 바꾼다. 자신의 비탄을 포기한다. 그리고 그는 이렇게 말한다: "나는 위로받는다." 혹은 "나는 더 이상 비탄해 하지 않을 것이다." 그는 자신의 '티끌과 재' - 곧 애도의 '티끌'과 자신의 처참한 비탄의 '재' - 를 이제 떨쳐버릴 것이다.

욥은 하나님과의 만남을 통해서 위로받는다.[85] '회개하다'(NIV)로 번역된 히브리 용어는 욥기에 7회 언급된다(욥 2:11; 7:13; 16:2; 21:34; 29:25; 42:6,11). 이 모든 예에서, 욥기 42장 6절을 제외하고는 그것은 위로와 위안을 언급한다. 사실, 욥의 세 친구들은 위로하려는 목적으로 그를 방문한다(욥 2:11). 그러나 그들은 번뇌케 하는 위로자이다(욥 16:2; 21:34). 하나님이 자신을 계시한 이후, 그의 세 친구들과 가족은 다시금 욥을 위로하려고 시도했다(욥 42:11). 그러나 비극의 와중에서, 잠자리에서조차도 욥은 그들로부터 위로를 발견할 수 없었다(욥 7:13). 그는 하나님을 만나기까지는 어떠한 위로도 발견할 수 없었다. 욥기 42장 6절은 아마도 다소 다음과 같이 해석되어야 할 것이다. "나는 티끌과 재 가운데서 당신의 현존을 통해 위로를 받나이다." 혹은 "나의 티끌과 재를 넘어서 위로를 받나이다."라고.

이것은 비탄 시편에서 일어나는 것과도 병행한다. 하나님과의 만남 혹은 구원의 신탁에 반응하여, 그 비탄자는 "이제 내가 아노니"라고 고백한다(참고, 시 20:6; 59:9; 140:12; 41:11; 135:5). 웨스터만이 주장하는 것처럼, 욥기가 만일 '극적인 비탄'이라면, 그때, 하나님의 진술들은 '구원의 신탁'이다. 그리고 하나님은 욥을 만나시고, 이에 욥은 '이제' 그분을 눈으로 보고, 그분의 현존 앞에 굴복한다. 욥은 비탄으로부터 돌아서 이제 찬양으로 바뀐다:

> 욥기 42:5는 욥의 '문제'에 대한 '해법'을 담고 있다. 다른 해법이란 없다. 하나님은 욥에게 대답하셨다. 하나님은 욥을 만나셨다. 욥이 이를 증언하는 한, 그는 전반적으로 하나님의 실재를 증언한다. 이제 그는 하나님을 안다. 그는 더 이상 하나님의 행동의 어느 단면만을 보지 않는다.[86]

하나님께서 가까이 다가오셨을 때, 그분이 욥에게 당신의 현존과 계시로 친히 약속하셨을 때, 그 때, 욥은 위로받았다. 그는 비탄을 그쳤다. 그 차이는 하나님 자신과의 경험이다. 전에는 욥이 하나님을 '듣기'만 하였으나, 이제 그분을 눈으로 본다(욥 42:5). 욥은 하나님의 현존을 경험함으로 위로받았다. 그는 '티끌과 재 가운데서 회개하였다.' 다시 말하면 그는 슬픔을 그치고 그의 심령은 찬양으로 바뀌었다. 욥은 삶의 '지성소至聖所를 경험'했다. 시편의 비탄에서처럼, 그는 하나님의 현존으로 인해 비탄으로부터 이제 찬양으로 돌아섰다.

하나님의 연설에서 빠진 것이 정확하게 욥이 요구했던 내용이다. 거기엔 죄에 대한 혐의의 목록이 없다. 고소의 내용이 없다. 고통에 대한 설명이 없다. 세계 내의 도덕과 정의의 현저한 혼돈에 대한 그럴듯한 논의도 없다. 욥은 하나님의 이 같은 연설에서 어떤 대답을 발견할 수 있는가? 우리 또한 하나님의 그 연설에서 우리의 대답을 얻을 수 있을까?

그분의 연설이 혹 우리의 질문들에 대답을 줄 수 없다면, 아마도 문제는 하나님의 답변이 아니라, 우리 인간의 질문일 것이다. 보다 더 정확하게 말하면, 하나님의 대답은 우리가 제기하는 질문의 유한하고도 제한된 성격을 강조하려는 데 있었던 것은 아닐까? 아마도 하나님은 우리가 자신의 무지와 한계를 알아차리도록 하기 위해 당신의 지식을 보여 주신다. 그 대답은: "너희는 어떤 수준에서도 이해할 수 없다. 그러나 너희는 나의 인자함과 주권을 이해할 수 있다. 그러니 나를 신뢰하라"고. 혹은 그분의 대답은: "너희는 내가 줄 수 있는 그 대답을 이해할 수 없다. 그러니 나를 신뢰하라"고.

인간의 불행은 항상 질문을 제기한다. 그렇게 하지 않을 수 없다! 고통의 정서적 영적 침체는 더욱 그 같은 질문들을 제기하게 한다. 고통의 격렬함은 괴로움의 연장을 발생시킬 것이다. 그것은 "왜?"라고 묻게 할 것이다. 그것은 "하나님이 어디에 계시는가?"라고 의심하게 할 것이다. 그것은 "하나님이 실로 돌보시기나 할까?"라고 회의를 갖게 할 것이다. 하나님은 그런 물음들을 비난하시지 않는다. 그분은 우리가 고통의 와중에서 종종 내뱉은 그런 회의적 대답을 비난하지 않으신다. 하나님은 당신의 백성에게 인내하신다. 그러나 그 대답은 언제나 하나님과 인간 – 그분의 성품과 우리의 질문들 – 간의 차이를 인식하는 데 있다. 욥에게 하신 하나님의 대답은: "나는 너의 질문들을 이해한다. 하지만 너의 한계를 알고 있다: 나는 너의 좌절을 이해한다. 하지만 나의 신실함과 돌봄을 알고 있다." 욥에게 주신 하나님의 대답은 당신의 압도적인, 그러나 실로 위로에 찬 현존이다. 이제 욥은 하나님을 '본다.' 이것으로 충분하다.

우리의 질문, 의심, 그리고 신랄한 비난을 통해 우리는 자신의 한계로부터 말하고 있다는 것을 알아야 한다. 우리는 때론 삶의 밑바닥으로부터 말한다. 우리는 충분한 삶과 의미의 범위를 보지 못한다. 우리는 모든 사건을 판단할 만한 전망을 지니고 있지 못하다. 우리의 인식은 제한적이다. 우리의 무지는 허약하다. 욥기가 주는 교훈처럼, 밝혀져야 할 것은 하나님의 인자하심과 신실함에 대한 근본적인 신뢰이다.

우리의 한계를 인식함으로써, 우리는 하나님에 대한 우리의 이해가 우리의 유한성에 의해 결정되고, 우리의 무지에 의해 제한받는다는 것을 안다. 우리를 둘러싸고 있는 세계에 대하여, 특히 세계와 하나님과의 관계에 대해서도 이와 동일하게 말할 수 있다. 따라서 하나님은 당신의 진노하심으로 욥을 굴복시키지 않으셨고 또한 세 친구들의 기대와는 다르게, '그를 불어 없애지' 않으셨다. 이런 의미에서, 욥에게 나타나셨던 하나님은 정작 세 친구들이 상상했던 하나님이 아니셨기 때문에, 이제 욥의 정당성이 입증되었다. 그와 반대로, 하나님은 당신의 백성을 현명하게 돌보시는 초월자 하나님으로 자신을 계시하셨다. 욥은 초월자 하나님을 만나, 자신의 유한성을 고백하며 그분 앞에 겸손히 순종함으로 엎드린다. 그는 살아 계신 하나님을 만나 그분을 경배한다.

    우리는 하나님과 인간 간의 관계에 대하여 이성적 판단보다는 그분의 계시로 살아가는 방식을 배워야 한다. 우리는 보는 것이 아니라 믿음으로 살아가는 법을 배워야 한다(고후 5:7). 왜냐하면 계시 속에서 하나님은 침묵하지 않으시기 때문이다. 그분은 우리에게 당신의 신실하심과 사랑하심을 확신시켜 주는 방식으로 말씀하시고, 당신 자신을 계시하신다. 우리는 오직 거기서만, 돌보시고 사랑하시고 통치하시는 하나님을 발견한다. 우리는 오직 거기서만, 하나님의 위로하시는 현존을 발견한다. 오직, 하나님의 지식, 묵상, 경험 속에서만 우리는 신앙과 성실과 희망으로 불행을 견디어 낼 수 있다.

❋ ❋ ❋

결론

> 하나님이 경건치 않은 자의 생명을 끊고,
>   그의 영혼을 불러 가실 때에,
>   그의 희망이란 과연 무엇이겠느냐?
> 환난이 그에게 닥칠 때에,
>   하나님이 그의 부르짖음을 들어주시겠느냐?
>   그들은 전능하신 분께서 주시는 기쁨을 사모했어야 했고
>   그분께 기도했어야 했다
>   욥 27:8-10(표준)

믿는 자들은 자신의 삶 가운데 환난이 닥칠 때에조차 하나님께 계속 기도해야 하는가? 신앙이 없는 사람은 환난이 닥칠 때 기도하기를 중단할 것이다. 그들에게는 침묵 가운데 앉아서 어느 것도 마주 대하지 않는 것 이외에 다른 선택이 없다. 그러나 믿는 자들은 그런 환난이 닥칠 때, 하나님께 울부짖는다. 실로, 이것이 믿는 자들이 종종 환난이나 어려움을 경험하는 이유이다. 하나님은 그들이 당신의 이름을 부르기를 원하신다. 신앙이 없는 사람은 하나님의 훈계를 거부하고 그분의 이름을 부르는 것을 거절할 것이다. 그러나 자신들의 기도가 비록 질문, 비통함, 의심으로 채워질지라도, 믿는 자들은 욥처럼 계속해서 하나님을 부를 것이며, 기도할 것이다. 하나님의 신실한 백성은 밤낮으로 그분께 부르짖는다(왕상 8:59; 대하 6:20; 애 2:18; 느 1:6; 렘 9:1; 시 32:4; 42:3; 계 4:8; 7:15).

포로 이후, 스가랴는 유다를 빠져들게 했던 그 전쟁의 의미를 해석했다. 하나님은 유다 땅 삼분의 이(2/3)가 폐허가 될 것이며 그 삼분의 일(1/3)만이 그 땅에 살아남을 것이라고 선언하셨다. 하나님은 그 삼분의 일을 남기게 한 의도를 이렇게 말씀하셨다(슥 13:9, 표준):

> 그 삼분의 일은 내가 불 속에 집어넣어서
>   은을 단련하듯이 단련하고,
>   금을 단련하듯이 시험하겠다
> 그들은 내 이름을 부르고 나는 그들에게 응답할 것이다
>   나는 그들을 '내 백성'이라고 부르고,
>   그들은 나, 주를 '우리 하나님'이라고 부를 것이다

하나님은 당신의 백성을 시험하셨고, 포로 생활을 통하여 그들의 신앙을 단련시켰다. 그 땅에 남게 된 사람들은 황폐된 땅의 환난을 통하여 시험을 받아야 했다. 그 때 백성은 울부짖었고, 주님은 당신의 사랑의 언약 갱신을 통하여 응답하셨다. 하나님은 다시금 그들 가운데 그들의 하나님으로 그리고 그들은 그의 백성으로 거하심을 통해 창조의 목적을 성취하셨다. 하나님은 그의 백

성을 시험하신다. 이로써 그의 백성이 믿음 가운데 당신께 울부짖는지, 아니면 그분의 의도를 거역하고 저주하는지를 확인하신다. 하나님은 그의 백성의 심령이 무엇을 좇는지를 알기 위해 백성을 시험하신다.

하나님께서 그의 백성에게 기대하시는 것은 기도와 삶을 통해 지속적으로 그리고 일관되게 그들이 당신과 동행하는 것이다. 그분은 그의 백성이 인내하며 당신의 이름을 부르기를 기대하신다. 하나님의 신실한 사랑이란 주께서 당신의 종말론적 목표에 일치하여 응답하신다는 것을 의미한다. 하나님은 그의 백성이 당신을 위해서 살기를 원하시고, 당신은 친히 그런 목표에 신실하시다. 그러나 여기서 문제는 우리가 과연 기도 가운데서 그렇게 인내할 수 있는가이다. 하나님의 종말론적 목표가 성취되어질 때, "인자가 다시 오실 때, 이 땅에서 믿음을 찾아 볼 수 있겠는가?"(눅 18:8). 하나님의 백성이 과연 쉬지 않은 기도 가운데 지속적으로 확신을 가지고 하나님과 동행할 수 있는가? 우리는 하나님께서 "밤낮으로 당신께 부르짖는"(눅 18:7) 백성을 위하여 행동하실 것이라는 믿음을 가지고 있는가?

믿는 자들은, 이 세계의 타락의 무거운 짐을 지고 있을 때, 하나님께 나아가서 자신들의 무거운 짐을 그분께 내려놓는다. 그들은 청원한다. 그들은 도움을 요청한다. 그들은 묻는다. 신앙이 없는 사람들이 하나님을 저주하고, 자신들의 삶의 방식을 좇을 때, 믿는 자들은 신앙으로 하나님께 나아간다. 믿는 자들은 하나님이 마치 자신들의 대적자가 된 것처럼 느껴질 때조차도, 기도한다 (시 6, 44, 74, 88, 90편).[87]

제7장

신앙은 때로 어떻게 의심할 수 있는가?

| 하나님의 이야기 안에 담긴 비탄 |

이는 내가 악인의 형통함을 보고 오만한 자를 질시하였음이로다…
볼지어다 이들은 악인인데도 항상 평안하고 재물은 더 하도다
내가 내 마음을 깨끗이 하며
내 손을 씻어 무죄하다 한 것이 실로 헛되도다
나는 종일 재앙을 당하며 아침마다 징책을 보았도다
내가 만일 스스로 "나도 그들처럼 말하면서 살아야지" 하고 말했다면,
나도 주의 아들들 가운데 한 사람처럼 살지는 못했으리라.
내가 어찌하면 이를 알까 하여 생각해 보았으나,
내게는 심히 곤란하더니 하나님의 성소에 들어갈 때에야
악한 자들의 결국을 내가 깨달았나이다.

시편 73:3, 12-17

※ ※ ※
나의 경험

　아들 조슈아를 놓고 비탄에 빠졌을 때 우리를 위로해 주셨던 기도 공동체를 나는 기억하고 있다. 조슈아가 초등학교에 처음 등교하던 날부터, 나는 그를 학교 버스 정류소까지 데려다 주려고 했다. 아들 또한 누나처럼 그렇게 등·하교하기를 원했다. 누나가 늘 그 버스를 탔듯이, 아들도 그러하리라. 학교 버스가 눈에 들어오게 되면, 아들은 "나도 버스에 올라탈 거야!" 하고 소리칠 것이라 생각했다. 드디어 그의 등교 날이 왔다. 이후 매일 아침 아들을 데리고 사무실 가까이 있는 버스 정류소에 가서 버스를 기다렸다. 아들은 버스가 다가오는 것을 보고, 뛰면서 기뻐 소리쳤다. 그는 자신이 버스를 탈 것이라 알고 있었다. 그는 "내 버스야!"라고 말했다.
　그런데 어느 날, 몇 가지 이유를 들어 아들은 학교 버스를 타려고 하지 않았다. 그래도 나는 아들의 손을 잡고 부드럽게 그리고 조심스럽게 그를 버스 정류소까지 데리고 갔다. 그는 버스에 올라탔다. 그러나 아들은 흐느껴 울며, 주저하고, 마지못해 했다. 나는 그날 아들의 기분이 좀 나쁜 날인가 생각했다. 그러나 버스가 출발하자 나는 그가 왜 그렇게 주저했는가를 알게 되었다. 나의 심장을 찢어 놓은 몇 마디 말을 듣게 되었다. 그 말은 마치 칼로 내 창자를 찌르고 휘젓는 것 같았다. 학교 아이들이 아들을 조롱했던 것이다. 선배 아이들은 그를 바보라고 욕했다. 그들은 아들이 기저귀 찬 것을 보고 놀려대고, 그것은 갓난아이 때나 차는 것이라고 조롱했다. 버스가 아이들을 내려놓으려 섰을 때, 나는 그 버스 안에서 조롱하는 소리를 들을 수 있었다. 이내 아들은 버스 의자 통로에 그대로 넘어져 주저앉아 있었다. 내 안에서 분노가 치밀어 올랐다. 며칠간 아침마다 나는 아들을 조롱했던 선배 아이들 곁에 올라가서 보란 듯이 그들에게 면박을 좀 주었다. 모욕이 얼마나 마음을 상하게 하는지, 그것이 상대에게 얼마나 상처를 주고, 창피를 주고, 조롱을 주는지를 알게 해 주었다. 그리고 버스 기사에게도 '아이들이 그렇게 하지 못하도록' 일러두었다. 교장 선생님에게도, 교사들에게도, 다른 학부모들에게도 그랬다. 나의 무력감은 더욱 좌절감으로 나타났다.

마침내, 나는 분노와 상처를 안고 하나님께로 나아갔다. 사무실로 돌아와 그분 앞에 나의 마음을 쏟아 놓았다. 뒤로 감출 것이 아무것도 없었다. 나는 통렬히 불평을 쏟아 놓았다. 그리고 나서도 더 몇 가지를 불평했다. 불평할 것이 참으로 많았다. 나의 아들은 왜 그런 상태로 태어났는가? 죄 없는 내 아들이 왜 다른 아이들로부터 그렇게 조롱을 받고 고통을 받아야 하는가? 하나님은 왜 아들의 건강을 위한 나의 기도에 응답하시지 않는가? 조슈아는 왜 우리 부부가 그에게 품었던 꿈조차 이루지 못하고 저 모양인가? 우리는 그가 하나님의 백성 가운데 지도자가 될 수 있도록 그에게 자랑스런 이름을 지어주지 않았던가? 우주의 주관자이신 하나님께서 왜 그에게 건강의 축복을 주시지 않는단 말인가?

그러는 불평 와중에, 그러는 비탄 와중에, 나는 점차로 그런 불평이 내 속에서 강하게 들려지는 것을 느낄 수가 있었다. 물론, 나는 어떤 목소리나 혹은 휘파람 소리를 들은 것은 아니다. 어떤 바람이 나의 얼굴을 휘감는 듯한 그런 느낌이나 혹은 환상을 내가 지금 말하고 있는 것이 아니다. 오히려 나는 하나님의 현존現存을 체감했다. 나는 점차로 나의 아픔을 이해할 수 있었다. 아들에 대한 나의 비탄 와중에, 점차로 나는 하나님께서 이해하셨다는 것을 깨닫게 되었다. 하나님은 감정이입으로 나에게 다가오셨다. 그것은 마치 하나님께서 나에게 "나는 이해한다. 그들도 내 아들을 그런 방식으로 다루었다."라고 말씀하시는 듯했다. 순간, 하나님은 내가 말로 다 표현할 수 없으나 마음 깊은 곳에서만 경험할 수 있는 위로를 주셨다.

이제야, 나는 한 아버지가 자신의 아들이 조롱받고 있을 때 받았던 그 고통을 알게 되었다. 이제야, 나는 하늘에 계신 하나님 아버지의 아픔을 이해할 수 있게 되었다. 그분은 아들이 십자가에서 조롱받고 죽어가는 모습을 지켜보았다. 하나님과의 기도의 친교 가운데서, 예수의 죽음은 이제 한 역사적 사실을 훨씬 넘어서게 되었다: 그것은 깊은 감정적, 종교적 순간에 나에게 실재로 다가 왔다. 그것은 나의 아픔의 정곡을 뚫고 지나가서, 마침내 하나님의 현존에 대한 깨달음의 경험을 주었다. '신성한' 경험이었다.

그날 아침 나의 기도는 불평에서 이제 찬양으로 바뀌었다. 분노에서 이제 기쁨으로 바뀌었다. 물론, 나는 여전히 분노하고 좌절하고 있었다. 그러나 나의 분노와 좌절은 그분, 곧 위로하시는 하나님의 현존에 대한 인식 - 하나님에 대한 경외의 인식, 숭배의 인식, 놀라움의 인식 - 에 의해 극복되었다. 하나님은 이해하신다! 그분은 아들을 놓고 슬피 우는 아버지의 아픔을 아신다.

하나님과의 친교의 순간, 곧 기도의 그 순간, 하나님은 나에게 손을 내밀어 감싸 안고, 당신의 위로와 깊은 공감의 사랑을 다시 확신시키신다. 하나님은 나를 위로하셨다. 나의 비탄은 찬양으로 바뀌었다. 그것은 나의 "어찌하여"라는 질문에 응답을 받아서가 아니라, 하나님께서 내가 필요했던 응답을 주셨기 때문이었다. 그분은 성령의 능력 가운데서 나에게 가까이 다가오셔, 그분의 손길로 나의 심령 속에 희망, 평화, 그리고 기쁨을 넘치게 불어 넣으신다(롬 15:13). 비탄을 통해, 우리는 하나님의 지성소로 들어간다. 그분은 위로의 손길로 응답하신다. 우리는 구하는 대로 그 응답을 항상 받는 것은 아니다. 그러나 우리는 실로 필요한 그 중요한 것, 하나님의 현존을 경험한다.

우리는 죄와 절망과 그리고 사망으로 가득 찬 이 타락한 세계에서 살아간다. 그러나 그것은 하나님의 세계이다. 그리고 그분은 이 세계를 지배하신다. 이들 두 개념, 세계의 타락과 하나님의 주권의 결합은 하나님의 백성에게 아주 근본적인 질문들을 제기하게 한다. 선하신 하나님께서 어떻게 타락한 세계를 지배하시는가? 그분은 왜 이 타락을 허용하시는가? 하나님은 공평하신가? 무고한 자의 고통의 관점에서 그분은 어떻게 정의의 하나님이 될 수 있는가? 신앙의 사람이 이 타락한 세계를 얼마나 감내하며 살아야 하는가? 일종의 이 같은 질문들은 하나님의 백성이 세계의 어두운 죄의 무게 아래서 고통을 받을 때 흔히 던질 수 있는 기도의 내용들이다. 일종의 이 같은 질문들을 우리는 비탄이라 부른다. 그 비탄들은 신앙의 기도이기도 하다. 왜냐하면 그것들은 실로 의지하고 있는 그 하나님께 던지는 신앙의 질문들을 나타내기 때문이다. 그 비탄들은 오직 하나님만이 대답하실 수 있는 질문들을 그분께 제기한다.

욥처럼, 하나님의 백성은 응답을 기대한다. 기도는 단순히 감정배출을 위한 수단이 아니다. 그것은 신앙의 부르짖음이다. 그것은 동정어린 경청과 비탄의 절망에 대한 해법을 기대한다. 하지만 욥처럼, 우리는 항상 우리가 기대하는 응답을 얻는 것은 아니다. 그런데 반면 우리는 종종 우리가 필요로 하는 그 응답을 얻는다. 욥이 원했던 것은 설명이었다. 그가 얻었던 것은 하나님의 위로하시고 힘을 북돋아 주는 현존이었다. 우리의 비탄들은 실재적 질문들을 제기한다. 그리고 하나님은 친히 친교 가운데 자신을 제시하신다. 성령의 능력에 의해 그분은 우리의 비탄의 와중에서도 희망, 위로, 그리고 평화를 조성하신다 (롬 15:13).

욥의 경험은 곧 나의 경험이었다. 욥은 단지 하나님을 '들은' 것이 아니라, 이제 그분을 '보았다.' 시편 기자의 경험은 나의 경험이었다. 그 지성소는 우리의 세계관을 새롭게 바꾸신다 (시 73편). 이것이 성경을 관통하는 하나님의 백성의 경험이다. 그들은 하나님께 때로 회의적으로 묻는다. 그래도 하나님은 당신의 현존이라는 선물로 그들에게 응답하신다.

❋ ❋ ❋
하박국의 기도

기원전 7세기 후반 십여 년 쯤에, 바벨론은 막강한 제국의 세력으로 부상하여 이제 앗시리아(Assyria) 제국을 갈아치웠다. 바벨론은 기원전 609년 카르케미시(Carchemish) 전투에서 애굽을 대패시키고, 기원전 605년에는 예루살렘 성을 포위했다. 그 결과, 유다 왕국(B.C. 609-598년) 여호야김(Jehoiakim) 왕은 바벨론의 왕 느부갓네살의 종이 되었다(왕하 24:1). 그럼에도 불구하고, 여호야김은 바벨론 왕을 배반하고 이제 그 자신이 애굽과 연대하였다. 그의 통치는 결국, 기원전 597년에 두 번째 포로의 신세로 종말을 맞았고, 이제 아들 여호야긴(Jehoiachin)도 바벨론의 포로로 잡혀가 옥에 갇혔다(참고, 왕하 24:12).

하박국은 여호야김의 통치 시대 동안에 예언자로 활동했다. 그의 기간은 예레미야의 예언 활동 기간과 겹친다. 예레미야 예언자는 유다의 마지막 왕들(요시야, 여호야김, 여호야긴, 시드기야, B.C. 626-586년)의 통치 기간 동안 활동했다. 그러나 하박국서는 바벨론이 세력을 얻어 발흥한 이후 종종 여호야김의 통치 기간과 그리고 기원전 609-605년 사이 곧 예루살렘의 1차 공성攻城 이전에 그 배경을 두고 있다. 바벨론의 세력은 당시 상대적으로 하박국에게는 새로운 세력이었다. 그러나 그는 그들의 무자비와 우상숭배를 잘 알고 있었다(합 1:6, 15-17).

하박국은 하나님을 대신하여 그 백성에게 말하는 예언자라기보다는 오히려 그 백성을 대신하여 하나님께 말하는 예언자로 등장한다. 하박국이 두 예언적 신탁(합 1:5-11; 2:2-20)을 통해 하나님으로부터 분명하게 말씀을 전달하는 한편, 이들 신탁들은 또한 그 예언자가 백성을 대신하여 쏟아 놓았던 두 비탄들에 대한 대답이다(합 1:2-4; 1:12-2:1). 마지막 장은 하나님의 최종적 신탁에 대한 하박국의 대답이다. 여기서 그는 신앙의 기도를 드리고 하나님의 약

속에 호소한다(합 3:1-19).[88)] 하박국서의 구조는 다음과 같이 그려볼 수 있다:

- 비탄 하나: 어느 때까지 기다려야 유다를 심판하시겠습니까?(합 1:2-4).
    - 답변 하나: 그리 멀지 않았다; 바벨론 제국이 다가 온다(합 1:5-11).
- 비탄 둘: 어찌하여 바벨론입니까?(합 1:12-2:1).
    - 답변 둘: 바벨론에게도 정한 때(종말)가 있을 것이다(합 2:2-5).
    - 재앙의 신탁: 바벨론의 죄악이 크고 많다(합 2:6-20).
- 찬양: 하나님의 구원하시는 심판과 그분의 신실한 현존을 즐거워하라(합 3:1-19).

하박국은 그 백성 가운데 서서 두 가지 공동체의 비탄을 쏟아 놓는다. 그는 하나님의 대답을 듣기 위해 백성의 한 사람으로서 하나님께 항의의 말을 쏟아 놓는다. 그는 지금 하나님의 백성 중 한 사람으로서 유다의 주권자인 주께 질문하고, 불평하고, 청원하면서 하나님 앞에 서 있다.

✳✳✳
비탄 하나 (합 1:2-4)

하박국의 첫 번째 비탄은 하나님께 대해 간결하나 강력한 질문이다. 그것은 비탄의 두 가지 전통적인 질문을 포함한다: "어느 때까지?"와 그리고 "어찌하여?"가 그것이다. 여기 비탄은 하나님께서 유다의 타락한 사회를 심판해 달라고 요청한다.

> 여호와여 내가 부르짖어도, 주께서 듣지 아니하시니 어느 때까지이니까?
> 　　내가 강포(强暴)를 인하여 외쳐도 주께서 구원치 아니하시나이다.
> 어찌하여 나로 간악을 보게 하시며 패역을 목도하게 하시나이까?
> 　　대저 겁탈과 강포가 내 앞에 있고 변론과 분쟁이 일어났나이다.
> 이러므로 율법이 해이하고 공의가 아주 시행되지 못하오니
> 　　이는 악인이 의인을 애워쌌음으로 공의가 굽게 행함이나이다.

여기, 유다 사회의 도덕적 붕괴가 하박국의 비탄을 불러일으킨다. 이전 시대 곧 요시야(Josiah)와 같은 선왕善王 시대 아래서 유다는 번영을 누렸다(왕하 23:25). 그러나 여호야김은 그의 아버지의 좋은 선례를 따르지 않았다. 대신에, 여호야김의 통치는 폭정과 불의로 점철되었다(참고, 렘 22:13-17). 여호야김은 예언자 우리야(Uriah)의 사형을 명령했다. 그는 하나님의 말씀이 기록된 두루마리 일부를 태우면서까지, 예레미야의 경고에 청종하기를 거부했다(렘 36장). 하나님은 예레미야를 통하여 여호야김에게 경고하셨다. 그러나 그의 교만은 이제 습관이 되어 듣기를 거부한다(렘 22:21). 결과적으로 그의 교만한 자태는 종국에 그와 나라를 패망에 이르게 한다.

하박국은 여호야김 왕이 나라를 온통 폭정과 파괴로 몰고 가, 불의와 압제로 채웠다고 비난한다. 가난한 자를 포함하여 의로운 자들이 강탈당하고, 억압받고, 학살되었다. 예레미야는 하박국이 한 말을 그대로 되풀이한다: "(예루살렘에는) 강포와 탈취만이 들린다. 거기는 오직 포악으로만 채워져 있다"(렘 6:6-7). 하박국처럼 예레미야는 하나님이 언제 그 악한 자들을 심판하실 것인가를 알기를 원한다. 예레미야는 이렇게 기도하며 토로한다. "만군의 여호와여! 주는 공의로 판단하시며 사람의 심장을 감찰하시나이다. 나의 원정을 주께 아뢰었사오니 그들에 대한 주의 보수報讐를 내가 보리이다"(렘 11:20; 참고, 20:12). 예레미야는 악한 자들의 패망을 위하여 기도하며, 그 도시의 징벌을 요구한다. 이 때 예레미야는 하박국처럼 이렇게 묻는다, "내가 주께 질문하옵나니 악한 자의 길이 그렇게 형통하며 패역한 자가 다 안락함은 무슨 연고니이까?"(렘 12:1). 하나님은 어찌하여 그의 백성의 죄를 심판하시지 않으며, 그리고 악한 자를 처벌하지 않으십니까?

하박국의 비탄은 악에 대한 불평이다. 그러나 그것은 또한 은연 중의 저주이기도 하다. 그는 묻는다. 어느 때까지 하나님은 악한 자들에 대한 징계를 미루시려 합니까? 그것은 도움을 위한 간청이다. 그것은 또한 하나님의 정의에 대한 호소이기도 하다. 하나님은 언제 행동하시려는가? 하나님은 언제 그 대답을 주시려는가? 정의는 굽어졌고, 악한 자들이 오히려 의로운 자들을 학대한다. 하나님은 왜 이 같은 상황을 묵인하시는가? 어느 때까지 하나님은 수동적으로 남아서 지켜보며, 행동하기를 미루시려는가? 하박국은 하나님께서 무엇인가 행동으로 옮겨 주기를 간청하고 있다.

하나님은 하박국의 기도에 응답하신다(합 1:5-11). 여기에 하박국의 비탄과 그에 대한 하나님의 응답 사이에 시간이 얼마나 경과했는지는 정확하게 나타나 있지 않다. 그것은 아마도 즉시일 수도 혹은 몇 년이 경과했을 수도 있다. 참으로, 하박국의 비탄의 부르짖음이 어쩌면 요시야의 죽음 이후, 수년 동안 이어 온 하나님의 의로운 백성의 부르짖음일 수 있다. 그럼에도 불구하고 하나님은 응답하신다.

하나님은 유다의 악한 자들을 징계하실 것이다. 그분은 예루살렘의 교만한 지배자들을 이내 끌어내리실 것이다. 그분은 '사납고 성급한' 바벨론(갈대아) 사람을 일으켜 세계 내에서 새로운 일을 시작하신다(합 1:6). 이제 하박국은 하나님의 놀라운 일을 보게 될 것이다(합 1:5). 하나님은 "자기의 소유가 아닌 거할 곳들을 점령하고 온 땅을 평정할" 바벨론 사람을 일으켜 세울 것이다(합 1:6). 그들은 '자신들의 위령과 명예를 증진' 시킬 것이며, 또한 독수리처럼 그들 앞에 놓여 있는 모든 것을 삼키울 것이다(합 1:8). "그들은 열왕을 멸시하며 방백들을 치소恥笑할 것"이라고 주님은 말씀하신다. 이내 그들은 견고한 성들을 포획할 것이다(합 1:10). 그들의 군사적 힘은 너무나 압도적이어서 그들 스스로 자신들의 세력을 "자신의 신神"으로 삼을 것이다(합 1:11).

하박국은 자신의 비탄에 대해 긍정적인 응답을 받았다. 그는 정의를 요구했고, 하나님은 이에 반응하셨다. 하나님은 악한 자들을 징벌하실 것이며, 예루살렘 성을 멸하실 것이며, 그 왕을 갈아 치울 것이다. 예레미야가 선언했던 것처럼, 하나님은 유다를 그 죄 때문에 징계하시기로 결정하셨다(렘 11:1-17; 18:13-17). 예레미야의 기도에도 불구하고 - 아니 모세와 사무엘이 하나님 앞에 서서 중재자로 나선다 해도 - 그 심판의 가혹함이 선언될 때, 그것은 하나님의 원수 같은 그 박멸을 어떻게 되돌릴 수 없다(렘 14:19-15:4). 하나님은 그 땅의 불의를 보셨고, 그의 백성의 부르짖음을 들으셨다. 결과적으로 하나님은 그 땅을 정화하신다.

※ ※ ※
비탄 둘 (합 1:12-2:1)

하박국은 거룩하신 분께서 "심판하시기로" 결정하시고, 이내 그의 백성을 "징계하기 위하여 바벨론 사람을 두셨다"는 것을 알고 있다(합 1:12). 이것이 실은 예레미야의 메시지의 중요한 부담이었다. 하나님은 유다를 바벨론 왕에게 넘겨주기로 결정하셨다(렘 20:4; 22:25; 27:6; 32:3,28,36; 34:2). 사실, 예레미야는 여호와 하나님을 감히 예레미야 자신을 대신해 전쟁에 참여하도록 왕을 소환하는 것으로 묘사하고 있다. 이에 하나님은 바벨론 왕 느부갓네살을 "내 종"이라고 부른다(렘 25:9). 바벨론이 유다를 침범했을 때, 하나님은 그의 종(느부갓네살)을 통하여 일하신다. 하나님은 유다의 징계를 명하셨다.

이에 하박국은 그 침범의 정당성에 대해 질문한다. 그는 유다가 받아야 할 징계를 마땅히 받는다는 것에 의심하지 않는다. 그러나 그는 왜 하필, 거룩하신 분께서 바벨론 사람같이 그렇게 극악한 침략자들을 통하여 이 일에 친히 개입하실 수 있는가?라고 의아해 한다. 의로우신 하나님께서 그런 악한 사람을 사용하실 수 있을까? 이 더러운 일이 하나님의 거룩한 손길이란 말인가? 하나님은 어떻게 악한 사람을 활용하여 선을 성취하실 수 있는가? 하박국은 이에 하나님께 묻는다(합 1:13):

> 주께서는 눈이 정결하시므로 악을 참아 보지 못하시며
> 　　패역을 참아 보지 못하시거늘
> 어찌하여 궤휼詭譎한 자들을 방관하시며

> 악인이 자기보다 의로운 사람을 삼키되
> 어찌하여 잠잠하시나이까?

만일 하나님이 악을 참아 보지 못하신다면, 어떻게 악한 사람(바벨론 사람들)을 두어 그보다 더 의로운 자를(유다인들) 징벌하실 수 있는가? 하나님은 마치 열방들이 바벨론이 쳐 놓은 그물에 꼼짝없이 잡힌 물고기와 같이, 세계를 이런 상황으로 결정하셨다. 이제 바벨론 사람들은 유다 사람들을 그물로 잡으며 그들의 승리에 취해 기뻐하고 즐거워할 것이다(합 1:15). 그들은 심지어 그물에 제사(우상숭배)하며, 그물의 노획물로 인하여 풍성하게 살 것이다(합 1:16). 하나님은 이런 악을 계속 방관하실 것인가? 바벨론은 다른 열국들을 삼킴으로써 살아간다. 어느 때까지 하나님은 이것을 묵인하실 것인가? "그(바벨론)가 그물을 떨고는 연하여 늘 열국을 살륙함이 과연 옳으니이까?"(합 1:17)라고 하박국은 통렬히 묻는다.

하박국은 신학의 초보자가 아니다. 그는 실재적인 질문들을 제기한다. 그는 유다가 마땅히 받아야 할 응분의 심판에 대해 의심하지 않는다. 사실, 그는 그것을 위해 기도해 왔지 않은가? 그러나 하박국의 눈에, 하나님은 지금 사태를 공정하게 처리하시지 않을 뿐 아니라, 그분 자신이 백성에게 주셨던 규례조차 따르고 있지 않는다. 누구든지 증인이 되고자 하는 자는 악의 면전에서 침묵해서는 안 되듯이(레 5:1), 지금 바벨론 사람들이 유다 사람들을 살육하고 있는데도 하나님이 그렇게 침묵해서 되겠는가?(합 1:13). 하나님은 과거엔 악한 자들을 삼켰다. 그러나 지금 그분은 오히려 그 악한 자들에게 권한을 주어 당신의 백성을 살육하게 하고 있다(참고, 출 15:12; 민 16:30-34; 시 106:17). 사실, 그 악한 자들이 바벨론 포로를 통해 하나님의 백성을 삼키고 있다(렘 51:34; 애 2:2,5,16).[89] 더군다나, 하나님은 바벨론으로 하여금 악한 재화를 쌓게 하여 당신의 백성을 징계하시는데, 과연 거기에 어떻게 책임을 지실 수 있는가? 과연 바벨론 사람들의 악이 유다 사람들의 악보다 더 크지 않단 말인가?

죄가 더 큰 범법자를 들어 그보다 덜한 범법자를 왜 징계하시는가? 그것은 실로 정당한가? J.해리스(J.G. Harris)는 그 점을 잘 요약하고 있다:

> 그 비탄은 악의 문제에 대한 대답이나 혹은 무고한 자가 왜 고통을 받아야 하는가에 대한 대답을 요구하는 것이 아니다. 그것은 악한 자의 정당한 징계에 대해 트집을 잡으려는 것도 아니다. 그가 불평하는 것은, 어떤 사태가 세계의 정당한 통치와 함께 현저하게 잘못되었다는 것이다. 하나님은 지금 악의 만연에 대한 책임을 친히 짊어지심으로써 왜 자기 모순의 방식으로 그렇게 행동하시는가?[90]

하나님은 불의한 수단들을 사용하여 정당한 목적을 성취해 오셨는가? 하나님은 왜 바벨론 사람들의 악을 멸하지 않으신가? 하나님은 더 이상 유다를 참아 보지 못하면서도 왜 그들은 묵인하시는가?

하박국의 첫 번째 비탄을 우리가 생각해 보면, 하나님의 첫 번째 대답에 대한 하박국의 반응을 이해하기란 그리 쉽지 않다. 하박국은 하나님이 그렇게 행동하실 것이라고 예상했는가? 어쩌면, 하박국은 하나님이 요시야 같은 선한 왕을 두어 유다의 악을 멸하실 것이라 생각했다. 하박국은 유다 왕실에 의로운 다윗 같은 왕을 세워, 여호야김을 제거하실 것이라 생각했다. 그는 하나님이 악한 제국의 세력을 이용하여 유다를 징계하실 것이라고는 상상하지 못했다. 하나님이 그런 악한 나라를 이용하여 당신의 백성을 멸하실 것이라고는 하박국이 믿을 수 없었다. 그러나 이것이 정확하게 장차 하나님께서 하실 것이라고 하신 말씀의 핵심이다. 따라서 하박국은 다시 불평한다. 거룩하신 하나님께서 어떻게 그렇게 불공정한 방식으로 그런 불의한 사람들을 이용하실 수가 있는가?

하박국은 이제 자신의 비탄에 대한 대답을 듣기 위하여 높은 성루에 올라간다(합 2:1). 그는 불평을 쏟아 놓고, 하나님의 대답을 기다리고 있다. 어떤 번역본들은 그 불평을 하박국에 대한 하나님의 예상된 대답으로 간주한다(NIV). 그러나 하박국의 비탄을 불평으로 이해하는 것이 더 낫다(NRSV). 그 '불평'이란 용어는 의미상 논쟁, 비난, 훈계, 교정, 혹은 논점 등을 포함하는 범위를 갖는다(잠 1:23,25,30; 욥 13:6; 23:4에서 사용된 이 용어를 참고하라). 하박국은 상황을 이렇게밖에 처리하지 못하시는 하나님께 불평을 늘어놓았다. 사실상, 그는 하나님을 비난했다. 이제 그는 자신의 비난에 대한 하나님의 대답을 듣기 위해 기다린다.

하나님은 하박국의 반응에서 악인과 의인 간의 차이를 인정한다. 의인은 믿음(신실함)으로 사는 반면 악인들은 자신들의 교만을 으스대며 산다. 그들은 의로움을 추구하지 않는다(합 2:4). 의인과 악인 간의 중대한 특징은 신앙과 교만 간의 구별이다. 의인은 하나님에 대한 견고한 신앙으로 사는 반면, 악인은 자신들의 교만 때문에 죽는다.[91] 바벨론 사람들은 '교만'하다. 그들은 '그 욕심을 음부처럼' 넓힌다(합 2:5). 그들은 자신들의 교만을 추구하며, 땅의 만민을 자기에게로 모으고, 그래도 만족할 줄을 모른다. 그들은 그래서 망한다. 그들은 예언자 신탁에 기술되어진 대로 그 '재앙'을 끝내 경험하게 될 것이다(합 2:6-20). 하나님은 그들의 피 흘리게 함 때문에(합 2:8,12,17), 불의한 이득 때문에(합 2:9), 땅에 강포를 행함 때문에(합 2:17), 그리고 우상숭배 때문에(합 2:18-19) 그들을 멸하실 것이다. 그러나 유다로부터 남은 자들은 그 믿음으로 말미암아 살 것이다. 그들은 바벨론에 임할 하나님의 심판을 인내로 기다릴 것이며, 하나님의 위업을 기뻐할 것이다. 여기 예언자는 하나님이 곧 행동하실 것이라고 확신하고 있다: "그 종말이 비록 더딜지라도 기다리라 지체되지 않고 정녕 응하리라"(합 2:3). 의인은 하나님의 확실한 말씀을 신뢰하나, 악인들은 하나님께서 그들 위에 내리실 그 재앙들로 인하여 멸망할 것이다(렘 50:15,29-32).

하박국에 대한 하나님의 대답은 곧 권능의 주께서 악을 이용하여 악을 멸하실 것이라는 것이다: 그분은 악을 이용하여 악을 징벌하신다. 하나님은 세계 내에서 악을 지배하시는 주권자이다. 당신의 목적을 성취하기 위하여 악을 이용하시기도 한다. 그러나 그분은 악이 처벌받지 않게 하시지 않는다. 하나님은 주권자로서 어떻게 이 같은 일을 행하실 수 있는가에 대해 굳이 설명하려 들지 않으신다. 다만 그 신탁이 바벨론 사람들의 최종적인 종말을 계시하는 것만으로도 그분에게 충분하다. 하나님은 악을 영원히 묵인하시지 않는다. 거룩한 하나님은 불의한 자들을 멸하실 것이다. 그러나 "의인은 그 믿음으로 말미암아 사는 것"처럼, 하나님의 백성은 그분이 하시는 일을 기다리며(합 2:3), 그분의 지혜를 신뢰한다(합 2:4).

※ ※ ※
신앙의 기도

하박국 3장 1절의 표제標題는 3장 전체를 기도로 분류한다. 이 히브리어 용어는 일반적인 용법이다. 그 용어는 시편에서 32회가 나타나는데, 특히 그 첫 절에서 그렇다(참고, 시 4:1; 17:1; 55:1, 61:1; 86:1; 102:1; 143:1), 혹은 시편 그 자체의 표제에서도 나타난다(시 90, 102, 142편). 이 현재(3장)의 형식에서 하박국의 기도는 성전 예배자들을 위해 의도된 것이다. 그것은 음악 지휘자를 위한 음악의 악보를 띠고 있다(합 3:1,3,9,13,19; 참고 사 38:20). 그것은 이스라엘의 성전 예배 양식에서 "회중이나 혹은 회중을 대표하는 사람에 의해 불러지도록 고안된 중보 기도이다."[92] 그것은 이스라엘이 그 성전 예배에서 종종 이용하는 공동 기도이다. 따라서 그것은 단지 하박국 개인의 신앙이라기보다는, 이스라엘 백성이 하나님께 찬양을 올리고 적에 대한 하나님의 궁극적 승리를 기념할 때 드리는 이스라엘의 신앙이라 할 수 있다.

그 시편은 승리의 노래이다. 여기 노래에서 이스라엘은 하나님께서 자신들을 위하여 역사 현장에 개입하시도록 요청한다. 그 시편은 그 같은 구속적 행동이 가져 오는 예상된 결과를 축하하고 기념한다.[93] 그것은 비탄이 아니라, 하나의 청원이다. 그것은 절망의 부르짖음이 아니라, 확신에 찬 신앙의 주장이다. 전에 하박국은 자신의 비탄을 쏟아 놓았고, 이내 하나님의 응답을 받았다.

하박국은 이제 하나님의 미래 행동에 대한 자신의 신뢰를 나타낸다. 그는 하나님께서 행동하실 것을 인내하며 기다린다. 그는 하나님의 약속에 자신을 전적으로 내맡긴다. 그 시편은 하나님의 세계를 신뢰하는 예배자들의 확신을 표현한다.

그 기도의 시작은 하박국 2장 2-5절의 독자들을 다시 상기시키고, 이제 하나님께서 당신의 약속에 따라 행동해 주시기를 청원한다. 하박국은 지난 시절의 하나님의 구속적 행동들을 기억하며, 하나님의 새로운 약속을 신뢰하며, 그리고 하나님께서 모종의 행동을 취해 주실 것을 청원한다(합 3:2):

> 여호와여! 내가 주께 대한 소문을 듣고
> 놀랐나이다.
> 여호와여! 주는 주의 일을
> 이 수년 내에 부흥케 하옵소서
> 이 수년 내에 나타내시옵소서
> 진노 중에라도 긍휼을 잊지 마옵소서

하박국은 하나님의 권능의 행위들을 기억한다. 유다의 하나님은 출애굽의 하나님이시며, 가나안 정복의 하나님이시며, 다윗 왕국의 하나님이시다. 하박국은 하나님이 과거의 행동들부터 존재하시는 분이며, 과거의 구속적 행동들을 보여 주신 분이며, 그래서 이제 제때에 그 신탁을 선언하시는 분임을 잘 안다. 하박국은 그분의 승리의 노래를 부른다. 그는 이제 하나님께서 이 시대에 권능의 행위들을 다시 새롭게 펼쳐 주시기를 청원하고 있다.

하박국이 기억하고 있는 그 특별한 권능의 순간은 시내(Sinai) 산이다. 하박국 3장 3절의 언어는 시내 산으로 내려오신 하나님의 강림을 묘사하고 있는 신명기 33장 2절의 언어와 유사하다. 그것은 하나님의 현존을 나타내는 언어이다. 하나님은 신적 전사戰士처럼, 당신의 백성을 위해 행동하시기 위해 그의 거룩한 시내 산으로부터 진군해 오신다(참고, 삿 5:4-5; 시 18:7-15; 68:4-10,32-35; 77:16-19; 미 1:3-4; 사 30:27-33). 하박국은 신적 현현顯現을 묘사하고 있는데, 거기서 하나님은 자신의 백성을 위해 전쟁도 불사하신다. 그분은 종국에 열국을 재패하시고(합 3:7,12-13), 큰 물의 파도와 대 혼돈을 잠재우신다(합 3:8-10,14-15). 그분은 이제 그의 백성을 구원하시고 "악인의 집 머리(지도자)"를 쳐부순다(합 3:13). 하나님은 이스라엘의 구속자이시다. 그분은 침범한 제국의 대 혼돈의 악으로부터 이스라엘을 구원하신다.

이 때 이러한 신현神顯의 비전은 하박국의 신앙을 대담하게 해 준다. 그는 하나님의 구속적 행동을 확신해 왔다. 그는 과거를 기억한다. 그리고 미래에 희망을 품고 있다. 그는 하나님께서 행동하실 것을 확신하고 있다. 이런 정황에서 하박국은 성경에서 발견될 수 있는 신앙의 확신 중 하나를 간담이 서늘할 정도로 표현한다(합 3:16-19):

> 내가 들었으므로 내 창자가 흔들렸고
> 그 목소리로 인하여 내 입술이 떨렸도다
> 무리가 우리를 치러 올라오는 환난 날을 내가 기다림으로
> 내 뼈에 썩이는 것이 들어왔으며
> 내 몸은 내 처소에서 떨리는도다
> 비록 무화과나무가 무성치 못하며
> 포도나무에 열매가 없으며
> 감람나무에 소출이 없으며
> 밭에 식물이 없으며
> 우리에 양이 없으며
> 외양간에 소가 없을지라도
> 나는 여호와를 인하여 즐거워하며
> 나의 구원의 하나님을 인하여 기뻐하리로다
> 주 여호와는 나의 힘이시라
> 나의 발을 사슴과 같게 하사
> 나로 나의 높은 곳에 다니게 하시리로다

이 신현에 대한 하박국의 반응은 실로 말로 형언할 수 없다. 그는 앞에서 자신의 불평을 쏟아 놓았다. 그러나 그에 대한 하나님의 반응은 어떤가?(합

2:1). 그는 욥이 그랬던 것처럼(욥 13:3,6; 23:4) 하나님을 비난했다. 그러나 이 신현은 하박국의 태도를 바꾸어 놓았다. 그는 하나님의 비전을 자기 백성을 구속하시고자 출정하는 신적 전사로 이해했다. 하나님은 바벨론에 맞서서 행동하실 것이다. 이제 하박국은 그런 '재앙의 날'이 도래하기를 기다리고 있다. 한 때 하박국은 하나님이 자신의 논쟁에 개입하시길 원했었다. 그러나 이제 이 신현을 통한 하나님의 현존 앞에서 하박국은 하나님의 의제(계획)에 굴복하고 "무리가 우리를 치러 올라오는 환난 날을 기다리기로" 결심한다(합 3:16).

"내가 인내하며 기다릴 것이다"(합 3:16)란 표현은 안전, 평안, 확신의 표상을 일깨우는 히브리어 용어이다. 이사야는 하나님께서 자기 백성을 애굽의 노예로부터 해방시키고, 친히 그들에게 제공했던 그 평안을 묘사하기 위해 이 용어를 사용했다(사 63:14). 다윗은 하나님께서 예루살렘 장막 가운데 당신의 현존을 통하여 그의 백성에게 친히 수여했던 그 평안을 묘사하기 위해 이 용어를 사용했다(대상 23:25). 그 용어는 하박국을 둘러싸고 있는 여러 상황들에도 불구하고, 그의 확신과 평안 그리고 하나님과의 교제를 표현한다.

생명이 떨어져 나가고 타락이 하나님의 백성을 에워쌀 때조차도, 그들은 과거 하나님의 여러 구속적 행동으로부터 그리고 미래 그분의 여러 약속에서 확신을 얻는다. 하나님의 백성이 지닌 확신은 하나님께서 과거 행하셨던 것과 하나님이 그렇게 하시겠다고 약속했던 것에 근거한다. 하나님의 백성이 예배 가운데서 주님을 만날 때, 그때, 그들은 그분과 교제하며 하나님은 그들의 확신에 담력을 더해 준다. 절박한 상황에서조차, 하나님의 백성은 그들의 구원의 하나님을 인하여 즐거워할 수 있다. 비극의 와중에서조차, 하나님의 백성은 순전한 기쁨을 일으키는 차분한 평안을 발견할 수 있다. 그러나 이 같은 평안은 예배, 기도, 하나님과의 교제에서만 오직 발견된다. 평안은 하나님의 현존을 통하여 온다. 하나님의 현존은 기도와 예배 가운데서 발견된다. 하나님의 평안은 그분의 지성소에서 발견된다. 따라서 우리는 기도의 담대함으로 그 지성소에 들어갈 수 있다. 하나님이 자신의 백성과의 교제 속으로 들어오시는 주권적 구속자로 인식될 때, 그의 백성은 신뢰와 겸손함으로 예배를 받으시는 그분에게 나아갈 수 있다. 그때의, 순전한 기쁨은 오직 하나님만이 줄 수 있는 평안 가운데서 발견된다. 여기서 신앙은 하나님만이 제공할 수 있는 그 담대함에서 인내를 발견한다.

자연의 대 혼돈과 전쟁의 결과도 이 같은 순전한 기쁨과 인내하는 신앙을 어찌 파괴할 수 없다. 기근이 땅을 적시어 무화과나무가 무성치 못하고, 감람나무에 소출이 없고, 포도나무에 열매가 없고, 아니 밭에 어떠한 식물도 없다 할지라도, 하박국은 자신의 구원의 하나님을 인하여 여전히 즐거워할 것이다. 우리에 양이 없으며, 외양간에 소가 없을지라도, 하박국은 자신의 구원의 하나님을 인하여 즐거워할 것이다. 바벨론이 땅을 다 황폐케 하고 하나님의 선한 토지를 대혼란으로 상하게 할지라도, 하박국은 하나님의 구속에 대한 확신을 버리지 않는다. 하박국은 유다가 받아야 할 그 황폐에 대해 하나님에게 책임이 있다는 것을 비록 알고 있다. 그럼에도 불구하고 그는 하나님의 진노가 마침내 크신 자비로 변할 것이라는 것을 믿고 있다. 하나님의 징계가 이제 당신을 신뢰하는 사람들에게 하나님의 구속이 될 것임을 그는 믿고 있다. 교만한 자는 멸망할 것이나, 의인은 믿음으로 말미암아 살 것이다. 신앙은 여전한 의심에도 불구하고, 다시 확신을 주시는 하나님의 현존에 의해 견고하게 유지된다.

※ ※ ※
비탄 시

시편은 인간의 영혼을 반영하고, 찬양과 예배의 강렬한 감정을 나타낸다. 시편은 하나님에 대한 확신을 표현하고(시 23편), 그분을 예배하게 하고(시 100편), 그분의 길에 들어서 헌신하게 한다(시 1편). 그러나 그것은 또한 절망, 의심, 그리고 회의를 경험하는 우리의 깊은 내면의 순간들을 표현한다. 그것은 죄를 고백하고(시 51편), 하나님의 약속의 신실성에 대하여 회의하고(시 44편), 적들에 대한 하나님의 진노를 촉구하기도 한다(시 94편). 시편은 하나님과 함께했던 이스라엘의 삶의 이야기를 반영하는 다양한 찬미와 기도의 모음집이다. 그것은 때론 확신에서 비탄으로 그리고 찬양으로 옮겨간다. 그것은 하나님의 백성의 역사를 다시 얘기하고, 하나님의 구원해 주심을 기도하고, 하나님의 구속적 행동들에 대해 감사한다. 시편은 이스라엘의 찬양곡이며 기도문이다. 그것은 좋을 때나 나쁠 때나, 승리와 절망을 통하여 하나님의 백성을 지지해 주었다.

W.브르지만은 시편을 범주화하는 데 있어서 썩 도움이 되는 유형들을 제시한다.[94] 그는 시편을 세 가지 배합으로 분류한다: (1) 정위定位(Orientation), (2) 혼위混位(Disorientation), 그리고 (3) 새 정위(New Orientation)가 그것이다. 정위의 시편은 '항구적인 축복에 만족하고 거기에 감사하는 행복한 삶의 계절'의 상황 속에서 기록된다. 그 시편은 하나님의 창조와 통치법의 관점에서 '기쁨을 명확히 표현한다.' 그것은 신앙 그 자체에 대한 신실한 선언들이다. 하나님의 현존, 그분의 율법, 그리고 그분의 창조에 대한 확신을 고백한다. 하나님의 신실한 선하심을 찬양하고 즐거워한다. 그것은 하나님의 창조를 노래하는 시이며(시 8, 19, 33, 104, 145편), 율법이며(시 1, 15, 19, 24, 119편), 지혜이다(시 14, 49, 112편). 나아가 그것은 하나님의 영속적인 현존에 대한 확신을 표현한다(시 11, 16, 23, 46, 121, 131, 133편).

혼위의 시편은 '상처와 소외와 고통과 죽음이 경험되는 계절'의 상황 속에서 기록된다. 이런 삶의 계절은 '분노와 원망과 자기 연민과 증오를 불러일으킨다.' 정위의 시편에서 드러난 뚜렷한 행복의 정서는 이제 세계의 타락에 의해 압도되어 버린다. 혼위의 시편은 현실의 실재를 직시하고 하나님의 보좌 앞에서 타락한 세계의 실상을 부각시키려 한다. 그 시편은 회의, 의심, 그리고 절망 속에서 하나님의 현존으로 담대히 다가간다. 이는 세계의 타락에 의해 발생한 상처와 아픔에 반응한다. 이는 고통과 핍박과 질병과 시한부 인생의 와중에서 퍼진다. 이 때 하나님의 백성은 당황하고, 혼란에 빠지고, 분노한다. 그래서 그들은 타락한 세계까지도 주관하시는 그들의 하나님께 부르짖는다. 성경에서 이들 시편은 비탄의 시이며(시 3, 7, 9, 13, 22, 38-43, 52-57, 86, 88, 90, 123, 126, 129, 143편), 청원의 시이며(시 6, 32, 38, 51, 102, 130, 143편), 때론 저주의 시이다(시 35, 48, 69, 82-83, 94, 109, 137편). 비록 이것들이 기도이지만, 이 시편은 자신들의 고통을 비탄해 하고, 자신들의 죄를 고백하고, 세계 내에서 하나님의 정의를 요구한다.

새 정위의 시편은 하나님의 놀라운 사역들의 정황 속에서 기록된다. 거기서 하나님의 백성은 '하나님의 새로운 선물에 압도된다.' 하나님은 그의 백성의 비탄에 반응하신다. 여러 청원들은 그분의 반응에 의하여 일변-變된다. 이 같은 일변은 이제 찬양과 감사로 나타난다. 하나님은 세계의 타락에 개입하셔서 새롭고 놀라운 일들을 행하신다. 이제 기쁨이 절망을 뚫고 앞으로 나아간다. 이 모든 기도와 노래들은 사망이 지배하는 세계에 이제 생명을 불어넣으시는 하나님의 구속적 행위를 나타낸다. 하나님은 찬양과 영광을 받으시고, 그 이름이 높아진다. 왜냐하면 그분께서 그의 백성을 위하여 타락한 세계를 일변시켰기 때문이다. 이런 시편은 찬양이며(시 66, 68, 95, 113-114, 146-150편), 감사며(시 18, 21, 30, 75, 92, 107, 116, 118, 124, 129, 138편), 하나님의 구속적 행동의 이야기를 다시 들려주며(시 78, 105-106, 135-136편), 시온에서 자기 백성 가운데 거하실 하나님의 약속을 기뻐하며(예, 시온의 노래, 시 46, 48, 76, 84, 87, 121-122편), 다윗 왕국에 대한 하나님의 회복의 약속을 인하여 즐거워한다(예, 시 2, 29, 45, 95-99, 101, 110, 132, 144편). 새 정위의 시편은 하나님의 구속적 사역들을 축하하고 기념한다.

오늘날 우리의 찬송가들의 내용을 생각해 보면, 거의 시편 절반이 비탄 시라는 사실은 우리를 놀라게 한다. 현대 예배의 강조는 주로 앞에서 언급한 정위와 새 정위 시편에 맞추어져 있다. 다시 말하면, 확신, 찬양, 감사, 기쁨에 집중되어 있다. 우리의 찬송가에서 몇 가지 참회나 죄의 고백 찬송을 제외하고는, 순전한 비탄이나 혹은 혼위의 시편을 드러내는 찬송은 별로 나타나 있지 않다.⁹⁵⁾ 현대 그리스도인들은 그런 비탄 시에 매우 불편해 한다. 비탄 시는 너무나 굵고 너무나 대담하여, 이 세계에 하나님으로 하여금 아주 친밀하게 개입하도록 요구한다. 그 시는 타락에 대해 하나님께 부르짖는다. 현대 그리스도인들은 그런 타락으로부터 하나님이 적당한 거리를 유지하고 계시기를 바라고 있다. 하나님은 당신의 손에 때를 묻혀서는 안 된다. 그러나 거의 시편 절반이 비탄 시이며, 시편의 가장 긴 단위들이 지극히 개인적인 비탄 시임을 기억하라. 타락이 하나님의 백성의 삶에 침투해 들어올 때, 그들은 하나님께 호소한다. 그들은 하나님께 불평하기 위해, 그분의 행동에 청원하기 위해, 그리고 최종적으로는 그분을 찬양하기 위해, 그분의 신실성과 흔들리지 않는 사랑과 주권에 호소한다.

시편 13편은 불평(1-2절)으로 시작해서 청원으로(3-4절) 그리고 이제 찬양으로(5-6절) 옮겨가는 전형적인 비탄 시이다. 이 시편은 비탄 시의 '전형적 구조'를 아름답게 예시해 준다.⁹⁶⁾ 이 시편을 다음과 같은 형식으로 논의해 보고자 한다. 시편 기자는 이렇게 기도했다:

여호와여 어느 때 까지니이까 나를 영영히 잊으시나이까
　　주의 얼굴을 나에게서 언제까지 숨기시겠나이까
내가 나의 영혼에 경영하고 종일토록 마음에 근심하기를
　　어느 때까지 하오며 내 원수가 나를 쳐서 자긍하기를
　　어느 때까지 하리이까
여호와 내 하나님이여 나를 생각하사 응답하시고
　　나의 눈을 밝히소서 두렵건대 내가 사망의 잠을 잘까 하오며
두렵건대 나의 원수가 이르기를
　　내가 저를 이기었다 할까 하오며
　　내가 요동될 때에 나의 대적들이 기뻐할까 하나이다
나는 오직 주의 인자하심을 의뢰하였사오니
　　내 마음은 주의 구원을 기뻐하리이다
내가 여호와를 찬송하리니
　　이는 나를 후대하심이로다

불평

　비탄 시들은 어찌 보면 대적對敵과 비극적 상황들에 대한 불평들이다. 비탄을 쏟아 내는 사람들은 하나님의 감추임 혹은 분노에 의해 당황해 한다. 그들은 대적들이 자신들을 핍박한다고(시 7:5; 31:15; 71:10; 143:3), 그들이 승리한다고(시 41:11; 42:9; 56:2), 자신들의 신앙을 조롱한다고(시 25:2; 35:19; 55:3; 69:4; 80:6; 102:8) 하나님께 불평한다. 그들은 건강치 못함, 죽음, 질병에 대해 불평한다(시 9:13; 16:10; 22:15; 35:7,13; 38:3; 40:2; 56:13; 69:15; 88:4; 109:31). 그들은 하나님이 그의 백성으로부터 얼굴을 가리웠고 혹은 돌아서셨다고 불평한다(시 10:1; 27:9; 44:24; 55:1; 69:17; 88:14; 89:46; 143:7), 혹은 하나님이 그의 백성과 그 약속을 저버렸거나 잊으셨다고 불평한다(시 22:1; 42:9; 44:24).

　우선적으로 이들 불평들은, 시편 13편의 질문처럼, 일단 질문의 형식을 띤다. 그들은 주권자 하나님께 "어찌하여?" 그리고 "어느 때까지?"라고 묻는다. 그들은 당신이 진실로 돌보시는 분이 맞느냐고, 당신이 구원하실 수 있는 분이 맞느냐고 불평한다. 그들은 언약의 하나님께 자신들의 좌절, 상처, 아픔, 분노 그리고 실망을 소리 내어 쏟아 놓는다. 결과적으로, 그들은 하나님께서 얼굴을 감추이지 마시고, 이제 당신의 언약을 기억하시라고(시 27:9; 55:1; 69:17; 102:2; 143:7), 자신들을 저버리지 마시고, 이제 당신의 그 견고한 사랑으로부터 무엇인가 행동하시라고(시 10:12; 27:9; 38:21; 71:9; 74:19; 138:8) 요구한다. 그 비탄 시들은 그의 백성과 하나님과의 언약의 관계에 그 근거를 두고 있다. 그 시들은 그냥 어떤 막연한 하나님께 쏟아 놓는 것이 아니다. 비탄을 쏟아 내는 사람의 부르짖음의 대상은 늘 "나의 하나님"이다(시 7:6; 22:1,10; 63:1; 102:24; 140:6). 그들은 실로 하나님의 백성이고, 그분은 그들의 하나님이시기 때문에, 그 비탄자들은 이 같은 질문들을 제기할 수 있다. 비탄 시들은 실로 신앙의 표현이다.

　시편 13편은 하나님께 네 가지 질문을 제기한다. 이들 각기 질문은 "어느 때까지?"로 시작한다. 그 첫 번째 두 가지 질문은 하나님의 개입을 제언한다. 하나님은 어느 때까지 이렇게 그의 종을 "잊겠으며?" 그리고 당신의 얼굴을 그 종에게서 "숨기실 건가?" 그 시편 기자는 하나님이 우주를 통제하시고 있음을 이해하고, 자신의 현재 상황들은 실상 하나님의 행위 혹은 무위無爲(inaction)에 그 원인이 있다고 생각한다. 따라서 여기에 진실한 대답이 있어야만 한다. 시편 기자는 하나님이 자신의 고통의 상황에 책임이 있기에, 자신은 하나님에게 그렇게 제언하는 것은 당연하다고 여긴다. 그 두 번째 두 가지 질문은 타락한 상황에 대해 제언한다. 거기서 시편 기자는 실로 자신을 새롭게 발견한다. 특별히, 여기서 시편 기자는 그의 대적들이 승리하고 있는 판에, 슬픔과 아픔이 어느 때까지 계속해서 자신의 상한 마음을 가득 채울 것인지를 묻는다. 그 질문들은 실상 하나님의 무위와 그리고 시편 기자의 슬픔에 대한 불평들이다. 하나님은 어디에 계시는가? 그분은 지금 무엇을 하고 계시는가? 그분은 왜 행동하시지 않는가?

　시편 13편은 시편 기자 자신의 특수한 문제를 드러내지는 않는다. 이것은 어떤 고통스런 사건에 의해 촉발되기는 했지만, 일반적인 것을 말하고 있다. 그러나 그 시를 좀 더 들여다보면, 그것은 모든 혼위混位의 상황에 대해 이야기한다. 그것은 세계의 타락에 대하여 하나님께 정직하게 그리고 담대히 이야기한다. 그것은 무엇인가 세계가 잘못 돌아가고 있다는 정직한 평가이다. 비탄은 세계의 타락을 하나님의 보좌에까지 가져오게 하여, 이제 그에 대해 하나님께 질문하게 한다. 그것은 하나의 수단으로, 하나님의 백성이 현실적인 고통에 대해 실재적인 질문들을 하나님의 현존 속으로 가져오게 한다.

　많은 시편들은 "어느 때까지?"라는 질문으로 채워져 있다. 그것은 고통의 중압 아래서 하나님의 백성의 부르짖음이다. 그것은 고통으로부터 자신들을 해방시킬 수 있는 주권자 하나님을 향한 부르짖음이다. 하나님은 시간의 경계

境界들을 정하시고, 고통의 기한을 결정하신다. 따라서 주권자 하나님은 그의 백성이 제기하는 질문에 대답할 수 있다. 그것은 단지 절망의 표현이 아니라, 알기를 원하는 순전한 열망이다. 그것은 하나님이 무엇인가 행동으로 옮기셔서 그의 백성의 고통을 이제 끝내주기를 간절히 바라는 요청이다.

시 6:3, "나의 영혼도 심히 떨리나이다 여호와여 어느 때까지니이까?"
시 35:16-17, "저희는 연회에서 망령되이 조롱하는 자같이 나를 향하여 그 이를 갈도다 주여 어느 때까지 관망하시리이까? 내 영혼을 저 멸망자에게서 구원하시며 내 유일한 생명을 사자獅子들에게서 건지소서!"
시 74:10-11, "하나님이여 대적이 어느 때까지 훼방하겠으며, 원수가 주의 이름을 영원히 능욕하리이까? 주께서 어찌하여 주의 손 곧 오른손을 거두시나이까? 주의 품에서 빼사 저희를 멸하소서!"
시 79:5, "여호와여 어느 때까지니이까? 영원히 노하시리이까? 주의 진노가 불붙 듯 하시리이까?"
시 80:4, "만군의 하나님 여호와여 주의 백성의 기도에 대하여 어느 때까지 노하시리이까?"
시 89:46, "여호와여 어느 때까지니이까? 스스로 영원히 숨기시리이까? 주의 진노가 언제까지 불붙듯 하시겠나이까?"
시 90:13, "여호와여 불쌍히 여기소서! 어느 때까지니이까? 주의 종들을 긍휼히 여기소서!"
시 94:3, "여호와여 악인이 어느 때까지 개가를 부르리이까?"
시 119:84, "주의 종이 어느 때까지 기다려야 하나이까? 나를 핍박하는 자를 주께서 언제 국문하시리이까?"

바벨론의 포로에서처럼, 하나님의 징계의 압박 아래에서조차 하나님의 백성이 고통을 당할 때, 그들은 "어느 때까지?"라고 울부짖는다. 예레미야가 유다의 멸망을 예언했을 때에도, 하나님을 향한 그의 질문은 "내가 저 기호를 보며 나팔소리 듣기를 어느 때까지 할꼬"였다(렘 4:21). 스가랴는 주의 사자使者(천사)가 주권자 하나님께 질문하는 곳에서 한 환상을 보았다. 그 사자의 질문은 이렇다. "만군의 여호와여 여호와께서 어느 때까지 예루살렘과 유다 성읍들을 긍휼히 여기지 아니하시리이까? 이를 노하신 지 칠십 년이 되었나이다"(슥

1:12). 천상天上의 제단에 있는 순교한 그리스도인 영혼들도 이렇게 물었다. "거룩하고 참되신 대주재여 땅에 거하는 자들을 심판하여 우리 피를 갚아 주지 아니하시기를 어느 때까지 하시려 하나이까"(계 6:10). 하나님의 현존 안에 있는 성도들조차도 여전히 이런 비탄을 쏟아 낸다. 주권자 주께서 자기 백성에게 고통을 허용하거나 혹은 수난을 주실 때, "어찌하여?", "왜?"라고 묻는 것은 자연스럽다. 종종, 그 대답은 하나님의 백성의 역사가 증명할 때, 보다 분명해진다. 종종 그들은 자신들의 죄 때문에 고통을 받는다. 그럼에도 불구하고, "어찌하여?"라는 울부짖음은 종종 하나님의 백성의 입술에서조차 터져 나온다. 성경에서 가장 긴 비탄 시, 물론 그 시는 하나님께서 예루살렘을 황폐하게 한 이유에 대해 인정하면서도, 그 끝을 동일한 질문으로 맺는다. "주께서 어찌하여 우리를 영원히 잊으시오며 우리를 이같이 오래 버리시나이까"(애 5:20). 이스라엘이 재앙에 직면할 때마다, 그들이 비탄해 하며 제기한 "어찌하여?"란 질문은 항상 하나님의 귓전에 울렸다.

이스라엘이 더 많은 볏짚을 모아야 한다고 바로에게 강요받았을 때, 모세는 "주여 어찌하여 이 백성으로 학대를 당케 하셨나이까?"라고 물었다. 이스라엘이 첫 번째 아이(Ai) 성 전투에서 패배했을 때, 여호수아는 이렇게 탄식했다. "슬프도소이다 주 여호와여 어찌하여 이 백성을 인도하여 요단을 건너게 하시고 우리를 아모리 사람의 손에 붙여 멸망시키려 하셨나이까 우리가 요단 저편을 족하게 여기었다면 좋을 뻔 하였나이다"(수 7:7). 베냐민 지파가 전멸에 직면했을 때, 이스라엘은 "이스라엘의 하나님 여호와여 오늘날 이스라엘 중에 어찌하여 이런 일이 일어났나이까?"하고 대성통곡했다. 블레셋 사람이 아벡(Aphek) 전투에서 이스라엘을 대패시켰을 때, 이스라엘 장로들은 "여호와께서 어찌하여 우리로 오늘 블레셋 사람 앞에서 패하게 하셨나이까?"라고 물었다(삼상 4:3). 바벨론이 유다를 멸하고 그들을 노예로 삼아 사로잡아 갔을 때, 그 백성은, "여호와여 어찌하여 우리로 주의 길에서 떠나게 하시며, 우리의 마음을 강퍅케 하사 주를 경외하지 않게 하시나이까?"라고 물었다. 그런 재앙의 와중에서 하나님의 백성은 "우리 하나님 여호와께서 어찌하여 이 모든 일을 우리에게 행하셨느뇨?"라고 물었다(렘 5:19; 참고, 렘 13:22; 16:10; 22:8; 왕상 9:8; 대하 7:21). 예레미야조차도 하나님께, "어찌하여 우리를 치시고 치료하지 아니하시나이까"라고 질문했다(렘 14:19). 더욱, 예레미야는(마치 욥기 3장의 탄식처럼) 자기 생일을 저주하면서까지 그의 백성이 직면하고 있는 상황에 대해 비탄을 쏟아 놓았다. "어찌하여 내가 태에서 나와서 고생과 슬픔을 보며 나의 날을 수욕으로 보내는고"(렘 20:18).

그 질문은 고통의 와중에서 분명한 목적과 의미를 찾는다. 분명히, 그것은 감정의 폭발이고, 절망의 절규이다. 그러나 그것은 또한 진심에서 우러나오는 질문이다. 모든 고통당하는 자는 그 "어찌하여?" 곧 "왜?"를 알기를 원한다. 주님과 언약의 관계를 유지하고 살아가는 하나님의 백성조차도, 그 대답을 원한다. 비탄 시들은 이 질문을 제기한다.

시 10:1, "여호와여 어찌하여 멀리 서시며 어찌하여 환난 때에 숨으시나이까"

시 22:1, "내 하나님이여 내 하나님이여 어찌 나를 버리셨나이까 어찌 나를 멀리하여 돕지 아니하옵시며 내 신음하는 소리를 듣지 아니하시나이까"

시 42:9, "내 반석이신 하나님께 말하기를 어찌하여 나를 잊으셨나이까 내가 어찌하여 원수의 압제로 인하여 슬프게 다니나이까"

시 43:2, "주는 나의 힘이 되신 하나님이시어늘 어찌하여 나를 버리셨나이까 내가 어찌하여 원수의 압제로 인하여 슬프게 다니나이까"

시 44:23-24, "주여 깨소서 어찌하여 주무시나이까 일어나시고 우리를 영영히 버리지 마소서 어찌하여 주의 얼굴을 가리우시고 우리 고난과 압제를 잊으시나이까"

시 74:1, "하나님이여 주께서 어찌하여 우리를 영원히 버리시나이까 어찌하여 주의 치시는 양을 향하여 진노의 연기를 발하시나이까"

시 79:10, "어찌하여 열방으로 저희 하나님이 어디 있느냐 말하게 하리이까 주의 종들의 피흘림 당한 보수를 우리 목전에 열방 중에 알리소서"

시 80:12, "주께서 어찌하여 그 담을 헐으사 길에 지나가는 모든 자로 따게 하셨나이까"

시 88:14, "여호와여 어찌하여 나의 영혼을 버리시며 어찌하여 주의 얼굴을 내게 숨기시나이까"

고통은 인간에게 매우 실재적이다. 따라서 그에 대한 질문들도 실재적이다. 하나님의 주권은 당연한 전제이기 때문에, 그에 따른 질문들도 의미심장하다. 결과적으로 고통의 와중에서 비탄 자들은 하나님의 현존을 찾고 그분에게 질문한다. 그들이 아니면 그 밖에 누가 감히 질문할 수 있는가? 전능하신 주 하나님은 곧 주권자 왕이시다. 신실한 비탄 자는 그분밖에 다른 누구에게 물을 수 없기 때문에, 하나님께 묻는다. 이제, 하나님은 그 비탄 자를 당신의 현존 안으로 초대하신다. 이런 시편들이 신실한 비탄의 모범으로, 성경 도처에 나와 있다. 하나님은 꾸준히 그 비탄을 들으신다.

❋❋❋
청원

비탄 시가 일부 청원 시의 범위를 내포하고 있으나, 대체로 청원 시는 세 가지 유형들로 범주화될 수 있다: (가)기원(invocation), (나)구속(redemption), 그리고 (다)저주(imprecation)가 그것이다. 기원은 하나님께서 그의 백성의 기도를 들어 달라고 요청한다. 구속은 하나님께서 이 타락한 처지로부터 그의 백성을 건져내 달라고 간청한다. 저주는 하나님께서 친히 대적들을 멸해 달라고 요구한다. 그 때, 청원은 언약의 하나님께서 당신의 견고한 사랑을 위하여 그의 백성을 건져내 주시고, 당신의 의로운 심판을 위하여 그의 대적들을 멸해 달라고 간청한다.

시편 13편은 이들 세 가지 청원들을 잘 예시하고 있다. 세 번에 걸쳐서 시편 기자는 하나님의 이름을 부르며, 하나님과 그들 간에 맺은 언약의 관계를 환기시킨다. 그는 하나님의 이름, 여호와를 두 번(시 13:1,3) 사용하고, 여호와께서 실로 자신의 하나님("나의 하나님," 시 13:3)임을 확인한다. 그는 이제 세 가지 청원들을 제시한다: "나를 생각하사,"(나를 돌아보시어) "응답하시고,"

그리고 "나의 눈을 밝히소서." 이들 구속적 청원들은 하나님께서 고통당하고 있는 당신의 종을 주목해 달라고, 자신의 간청에 대답해 달라고, 그리고 흑암으로부터 자신을 구속해 달라고 요청한다. 그 시편 기자는 대적들이 기뻐할 수도 있는, 자신의 죽음이 곧 임박했음을 두려워하고 있다(시 13:3-4). 그 청원자는 지금 구원을 원하고 있다. 여기엔 또한 은연중에 저주가 있다. 하나님은 그의 대적들이 당신의 종의 죽음을 놓고 기뻐하도록 놓아두셔서는 안 된다. 만일 하나님의 백성 중 하나라도 죽게 되면, 이는 하나님의 영예에 관계되는 문제이다. 그 청원은 인간의 위기의 순간으로부터 뿐만 아니라, 또한 하나님의 거룩한 이름에 대한 열망으로부터 발생한다. 시편 13편은 그래서 기원, 구속의 간청, 그리고 은연중에 저주를 담고 있다. 이것이 일반적으로 비탄 시들의 특징이다.

기원은 하나님과 그의 백성 간에 맺은 언약 관계에 그 근거를 두고 있다. 비탄은 언약의 주님, 여호와의 이름에 호소한다. 그 기원은 하나님은 그의 백성 가운데 거하셔서, 이내 그분은 그들의 하나님이 되시고, 그들은 그분의 백성이 되는 것을 당연하다고 여긴다. 비탄은 하나님을 그의 백성을 사랑하시는 분으로 부른다. 시편에서 이 인격적 호칭("오 하나님이여," 혹은 "오 여호와여")이 320회 나타나고(NRSV), 특히 비탄 시(예, 시 3-7편)에서 아주 풍부하게 구절마다 나온다. 몇몇 비탄 시들이 하나님을 감추인 분으로 묘사하는 반면, - 모든 비탄 시에 내재해 있는 - 그 기원은 하나님의 언약적 현존에 호소한다. 따라서 기원은 하나님은 당연히 들으시고 이에 대답하실 것이라고 가정한다. 하나님이 명백히 그의 백성을 버리셨거나 혹은 그들을 잊으셨다고 여겨질 때, 기원은 이제 하나님이 그의 백성 쪽으로 얼굴을 돌리시도록 호소한다. 그것은 하나님을 자신들의 하나님으로 호소한다. 그분의 현존을 염원한다(시 10:1; 27:9; 55:1; 143:7). 신실한 비탄은 하나님을 부른다. 비탄은 하나님의 견고한 사랑에 의지하여 그분의 현존을 호소한다.

구속(해방, 구원, 구출)을 위한 청원은 주의 견고한 사랑에 그 근거를 두고 있다. 시편은 그의 백성을 위하여 해방하시고 구원하시고 구출하시고 그리고 구속하시는 하나님의 건실한 행위를 반영한다. 이 의미론적 범위를 갖는 히브리어들(*yasa, nazal, padah*)이 시편에 총 136회 사용된다. 그 용어들이 때론 과거 시제에(시 18:17-18; 34:4,6,17,19; 106:43; 107:6), 때론 현재 시제에 (시 22:20; 40:13; 72:12; 109:21), 그리고 미래 시제에(시 18:3; 24:5; 34:18; 55:16)에 사용된다. 그 용어들은 하나님의 과거의 해방을 기억하고, 미래의 구속을 기대하고, 혹은 현재의 구원을 요청한다. 비탄 시들은 하나님의 해방을 요구한다. 이러한 히브리어 용어들을 이용하고 있는 아래의 청원들은 앞으로 살펴볼 개인의 비탄 시에서 보다 뚜렷하게 나타난다. 시편 기자는 32회에 걸쳐서 "나를 구속하소서", "나를 해방시키소서"(나를 건지소서) 혹은 "나를 구원하소서"라고 부르짖는다.

> 시 7:1, "여호와 내 하나님이여 주께 피하오니 나를 쫓는 모든 자에게서 나를 구하여 건지소서"
> 시 25:20, "내 영혼을 지켜 나를 구원하소서 내가 주께 피하오니 수치를 당치 말게 하소서"
> 시 31:2, "내게 귀를 기울여 속히 건지시고 내게 견고한 바위와 구원하는 보장이 되소서"
> 시 59:1, "나의 하나님이여 내 원수에게서 나를 건지시고 일어나 치려는 자에게서 나를 높이 드소서"
> 시 70:1, "하나님이여 속히 나를 건지소서 여호와여 속히 나를 도우소서"
> 시 71:2, "주의 의로 나를 건지시며 나를 풀어주시며 주의 귀를 내게 기울이사 나를 구원하소서"
> 시 109:26, "여호와 나의 하나님이여 나를 도우소서 주의 인자하심을 좇아 나를 구원하소서"
> 시 143:9, "여호와여 나를 내 원수들에게서 건지소서 내가 주께 피하여 숨었나이다"

구속을 위한 청원은 하나님의 영광에 의해 그리고 혹은 주의 견고한 사랑에 의해 자극된다. 그 청원자는 자신과 하나님의 언약적 관계에 근거하여 구속을 요청한다. 이들 두 주제들은 백성과의 교제를 위한 하나님의 의도를 반영한다. 이제 하나님의 백성은 주께서 자신의 약속에 신실히 임해 주실 것을 요구한다. 시편 109편 21절은 두 가지 동기를 결합한다: "그러나 주 여호와여 주의 이름을 인하여 나를 선대하시며, 주의 인자하심이 선함을 인하여 나를 건지소서".

하나님께서 그의 백성을 구속하실 때, 그분은 자신의 영예를 위하여 그리고 그분의 견고한 사랑을 인하여 그들을 구속하신다(시 17:7; 31:16; 44:26; 57:3; 69:13; 109:26). 여기에 두 가지 사상이 서로 함께 얽혀 있다. 왜냐하면 하나님은 당신 자신을 위하여 그들을 자신의 백성으로 삼기를 원하시고 또 그들을 통하여 당신의 영광을 나타내기를 의도하시기 때문이다. 따라서 시편 85편 7절의 공공의 비탄은 이렇게 요구한다, "여호와여 주의 인자하심을 우리에게 보이시며 주의 구원을 우리에게 주소서"라고. 시편 6편 4절의 개인의 비탄은 이렇게 요구한다, "여호와여 돌아와 나의 영혼을 건지시며 주의 인자하심을 인하여 나를 구원하소서"라고. 더욱, 시편 79편 9절은 하나님의 영예에 호소한다: "우리 구원의 하나님이여 주의 이름의 영광을 위하여 우리를 도우소서, 주의 이름을 위하여 우리를 건지시며 우리 죄를 사하소서." 결과적으로 하나님의 백성은 하나님께서 당신을 위하여 백성을 삼고자 하는 그분의 의도를 앎으로 그리고 그분의 견고한 사랑을 앎으로, 이제 비탄을 통하여 자신들을 위해 하나님께서 무엇인가 조치를 취해 주실 것을 청원한다. 청원의 동기는 일종의 어떤 자기 연민이 아니라, 하나님께서 당신의 백성을 구속하실 때 자신의 견고한 사랑을 나타내시는 바로 그 하나님의 영예이다. 그것은 하나님의 영예에 대한 열의이며, 하나님과 그의 백성 간에 회복된 교제에 대한 요구이다.

저주(악담, 파멸)를 위한 청원은 주의 의로운 정의에 그 근거를 두고 있다.[97] 해방을 위한 청원은 종종 대적들의 파멸을 포함한다. 시편 3편의 개인의 비탄이 이러한 청원으로 끝난다. "여호와여 일어나소서 나의 하나님이여 나를 구원하소서 주께서 나의 모든 원수의 뺨을 치시며 악인의 이를 꺾으셨나이다 구원은 여호와께 있사오니 주의 복을 백성에게 내리소서"(시 3:7-8). 혹은 다른 개인의 비탄도 그렇다, "내 시대가 주의 손에 있사오니 내 원수와 핍박하는 자의 손에서 나를 건지소서"(시 3:15). 이는 사실 시편을 관통하는 일관된 주제이다(시 7:1; 18:3,17,48; 54:7; 59:1; 69:18; 71:11; 106:10; 138:7; 142:6; 143:9). 이러한 호소는 하나님의 의에 근거한다. 예를 들면, 시편 71편은 청원자의 대적들에 대항하는 개인의 비탄이나(시 71:9-11), 그가 실로 요청하는 바는 하나님의 정의이지 개인의 복수가 아니다. 그는 "주의 의로 나를 건지시며 나를 풀어주소서"라고 요청한다(시 71:2). 하나님은 당신의 의에 따라 구원하신다(시 36:6). 하나님은 당신의 이름의 영예와 의의 영예 그리고 백성에 대한 사랑 때문에 그의 대적들을 패하실 것이다. 시편 143편이 하나님께 이러한 최종적인 호소를 시도하는 것은 바로 이 같은 삼중적인 근거에서이다(시 143:11-12):

> 여호와여 주의 이름을 인하여 나를 살리시고
>   주의 의로 내 영혼을 환난에서 끌어내소서
> 주의 인자하심으로 나의 원수들을 끊으시고
>   영혼을 괴롭게 하는 자를 다 멸하소서
> 나는 주의 종이니이다

이 청원들은 하나님께 속한 사람에 의해서 주권자 주님에게 드려지는 내용이다. "이러한 백성은 복이 있나니 여호와를 자기 하나님으로 삼는 백성은 복이 있도다"라고 시편 기자는 선언한다(시 145:15). 하나님의 백성은 하나님의 언약, 그분의 주권, 그리고 그분의 견고한 사랑에 의지한다. 그들은 하나님께서 자신들의 청원에 대답하실 것이라고 확신한다. 하나님은 구원하신다(시 54:1; 124:8; 130:7). 하나님은 당신의 언약에 신실하시다(시 119:170). 하나님은 당신의 이름이 영예와 영광을 받기 위하여 구원하신다(시 106:47; 79:9). 하나님은 당신의 견고한 사랑으로부터 그의 종들을 구속하신다(시

6:4). 그들이 부를 때에, 하나님은 그에 응답하실 것이다(시 18:6; 34:17; 50:15; 55:16).

✳✳✳
찬양

몇 가지 시편을 제외하고는(시 44, 88편), 모든 비탄 시들은 일종의 찬양의 형식으로 끝을 맺는다. 그것은 찬양 그 자체의 선언이거나(시 6:8-9; 10:17; 22:24; 28:6; 31:7에서처럼), 혹은 찬양의 서약이다(시 27:6; 54:6; 74:21; 79:12-13; 80:17-18). 이러한 찬양은 하나님의 과거의 구속적 행위들, 하나님의 지속적인 견고한 사랑, 그리고 현재의 언약의 관계에 대한 청원자의 확신으로부터 일어난다. 청원자는 하나님이 이제껏 성취해 오신 것 그리고 장래에 이루실 것에 대한 희망에서 하나님을 찬양하거나 혹은 찬양하기로 서약한다. 그는 하나님께서 들으시고 친히 자신의 하나님이 대답하실 것을 알기 때문에 주를 찬양한다.

비탄 시들의 찬양은 부분적으로 하나님에 대한 확신의 표현을 대체로 네 가지 형태로 보여 준다. 예를 들면, 그것은 먼저 하나님의 과거의 사역들을 기뻐하고, 끝에 가서 타락한 상황으로부터 이제 시편 기자를 해방하실 하나님의 새로운 사역을 기대한다(시 5:11; 35:9; 40:16). 그것은 구속의 빛에서 찬양의 선언이거나 혹은 하나님께 찬양을 드리겠다는 서약일 수도 있다(시 9:13-14; 22:22,25; 26:12; 57:9; 71:18). 그것은 또한 하나님의 응답을 확신 가운데 조용히 기다리고 있음을 나타내기도 한다(시 25:3,5,21; 27:14; 37:9,34; 39:7; 40:1; 130:5). 그것은 또한 청원자 자신이 어려운 처지에도 불구하고 하나님의 은총의 목적 아래 있다는 근본적인 신뢰를 표현하기도 한다(시 13:6; 31:6,14; 52:8; 55:23; 56:4,11; 119:42; 143:8).

시편 13편은 여러 비탄 시에서 불평으로부터 시작하여 청원으로 그리고 이내 감사로 이동하는 모습을 전통적으로 보여 주고 있다. 베스터만은 이것을 개인 비탄 시 가운데 있는 "반의적反意的인 '바우'"(*waw* adversative)라고 불렀다.[98] 달리 말하면, 시편 기자가 비탄하는 중에, 그 시편에서 기자가 처음 불평에서 이내 찬양으로 바뀌는 하나의 이동이 뚜렷하게 나타난다. 이 이동은 영어 용어로는 '그러나'를 의미하는 히브리어 "반의적인 '바우'"에 의해 뚜렷하게 드러난다. 시편 13편은 불평에서 시작하여 청원 그리고 이제 "그러나 나는 오직 주의 인자하심을 의뢰하였나이다"(시 13:5)라는 선언에 의해 찬양이 소개된다. 이내, 비탄 시는 찬양으로 끝을 맺는다. 그것은 확신과 신뢰로 마무리된다. 구원과 해방을 제공하시는 하나님을 즐거워한다. 그러면 여기에 어떤 일이 이런 감정의 동요를 일으켰는가? 시의 분위기가 왜 비탄에서 찬양으로 바뀌는가?

다른 학자들 가운데서 베스터만과 브르지만은 그 비탄에 대한 반응을 제공하는 '구원의 신탁'을 우리가 상상해 볼 필요가 있다고 주장한다.[99] 달리 말하면, 그 시편 기자는 시편 13편 1-4절에서처럼 자신의 불평과 청원을 쏟아 놓고 그리고 나서 하나님의 반응을 기다린다. 그는 일단 그 대답을 받고 나서, 그는 시편 13편 5-6절을 기록한다. 이 형식은 성전 예배 의식 가운데서 제정되었을 것이다. 거기서 하나님의 대변자는 그 비탄에 어떤 형식으로든 반응했을 것이고 예배자는 이내 찬양의 서약을 하거나 혹은 하나님에 대한 자신의 신뢰를 다짐했을 것이다. 이런 일이 종종 발생했을 것에 대해서는 의심의 여지가 없다. 참으로 우리는 하나님의 신탁이나 신현에 반응하고 있는 욥과 하박국을 발견한다. 그들은 자신의 비탄을 쏟아 놓았고, 그리고 나서 신현에 반응했다. 그들은 하나님 앞에 자신을 낮추고, 그분의 목적에 대한 궁극적인 신뢰를 나타냈다. 예언자들의 글에서도 그러한 예들을 찾아볼 수 있다(참고, 사 59:3 이하; 욜 2:1 이하; 렘 51:36 이하). 여기서도 그런 상상이 가능하지 않을까?

그러나 어떤 시들은 앞에서 말한 '그러나' 보다는 오히려 '그럼에도 불구하고'로 번역될 수도 있다. 이러한 찬양을 발생시키는 하나님으로부터 어떤 말씀을 듣기보다는 그 대신에, 찬양의 서약이 신앙의 확신으로부터 일어날 수도 있다. 비탄의 절박한 처지에도 불구하고, 그 청원자는 기도를 통하여 하나님의 확신에 찬 현존을 경험한다. 그 변화는 단지 감정의 변화가 아니라 그 심령이 비탄에서 이내 찬양으로 바뀌는 하나님의 현존에 대한 경험이다. 그것은 지성소의 경험, 곧 찬양을 일으키시는 하나님의 현존에 대한 경험이다. 하나님의 견고한 사랑에 대한 청원자의 확신은, 방금 전에 그들이 언제 그런 불평을 했나 싶을 정도로, 그들 자신을 감동시켜서 찬양하게 한다. 그러나 그 불평과 찬양은 동일한 태도 곧 하나님의 사랑의 현존에 대한 신앙으로부터 나왔다. 그들은 믿기 때문에 하나님께 불평한다. 그들은 그 비탄을 통해서도 하나님을 찬양할 수 있음을 알기에 불평한다. 기도와 비탄을 통하여 청원자들은 신앙에 대한 새로운 이해로, 하나님의 은총에 대한 깊은 감사로, 하나님의 현존에 대한 확신으로 옮겨간다. 하나님은 이미 행동을 시작하셨다. 그분은 당신의 백성을 위로하시고자 현존하시며, 궁극적으로 그들을 옹호하실 것이다. "이 말씀은 나의 곤란 중에 위로라"라고 시편 기자는 기록하고, 이어 "주의 약속이 내 생명을 보존하시리라"라고 찬양한다(시 119:82). 비탄으로서의 기도는 하나님의 백성을 보다 깊은 그분의 사랑에 대한 이해와 관계의 경험으로 이동한다. 하나님은 비탄의 와중에서도 그의 백성으로 하여금 '지성소'를 경험하게 하신다.

※ ※ ※
결론

　욥은 쉬지 않고 기도했다. 그러나 그의 친구들은 그렇지 않았다. 욥은 기도하기를 멈추지 않았다. 신앙을 포기하지 않았다. 하나님을 결코 저주하지 않았다. 그러나 그는 때론 의심하고, 불평하고, 자신의 처지에 대해 그 비통함을 쏟아 냈다. 하박국은 불의한 상황에 처했을 때, 이를 비탄해 했다. 그는 불평했고 의심했다. 그는 질문하면서 하나님께 다가갔다. 시편 기자들도 의심과 좌절, 그리고 비탄을 가지고 하나님께 다가갔다. 그들은 "어찌하여?" 그리고 "어느 때까지?"라고 하나님께 묻는다. 그들은 하나님의 얼굴을 찾는다. 그분과의 친교를 찾는다. 하나님의 현존과 해방을 갈망한다. 그러나 그들은 때로 자신들의 하나님에게 질문을 제기한다.

하나님의 백성은 언제나 자신들의 문제들을 가지고 질문하면서 하나님께 담대히 다가갔다. 왜냐하면 그들은 하나님이 자신들을 구속할 수 있는 주권자이심을 믿고 알았기 때문이다. 바로 여기에 우리와의 연속성이 있다. 기도는 우리를 감동시켜서 하나님의 현존 속으로 들어가게 한다. 거기서 우리는 그분의 지혜, 권능, 그리고 사랑에 의해 경외심으로 압도된다. 하나님은 기도를 통하여, 비탄을 통하여, 그리고 예배를 통하여 우리에게 현존해 오신다. 예배 가운데, 지성소의 경험 가운데서 우리는 하나님의 위엄과 권능을 발견한다. 그분의 권능으로 우리는 비탄을 통해서도 살아갈 힘을 덧입으며, 궁극적으로 그분을 높이 찬양할 수 있다. 우리가 주님을 향해 기도에 전념할 때, 하나님은 '삶의 어두운 밤에서도' 찬송을 하게 하신다. 하나님은 때로 우리를 비탄에 초대하셔서, 은총 가운데서 우리에게 반응하신다.

성경의 가장 긴 비탄 시는 예레미야애가哀歌이다. 그 시는 예루살렘의 고통(멸망)에 대한 이유가 무엇인가를 애절하게 묻는다. 하나님은 유다를 그 죄악 때문에 징계하셨다(애 1:5). 예레미야애가는 회개의 고백과 죄에 대한 탄식과 함께 그 징계의 현장을 아주 생생하게 묘사하고 있다. 그럼에도 불구하고, 이런 비탄의 와중에도 희망이 있다. 그것은 하나님의 견고한 사랑에 근거를 둔 희망이다. 그 비탄에서도 찬양의 여력은 존재한다. 왜냐하면 하나님은 여전히 당신 스스로를 위하여 백성을 찾고 계시며, 우리는 그분의 견고한 사랑을 신뢰하기 때문이다. 그 비탄의 중심적 운절韻節은 비탄 그 자체의 의미와 기능을 집약하고 있다(애 3:19-26):

내 고초와 재난 곧 쑥과 담즙을 기억하소서
　　　내 심령이 그것을 기억하고 낙심이 되오나
　　　중심에 회상한즉 오히려 소망이 있사옴은
　　　여호와의 자비와 긍휼이 무궁하시므로
　　　우리가 진멸되지 아니함이니이다
이것이 아침마다 새로우니
　　　주의 성실이 크도소이다
내 심령에 이르기를 "여호와는 나의 기업이시니"
　　　그러므로 내가 저를 바라리라 하도다
무릇 기다리는 자에게나 구하는 영혼에게
　　　여호와께서 선을 베푸시는도다
사람이 여호와의 구원을 바라고
　　　잠잠히 기다림이 좋도다

제8장

내가 잠에서 깨어나기 전에 만일 죽는다면

| 하나님의 이야기에서 어린아이들의 죽음 |

네가 어느 때까지 이런 말을 하겠으며,
어느 때까지 네 입의 말이 광풍과 같겠는가?
하나님이 어찌 심판을 굽게 하시겠으며,
전능하신 이가 어찌 공의를 굽게 하시겠는가?
네 자녀들이 주께 득죄하였으므로,
주께서 그들을 그 죄에 붙이셨도다.

빌닷이 욥에게 한 말
욥기 8:2-4

✱ ✱ ✱
대화

"비난할 사람은 아무도 없어!" 소아과 간호사인 조이(Joy)가 말했다. "이런 일들은 다반사로 일어나! 인간의 유전자 구조는 완벽하지 않다고! 조슈아의 건강상태는 누구의 잘못도 아니냐. 그것은 단지 우연하게 발생한 병세일 뿐이야!"

"비난할 사람은 아무도 없다는데 나도 동의해!" 바바라(Barbara)가 고개를 끄덕이며 대화에 끼어들었다. "그것은 의사의 잘못도 아니고, 우리들의 잘못도 아니냐! 그런데 무언가, 일이 다르게 진행될 수도 있었다는 그런 서운한 생각이 들어! 나는 그 누구도 비난할 생각은 없지만, 그런 감정은 나를 상당히 공허하게 만들어!"

대화를 우연히 엿듣던 리타(Rita)가 불쑥 참견하면서 질문을 던졌다. "진짜 아무도 비난할 사람이 없다고? 누구에게도 책임이 없다고?"

"너, 지금 그게 무슨 말인데?" 조이가 물었다.

"이 같은 일들이 단지 우연한 일이나 불행이라고 할 수 없어!" 리타가 설명했다.

"나는 이 세계에 하나님의 책임이 있다고 믿어. 그분은 이 같은 일들을 통하여 사람들을 정신 차리도록 훈련시키고 때론 징계하시기도 하지. 그것을 통해 하나님께서는 나에게 귀를 기울이라고 하시지."

이에 화가 난 바바라가 항의하듯 리타에게 물었다. "아, 하나님이 나를 징계하시려고 조슈아가 그렇게 유전적 결함을 지니고 태어났다 이거야? 너 지금 그런 뜻으로 말하고 있어?"

"그것은 아주 어리석은 생각이야!" 조이가 불쑥 말을 꺼냈다. "하나님을 그렇게 생각하는 것은 잘못된 생각이야! 하나님은 보복하는 분이 아니라 오히려 우리를 사랑하시는 분이라는 생각이 안 들어? 하나님은 조슈아의 병세에 책임이 없다고. 그분은 그것과 아무 상관이 없어요!"

"조이, 잠깐만 기다려!" 바바라가 이에 응수했다. "하나님이 이 일에 아무 상관이 없다고는 나는 확신하지 않아! 조슈아가 건강해지기를 나는 기도해 왔어, 그러나 아직 조슈아는 별 차도가 없어. 그는 지금 죽어 가고 있어. 하나님이 '아니야 (No)라고 응답하셨어. 그럼, 너는 내가 차라리 하나님은 전혀 내게 응답하시지 않았다고 믿으라는 건가? 아니면, 그분의 응답이, '좀 미안하게 됐네, 나는 그 일에 대해 아무것도 할 수 없다네!' 이런 것이었을까?"

"그게 바로 나의 생각이야!" 리타가 외쳤다. "하나님이 조슈아에게 이 같은 유전적 결함을 주신 것이라고. 하나님은 당신을 사랑하는 자를 보호하셔! 그리고 또 …"

"그럼, 그분은 조슈아는 보호하시지 않았다! 그건가?" 바바라가 말을 가로막았다. "왜? 내 생활에 어떤 죄가 있어서? 그래, 하나님은 내 죄 때문에 내 아들을 데려가신다 그거야?"

리타가 이에 대답했다: "그것이 정확하게 그분이 하시는 일일 거야! 하나님의 징계에 순종해야 돼! 그러면 그분은 그대의 믿음에 상을 주실 거야! 그대의 죄를 솔직히 인정해! 그러면 그분은 기쁨을 새롭게 더 해 주실 거고, 하나님은 그대가 진실로 믿음으로 다가가 의지한다면 아마 조슈아도 낫게 해 주실 거야! 나는 그렇게 믿어!"

"바보 같은 소리야!" 조이가 격분하면서 말했다. "나는 매일 조슈아와 같은 경우의 환자들을 보고 있다고. 이런 아이들의 질병은 하나님의 소행이 아니라고, 아무도 비난할 수 없어. 바바라도 하나님을 비난할 수 없어."

"나는 누구를 비난할 생각이 없어, 그것에 동의해." 바바라가 대꾸했다. "비록 나는 완벽하지는 않지만, 이런 징계를 받을 만큼 큰 죄를 내 생활 속에서 짓지는 않았어. 하나님은 나를 징계하고 있지 않아. 나는 기도 가운데서, 하나님은 내 생에 일어나는 일에 있어서 무엇인가 관련이 있다고 당연히 여기는데, 내가 그 하나님을 이 일에 있어서 이제 면책시킬 수가 있을까? 없어! 그분의 보호하심을 내가 기도하지 않았는가? 건강을 위해 기도하지 않았는가? 내 아이의 생명을 위해 기도하지 않았는가? 그래도 그분이 '아니야!'라고 말씀하실 때 하나님은 실로 내게 무엇을 말씀하시려는 것일까?"

"그분은 어떤 것도 말씀 안하셔, 전혀!" 조이가 소리쳤다. "'아니야'라는 말은 없어. 그리고 '아, 그래'라는 말도 없어. 그분은 이 일에 아무 상관이 없다고! 하나님이 마치 거대한 산타클로스나 되는 양, 우리는 이제 어떤 것들을 위해서 기도해서는 안 된다고."

"바바라, 조이의 말에 귀를 기울이지 마." 리타가 참견했다. "조이는 하나님이 이 세계 내에서 활동하신다고 더 이상 믿지 않고 있어! 그러나 나는 너의 고통을 통해서 하나님이 무엇인가 너에게 말씀하고 있다고 믿어. 하나님은 너에게 이렇게 말하시지, '너의 삶을 바르게 가져라. 너의 삶의 방식을 한번 바꿔봐. 나는 너를 축복할거야'라고. 그러니 그분을 거부하지 마."

"그럼 다른 선택이 없어?" 바바라가 물었다. "너희 둘은 일순간에 나를 궁지에 빠뜨렸어. 내가 받아들이고 싶지 않지만, 나는 이제 내 아들의 죽음이 마땅하리만큼, 내가 죄인이라는 것을 받아들이든가, 아니면, 내 삶 속에서 무엇인가 실제로 하실 수 있는 분으로 여겼던 하나님께 드리는 기도를 이제 중단해야 되든가! 나는 어떻게 하지? 나의 완전성에 대해 거짓말을 하든가, 아니면 하나님을 세계로부터 배제하여 가두어 버리든가. 나는 이 중 어느 것도 할 수 없어. 그러나 나는 지금 내 아들의 건강 상태에 대해 책임이 있는 하나님에 의해 혼란에 빠져 있어. 나는 그분의 사랑을 의심하고 있으며, 그분의 정의에 심히 회의懷疑하고 있어. 물론 나는 여전히 하나님을 믿고 있지. 그러면서도 그분이 과연 어떤 하나님일까 하고 의심하고 있어. 하나님은 왜 나에게 시한부 병에 걸린 아들을 주셨단 말인가?"

조이와 리타 그리고 바바라 간의 이 가공의 대화는 세속주의자, 신앙인, 그리고 고통 중에 있는 사람 간에 흔히 있을 수 있는 전형적인 대화이다. 세속주의자는 이신론적 전망을 강조하거나 혹은 적어도 하나님을 세계 내의 일상의 사건들에 대한 책임으로부터 면책시키려는 입장을 강조한다. 신앙인은 흔히 보상과 축복의 개념으로 어떤 사람에게는 건강과 부가 주어지고 또 어떤 사람에게는 그것이 허락되지 않은가에 대해 쉽게 판단해 버리려는, 일종의 신학적 전망을 강조한다. 고통을 당하고 있는 신앙인은 이들 중간에 처해 있다. 바바라는 실제 고통 그 자체의 경험에 의해서 뿐만 아니라, 그녀는 주변에서 소용돌이치고 있는 대화에 의해서 고통받고 있다. 고통당하는 사람은 결과적으로 자신의 신앙에 중대한 영향을 미치고 있는, 잠재적 신학 캠프(진영)에 뛰어들도록 강요받는다. 바바라는 조이의 관점을 수용하고, 자신의 삶 속에서 어떤 구체적인 일들이 나타나기를 바라는 기도를 이제 중단해야 할까? 아니면, 그녀는 리타의 관점을 수용하여 자신이 알지 못하는 죄까지 인정해야 할까? 첫 번째 선택은 그녀가 기도에 대해 믿고 있었던 바를 손상시킨다. 두 번째 선택은 이제껏 살아온 자신의 삶의 신실함을 손상시킨다. 첫 번째 선택은 하나님을 인간 삶의 외각지대로 추방시켜 버린다. 이로써 구체적인 세계 내에서 활동하시는 하나님과의 실제적인 관계는 존재하지 않게 된다. 두 번째 선택은 하나님과의 관계를 응분의 체계로 전환시킨다. 이로써 하나님은 그녀에게 일정한 동일 가치로 교환하여 대가를 제공하게 된다. 조이와 리타 사이에 낀 바바라는 이제 그 대화가 거의 고통 자체에 맞먹는 괴로움임을 알게 된다. 바바라는 거의 욥과 같이 그리고 욥처럼 머리에 재를 뒤집어쓰고 앉아 있는 자신을 발견한다. 그녀는 이들 두 친구의 '조언들'을 듣고 있다. 바바라는 욥처럼, 회의적인 신앙을 지닌 채 안절부절해 하는 모습으로 고통당하는 자가 된다.

욥을 안절부절하게 하고 그에게 회의적인 신앙을 야기시키는 배경은 바로 그의 친구들의 '위로'이다. 친구들에 의해 제기된 핵심적인 비난은 욥이 지금 사악한 자의 운명을 함께 공유하고 있다는 것이다. 그에게 일어난 일은 오직 사악한 자에게나 일어날 수 있다. 그들의 논거 중 가장 정이 떨어지는 주장은 욥에게 이제 아이가 없다는 사실을 들고 있다. 이 장(제 8장)을 이끄는 빌닷의 인용 발문跋文이 보여 주듯이, 이것은 하나님의 정의에 대한 확실한 표시이다. 욥의 자녀들이 사망했다면, 이는 욥의 죄이거나 혹은 그들 아이들의 죄 때문에 그들이 죽은 것이다. 욥의 죄는 가장 명백하게 드러났고, 하나님의 심판이 이제 그의 자녀의 사망에서 가장 분명하게 선고된 것이다. 그 공동체는 욥에게 아이가 없기 때문에 욥이 불경하다고 생각한다.

아이의 죽음은 이 타락한 세계에서 여전히 가장 창자가 뒤틀리고 가슴이 찢어지는 고통 중의 하나이다. 그것은 절규하며 설명을 요구한다. 그 친구들은 설명을 내 놓았다. 그러나 욥은 그렇지 못했다.

※ ※ ※
신정론의 문제

신정론은, 밀톤(John Milton, 1608-74)이 설명하고 있듯이, '인간을 대하시는 하나님의 방식을 정당화하려는' 시도이다. 신정론은 하나님의 피고 측 변호이다. 우리는 타락한 인간의 비난들에 대항하여 하나님의 행위들을 변호한다. 신앙인들은 하나님의 공명정대, 정의, 그리고 결백함을 변호하기 위해 성경적, 철학적, 그리고 합리적인 증거를 내세운다.

그 같은 시도는 분명히 인간의 오만함에 뿌리를 두고 나타난다. 그것은 인간 이성에 대한 낙관적인 인식을 가정하기 때문에, 감히 하나님에 대해 말할 수도 있다는 신념으로 현혹되기도 한다. 궁극적으로, 하나님은 욥기가 논증하고 있듯이 우리의 도움을 필요로 하지 않으신다. 하나님은 자신을 해명하기 위해 욥이나 그의 친구들의 도움을 필요로 하지 않으신다. 사실, 하나님은 어떠한 설명도 내 놓지 않으신다. 단지 자신의 주권, 지혜, 그리고 돌봄을 주장할 뿐이다(욥 38-42장). 그럼에도 불구하고 우리에게는 설명이 필요하다. 우리는 고통에 대한 하나님의 이유가 무엇인지를 찾아서 그 이유에 대하여 우리 스스로 판단하기를 원하고 있다.

신정론의 탐구가 종종 도움이 되기는 하지만, 그것은 또한 심각하게 왜곡되어 파괴적일 수도 있다.[100] 신정론은 그 자체로 행동의 표준을 세워, 종국에는 하나님을 판단하려 들기도 한다. 그것은 하나님의 주권에 한계를 지으려는 경향이 있다. 그것은 하나님을 우리의 인식의 상자 안에 가두려는 경향이 있다. 이로써 그분에게 복종하기보다는 그분을 감독하려고 든다. 신정론의 탐구는 유한하고 타락한 인간의 이성이 감히 무한하시고 거룩한 하나님의 뜻을 판단할 수 있다는 것을 가정한다. 우리가 지금 시도하고 있는 신정론의 와중에서조차, 우리는 그 시도가 얼마나 분에 넘치게 오만한지를 알고 있다. 그럼에도 불구하고 우리에게는 설명이 필요하다. 우리는 하나님의 그 이유들을 알기를 원한다. 나아가 우리는 그 이유의 적법성을 논의하기를 원하고 있다.

아이의 죽음은 일거에 신정론의 긴장을 일으킨다. 아이의 무고함과 유산된 생명에 대한 슬픔은 신앙인들에게 믿음의 위기를 가져오게 한다. 하나님은 이를 어떻게 정당화하실 수 있을까? 우리는 이런 시각에서 하나님이 어떻게 정당하시다고 할 수 있을까? 그분은 왜, 감히 우리가 말해 본다면, 그 원인을 그 같은 고통을 허락하시는가?

❋❋❋
하나님에 대한 비난

도스또예프스끼의 19세기 소설 『카라마조프네 형제들』의 중심부에는 어린아이들의 의미 없는 죽음이 묘사되어 있다. 이 주제는 그 소설을 관통한다. 그것은 자신의 죽은 아이의 환상에 대한 또 다른 희망을 좇아 필사적으로 수도원을 방문하는 한 어머니의 이야기로부터 시작된다. 그리고 자신의 아들 일루샤(Iljusta)의 죽음에 대한 스네기료프(Snegirev) 장군의 깊은 애도로 끝난다. 소설의 정점에서 니체와 비교될 수 있는 현대적 허무주의자 이반 카라마조프(Ivan Karamazov)는 만일 어린아이들이 무의미하게 고통을 당한다면, 하나님은 삶의 의미의 중심이 될 수 없다는 것을 주장한다. 이반은 여기서 불가리아(Bulgaria)에서 벌어지고 있는 터키인들의 포악한 예들을 증거로 제시한다. 어린아이들은 어머니의 자궁에서 난도질되어 꺼내지고, 유아들을 위로 던져서 총검으로 찔러 죽인다. 이반은 그들의 고통이 '진리를 위한 필요한 지불'이었다 할지라도, 그땐, 그 '진리란 아무런 가치가 없는 것'이라고 항의한다. 이반은 도발적으로 질문한다. 당신 같으면 그 같은 고통의 기초 위에 건물을 세우겠는가? 라고. 만일 인간의 행복이 죽은 아이들에게(가학성처럼) 고문을 가하는 것이 본질적이고 어쩔 수 없는 일이라면, 당신 같으면 그런(행복의) 건축가가 되는데 동의하겠는가? 라고. 그렇다면 하나님은 어떻게 그렇게 하실 수 있는가?[101]

유태인 대학살의 생존자인 엘리 위젤도 자신의 작품 속에서 어린아이들의 고통을 중요한 주제로 다룬다. 나치의 집단수용소에서 벌어졌던 자신의 고통을 설득력 있게 설명하고 있는 소설 『밤』에서, 그는 아우슈비츠의 불꽃을 처음 보았던 그 밤을 회상한다. 무고한 어린아이들을 모두 태워 버렸던 그 불꽃은 사실, "영원히 자신(위젤)의 신앙을 태워 버렸고, 자신의 하나님을 살해해 버렸다."[102] 위젤은 그의 희곡 『하나님의 공판』(*The Trial of God*)에서 하나님을 법정으로 출두시킨다.[103] 하나님을 반대하는 증인들로는 홀로코스트에서 학살되었던 수백만의 어린아이들이 포함되어 있다. 검사 베리쉬(Berish)는, "그들의 너무 이른 시기의 부당한 죽음들이 이제 큰 외침으로 변하게 하여, 그것이 두려움과 가책으로 우주를 떨게 할 것을 잊어버리도록 하시오!"라고 요구한다.[104] 하나님은 이제 자신을 방어할 수 없다: 그분은 이 같은 악 앞에서 정당화될 수 없다. 공판의 종결이 가까이 오자, 검사는 소리쳐 항의하면서, 하나님께 "당신은 어느 때보다도 죄가 과중하다!"라고 말한다.[105] 수백만의 어린아이들의 피가 하나님의 손에 묻혀 있다. 하나님은 이 세계에 대한 책임이 있다. 위젤은 이것을 이해하고 있다. 그러나 현대 신앙인들은 그 같이 생각하는 것을 꺼린다. 물러선다.

현대 세계는 그 질문을 이해한다. 참으로, 이에 대한 가능한 해법이 혐오스럽게 밖으로 드러난 것은 무엇인가! 그 해법이 어떤 이들을 이신론으로 떠밀고 (우리의 괘종시계처럼, 하나님은 세계가 자율적으로 운행하도록 허용하신다는 것), 그리고 다른 이들로 하여금 전통적인 기독교-유대교의 신론을 수정하게 만든다. 진실로 하나님은 포악한 악이 만연한 이 세계에 책임을 지실 수 있는가? 현대 신앙인들은 하나님을 세계 내의 개입으로부터 적당히 거리를 두게 함으로써 혹은 하나님의 제한성을 핑계 삼아('하나님을 용서하여'), 아예 하나님의 책임을 면케 하거나 혹은 하나님을 정당화시키려 한다. 우리도 어찌 보면 하나님을 그 같은 난제로부터 격리시키기를 원하고 있다: 우리는 그분을 정당화시킬 수 있는 어떤 사각지대로 하나님을 피신시키기를 원하고 있다. 우리는 하나님을 방어해야 한다: 혹은 적어도 하나님에 대해 해명해야 한다. 하나님이 하실 수 있는 일이 너무나 많다. 그분에게는 그분만의 한계가 있다. 하나님은 당신이 창조하신 세계와 더불어 하실 수 있는 최선의 것을 하신다: 그분은 당신이 하실 수 있는 최상의 것을 하신다.[106] 우리는 하나님의 곤경을 이해해야 한다. 우리는 하나님을 너그러이 봐주어야(?) 한다. 위젤은 하나님의 이 같은 나약함 중 어느 것 하나도 허용하지 않는다. 하나님에게 책임이 있다. 그렇지 않으면 그분은 하나님이 아니다.

　무고한 어린아이들이 고통당하고 죽어 가는 참혹한 현장을 우리가 목격할 때 과연 무슨 말을 해야 하는가? 어린아이들이 홀로코스트에서 잔인하게 죽어 갔다. 어떤 어린이들은 지진과 토네이도와 같은 재난으로 죽어 간다. 어떤 아이들은 허약한 유전자와 전염성 질병 때문에 죽어 간다. 어린아이의 고통과 그에 따른 죽음은, 그 사망 원인이 무엇이든지 간에, 인간의 삶 가운데서 가장 슬픈 사건이다. 그것은 우리가 할 수 있는 한 모든 노력을 기울여 막아야 할 과제이다. 하나님은 이를 왜 막지 못하시는 것일까? 하나님은 조슈아를 치료하실 수 있었다. 그러나 그분은 그렇게 하시지 않았다. 하나님은 에스더(Esther) 시대에 하셨던 것처럼, 홀로코스트에서 무고한 자들의 학살을 막으실 수 있었다. 그러나 그분은 그렇게 하시지 않았다. 하나님은 모세를 구원하셨다. 그러나 이집트에 살았던 다른 어린아이들은 어떻게 되었을까? 하나님은 예수를 구원하셨다. 그러나 베들레헴에 살았던 다른 어린아이들은 모두 학살되었다. 하나님이 어린아이들의 죽음을 막으실 수도 있었는데, 마지못해 허락하신 사안인가? 하나님은 왜 그 같은 악을 허용하시는 것일까?

※ ※ ※
뒤얽힌 타락한 세계

　인간의 삶(실존)은 타락으로 서로 얽혀 있다. 어느 것도 여기서 도피할 수 없다. 모든 것은 오염되었다. 아픔, 비탄, 죽음이 인간 실존의 모든 국면에 가까이 파고들었다. 천사와 같지 않게, 인간 존재가 에덴동산의 소박한 삶으로부터 추방되었을 때, 모든 인간성은 그 자체로 죄에 감염되었다. 아담 안에서 모든 사람이 죽었기 때문에, 모든 인간 존재는 타락을 알게 된다. 우리는 이 지상의 삶에서 아담과 연합되어 있기 때문에, 우리 모두는 지상의 아담의 형상을 지니고 있다(고전 15:49). 그래서 우리 모두는 예외 없이 다 함께 사망과 연합되어 있다.

이 같은 인간의 연대란 인간의 삶이 무고한 자이건 그렇지 않은 자이건, 모두 죽음과 죄의 결과에 묶여 있다는 것을 의미한다. 인간의 연대란 한 사람의 죄가 다른 사람에게 중대한 결과로 미친다는 것을 뜻한다. 한 알콜 중독자 아버지가 자신의 자녀를 학대할 때, 그것은 그의 손자세대에 가서 극적으로 영향을 미친다. 10대의 청년이 결혼 없이 아이의 아버지가 될 때, 그것은 아이의 미래에 중대한 영향을 미친다. 한 사람의 죄가 다른 사람의 고통이다. 이것이 인간 존재와 공동체들이 서로에게 묶여 있는 방식이다. 이로써 인간은 한 사람이 다른 사람에게 영향을 미치기 때문에 공동의 경험과 공동의 삶을 함께 공유한다. 누구도 외딴 섬이 될 수 없다.

아담이 범죄했을 때, 전 세계는 죽음에 빠져 들게 되었다. 한 가족이 악에 노출될 때, 그 악의 결과는 여러 세대에 걸쳐 나타난다. 이에 하나님께서 "죄를 갚되 아비로부터 아들에게로 삼사 대까지 이르게 하리라"(출 20:5)라고 말씀하신다. 사악한 자가 통치할 때, 그 나라는 패망하고, 무고한 자들이 고통을 당한다. 바벨론 제국이 예루살렘을 포위할 당시, 하박국과 예레미야가 비록 하나님의 의로운 예언자들이였지만, 그들 역시 그 비극으로 인해 치욕, 고통, 박탈을 함께 경험했다.

인간의 삶이 이 같은 연대로 함께 묶여 있기 때문에, 하나님이 죄에 대항하여 무엇인가 행동하실 때, 무고한 자들도 종종 그 죄의 결과에 말려들게 된다. 인간의 이 같은 연대 때문에, 하나님이 악을 처리하실 때 그것은 어린아이들에게 중대한 영향을 미친다. 이사야가 바벨론의 멸망을 묘사할 때, 그는 가장 무시무시한 용어들을 사용하여 그 현장을 기술한다. 통치자들뿐만 아니라 백성들이 "칼에 쓰러질 것"이며, 또한 "그들의 어린아이들은 그 목전에서 메어침을 당할 것이다"(사 13:15-16). 그 침입자들은 "태의 열매를 긍휼히 여기지 아니하며 아이를 불쌍히 여기지 아니할 것이다"(사 13:18). 바벨론이 자신의 힘을 믿고서 자신은 과부로 지내지도 않으며, 자녀를 잃어버리는 일도 없을 것이라고 오만하게 뽐냄에도 불구하고, 하나님은 "한 날에 홀연히 자녀를 잃으며 과부가 되는 이 두 일이 네게 임할 것이라"(사 47:8-9)라고 말씀하신다.

이 같은 처벌 조항의 본문에서 하나님은 세계의 타락의 증거로 어린아이들의 죽음을 취급하신다. 하나님이 노아의 시대에 땅에 홍수를 범람케 하셨을 때, 많은 어린아이들이 사망했다. 하나님이 소돔과 고모라를 멸하셨을 때, 많은 어린아이들이 죽었다. 하나님께서 가나안 족속을 정복하실 때, 거기에 살던 많은 어린아이들이 죽었다. 하나님이 시리아, 앗시리아, 그리고 바벨론 족속들을 사용하여 이스라엘을 치셨을 때, 많은 아이들이 죽었다(호 9:12-17; 렘 6:11,21; 9:21; 13:14). 하나님이 기근, 악한 짐승, 역병을 보낼 때 많은 어린아이들이 사망한다(겔 5:17; 렘 18:2). 어린아이들의 죽음은 타락의 결과이다. 인간의 연대는 우리가 그런 결과를 피할 수 없다는 것을 의미한다. 무고한 자들이 그 죄악과 함께 죽는다(애 5:7; 렘 32:18).

어린아이들의 죽음은 타락에 대한 가장 심오하고 가장 뼈아픈 진술 중 하나이다. 어린아이들은 세계가 타락했기 때문에 죽는다. 그들이 죄가 있어서 죽은 것이 아니다. 그들의 죽음은 타락의 원인이 아니라, 그 타락의 많은 결과 중의 하나이다. 사실상, 그것은 인간의 타락성을 요약하고 있다. 그 어느 것보다도, 어린아이들의 죽음은 세계가 당연히 그렇게 기대되었던 삶의 방식이 아니라는 것을 예증한다. 그것은 상처, 비탄, 절망을 증명한다. 우리는 소방관의 팔에 안긴 죽은 아이의 사진을 통해, 실제로 세계가 얼마나 악한지를 알 수 있다. 또 병원에서 AIDS에 감염된 아기들이 촌각을 다투는 모습을 볼 때, 우리는 실제로 이 세계가 얼마나 타락했는가를 직감할 수 있다. 우리가 자녀의 죽음을 경험할 때, 우리는 이것이 기대되었던 삶의 형태가 아니라는 것을 안다.

그러나 하나님은 이 같은 죽음들에 대해 어떤 생각을 하실까? 하나님이 어린아이들의 죽음을 기뻐하실까? 절대로 그렇지 않다! 하나님은 그의 백성들에 대해 슬퍼하신다.[107] 어린아이들이 죽을 때 하나님은 그들의 죽음에 슬퍼하신다. 하나님은 몸소 그의 백성들에 대해 비탄을 쏟아 놓으신다(암 5:1-3; 겔 2:9-10; 19:1-14). 그분은 때론 장송가를 선창하기도 하신다. 하나님은 심지어 사악한 자의 죽음에도 우신다(사 15:5; 16:9,11; 렘 48:36-38). 그분은 사악한 자의 죽음도 기뻐하지 않은데, 하물며 어린아이들의 죽음을 기뻐하시겠는가?(겔 18:32; 33:11). 이렇게 하나님의 눈은 눈물의 샘이다(렘 8:21-9:3; 참고, 9:8-10; 12:7-12; 15:5-9). 하나님은 몸소 어린아이들의 죽음을 놓고 우신다. 하나님은 어린아이들의 죽음을 결코 의도하지 않으셨다. 참으로, 그분은 이 땅이 어린아이들로 채워지기를 원하셨다. 그러나 지금, 죄 때문에 세계는 타락했고, 어린아이들은 죽어 간다.

그들의 죽음은 우리에게 상당히 불공평하게 보인다. 우리는 어른들의 죽음은 다소 수용하는 편이다. 우리는 때론 그들의 죽음이 더 낫다고도 생각한다. 어린아이들에 비해, 어른들은 자신의 삶을 살았으며 나름대로 생을 즐기고, 아이를 낳아 키우고, 공공의 이익을 위해 봉사할 수 있는 기회도 가졌다고 생각한다. 그들은 한마디로 '연수'를 누렸다. 그러나 어린아이들의 생명이 갑자기 끊어질 때, 우리는 그들이 삶의 기회를 상실했기에 슬퍼한다. 그들의 발달 가능성이 있는 생명의 상실에는 분명 불공평한 무엇이 있다. 우리의 생각에, 어린아이들도 자신들의 '생명 이야기'에 대한 권리가 있다.[108] 어린아이들은 그들만의 이야기에 대한 권리가 있다. 이것은 아무도, 심지어 하나님까지도 그들로부터 그들 이야기를 훔칠 수 없다고 생각된다. 그러나 S.하우엘바스(Stanley Hauerwas)가 지적하고 있듯이, 누구도 자신의 이야기를 지니고 있지 않다. 모든 사람은 하나님의 이야기를 지니고 태어난다. 우리는 세계 내에서 자신의 이야기만을 연출하기 위해 태어난 자율적인 작인들이 아니다. 오히려 우리는 어른이나 어린아이 할 것 없이 모두 우리 자신이 만들어 낸 이야기가 아닌, 하나님의 이야기를 지니고 태어났다. 다시 말하면, 우리는 정확하게 말해서 은혜로 우신 하나님의 피조물이기 때문에, 하나님의 이야기와 별도로 우리는 우리의 삶을 '꾸며 내서'는 안 된다."[109]

발달 가능성이 있는 생명의 상실은 비탄의 한 원인이다. 그러나 그것은 인간의 공명정대한 법정 앞에서 아직 중대한 파산 선고는 아니다. 우리의 삶은 우리의 것이 아니다. 우리는 하나님의 피조물이다. 더 정확하게 말하면, 우리는 하나님께 어떤 것도 쉽게 주장할 수 없는 타락한 피조물이다. 모든 것은 그분에게 속해 있다. 하나님은 우리의 채무자가 아니시다(욥 41:11; 참고, 롬 11:35). 하나님은 은혜롭게도 우리에게 하나의 이야기를 주셨다. 그것은 그분의 친교와 사랑의 구속의 이야기이다. 타락한 인간은 자신의 이야기를 억지로 꾸미려 한다. 우리가 자신의 삶의 방식만을 찾아 나설 것 같으면, 우리는 단지 죽음과 소외疎外만을 경험하게 된다. 우리가 하나님의 이야기를 받아들이고, 그분의 은총의 빛에서 우리의 삶을 살아갈 때, 우리와 교제 나누기를 원하시는 하나님을 찬양할 수 있다.

우리는 자녀들의 삶에 대해 하나님께 과연 어떤 주장을 할 수 있는가? 우리는 정의와 공평에 대한 우리의 생각을 보존하기 위해 어떤 이야기를 써 나갈 수 있는가? 어쩌면 이들 어린아이들의 이야기는 우리 자신의 삶을 위한 하나님의 일부 이야기일 수 있다. 어쩌면 그들은 그 이야기를 통해 사랑을 일으키고, 우리에게 사랑을 상기시켜 주며, 사랑의 희망을 줄 것이다. 어쩌면 그들은 그 이야기 속에서 가장 위대한 사랑을 우리에게 가르쳐 줄 것이다. 곧 자신의 백성들을 위한 하나님의 사랑 말이다. 여기서 어린아이들은 하나님과 생명 그리고 죽음의 신비에 대해 증언해 줄 것이다.

다이엔 콤(Diane Komp) 박사는 예일 대학교 의과대학의 소아과 교수요 종양학자이다. 그녀는 자신의 의학교육을 결과적으로 어릴적 종교의 확신을 '탈선시켜 버린' 것으로 기술한다. 만일 당시 그녀가 믿음을 원했다면, "그것은 죽음에 대한 문화적 예상보다는, 신뢰할 만한 증거를 요구했을 것이다."[110] 이후 그녀는 죽어가는 어린아이의 모습에서 자신의 신뢰할 만한 증거를 발견했다. 안나(Anna)의 죽음은 콤 박사에게 삶의 새로운 용례로 작용한다.[111]

오늘도 많은 백혈병 어린아이들이 치료를 받는다. 그러나 이것은 안나가 처음 발병했을 때 받았던 그런 치료는 아니다. 그 아이의 치료법은 상당한 기간이 필요했다. 대략 5년 동안 치료를 받았다. 그러나 이제 그 아이는 일곱 살 나이에 생의 종말을 맞이하고 있었다. 죽기 전에, 그 아이는 생의 마지막 기력을 다해 겨우 병상 침대 위에 앉았다. 그리고 나서 이렇게 말한다: "천사들이야! 이 얼마나 아름다운 천사들인가! 엄마! 엄마도 저들이 보여? 저들의 노래 소리가 들려? 나는 이렇게 아름다운 노래를 지금껏 들어보지 못했는걸!" 그리고 나서 그 아이는 등받이 베개에 눕자 곧 숨을 거두었다.

그녀의 부모는 자신들이 세상에서 가장 귀한 선물을 마치 받은 양, 반응했다. 거기에 참석한 병원의 원목은 영적으로보다는 심리학적으로 보다 위로를 받고 평안해 했다. 그는 슬픔에 잠긴 가족을 실존주의 경향의 의사에게 부탁하고 황급히 자리를 떴다. 우리 모두는 함께 우리의 이해와 경험을 초월해 있는 영적 신비에 대해 곰곰이 생각했다. 몇 주 동안, 우리에게 충격을 안겨 주었던 그 생각을 떠올려 보았다: '나는 신뢰할 만한 증거를 발견했는가?'

당시 콤 박사는 그 경험을 이렇게 적었다. "이 경험은 나에게 오랫동안 단단히 닫혀 있던 하나의 인식의 창문을 열어 주었다. 나는 그들의 이야기 속에서 하나의 삶의 유형을 발견할 수 있었다. 그 이야기는 나로 하여금 창문의 한쪽 곁에 놓여 있는 신념의 체계들을 다시 점검할 수 있도록 했다."[112] 콤 박사에 따르면, 죽어 가는 어린아이들은 돌보시는 하나님의 사랑의 실재를 우리에게 증거해 준다. 이 증거를 제시하는 것은 그들의 죽음이 아니다. 오히려 하나님의 사랑과 돌보심을 증거하는 것은 하나님에 대한 그들의 평안, 확신, 희망, 그리고 경험이다. 어린아이들은 죽어 가면서조차, 하나님의 나라에 대해 증거한다.

어쩌면 좀 오싹하게 들릴지 모르지만, 그 하나님의 실재란 아이들의 죽음은 – 아들 조슈아의 죽음까지 포함해서 – 다른 것으로는 생각할 수도 없었던 우리의 삶의 품성을 새롭게 형성하고, 순화시키기도 한다. 다른 사람의 경험을 이해하기란 그리 쉽지 않다. 그런데 나의 지난날 경험은 하나님의 보좌에 더 가까이 다가가게 했으며, 하나님에 대한 비전을 새롭게 형성해 주었다. 이는 내 아들의 시한부 병세를 넘어서 나의 삶을 보다 순화시켜 주었다. 조금은 오싹하게 들릴지 모르지만, 나의 아들의 시한부 삶은 나와 가족의 생활에 강력하고, 구체적으로, 그리고 긍정적으로 영향을 미쳤다.

아들의 시한부 삶은 하나님의 은총, 연민, 그리고 신실성에 대한 증인의 삶을 살 수 있도록 우리에게 기회를 주었다. 그것은 우리가 살고 있는 신앙의 공동체(교회)에 증거를 제공했다. 신앙의 공동체에 우리와 함께 삶을 나눌 수 있는 기회를 주었다. 우리의 이런 경험은 우리가 몸 담고 있는 교회의 삶을 새롭게 형성했다. 다시 그런 교회의 삶은 조슈아에 대한 우리의 인식과 경험을 형성했다. 그것은 나와 아내, 자녀들, 그리고 공동체를 상상할 수 없는 방식으로 형성해 주었다. 이렇게 하나님의 선하신 일들이 나타날 것이라고는 미처 생각하지 못했다. 비록 내가 선택한 일이기는 하지만, 이것의 결말을 미처 알지 못할 수도 있다. 나의 가족은 사랑을 되돌려 줄 수 없는 사람을 사랑한다는 것이 무엇을 의미하는가를 이제 이해한다. 우리 가족은 장애 가족의 상처, 아픔, 그리고 시련에 공감하며 이해할 수 있다. 우리는 상처받고 있는 가족과 함께하는 사역을 준비해 왔다. 나의 가족은 하나님의 위로를 안다. 상처받고 있는 사람들과 삶을 어떻게 공유할 수 있는가를 배우고 있다. 세계의 타락한 특성 때문에, 혹 죽어 가는 어린아이들이 없더라도 우리는 상실(죽음)의 고통을 경험할 것이다. 그러나 내 심령의 가장 소중한 것은 그 사실에 맞서서 요동치듯 항의한다.

우리는 아들이 장성하여 하나님의 백성의 지도자가 되기를 소망하여, 그에게 '조슈아'라는 이름을 지어 주었다. 우리는 그가 구약의 여호수아가 이스라엘을 인도한 것처럼 장성하여 하나님의 백성들을 섬기기를 소망했다. 이제 그런 꿈들의 상실로 인하여 우리는 산산이 부서져 버렸다. 그러나 어쩌면 그런 꿈들이 아직 살아 있는지도 모른다. 조슈아가 나의 가족, 교회, 학생들의 삶을 형성해 주었다면, 어쩌면, 그것은 조슈아가 기여한 지도력이다. 어쩌면 조슈아는 우리에게 더 선한 일을 했을지도 모른다. 그는 자신의 질병을 통해 하나님의 영광을 보다 더 찬양하도록 했는지도 모른다. 그는 다른 방식보다도, 하나님의 백성 가운데서 함께 나눌 수 있는 성품-형성이라는 선물을 우리에게 제공해 주었다. 어쩌면, 조슈아의 질병은 실제로 하나님의 영광을 드러내는 데 기여한다. 그러나 그것이 만일 나에게 맡겨진 일이라면, 다른 방식을 택하여 아들의 삶을 위해 모든 것을 활용하고자 한다.

❋❋❋
하나님은 어린아이들의 죽음에 적극적으로 행동하시는가?

나는 제4장에서 세계 내의 하나님의 목적을 다음과 같이 범주화하였다: (1) 징계, (2) 훈련, 그리고 (3) 구속이 그것이다. 하나님은 종종 세계 내에서 악을 징계하신다. 그분은 때때로 자신의 백성들을 시험하신다. 그분은 이따금 그들을 구속하신다. 이들 모든 행동들은 하나님의 궁극적인 목적을 이루게 한다. 그리고 하나님은 세계 내에 개입하시어 그의 백성들의 삶 속에서 이들 목적을 달성하신다. 그렇다면 하나님은 어린아이들의 죽음에 적극적으로 행동하시는가?

❋❋❋
욥의 이야기 (욥기 1장)

조슈아와 함께 해 온 나의 경험 때문에 지금, 욥의 이야기는 다소 색다르게 들린다. 하나님께서 욥에 대한 첫 번째 시험에서는 욥의 건강을, 두 번째 시험에서는 그의 생명을 보호하셨다는 것을 알았을 때, 그렇다면 하나님은 왜 욥의 자녀들을 그렇게 보호하지 않으셨는지를 나는 매우 의아하게 생각한다. 하나님께서 욥의 생명의 울타리를 그렇게 보호하셨듯이, 왜 욥의 자녀들의 울타리는 보호하시지 않으셨는가? 그 보호의 힘은 하나님의 장중에 있었다. 그분은 사탄의 손에 욥을 맡기기로 결정하셨고, 그 힘의 사용을 제한하기도 하셨다(욥 1:12; 2:6). 하나님은 욥에게 들이닥친 악에 대하여 궁극적인 책임이 있으시다. 왜냐하면 그 악 자체로는 전혀 어떠한 영향을 미칠 수 없었기 때문이었다(참고, 욥 2:10; 42:7). 하나님은 적절히 '그 울타리'를 보호하실 수도 있었고, 혹은 사탄이 이행하려고 하는 바를 못하게 방해하실 수도 있었다. 하나님은 사탄의 요구를 거절하실 수도 있었다. 그러나 하나님은 그의 손을 펴서 욥이 고통을 당하도록 허용하셨다(욥 1:11; 2:5). 사탄이 비록 직접적인 대리자이기는 했지만, 하나님은 여기에 책임이 있으셨다. 그분은 사탄에게 욥의 고통을 허용했다는 점에서 그리고 사탄에게 그 권한을 주었다는 점에서 적어도 책임이 있으셨다. 하나님은 사탄의 도전을 거부하실 수도 있었다: 그분은 보다 더 적극적으로 사탄을 제지하실 수도 있었다. 그분은 이렇게 말하실 수도 있었지 않았을까? "사탄! 너는 욥의 재산을 다 날려버릴 수 있다. 그러나 그의 자녀들의 생명에는 손을 댈 수 없다"라고. 하나님은, "욥이 어찌 까닭 없이 하나님을 경외하리이까?"(욥 1:9)라는 사탄의 질문의 정황에서 욥을 시험하도록 주권적으로 결정하셨다. 하나님은 사탄의 질문에 대답하기 위하여 욥의 자녀를 그 시험대에 내주기로 결정하셨다.

첫 번째 재앙 이후, 욥은 이렇게 반응한다. "주신 자도 여호와시요 취하신 자도 여호와시오니 여호와의 이름이 찬송을 받으소서!" 욥은 하나님께 자녀의 주심과 취하심에 대한 모든 권한을 돌린다. 그분은 자녀를 주심에도 찬양을 받으시고, 자녀를 취해 가심에도 찬양을 받으신다. 욥은 여기서 분명한 어조로 자신의 곤궁성에 대한 하나님의 책임을 주장한다. 주님은 주시기도 하고, 취하시기도 하신다. 하나님은 주시는 일에서와 마찬가지로 취해 가시는 일에서도 행동하신다. 욥에 따르면, 신앙의 사람은 이 두 가지 모두를 수용할 의지가 있어야 한다. 욥의 이 같은 수용은 자녀들의 죽음의 수용을 마음으로부터 의미했다. 하나님은 주권자이시고 욥은 여전히 신앙의 사람이다. 그러나 그런 수용이 신앙의 회의, 의심, 그리고 절망의 과정 없이 그냥 된 게 아니다. 우리가 욥과 친구들의 대화를 쭉 살펴보면, 욥에게서 우리는 종종 그의 성급함, 비탄함, 그리고 비난을 엿볼 수 있다. 그럼에도 불구하고 우리는 또한 그에게서 신앙의 사람을 발견한다. 그는 하나님을 저주하지도 않고, 혹은 자신의 신앙의 헌신(위탁)을 포기하지도 않는다.

그러나 욥을 위로하기 위해 찾아온 친구들은 욥의 자녀의 죽음에서 부정적인 메시지(의미)를 발견한다. 빌닷은 그 자녀들이 욥처럼 죄인들이었다고 추측한다. 하나님은 '의로운 자를 악용하지' 않는다고 항의하면서 그는 확신에 차서, "네 자녀들이 득죄하였으므로 주께서 그들을 그 죄에 붙이셨다."(욥 8:4)라고 주장한다. 그 같은 진술의 잔인성(오류)은 이 욥기의 서문을 읽는 독자들에게 명백하다. 엘리바스는 만일 욥이 보다 의로운 자였다면 그의 자녀들은 여전히 살아서 그와 함께했을 것이라고 넌지시 암시한다(욥 5:25). 참으로, 빌닷에 의하면 사람의 득죄의 분명한 결과는 "그는 그 백성 가운데서 아들도 없고 손자도 없을 것"이라는 것이다(욥 18:19). 빌닷에 의하면, 따라서 욥의 자녀의 죽음은 바로 욥 자신의 득죄의 표시이다. 빌닷은, "불의한 자의 집이 이러하고 하나님을 알지 못하는 자의 처소도 그러하다"(욥 18:21)라고 결론을 내린다. 다시금, 이 서문의 독자들은 이 같은 빌닷의 진술이 진실이 아니라는 것을 안다. 그러나 그 진술은 의심의 여지없이 욥의 심장을 찔렀다.

독자들은 이것이 전혀 근거 없다는 것을 안다. 욥은 자녀들의 영적인 필요성을 알았고(욥 1:5), 자녀의 죽음은 그 자체로(*per se*) 그들과 아무 관련이 없다는 것을, 다만 자신과 관련이 있다는 것을 알았다. 욥에게 있어서 자녀의 죽음의 의미는 욥의 시험에서 드디어 드러난다. 욥의 자녀들은 그의 신앙이 접안接岸되는 과정에서 시련의 한 일부로서 죽는다. 욥의 이야기는 하나님의 용인된 행동을 반영한다. 하나님은 사탄이 욥의 자녀들을 죽이는 데 있어서 능동적으로 허용하셨다. 그분은 사탄에게 욥을 치는 데 있어서 자유의 범위를 허용했고, 사탄이 그 자유를 어떻게 사용할지도 분명히 알고 계셨다. 그분은 사탄에게 – 욥만은 해하지 말라고 – 제한을 두셨다. 이것으로 보아 그분은 사탄의 재량에 욥의 자녀들을 맡기셨다. 하나님은 사탄이 무엇을 기획할지, 그리고 욥의 자녀들의 생명을 빼앗아 갈 수도 있음을 모르시지 않았다. 그러나 그분은 제지하시지 않았다. 그 대신, 하나님은 욥의 자녀들의 죽음을 용인하셨다.

시련의 본질은 여기서 결정적이다. 시험의 급진적인 본질은 욥이 한 때 하나님께로부터 받아 누렸던 모든 축복의 파괴였다. 그 질문의 요체는 이렇다: "욥이 어찌 까닭 없이 하나님을 경외하리이까?" 만일 그 시험이(욥뿐만 아니라 이후 모든 독자들에게) 철저하게 이뤄지고, 완전히 의심으로 나타난다면, 그땐, 하나님을 섬김으로써 주어진 모든 축복과 유익이 분명히 제거될 것이다. 아직 만일 무엇이 남아 있다면, 특히 그의 자녀들이 남아 있다면, 그들은 욥의 신앙의 버팀목으로 생각될 수 있다. 아니 그들이 욥에게 남아 있는 축복이 될 것이다. 어떤 축복이 만일 남아 있게 된다면, 욥은 거기서 자신의 신앙의 상급을 발견하게 될 것이다. 그의 자녀들이 아직 살아 있기만 한다면, 아내가 자신에게 버팀목만 된다면, 그가 만일 가족을 부양하기 위하여 양을 팔 수만 있다면, 그때, 욥은 이들 '선한 것들'을 하나님의 축복으로 기대하고 의지할 수도 있으리라. 바로 이것이 시련이 욥의 건강에까지 확장될 수밖에 없었던 이유이다. 왜냐하면, 이것이 여전히 욥의 신앙을 지탱해 주고 있는 그 축복을 구성하고 있기 때문이다. 욥의 신앙을 충분히 시험하기 위하여, 이제 모든 버팀목은 제거되었다.

그 시험의 급진적인 성격의 필요성이 이제 사탄 자신에 의해서 지적되고 있다. 첫 번째 시험 이후, 사탄은 욥이라는 인물이 자기가 처음 생각한 것보다 훨씬 더 이기적이라는 결론을 내렸다. 욥은 실로 자신에게만 우선 관심을 가졌다. 사탄은 욥이 "가죽으로 가죽을 바꾼다"(욥 2:4)라고 주장한다. 욥은 자신의 종들이나 재산은 물론, 심지어 자녀들에게도 관심을 두지 않았다. 그는 오직 자신에게만 자신의 가죽에게만 관심을 갖는다. "욥 자신을 치라, 그의 가죽을 치면, 그땐 그는 여호와 하나님 당신을 저주하리라"라고 예언한다. 그 시험은 욥의 신앙의 중심을 겨누고 있었기 때문에 그 고통은 참혹했다. 시험의 그 참혹한(급진적인) 본질은 통렬한 시험을 요구했다. 욥은 하나님을 공경함에 모든 기득권의 상실(가족도 없고, 부도 없고, 유업도 없고, 건강도 없고, 이익도 없는 처지)할 때조차도 하나님을 실로 경외할까? 욥은 자신의 극심한 고통에도 불구하고 실로 하나님을 경외할까? 필립 얀시(Philip Yancey)는 이 문제에 정확히 주목했다:

> 인간은 진실로 자유와 존엄성을 지니고 있는가? 사탄은 이 문제에 있어서 하나님께 도전했다. 우리에게는 아래로 내려갈 자유가 있다. 물론, 아담과 그 후손들이 이를 증명했다. 그러나 우리는 위로 올라갈 자유도 있다. 그 어떤 이유에서보다도 하나님을 믿는 자유 말이다. 한 인간이 하나님께서 자신에게 명백히 적으로 나타나실 때조차도 그분을 믿을 수 있을까? 그런 신앙이 가능하기나 할까? 아니면 신앙이란 다른 것과 마찬가지로, 주변 환경이나 혹은 상황의 산물인가? 이것들이 욥기에서 제기되는 질문들이다. 욥기의 개장(開場)부터 사탄은 자신을 첫 번째 가장 위대한 행동주의자로 드러낸다. 욥은 하나님을 사랑하는 데 조건적이었다고 사탄은 주장한다. 욥에게서 보상들을 치워 버려 보라. 그리고 신앙이 산산조각나는 것을 보라. 욥은 분명히 더 위대한 시험(경쟁)을 위해 이제 선택되었다.113)

욥은 비록 자신에게 닥칠 시험의 차원을 알지 못했지만, 그는 이 점을 정확히 인식했다. 욥기에 나타난 신앙의 가장 분명한 표현은 소발의 장광설長廣舌에 대한 욥의 대응에서 나타난다. 소발은 하나님은 악인을 징계하시며, 그들의 번영도 '잠깐'이라는 고답적인 주장을 늘어놓는다(욥 20:5). 소발에 의하면, 악인의 운명은 하나님의 진노이다(욥 20:28-29). 그러나 욥은 그 같은 설명에 참지 못하고, 이렇게 불평한다, "어찌하여 악인이 살고 천수를 누리고 세력이 강하냐?"라고. 보다 정확히 지적해서 말한다면, "씨가 그들의 앞에서 그들과 함께 굳게 서고 자손이 그들의 목전에서 그러하구나. 그 집이 평안하여 두려움이 없도다"(욥 21:8-9). 연이어서 이렇게 말한다. "그들은 아이들을 내어 보냄이 양떼 같고 그 자녀들은 춤추는구나"(욥 21:11). 악인이 이 땅에서 형통하게 지내다가, 때가 되면 평안하게 음부에 내려간다(욥 21:13). 과연 악인의 고통이 이 땅 어디에 있는가? 그들의 자녀들은 건강하고, 그들의 집은 평안하고, "하나님의 매가 그들 위에 임하지 않는다"(욥 21:9). 그렇다면 하나님의 진노는 과연 어디에 있는가? 그것은 아무 데도 없다. 따라서 욥은 이렇게 대응한다. "이러한즉 너희의 위로가 헛되지 않느냐? 너희의 대답은 거짓뿐이다"(욥 21:34).

그러나 이 상황에서 욥은 악인의 위로를 거부한다. 욥에 의하면, 악인은 신앙을 가지고 오직 이익만을 좇는다. 그들은 이렇게 묻곤 한다. "우리가 섬겨야 할 자 그 전능자가 누구냐?"라고. 기도해서 우리가 얻을 이익이 과연 무엇이냐? 이것이 사탄이 제기하는 고소의 내용들이다. 사람들은 각자 자신들이 얻을 수 있는 이익 때문에 단지 하나님을 섬긴다. 그들은 이익 때문에 하나님을 섬긴다. 그러나 욥은 이와는 상관이 없다. 욥은 이렇게 비난한다. "그들의 번영은 그들의 손으로 말미암은 것이 아니다. 따라서 나는 악인의 계획과는 판이하다"(욥 21:16).[114] 욥은 이익을 위해 하나님을 섬기지 않는다. 그는 악인의 합창솜唱에도 합류하지 않는다. 그는 삶의 회의에 대한 답변이 없을 때조차도, 자신의 의심이 여전히 상존해 있어도, 자신의 아픔에 압도되어 있을 때조차도, 그는 다만 자신의 신앙-위탁(헌신)을 그대로 유지한다. 욥기 21장 16절에 기술된 욥의 신앙-위탁은 욥기 21장 17-33절의 질문에 대한 대답이 아니다. 그럼에도 불구하고, 그의 신앙-위탁은 그대로 계속된다. 그것은 아이의 아비가 예수께 호소한 것에 대한 욥의 새로운 이해이기도 하다. "내가 믿나이다 내가 나의 믿음 없음을 (극복할 수 있도록) 도와주소서"(막 9:24, NRSV).

자녀를 잃었던, 신앙심이 깊은 부모들은 대체로 다음 중 불행한 세 가지 신정론의 하나로 반응한다: 하나님을 비난한다("하나님은 공평하지 못하다"): 자신들을 비난한다("하나님은 나를 징계하신다"): 그리고 그 사건 속에서 어떤 숨겨진 목적을 찾는다("이 일은 어떤 이유가 있어 일어난 것이다").[115] 흥미롭게도, 욥기는 이들 세 가지 관점들을 모두 반영하고 있다. 욥은 하나님의 정의에 대하여 의심한다. 그 친구들은 욥의 죄를 비난한다. 그러나 이야기의 화자話者는 그 자녀들의 죽음에서 목적과 의미를 찾는다. 욥의 자녀의 죽음의 근본적인 의미는 욥의 신앙을 시험하려고 했지 욥을 처벌하려는 것이 아니라는 것이다. 그것은 "욥은 이익을 위해 하나님을 섬기는가?"에 대한 대답이다. 그 대답은 "아니다! 그는 이익을 위해 그분을 섬기는 것이 아니다!" 욥은 하나님을 사랑하기 때문에 그분을 섬긴다.

※※※
다윗과 밧세바의 이야기(삼하 12:15-24)

간음에 의한 다윗과 밧세바의 결합은 한 아이를 낳는다. 밧세바의 남편 헷(Hittite) 사람 우리야(우리아)와의 성적 상대를 조정하여 그들은 자신들의 죄를 감추려고 시도한다. 그 시도가 실패하자, 다윗은 우리야의 죽음을 결말짓고 나서 아들을 임신한 밧세바와 결혼한다. 그러나 하나님은 나단 선지자를 보내 다윗의 죄를 폭로하고 그에 해당한 징계를 선언하신다. 이에 다윗은 자신의 죄를 고백하고 하나님은 그를 용서하신다. 그러나 여기서 하나님은 다윗을 죽음에 이르는 징계는 하지 않으나, 죄에 대한 징계는 여전히 남겨 두신다. 다윗이 주께 '심한 모욕'(주의 원수들에게 비방할 빌미를 제공)을 보였기 때문이다(삼하 12:14, NIV의 각주: NRSV). 나단은 다윗의 아들이 죽을 것이라고 선언한다. 다윗의 간음 때문에 초래된 죽음은 그의 아들에게 강요된 듯하다. 그 아들은 다윗의 죄의 결과로 죽었다.

하나님은 다윗의 아이를 '치셨다.' 여기에 사용된 그 언어는 분명하고, 돌이킬 수 없고, 직접적이다. '주께서 치셨다'라는 이 정확한 구절은 구약성경의 다른 곳에서 4회 나온다. 한 번은, 이것이 이스라엘 백성의 금송아지 때문에 하나님께서 내리신 역병疫病을 언급한다(출 32:35). 또 다른 곳에서 그 본문은 "여호와께서 나발을 치시매 그가 죽었다"라고 말한다(삼상 25:38). 또 다른 두

곳의 예는 나라의 군대들을 하나님께서 패망케 한 말씀을 언급한다(삿 20:35; 대하 14:12; 참고 사 19:22). 여기 성경 본문에 사용된 분명한 언어는 하나님께서 다윗의 죄 때문에 그의 아들을 죽였다는 것이다. 하나님은 그의 아들을 통하여 다윗을 징계하셨다. 이와 동일한 언어는, 하나님께서 애굽의 장자의 생명을 취하였을 때 그분이 어떻게 그들을 치셨는가(출 12:23,27), 하나님께서 어떻게 여로보암을 치셨는가(대하 13:20), 그리고 어떻게 여호람과 그 가족을 치셨는가(대하 21:14,18)에 잘 묘사되고 있다. 무엇을 의미하든 간에 이 언어는 징계함에 있어서 하나님의 적극적인 역할을 묘사한다. 하나님이 다윗의 아들을 죽임으로써 다윗을 징계하는 것은 매우 가혹하게 보일지 모르지만, 그럼에도 불구하고 이는 이 이야기의 분명한 요점이다.

다윗은 기도, 금식, 그리고 비탄으로 나단의 선언에 반응했다. 그는 자신의 아들의 생명을 취하시는 하나님을 변호했다. 히스기야가 자신의 생명의 연장을 위하여 기도했듯이(사 38:1-2), 다윗도 그렇게 아들의 생명을 위하여 기도했다. 다니엘이 포로로 잡혀간 백성들의 방면을 위하여 기도했듯이(단 9:3), 다윗도 그렇게 자신의 징계의 유예를 위하여 기도했다. 다윗은 자기 비하와 눈물로써 하나님 앞에 엎드렸다. 그는 먹지도 자지고 몸 치장도 하지 않았다. 그는 어떤 위로도 거절했다. 다윗은 하나님께서 혹 자신의 아들을 살려 주실지도 모른다는 희망으로 하나님 앞에 한없이 자신을 낮추었다.

다윗이 예언자를 통하여 하나님으로부터 말씀을 들었음에도 불구하고, 그는 어떤 가능성, 곧 하나님께서 자비를 베푸시고 아들의 생명을 살려 주실지도 모른다는 가능성을 여전히 믿었다. 누구도 하나님의 마음을 모른다. 다윗은 혹 자신을 하나님 앞에 겸손히 낮춘다면, 비록 자신이 하나님의 생각을 조작할 수 없다는 것을 알고 있지만, 하나님께서 당신의 마음을 바꾸실지도 모른다고 믿었다. 따라서 그는 하나님의 은총을 간구했다. 이것은 언뜻 보면, 마치 다윗이 실제로는 어떤 일도 발생하기를 기대하지 않으면서 무엇인가를 위하여 기도하는 것처럼 보인다. 물론, 하나님은 당신이 원하시면 무엇이라도 하실 수 있는 분이라는 것을 다윗이 알고 있으면서 말이다. 다윗은 그의 아들을 변호했다. 그리고 하나님께서 자신에게 은총으로 반응해 주시기를 희망했다. 그러나 최종적으로 하나님은 "아니다!"라고 대답하신다. 그리고 그 아들은 죽는다.

하나님께서 "아니다!"라고 대답하실 때, 우리는 무엇을 어떻게 하는가? 우리가 한 아이의 생명을 위하여 기도할 때, 우리는 간구와 청원으로 하나님의 보좌로 나아간다. 그런데 아이는 죽는다. 바로 이 때 우리는 하나님의 대답에 대해 어떻게 반응하는가? 다윗은 옷을 챙겨 입고 나서, 하나님의 전에 들어가 예배를 드렸다. 이것은 다윗의 생애에 있어서 아주 심오한 순간이다. 그의 아들이 죽자, 다윗은 욥처럼 예배를 드렸다. 다윗은 자신이 드렸던 청원에 대한 대답을 받았다. 그 대답은 '아니다'였다. 하나님의 응답에 대한 다윗의 반응은 예배를 드리는 것이었다. 그는 이전에는 비탄해 하며 하나님께 청원했다. 그러나 이제 그는 하나님 앞에서 그분을 찬양한다. 그는 하나님의 대답을 수용한다. 그리고 삶을 다시 시작한다. 그는 이제 다시 음식을 먹고 아내를 위로한다.

그러나 다윗을 징계하기 위해 그의 아들을 친 것이 공정했는가? 하나님은 어떻게 그의 아비의 죄 때문에 그 아들을 징계할 수 있는가? 성경 본문은 그 아들이 다윗의 죄의 결과로 죽는다는 것을 분명히 해 둔다. 하나님은 그 아들을 죽이셨다. 그러나 하나님이 그 같은 행동을 하시는 데 있어서 여기에 어떤 타당한 근거가 있는가? 우리의 대답은 단지 잠정적이거나 제한적일 뿐이다. 만일 타당한 근거가 우리에게 알려질 때조차도 하나님의 그 타당한 근거의 합법성을 최종적으로 판단하는 것은 타락한 우리 인간에게는 사실 부적절하다. 그러나 신정론은 어떠한 타당한 근거의 합법성도 존재하지 않는다고 믿는 사람들에게 하나님의 행동들을 변호 혹은 정당화하기 위해 이성적인 근거를 찾아내려는 경향이 있다. 그럼에도 불구하고 우리의 심정은 적절한 설명을 찾아낼 것을 강하게 요구한다.

하나님은 다윗을 그의 아들의 죽음을 통해 징계하셨다. 하나님은 그 아들을 징계하시지 않았다: 그분은 다윗을 징계하셨다. 하나님은 다윗을 처벌했지 그의 아들을 처벌하시지 않았다. 다윗의 아들이 자신의 삶을 살아갈 수 있는 기회가 박탈됨으로써 학대받았다고 우리가 알게 될 때, 결국 하나님의 목표는 이 이야기 속에서 다윗에게 초점이 맞추어진다. 다윗은 그의 죄로부터 교훈을 얻어야만 한다. 아들이 죽자, 다윗은 자신의 비탄을 멈춘다. 그는 옷을 갈아입고, 성막에서 예배를 드리고, 그리고 음식을 먹는다. 오히려 그는 언젠가 하나님의 친교 속에서 그 아들과 재회할 수 있을 것이라고 믿는다.

다윗은 그 날 죄의 심각성을 깨달았다. 우리가 우리의 길만을 찾아 고집할 때, 그것은 우리를 단지 사망으로 인도한다. 우리가 자신의 도덕적 자율에만 말뚝을 박아버리면, 우리는 생명보다도 오히려 죽음을 선택하게 된다. 사망이 아담의 죄를 통하여 세상에 들어왔듯이, 사망이 죄를 통하여 다윗의 가정에 스며들어 왔다. 그 아이는 다윗에게 그 교훈을 톡톡히 가르치기 위하여 죽었다. 다윗은 그 날 타락성을 실로 경험했다: 그는 밧세바와의 간음 때문에, 죽음의 비극을 경험했다. 그는 자신의 삶 속에서 아담의 타락을 실존적으로 경험했다. 그 자신의 죄를 통하여 죽음이 그의 세계로 들어왔다. 하나님은 아담의 타락 이후 피조물을 저주했듯이, 이제 다윗의 가문을 저주했다.

그러나 하나님의 의도는 보복이 아니다. 하나님은 죄를 미워하듯이 사망을 미워하신다. 그분의 목적은 궁극적으로 구속이다. 다윗은 아들의 죽음에서 타락의 경험을 통하여 하나님과의 보다 더 깊고 친밀한 관계로 인도된다. 하나님은 다윗을 당신과 보다 더 가까운 친교 속으로 인도하기 위하여 그 아들의 죽음을 사용하신다. 아이의 죽음은 믿는 자들로 하여금 예배, 비탄, 기도, 그리고 청원 속에서 하나님의 얼굴을 찾게 한다. 돌아갈 길은 어디에도 없다. 하나님 당신 자신과 고통당하는 자 간의 관계를 강화시키는 것은, 그것이 징계이든(다윗의 경우) 시험이든(욥의 경우) 어느 것이든 하나님의 궁극적인 행동이다. 궁극적으로 중요한 것은, 하나님과의 친교이다. 어린아이의 죽음은 이 목적에 기여할지도 모른다.

이야기의 전개에서조차, 하나님은 악의적이거나 옹호적이지도 않으시다. 하나님은 다윗과 밧세바에 대해 어떤 악의를 품고 있지 않으시다. 사실, 하나님은 밧세바를 통하여 다윗의 가문을 이어가기 위해 구속적으로 행동하신다. 하나님은 그들이 솔로몬이라 이름 지었던 또 다른 아들을 그들에게 주셨다. 그러나 하나님은 그 아이를 "주께 사랑받는다"(삼하 12:25)를 의미하는 '여디디야'라고 불렀다. 하나님은 궁극적으로 "우리아의 아내였던"(마 1:6) 밧세바를 포함하여 이 같은 생명의 계보를 통하여 이 세계에 들어오시지 않을까? 타락한 와중에서조차, 하나님은 당신의 백성을 구속하기 위해 행동하시고, 죄와 사망에 대한 당신의 구속적 승리를 확고히 하신다.

※ ※ ※
여로보암의 아들의 이야기 (왕상 14:10-13)

북왕국 첫 번째 왕이었던 여로보암은 단과 벧엘에 금송아지 상을 세우고 그곳을 반역적인 우상의 중심으로 삼음으로써, 이스라엘 백성을 죄 가운데로 이끌었다(왕상 12:28-30). 더군다나, 그는 마치 하나님에게도 가나안 종교처럼 여신女神이 필요하기나 한 것처럼, 가나안의 아세라 목상을 세워, 여호와의 예배에 우상들로 채웠다(왕상 14:15-16). 이에 더하여, 그는 우상숭배를 위하여 높은 곳을 지정하고 그 일들을 위해 많은 제사장들을 임명했다(왕상 13:33-34; 14:9-10).

"그때에" 이야기의 화자는 이렇게 시작한다. "여로보암의 아들 아비야가 병든지라"(왕상 14:1). 그 병은 여로보암 왕이 예언자 아히야를 급히 찾아나서 그 소년에게 최종적으로 무슨 일이 발생할 것인가를 물었을 만큼 아주 심각했다(왕상 14:2-3). 그는 장래 일을 물어보기 위해 아내를 변장시켜 보냈다. 예언자는 여로보암의 죄 때문에 그의 전 집안에 재앙이 내려 왕가는 패망할 것이며 그의 후손들은 끊어지리라고 선언한다. 여로보암 가문의 멸절은 그렇게 모든 사내가 죽을 것이며, 그들 중 누구도 영예로운 장래조차 치루지 못함으로써 완료될 것이다. 여로보암의 집안은 아비야를 제외하고는 비천하게 될 것이다.

이 성경 본문은 아비야가 지금 몇 살인가는 말하고 있지 않으나, 우리는 그가 아주 어린아이일 것이라고 추측할 수 있다. 그 아이가 유아(삼하 12:16의 밧세바의 아기, 혹은 출 2:6의 유아 모세)일 가능성을 포함하여, 비록 그 범위가 좀 넓지만, 흔히 청년기 혹은 십대를 가리키는 '나아르'(na' ar)로 묘사된다. 아비야를 묘사하기 위해 사용된 또 하나의 용어는 '에레드'(yaled)인데(왕상 14:12), 이는 흔히 아주 어린아이(왕상 17:21-23), 혹은 유아(삼하 12:15, 18-19,20,22)를 가리킨다. 여기 사용된 그 명사는 '아이를 낳다'를 의미하는 동사로부터 파생된다. 결과적으로 아비야를 10대 청소년이 안 된, 아마도 더 어린나이로 생각하는 것이 가장 적절하다. 그 아이의 나이가 어떻든 간에, 아이의 병세로 부모는 지금 거의 혼절한 상태이다. 결국에 그들은 하나님의 예언자를 찾아 나선다.

예언자는 아비야의 죽음을 선언한다. 그러나 그 죽음은 지금의 징계가 아니라, 은총의 구속으로 선언된다. 예언자는 징계와 구속 간을 구별한다. 여로보암의 징계는 그 후손의 모든 사내가 죽임을 당하고, 그것도 아주 불명예스런 죽음의 수치를 면치 못하는 것이다. 여로보암의 죄악은 그의 왕가의 단절과 수치스럽고 불명예스런 종말에 의해 구체적으로 징벌을 받는다. 그러나 비록 아비야가 죽을 것이지만, "그는 여로보암의 집 가운데서 저가 이스라엘 하나님 여호와를 향하여 선한 뜻을 품었다"(왕상 14:13).

이는 놀라운 묘사이다. 아비야는 그가 살아가는 삶의 방식에서, 그가 사는 어느 순간에 죽는다. 왜냐하면 하나님은 그 아이 안에서 '선한 것'을 보았기 때문이다. 그렇다고 아비야가 완벽하다는 것은 아니다. 하나님은 유다 왕 여호사밧에게서도 '선한 것'을 발견하셨다. 왜냐하면 그가 비록 악한 자를 돕고 여호와를 미워하는 자를 사랑하기는 했으나, "그의 마음이 하나님을 찾는데" 있기 때문이다(대하 19:2-3). 그 '선한 것'이 무엇이든 간에, 하나님은 아비야에게서 그것을 보셨고, - 우리는 그것('선한 것')이 여호사밧의 경우에서처럼 그의 마음과 관련되었을 것이라고 추측할 수 있다. - 그래서 하나님은 아비야에게 명예로운 죽음을 안겨 주셨다. 그 아이가 장사되었다. 그러자 "온 이스라엘이 그 죽은 자를 위하여 슬퍼했다"(왕상 14:18). 아비야의 죽음은 은총의 의미를 지녔다. 이 죽음을 통하여 하나님은 아비야를 그의 가문의 비참한 운명으로부터 구속해 주셨다. 그들은 불명예, 경멸, 그리고 신성모독을 당할 것이다. 그러나 하나님께서 아비야의 죽음을 은총으로 감쌀 것이기 때문에, 그는 명예, 존엄, 그리고 장사의 영예를 얻은 것이다.

아비야의 교훈의 실례는 분명해 보인다. 아이의 죽음은 하나님의 구속적 은총의 표현일 수 있다. 아비야의 죽음은 하나님이 선한 것으로 의도하셨던 것이다. 아비야의 죽음이 비록 그의 부모에게 상당한 고통을 안겼지만, 아비야에게 있어서만은 선한 것이었다. 그러나 그의 죽음은 상대적 의미에서 선한 것이었다. 그의 혈족들이 그렇게 죽는 방식으로 죽는 것보다 그 아이가 살았던 방식에서 죽는 것이 더 훨씬 낫다.

아이의 죽음이 그렇게 선한 것일 수 있을까? 그것은 단연코 절대 선이 아니다! 하나님은 죽음을 의도하지 않으셨다. 다만 타락한 세계를 허용하셨다. 하나님은 죽음을 이용하여 당신의 목적을 이루신다. 결과적으로 그것은 하나님의 목적을 수행하기 위한 조치로 상대적인 선일 뿐이다. 아이의 죽음은 항상 악인가? 그것은 타락의 세계의 일부라는 의미에서 항상 악이다. 그러나 그 죽은 아이는 하나님의 충만한 생명으로 들어가기 때문에, 그것은 또한 선이기도 하다. 비록 다 살지 못한 생명의 상실이 있기는 하지만, 또한 전에는 알지 못했던 친교가 있다. 그 친교는 결코 감소될 수 없다.

아비야는 그가 살아온 방식에서 죽는 것이 더 나았다. 아이의 죽음이 상대적 의미에서 '선한 것'일 수도 있다는 생각을 받아들이는 것은 쉽지 않다. 그것이 절대적인 선과 같은 것으로 비칠 수도 있다. 그러나 아이의 죽음이 만일 백성들과 함께 종말론적 친교를 위한 하나님의 목적을 수행할 수 있는 것이라면, 그것은 선이다.

✱✱✱
요약

여기 세 가지 사례들은 어린아이의 죽음을 넘어서 하나님의 주권을 구체적으로 설명해 준다. 욥은 자신의 아이들을 위해 희생 제물을 드렸다. 그러나 그 아이들은 죽었다. 다윗은 자신의 아이의 완쾌를 위해 주님께 청원했다. 그러나 그는 죽었다. 여로보암의 아내는 예언자 아히야를 통해 주님을 찾았다. 그러나 그녀의 아이 역시 죽었다. 하나님은 이들 각자 상황을 넘어서는 주권자이셨다. 그 주님은 사탄에게 욥의 자녀들을 파멸시킬 수 있는 힘을 행사할 수 있도록 권한을 주기도 하셨다. 주님은 다윗의 아이를 치셨다. 그분은 여로보암의 아들의 죽음에 작용하셨다. 하나님은 이들 사건들의 어느 하나라도 변경시키실 수 있으셨다. 그러나 그분은 그렇게 하지 않으셨다. 그분은 그런 일에 있어서 오히려 주권적으로 행동하셨다. 그 결과는 아이들의 죽음이었다. 그분은 다르게 행동하실 수 있었다. 그러나 그렇지 않았다.

우리는 이들 죽음의 의미를 하나의 목적으로만 밀어붙여서는 안 된다. 하나님은 이들 각자의 죽음에 서로 다른 이유를 지니고 있었다. 이들 각자의 처지에서 그분의 의도는 서로 달랐다. 욥의 아이들은 욥을 시험하기 위해 결과적으로 죽었다. 다윗의 아이는 다윗을 징벌하기 위해 죽었다. 여로보암의 아이 아비야는 그 아비의 징계의 굴욕을 벗어나기 위해 죽었다. 욥의 처지에서 하나님의 목적은 훈계, 순화, 그리고 시험이었다. 여로보암의 처지에서 하나님의 목적은 은총이었다.

결과적으로, 어린아이들의 죽음은 위의 세 가지 다른 이야기의 형식 속에서 세 가지 다른 기능을 하게 한다. 그것은 세계 내의 하나님의 행동에 대한 담론談論을 상호 비교하게 만든다. 하나님은 종종 다윗의 아이의 죽음에서처럼 징계하기 위해 행동하신다. 그분은 종종 욥의 아이들의 죽음에서처럼, 교육시키거나 혹은 시험하기 위해 행동하신다. 그분은 종종 여로보암의 아들의 죽음에서처럼, 구속하기 위해 행동하신다. 그러나 그 모든 순간에 그리고 그 모든 단계에서, 하나님은 이들 세 가지를 단단히 뒷받침하고 있는 하나의 목적을 지니고 계시다. 이들 각기 이야기는 그 자체의 방식대로, 당신의 피조물을 향한 하나님의 궁극적인 의도를 드러내는 데 기여한다. 하나님은 욥과 다윗 심지어 여로보암과도 교제를 나누시기를 원하신다. 각기 죽음은 이런 목적을 드러내기 위해 맞추어진다. 그 구체적인 목적과 처지들이 무엇으로 나타나든 간에 말이다.

※ ※ ※
결론

아들의 치명적인 죽음을 곰곰이 생각해 보면서, 욥과 그의 아이들의 이야기로부터 큰 위로와 의미를 발견해 낼 수 있었다. 하나님께서 내 삶 속의 큰 죄 때문에 나를 징계하시는 것이 아니라는 것을 안다. 그러나 그분이 우리 가족으로 하여금 우리의 믿음, 위탁의 본질을 제대로 인식하도록 하기 위해 시험하면서, 우리를 순화시키고 있음을 확고히 믿는다. 욥처럼, 나는 믿는다. "나의 가는 길을 오직 그가 아시나니 그가 나를 단련하신 후에는 내가 정금같이 나오리라"(욥 23:10). 그러나 또한 욥처럼, 나의 기도는 종종 성급하고, 때에 따라선 비난하고 어떨 땐 비통하다. 그럼에도 불구하고 양심에 비추어 보아, 이익을 위해 하나님을 섬기지는 않는다.

우리 아이들의 생명 가치에 견줄 만한 '진리'는 무엇인가? 나의 양심은

'그런 가치에 견줄 만한 진리란 없다'고 항의한다. 그러나 하나님의 이야기는 다르게 읽힌다. 거기엔 다소 다른 방식으로 그 가치에 견줄 만한 진리가 있다고 믿는다. 어쩌면, 그 '진리'란 하나님의 주권의 강력한 기반 위에 서 계시는 하나님과의 친교의 실재이다. 하나님은 거기서 어떤 이들이 보상과 이점을 다소 받을지라도 그것을 넘어서서, 사랑의 은총으로 우리와 친교를 나누기를 원하신다. 나는 아들 조슈아를 하나님의 장중의 팔에 맡기겠다. 그리고 욥처럼(욥 1:21), 조슈아가 이 세상을 떠날 때, 하나님의 이름을 찬양하고자 한다. 나의 믿음이 조슈아가 사는 것과 죽는 것에 달려 있지 않기를 기도하겠다. 나의 믿음이 우리와 교제를 원하시는 하나님, 그리고 언젠가 그날에 모든 눈물을 닦아 주실 하나님, 그분과의 친교에 의지하기를 기도하겠다. 그날은, 하나님께서 그의 백성들의 얼굴로부터 사망의 면박面駁을 모두 제거하실 때 온다(사 25:7). 그 단단한 실재는 바로 교제이다. 곧 아들 조슈아처럼 무고한 어린아이를 포함하여 함께 이뤄지는 종말론적인 친교이다. 그 친교의 실재는 내 아이의 죽음에 견줄 만한 가치이다. 그것은 하나님 자신의 아이의 죽음에 견줄 만한 가치이다. 그러나 그것은 내가 종종 주님께 항의하고 매일 비통하게 울부짖는 것과 대치되는 가치이기도 하다. 울부짖는다, "오, 주님! 나는 믿습니다. 그러나 나의 믿음 없음을 이겨 내도록 도우소서!"

제9장

그 최종적 승리는 어디에 있는가?

| 예수 안에 있는 하나님의 이야기 |

이 자녀들은 피와 살을 가진 사람들이기에
예수 역시 피와 살을 가지셨습니다.
그것은, 그가 죽음을 겪으시고서
죽음의 세력을 쥐고 있는 자 곧 악마를 멸하시고,
또 일생 동안 죽음의 공포 때문에 종노릇 하는 사람들을
해방하시려고 한 것입니다.
실상 주께서는 천사들을 도와주시는 것이 아니라,
아브라함의 자손을 도와주십니다.
그러므로 예수는 모든 점에서 그의 형제자매들과 같아지셔야만 했습니다.
그것은 그가 하나님 앞에서 자비롭고 성실한 대제사장이 되심으로써
백성의 죄를 대속하시려고 한 것입니다.
그는 몸소 시험을 받아서 고난을 당하셨으므로,
시험을 당하는 사람들을 도우실 수 있습니다.

히 2:14-18

※ ※ ※

하나님께서 이 세상을 통치하신다고 할 때, 하나님의 가장 우선시되는 특성은 그분의 절대적 위엄이나 혹은 전능하심이 아니다. 그와는 반대로, 그분의 거룩한 사랑이다. 하나님의 권능이 거룩한 사랑을 가능케 하기보다는 그분의 거룩한 사랑이 그분의 권능을 가능케 한다. 그분은 자신의 거룩한 사랑으로 당신의 자녀들을 징계하신다. 거룩한 사랑으로 이 세상을 통치하신다. 하나님은 자유 가운데 그의 피조물과 삼위일체적 친교를 나누기 위한 의도에서 당신의 권능을 행사하신다.

헬라적 사유思惟는 하나님의 절대 권능에 주목해 왔다. 이는 결과적으로 하나님을 고통에 아주 둔감한 분으로 만들고 말았다. 또한 한편 전통적인 아프리카 종교에서처럼 어떤 문화에서는 하나님의 절대 공의公義에 주목해 왔다. 이는 '세계 질서'를 하나님의 주요 관심으로 삼게 했다. 그러나 성경의 이야기는 당신의 백성에 대한 사랑 때문에 행동하시는 하나님의 열정을 묘사하고 있다. 구약의 하나님은 한편에서 연민을 가지시고 또 다른 한편에서는 분노하시는 하나님이다. 야훼(여호와)는 때로 이스라엘을 어쩔 수 없이 멸하시는 하나님이다. 그러나 자비 가운데 당신의 마음을 곧 바꾸시는 하나님이시다. 그분은 인류를 보존하셨다. 이스라엘에 대한 사랑의 문제에 있어서 그분은 예언자 호세아에게 빗대어 말씀하신다. 하나님은 그의 백성의 고통으로 인해 상처받고 함께 애통해 하신다. 그분은 우리로부터 먼 거리에 계시지 않고 또한 우리에게 무관심한 그런 분이 아니다. 하나님 당신 자신은 몸소 그의 백성의 고통을 자신의 신적 생명으로 취함으로써 그들을 구속하기 위해 행동하신다.

신학의 역사는 너무나 자주 권능자로서의 하나님의 개념으로부터 출발하였고, 그 과정에서 이런 권능자를 정의하기 위해 철학적 개념들이 사용되어 왔다. 여기서 하나님은 무통無痛, 불변, 무소부재, 전능, 전지하신 분으로 진술해 왔다. 신학의 역사는 바로 이런 개념들로부터 출발하여 하나님의 특성을 오직 그의 절대 권능과의 관계에서만 정의해 나갔다. 그러나 성경의 이야기는 하나님의 권능을 그분의 특성과 행동, 그리고 구속적 행위의 관점에서 이해하도록 우리에게 요구한다. 이스라엘은 그분이 언약의 하나님이라는 사실 때문에 예배한다. 그분은 당신의 백성을 향한 구속적 사랑 때문에 개입하신다. 그분의 권능은 구속의 목표를 가능하게 한다. 구속의 목표는 하나님의 거룩한 사랑으로부터 발생한다.

❋❋❋
하나님의 감정이입:
하나님은 어떻게 우리와 함께 고통을 당하시는가?

하나님은 우리와 함께 이 세상에서 고통을 받으신다. 그분은 피조물에 의해 어떠한 영향도 받지 않으시는 그런 아리스토텔레스적인 '부동不動의 동자動者'가 아니다. 그분은 이 세상과 전적으로 독립된 채 자아 충족의 완전성을 표방하는 그런 플라톤적인 '이데아'(Idea)도 물론 아니다. 하나님은 종종 절대 권능의 관점에서 묘사되곤 했다. 그러나 하나님의 사랑은 권능보다는 오히려 취약함과 허약함을 가치 있게 여긴다. 하나님의 본질적인 특성은 그분이 "자유 가운데서 사랑하시는 데 있다."[116] 이 같은 사랑은 창조와 구속의 사역 가운데서 잘 드러났다. 하나님은 피조물을 자유 가운데서 사랑하신다. 창조 시에 이미 그분은 당신 자신을 취약한 상태로 행동하셨다. 하나님은 창조 시에 자유를 허락하여 당신을 드러내셨다. 이는 곧 자유 가운데서 사랑하는 능력이다. 그러나 이 자유와 함께 그분은 그의 피조물인 인간이 자신의 사랑에 등을 돌려 버릴 위험까지 감수하신다. 하나님은 바로 여기서 고통에 취약한 상태로 자신을 노출시키신다. 윌리엄 플래처(W. Placher)는 이를 이렇게 적절히 묘사한다.

> 사랑이란 심각한 모험까지 감수할 의지를 뜻한다. 곧 사랑이란 때론 다른 사람의 운명이 자신의 삶에 영향을 미칠 수 있는 그런 방식으로 다른 사람을 돌보는 것을 의미한다. 그리고 그 결과, 기꺼이 다른 사람에게 값비싼 대가를 지불하기도 하고 때론 거절당할 수 있는 기회를 스스로 허락하는 것을 의미한다.[117]

이 같은 취약함을 가장 잘 드러낸 사건이 아들의 성육신이다. 하나님은 사자로서가 아니라 어린 양으로서 승리를 표방하신다. 하나님은 당신 자신이 한 인간으로서 인류에게 기꺼이 개입하여 모험을 감수하신다. 그런 취약한 상태에 이르게 하는 것이 사랑이다. 성육신은 사실 하나님의 굴욕이었다. 종국에 하나님은 죄인들의 구속을 위해 기꺼이 십자가까지 지셨다. 십자가에 달리신 분이 곧 그리스도교의 하나님이시다. 하나님은 자기중심(egoism)에 사로잡힌 능력에서보다는, 오히려 사랑에 의해 촉발된 취약함 속에서 당신 자신을 계시하신다. 그 십자가의 취약함 가운데서 그리스도는 구원을 위한 하나님의 진정한 능력과 지혜가 되셨다(고전 1:17-29).

※ ※ ※
구약성경에서 하나님의 고통

하나님의 고통이 실은 성육신 사건에서 시작된 것은 아니었다. 그의 백성이 하나님을 떠나 제멋대로 살고 죄악에 빠져든 이후부터 사실 하나님은 고통을 받으셨다. 하나님은 자신의 백성의 상실과 죽음을 애통해 하셨다. 하나님께서는 "네가 벗은 몸이라고 누가 일러주더냐"(창 3:11)라고 슬프게 물으신 이후부터, 그 마음이 매우 무거우셨다. 그러나 하나님은 아담과 하와에게 자녀를 허락하심으로 그들에게 자비를 베푸셨다(창 4:1-2). 창세기 6장에서처럼, 하나님께서 사악한 인간들의 결말을 보시고 당신이 이 땅에 그런 인간을 만드셨다는 사실로 크게 후회하시면서 그 마음은 고통으로 가득 찼다. 그 비등점은 정점에 다다랐다(창 6:6). 그러나 하나님은 곧 노아에게 자비를 베푸셨다(창 6:8-9). 하나님은 그의 백성이 광야에서 자신에게 반역하고 자신을 시험했을 때 몹시 슬퍼하셨다(시 78:40-41). 그러나 하나님은 그의 백성을 광야로 인도하시고 종국에는 약속의 땅으로 들어가게 함으로써 그들에게 자비를 보이셨다(시 78:54-55). 인류의 죄는 하나님의 슬픔이다. 우리가 그분의 사랑을 저버리고 반역할 때, 하나님의 성령은 슬픔에 잠기신다(사 63:10; 엡 4:30).

하나님은 그의 백성이 당신과의 사랑의 교제를 통해 기쁨을 누리기보다는 자신의 패역한 길로 나아갈 때 고통을 겪으신다. 그러나 그의 백성이 다시 돌아와 교제를 회복할 때 하나님은 진실로 기뻐하신다. 하나님에게는 마음이 있다. 하나님은 우리와의 친교가 깨졌을 때 상처를 입으시고, 친교가 다시 회복될 때 크게 기뻐하신다. 하나님은 우리와 달리 억제되지 않은 감정이란 없으시다. 그러나 그분은 사랑, 질투, 연민, 자비, 인내, 그리고 분노와 같은 감정으로 실로 충만해 계신다. 하나님은 당신의 백성의 삶에 풍성한 감정으로 개입하셔서 그들의 슬픔과 기쁨을 함께 공유하신다. 하나님은 인간 역사의 진행에 의해 감동을 받고 마음을 움직이신다. 하나님은 외부의 어떤 힘에 의해 조종되거나 통제되지 않으시지만, 그분은 인간 존재의 여러 비극과 승리에 대응하고 관계 맺고 반응하신다. 눈물의 예언자 예레미야는 애통해 하시는 하나님께 탄식하며 토로한다(렘 8:21-9:3; 9:8-10; 12:7-12; 15:5-9).

백성과 하나님과의 관계는 구약성경에서 여러 형태의 은유들로 설명된다.

이런 은유들은 그의 백성을 돌보시는 하나님의 사랑을 강조한다. 그분께서 그의 백성을 얼마나 그리워하는지 그리고 그들과 고통을 어떻게 함께 경험하는지를 보여 준다. 어떤 은유는 남편과 아내의 비유이다. 이스라엘이 애굽을 탈출했을 때 하나님은 그 이스라엘을 당신의 아리따운 젊은 신부로 기억하신다. 이는 마치 아내가 남편을 따르는 것처럼 이스라엘은 광야 생활 속에서 하나님을 따랐다. "이스라엘은 나 여호와께 거룩하게 구별된 첫 열매다"(렘 2:3). 그러나 광야에서 그들은 반역을 꾀하고 하나님을 배신했다. 나아가 "그들의 영광을 전혀 쓸데없는 우상들과 바꾸어 버려" 이것들이 결국 하늘과 땅을 새파랗게 질리게 했다(렘 2:11-12). 여기, 그들의 죄악에도 불구하고 하나님은 다시 그들을 초대하신다: "나를 배신한 자식들아 다시 돌아오라! 나는 너의 보호자요 남편이다. 나는 너희를 택하였노라 … 너희를 시온 산으로 데려오겠다"(렘 3:14). 이로써 하나님은 그의 백성 가운데 자신의 현존을 새롭게 드러내신다. 이는 마치 "신랑이 신부를 반기듯이 네 하나님께서 너(이스라엘)를 반기시는 것"과 같다(사 62:5).

이 같은 하나님과 이스라엘의 관계를 묘사하기 위해 예언자들은 종종 은유의 이미지를 사용하곤 했다. 여기서 특별히 성경 본문의 두 군데를 주목해 보자. 그 첫째가 호세아서 1-3장이다. 하나님은 호세아 예언자에게 이르시기를 주께서 이스라엘을 사랑하듯(호 3:1) 음녀가 된 여인 고멜을 아내로 맞아 사랑하라고 하셨다. 호세아의 재혼은 패역한 이스라엘을 향한 하나님의 갱신된 사랑을 상징한다. 하나님은 깨어진 약속의 고통을 감내하신다. 호세아처럼 그분은 부정한 아내의 배신으로 고통을 받으신다. 그럼에도 불구하고 하나님의 사랑은 너무나 커서 그날이 오면 이스라엘이 더 이상 '나의 주인'이라고 말하지 않고 이제 '나의 남편'이라 부를 수 있도록 하겠다고 서약하신다(호 2:16). 그 날에 하나님은 자신의 백성을 향한 사랑을 내보이고 '너희는 나의 백성'이라고 선언할 것이다. 그리고 이제 역으로 이스라엘은 그분에게 "당신은 나의 하나님이시다"라고 응답할 것이다(호 2:23).

주목할 만한 두 번째 은유는 에스겔서 16장이다. 하나님은 이스라엘과 언약을 맺고 당신 자신이 그들과 결혼하겠다고 서약하신다(겔 16:8). 하나님은 값비싼 옷, 보석, 귀한 음식으로 이스라엘에게 마음을 다해 선물 공세를 펴셨다. 주께서 그들에게 돌려준 온갖 아름다움 때문에 이스라엘의 명성은 다른 열방으로 퍼져 나갔다(겔 16:9-14). 그러나 이스라엘은 다시 '자신들의 아름다움을 믿고' 그 명성에 의지하여 음행을 저질렀다(겔 16:15). 이스라엘이 주께 서원하여 자식들을 낳았음에도 그들은 그 자녀들까지 우상의 신들에게 희생제물로 바치고 그 신전에서 음행을 저지른다(겔 16:20-22). 하나님은 이런 이스라엘의 죄악 때문에 그들과 이혼하고, '격렬한 진노 가운데서'(겔 16:38) 그들을 이방인의 손에 넘겨주어 화를 자초케 하신다. 그럼에도 불구하고 하나님은 당신의 신실한 사랑을 이렇게 선언하신다. "그러나 나는 네 젊은 시절에 내가 너와 맺은 언약을 기억하여, 너와 영원한 언약을 세우겠다"(겔 16:60). 하나님은 자신의 언약에 기초하고 그리고 자신의 구속 의지 때문에 이스라엘을 향한 당신의 사랑을 새롭게 갱신하신다. 하나님은 음행한 아내를 대신하여 몸소 사랑으로 실천하신다. 그분은 이스라엘을 그렇게 속죄하신다(겔 16:63).

또 하나의 은유는 부모와 자식 간의 묘사이다. 특히 여기 은유에서 부모는 자식들을 돌보고, 때론 눈물짓고, 그 자식들 때문에 고통을 받는다. 호세아 예언자는 하나님을 마치 부모가 자신의 자녀들을 애굽에서 불러내, 노예의 멍에를 벗기고, 걸음마를 가르치고, 상한 영혼을 치유하고, 그들을 어떻게든 먹이기 위해 허리를 굽실거리는 사랑의 부모로서 묘사한다(호 11:1-4). 이처럼 하나님은 이스라엘을 사랑하여 놀라운 친절로 대해 주셨다. 그분은 사랑의 띠로 그들과 하나가 되셨다. 하나님은 마치 어미 독수리가 어린 새끼를 품는 것처럼 이스라엘 백성을 대하셨다. 어린 새끼들이 울부짖으면 어미 독수리는 공중을 선회하다가 위험으로부터 그들을 낚아챈다. 하나님이 그러하시다. 하나님은 짐승의 울음소리만 들려오는 황야에서 그(이스라엘)를 만나, 감싸 주고, 보호하고, 당신의 눈동자처럼 지켜 주셨다(신 32:10-11). 그러나 그들은 다시 하나님을 거역하고 돌아섰다. 거역하는 자녀로서 그들은 부모의 사랑을 내팽개쳐 버렸다. 이사야는 동일한 이미지를 사용하여 이렇게 말한다. "하늘아 들어라! 아내가 자식이라고 기르고 키웠는데 그들이 나를 거역하였다"(사 1:2).

그럼에도 불구하고 하나님의 연민은 크시다. "에브라임아, 내가 어찌 너를 버리겠느냐 이스라엘아, 내가 어찌 너를 원수의 손에 넘기겠느냐"(호 11:8). 하나님은 이스라엘을 다른 이방 민족처럼 대하시지 않는다. 오히려 그분은 이렇게 선언하신다. "너를 버리려고 하여도, 나의 마음이 허락하지 않는구나! 너를 불쌍히 여기는 애정이 나의 속에서 불길처럼 강하게 치솟아 오르는구나"(호 11:8). 하나님은 당신의 자녀들에게 자신의 분노를 함부로 발산하지 않으신다. 오히려 그분은 이에 사자처럼 울부짖으신다. 주께서 친히 소리치실 때에, "그 아들과 딸들은 서쪽에서 날개 치며 빨리 날아올 것이다"(호 11:10). 하나님은 끝내 그들을 고향집으로 돌아오게 하실 것이다(호 11:11). 이는 또한 이사야서에서도 그렇다. 여기서 하나님은 다시 한 번 자녀들을 따스하게 품으시는 어머니로 묘사된다. 자녀를 품으시기로 굳게 결심한 어머니처럼 하나님 또한 그러하시다. 주께서 선언하신다. "어머니가 그 자식을 위로하듯이 내가 너희를 위로할 것이다"(사 66:13).

하나님은 당신의 백성을 결코 잊지 않으신다. 그분은 마치 어머니처럼 그들을 낳고 돌보시며, 마치 아버지처럼 그들을 훈계하신다. 그들의 죄악에도 불구하고 하나님의 백성은 더 이상 "주께서 나를 버리셨고, 주께서 나를 잊으셨다."라고 말하지 않을 것이다. 하나님께서는 이렇게 대답하신다. "어머니가 어찌 제 젖먹이를 잊겠으며 제 태에서 낳은 아들을 어찌 긍휼히 여기지 않겠느냐 비록 어머니가 자식을 잊는다 하여도 나는 절대로 너를 잊지 않겠다"(사 49:14-15). 하나님은 자신의 자녀들과 함께 고통을 겪기 때문에 그들을 몸소 구속하려고 하신다. 그들이 자녀이기 때문에 하나님은 고통을 받으신다. 그 자녀들은 늘 반역함으로써 하나님의 마음을 찢어 놓는다. 그러나 하나님은 이미 깨어진 교제를 다시 회복하려는 그 열망 때문에 자녀들과 함께 고통을 받으신다.[118] 하나님은 결코 잊지 않으신다. 오히려 그분은 그들을 구속하실 것이다 (사 54:5-8).

하나님은 배신당한 배우자가 혹은 상처받은 부모가 그 고통을 안고 살아가는 것처럼, 동일한 방식으로 고통을 받으신다. 하나님은 배신당한 배우자의 상처를 아신다. 그분은 거역하는 자식들로 인해 상처받은 부모의 심정을 아신다. 동시에 하나님은 어머니가 그 자식을 무척 동경하는 것처럼 그의 백성을 동경한다. 하나님은 상처받은 배우자와 버림받은 부모를 실로 자신의 처지로 받아들이신다.

하나님은 자신의 백성을 위한 길이라면 겸허히 자신을 내려놓으신다. 그분은 사랑하기 때문에 기꺼이 음행한 아내를 다시 받아들이시려는 것이다. 사랑하기 때문에 돌아온 탕자를 기꺼이 받아들이신다. 하늘에 계시는 하나님은 자신의 백성을 돕기 위해 기꺼이 자기를 비워 이 땅에 내려오신다. 이것이 곧 하나님의 '성육신'의 진정한 의미이다. '높은 하늘 보좌 위에 계신' 하나님께서 이제 하늘에서 허리를 굽히시고 이 땅에 오신다. 그분은 가난한 자들과 궁핍한 자들을 높이어, 이제 그들을 '왕자'의 자리에 앉히신다. 그분은 "아이를 낳지 못하는 그 여인에게도 한 집에서 떳떳하게 살게 하신다"(시 113:5-9). 주권자이신 하나님께서 자신을 겸손히 내려 놓아 가난한 자들과 궁핍한 자들을 돌보신다. "주께서는 높은 분이시지만 낮은 자를 굽어 보신다"(시 138:6).

※ ※ ※
성육신 하나님

연민에 찬 하나님의 감정이입의 특성은 예수 그리스도의 성육신, 삶, 그리고 사역에서 온전히 드러났다. 그렇다고 하여 아들은 아버지와의 동등 됨을 완전히 '착취'(exploit)하지 않고(빌 2:6, NRSV), 오히려 자기를 비웠다. 영원부터 하나님의 형상으로 계셨던 그분께서 이제 종의 형체를 띠신 것이다(빌 2:7). 그분은 아들이지만 "만물이 그에게서 나왔다"(고전 8:6). 그분은 한 피조물과 같이 되셨다. 그분이 비록 아들이었지만 고통을 당하심으로써 복종을 배우셨다(히 5:8). 그리스도는 '부요' 하나 우리를 위해 '가난하게' 되셨다(고후 8:9). 창조의 수단이었던 말씀이 이제 육신이 되어 우리 가운데 거하게 되었다. 태초로부터 아버지와 함께하셨던 분이 우리와 같은 성정性情으로 이 세상에 오신 것이다(요 1:13,14-18).

하나님은 예수 그리스도 안에서 당신을 비우셨다. 인간이 되신 그분이 이제 우리의 파멸을 당신이 온전히 감당하셨다. 인간으로서 그 아들은 시험을 받으셨다. 배고파 했으며 목말라 했으며 고통을 겪었으며 종국에는 죽으셨다. 그리스도 안에서 하나님의 이 같은 수치는 곧 우리의 파멸 속에서도 당신이 우리와 함께하신다는 확증이다. 그분은 탄생 시부터 세례 그리고 죽음에 이르기까지 자신을 철저히 낮추셨다. 죄인들 곁에 서 계셨다. 그분은 목자들 가운데서 태어나, 죄를 고백한 자들에게 세례를 주고, 죄인들 가운데서 그들을 위해 죽으셨다. 당신은 어떠한 죄책이나 혹은 죄를 실제로 짓지도 않았으면서도 우리의 파멸을 짊어지신 것이다. 그분도 아담의 죄로 인해 이 세상에 들어온 죽음의 저주를 받으셨다. 세상의 파멸을 고통과 눈물과 죽음으로 친히 경험하셨다.

성육신이란 무엇인가?

성경은 성육신 이론 자체를 제공하지 않는다. 성경은 예수 그리스도의 삶과 사역의 사실들을 우리에게 제공할 뿐이다. 성육신의 정확한 본질은 궁극적으로 신비이다. 그럼에도 불구하고 성육신이 실제로 무엇을 의미하는가를 우리가 이해할 수 있는 몇 가지 특징이 되는 요소들이 성경 이야기 속에 있다. 세 가지 점이 특히 의미심장하다.

첫째, 우리는 아들이 신성을 지니셨으며 아버지와 신적 본질을 함께 공유한다는 확신을 가져야 한다. 다른 말로 하면 아들은 삼위일체적 하나님의 한 위격이다. 히브리서 1장 3절은 그 아들을 하나님의 영광의 광채이며 그 본체의 형상으로 확인한다. 아들은 하나님의 영광을 비추고, 하나님 자신의 태양의 빛을 반사한다. 아들이 곧 하나님의 형상이다. 그분이 아버지와 함께 동일한 신적 본질을 공유한다는 사실에서 아들은 아버지와 전적으로 동일하다. 아들은 아버지와 고유한 관계를 가지며 고유한 이름을 갖는다(히 1:5). 천사들은 아들을 경배한다(히 1:6). 그분은 영원하시다(히 1:8-12).

아들의 신성은 그 신실성에서도 분명히 드러난다. 그분은 결코 하나님의 신적 본질에 비추어 어떠한 부족함도 없기에 '하나님'의 칭호를 부여받기도 하신다. 그분은 육신으로 거하는 가운데서도 여전히 그 칭호를 유지하신다. 도마는 부활하신 예수를 알아보고, "나의 주시며 나의 하나님"이라고 소리쳤다(요 20:28). 요한복음서는 그 아들이 곧 '하나님'이라고 확증하면서 예수의 사역을 시작하고 끝낸다(요 1:1; 20:28). 예수는 신성의 모든 충만이 육체로 거하는 곳이다(골 2:9). 예수에 대한 성경의 전체적 이해는 그분이 곧 육체로 오신 하나님이며 그리고 신성의 모든 충만함이 그분 안에 거한다는 사실에 기초한다.

신성을 지닌 분으로서 아들은 곧 성육신을 통해 아버지를 계시한다. 아버지의 정확한 형상으로서 아들은 하나님이 누구신지 그리고 하나님이 어떤 분이신지를 우리에게 보여 준다. 비록 아무도 하나님을 본 적이 없으나 우리가 아들을 알고 모실 때 우리는 그분에게서 하나님을 본다(요 1:18). 우리가 아들을 알고 모시게 될 때 또한 아버지를 보게 된다(요 14:9). 아들은 아버지를 나타내 보인다(요 1:18). 아버지의 형상으로서 아들은 하나님의 인격적 계시이다. 바로 이 사실이 유한과 무한의 간격을 메운다. 예수가 만일 하나님이시라면 그리고 우리가 하나님을 제대로 알려고 할 것 같으면 우리는 이제 인간이신 예수에 주목해야 한다. 예수가 우리와 같은 성정의 인간이라면 우리는 예수의 특성과 행동 속에서 하나님이 어떤 분이신가를 알 수 있다. 예수는 곧 하나님의 인간적 얼굴이다. 예수를 통해서 우리는 한 인간을 취하신 하나님을 만난다.

둘째, 우리는 아들이 인성을 취했다는 사실을 확신해야 한다. 아들은 "다만 잠시 동안 천사들보다 낮아지셨다"(히 2:9). 하나님께서는 이 아들을 만물의 상속자(히 1:2)로 세우셨다. 성육신의 목적은 죽음을 당하는 것이었다. 그는 악마를 멸하시고 죽음의 공포를 없애기 위해 인간의 '피와 살'을 가졌다(히 2:14-15). 종국에는 당신 자신이 그 고통에 참여함으로써 그 같은 세력들을 멸하셨다.

예수는 자신의 고통을 통해 우리에게 구원의 '창시자'가 되셨다(히 2:10). 그분은 다른 이들을 영광으로 이끄는 지도자(창시자, 개척자, 탐험가)이시다. 그분은 진정한 영광을 위하여 자신이 세운 바에 따라 거기에 참여하고 완성해 나가신다. 그분은 구원의 창시자요 근원이시다. 예수는 고통을 통하여 당신의 백성을 영광으로 이끄신다. 그분은 그 고통으로 말미암아 완전하게 되신다(히 2:10; 5:7). 그 개척자는 고통을 받아야 하셨다. 그 결과 그분은 이제 다른 이들을 온전하게 하여 자신과 친교를 가능케 하신다(히 10:14; 11:39; 12:23). 예수의 복종은 단지 그의 죽음에서만이 아니라, 그의 전 생애를 통하여 드려진 희생이었다(히 10:5-8). 아들은 그 죽음을 통해서 또한 그의 인간성과 고통을 통해서 대제사장이 되셨다. 그분은 몸소 세상의 죄인들을 위하여 희생 제물이 되심으로 또한 사랑의 감정이입의 간구자를 자처하심으로 완전하게 되셨다(히 2:17-18). 예수의 그 같은 완전한 고통은 그분께서 우리 인간과 완전히 하나가 되셨다는 사실을 그리고 우리와 같은 성정을 그분이 친히 지니셨다는 것을 의미한다.

예수의 신성과 마찬가지로 그분의 인성은 그의 신실성에서 드러난다. 그분은 결코 인간의 본질에 비추어 어떠한 부족함도 없으시다. 그분은 인간의 본질에 필요한 모든 요소들을 다 지니고 계심이 분명하다. 이는 우리 인간이 이 타락한 세상에서 경험할 수 있는 것들을 그분도 함께 충분히 경험하고 있다는 사실을 의미한다(히 4:15). 그러나 그분은 죄인보다는 참 인간으로 사셨다. 그분은 인간이 과연 무엇이어야 하는가를 계시하셨다. 우리 죄인들이 제대로 인간답지 못한 삶을 살아가는 데 비하여 그분은 참 인간이셨다. 실로 그분은 하나님의 아들로서 인간의 삶을 충분히 경험하셨다. 마태, 마가, 그리고 누가는 공관복음서에서 예수의 이 같은 인간의 모습을 충실히 전하고 있다. 예수는 태어나서, 지혜롭게 자라고, 유혹을 받고, 목말라 하고, 배고파 하고, 기도 가운데서 애통해 하고, 종국에는 죽임을 당하신다. 그분은 결코 인간 경험의 범주들을 빗겨서 맴돌지 않으셨다. 그 같은 경험들을 충분히 함께 공유하셨다. 그분은 일상의 삶 속에서 우리와 같은 인간이셨다.

셋째, 우리는 여기서 선재적先在的(preexistent) 아들과 인간 예수 간에 분명한 연속성이 있음을 주장해야 한다. 아들은 아버지와 영원한 일치 가운데 계신다. 그분은 삼위일체의 신적 호혜互惠가운데서 한 분의 독특한 위격으로서 아버지와 성령과 더불어 함께 계신다. 그러나 아들은 아버지와는 다르게, 인간이 되신다. 하나님의 아들이신 그분은 우리와 동일한 인간이 되신 분이다. 이것이 예수 안에 있는 하나님과 인간의 연속성이다. 하나님은 그 아들과 동떨어진 채 있는 분이 아니시다. 인간의 형상을 띠고 있는 그 아들이 곧 예수이다. 하나님이 인간이 되셨다. "말씀이 육신이 되었다"(요 1:14). 이것이 의미하는 바는 – 다른 어떤 것을 뜻할 수도 있겠지만 – 아들과 예수 간에 분명한 연속성이 있다는 사실이다. 세상을 창조하신 그분은 이제 인간의 육체를 입고 이 땅을 거니시는 분이다. 세계 창조 전에 아버지와 함께 상호 교제하셨던 바로 그분이 이제 자기를 비워 인간의 고통을 친히 겪으시고 종국에는 십자가에서 죽으셨다. 우리의 구세주는 이래서 "하나님의 아들 예수"이다(히 4:14).

성육신은 우리 인간 존재 가운데 계시는 하나님의 인간적 현존이다. 하나님께서 육신이 되어 "우리 가운데 거했다"(요 1:14). 이 같은 성육신의 주장은 아주 독특하다. 영적 매개를 통하여 자신의 신비를 간접적으로 알게 하시는 하나님과 그리고 인간의 육체로 오셔서 당신 자신을 감추시는 하나님 간에는 분명한 차이가 있다. 성육신은 마치 한 왕이 가난한 처녀의 마음을 얻고자, 그녀가 살고 있는 마을로 내려와 아주 평범한 인간이 되어, 자신이 입고 있는 왕의 홍포를 벗어버리고 그녀에게 다가가 사랑을 간청하는 것과 같다. 하나님이 그랬다. 그분은 성육신되어 인간의 모습으로 우리에게 간청하셨다. 하나님이 단지 예수 안에서 현존하신 것이 아니라, 오히려 예수가 하나님이시다. 그분 자신이 하나님의 현존이시다. 하나님은 예수를 통하여 단지 우리에게 다가온 것이 아니시다. 그분은 인간 예언자와 같이 다가온 것이 아니시다. 삼위일체 하나님께서 우리에게 다가오셔서, 당신 자신을 몸소 삼위일체적 친교로 우리와 함께 나누신다. 성자 하나님은 우리와 같은 인간으로 다가오셨다. 하나님께서 예수 그리스도를 통해 행동을 취하신 바가 진정한 성육신이다. 하나님 당신 자신이 인간이 되셨다! 이것이 기독교의 정수精髓이다. 하나님은 우리 인간으로부터 먼 거리에 계시거나 우리의 삶에 개입하지 않는 그런 분이 아니시다. 오히려 그분은 우리에게 가까이 와 계신다.

성육신의 감정이입 경험

신적 경험의 본질은 인간의 경험과는 차이가 있다. 하나님은 우리를 불쌍히 여기신다. 그분은 자신의 본성적 사랑으로 우리 인간의 고통을 경험하신다. 우리와 함께 상처받으신다. 우리가 아는 바를 그분은 아신다. 그러나 그분은 성육신을 통해서 우리가 경험하는 바를 그대로 경험하신다. 원래 신적 경험은 배고픔, 목마름, 혹은 유혹을 의미하지 않는다. 신적 경험은 인간 경험의 내용과는 다르다. 그런데 성육신은 하나님의 인간적 경험이다. 바로 성육신의 하나님은 신적 본질이 경험해 보지 못한 바를 이제 실제로 경험하신다: 배고픔, 목마름, 유혹, 그리고 죽음이 그것이다. 성육신의 하나님은 단지 연민에 찬 하나님이 아니시다. 오히려 충분한 감정이입으로 개입하시는 하나님으로 우리에게 다가오신다.

구약성경에서 하나님은 감정이입의 하나님으로 묘사된다. 하나님은 자신의 백성과 함께 상처 받으신다. 그분은 반역한 자녀들의 고통을 아신다. 죽음으로 인한 가족 상실의 아픔을 아신다. 하나님은 이 세상의 슬픔을 함께 경험하신다. 그러나 성육신은 하나님을 독특한 방식으로 우리와 함께 감정이입을 경험하시는 분으로 묘사한다. 하나님은 먼 거리에서 죽음에 대한 우리의 경험을 단지 연민에 차 바라보기보다는 십자가에서 그 같은 죽음을 우리와 함께 당하신다. 하나님은 인간적 모습으로 그 죽음에 동참하신다. 성육신에서 하나님과 인간은 같은 경험을 한다. 하나님은 자신을 우리와 동일시하신다. 성육신에서 그분은 세상의 질병의 고통을 몸소 떠맡으신다. 하나님은 자신을 친히 악의 잔혹과 전율에 내맡김으로써 그 악의 공격을 감당하신다. 하나님은 이렇게 타락한 세상에 들어와서 그 현실을 실로 경험하신다. 그분은 바로 그 같은 행동을 통해 자신의 실재, 그 깊이, 그리고 값비싼 사랑의 용서를 드러내신다. 그외 다른 방법이 없다. 하나님의 사랑과 용서는 사랑받을 가치가 없는 자를 당신이 몸소 사랑하시려는 오랜 준비에서 여과 없이 분명하게 드러났다. 하나님은 어떤 대리자를 보낸 것이 아니라, 그분 자신이 인간으로 오셨다. 하나님은 단순히 우리를 문상問喪하려는 것이 아니라, 우리의 고통을 친히 감당하려 하신다. 그분은 연민의 카드를 보낼 뿐 아니라, 친히 감정이입으로 고통에 함께 참여하신다.

예수의 생애와 사건들은 이 같은 감정이입에 대한 신학적 의미를 제공한다. 전체적으로 그 생애와 사역은 그분을 인간적 경험에서 기술하는데, 이를 확인할 수 있는 세 가지 역사적 상징들이 있다: (1) 그분의 탄생이다. 탄생에서 예수는 인간의 육신을 취하셨다. (2) 그분의 세례이다. 세례에서 그분은 자신을 죄인들과 같은 위치에 놓으셨다. 그리고 (3) 그분의 십자가이다. 십자가에서 그분은 우리의 죄로 인한 고통, 아픔, 수치를 함께 경험하셨다. 각기 이 같은 경우에서 하나님은 패역한 인간성에 참여하고 거기에서 비롯된 고통을 경험하신다. 각기 그 경우에서 하나님은 자신을 비워 죄인들의 처지로 내려오신다. 예수의 탄생으로 하나님은 타락한 세상의 정황 속에서 인간과 제휴하셨다. 이같이 하나님은 친히 육체로 오셔서 자신의 백성과 더불어 진정한 고통을 경험하신다. 하나님의 육체는 수치가 아니라 인간의 현실 속으로의 진정한 참여였다. 예수는 당시 죄의 용서를 위한 세례 의식에도 기꺼이 복종하셨다. 그것은 죄 사함을 얻게 하는 회개의 세례였다(눅 3:3; 막 1:5). 이로써 예수는 그 세례를 통해 자신을 죄인들과 같은 위치에 기꺼이 내려놓으셨다. 예수는 죽음의 처지에서도 자신을 '불법자의 동류로' 내려놓으셨다(눅 22:37; 23:32-33). 그분은 두 강도 사이에서 취약한 모습으로 십자가에 못 박혀 죽으셨다. 하나님은 우리의 구원을 위해 이렇게 취약해지셨다(고후 13:4). 죄를 알지도 못하신 분이 우리를 대신하여 죄인이 되셨다(고후 5:21). 그분은 우리를 위해 저주를 받으셨다(갈 3:13).

하나님의 아들, 예수는 이 같은 고통을 우리와 함께 받음으로써 인간의 연약함을 이해하고 자신의 처지로 깊이 받아들이실 수 있다. 그분은 우리의 연약함을 실제로 경험하셨기 때문에 그 처절함을 아실 수 있다. 우리의 타락한 현실을 공유하셨기 때문에 그분은 우리의 인간적 연약함을 자신의 처지로 경험하신다. 그분이 몸소 시험을 받으셨기 때문에(히 2:18) 우리를 위해 간구하며 도우실 수 있다. 그분은 죄를 범하지 않고 모든 점에서 우리와 마찬가지로 시험을 받으셨기 때문에 우리의 연약함을 동정하는 대제사장이시다(히 4:15). 하나님의 아들, 예수는 이 세상의 인간성에 침입하여 이를 충분히 경험하셨다. 따라서 죄를 범한 것을 제외하고는 우리처럼 일상의 모든 삶에서 시험을 받으셨다.

하나님은 예수 그리스도 안에서 우리와 함께 고통을 받으셨다. 하나님은 예수의 고통 속에서 우리와 함께 비탄해 하신다. 예수가 십자가에 달렸을 때 하나님은 몸소 큰소리로 부르짖으며 비탄을 쏟아 놓으신다(마 27:46; 시 22:1 인용). 그러나 우리가 하나님도 그런 고통을 받으신다는 것을 깨닫는 것은 오직 우리의 고통을 통해서이다. 모험을 동반하는 하나님의 깊은 사랑을 우리가 깨닫는 것은 오직 우리 자신의 모험을 통해서이다. 우리가 하나님의 눈에 눈물이 가득히 고여 있는 것을 아는 것은 우리가 오직 십자가를 바라볼 때이다. 하나님은 고통당하는 자들의 하나님일 뿐만 아니라 또한 고통을 받는 하나님이고 더 나아가 고통당하는 자들과 함께 고통을 받는 하나님이시다. N.월터스톨프는 적절히 이를 이렇게 기술한다: "하나님의 위대한 신비: 우리의 깨어진 영혼과 무정함을 회복하기 위해 우리와 함께 고통을 받는 하나님은 우리에게 강타를 날리지 않고 오히려 당신의 아들을 보내어, 우리와 같이 고통을 받는다. 고통과 악으로부터 우리를 구속하기 위해 당신이 고통을 받는다. 하나님은 우리의 고통에 대한 설명 대신에 그 고통을 함께 나눈다."[119]

❋ ❋ ❋
속죄: 하나님은 죄를 어떻게 대했는가?

속죄란 화해를 의미한다. 이는 하나님의 사역으로서 이를 통해 하나님은 당신 자신과 죄인 간에 화해의 근간을 제공하여 그 목표를 성취하신다. 화해란 하나님의 재창조(re-creative)이며 구속의 행위이다. 이로써 하나님 자신과 피조물 간에 의도된 교제의 원래의 목적이 성취된다. 속죄는 하나님의 거룩함과 선하심 모두를 반영한다. 하나님의 사랑은 먼저 희생을 유발케 하고, 이 희생은 다시 하나님의 거룩성을 만족시킨다.

죄란 하나님의 선하신 피조물의 손상이다. 그것은 반역이고 이기심이다. 죄는 세상의 평화를 깨뜨리고 하나님과 우리의 관계를 파괴한다. 따라서 그런 저주를 몰고 오는 죄는 당연히 제거되어야만 한다. 생명을 죽음으로 대체시킨 죄는 당연히 속죄되어야 한다. 하나님은 타락한 이 세상을 복원하고, 구속하고, 갱신시키기 위해 행동하신다. 하나님의 이 같은 구원의 사역은 자신의 백성을 향한 사랑에 의해 주도적으로 시작된다. 하나님은 우리의 고통을 함께 나누실뿐 아니라 우리의 죄를 처리하기 위해 성육신을 통해 이 역사속으로 개입해 들어오셨다. 그분은 우리와 함께 고통을 받을 뿐만 아니라, 우리를 위해 고통을 받기 위해 이 세계 속으로 오셨다.

속죄가 의미하는 바는, 하나님께서 먼저 그의 백성으로부터 죄를 제거함으로써 스스로 '거룩한 영역(성소)'을 마련하시는 것이다. 하나님은 그의 백성을 변화시키고 자신의 생명을 내어 주는 현실을 통해 그들 가운데 거하신다. 속죄는 하나님과 그의 백성 간의 화해를 성취한다. 이로써 하나님은 상호간에 사랑과 거룩한 교제 속에서 함께 거하신다.

하나님은 이 같은 위대한 속죄의 위업을 예수 그리스도를 통해 성취하신다. 바울이 고린도전서 15장 3-5절에서 언급하고 있듯이 최초의 그리스도인들의 신앙고백은 다음을 함축하고 있다: (1) 그리스도는 우리의 죄를 대신하여 죽으셨다. (2) 그분은 장사되셨다. (3) 그분은 삼일 만에 부활하셨다. 그리고 (4) 게바에게 나타나셨다. 위와 같은 가장 빼어난 형식에 기초하여 복음은 네 가지 사실들을 선포한다. 예수는 실제로 죽으셨다(그분의 매장이 이를 확인한다). 그분은 실제로 부활하셨다(게바에게 나타나심이 이를 확인한다). 그러나 이는 단지 사실만을 전하는 것이 아니다. 신학적 의미가 있다. 그 사실들은 중요한 어떤 성취를 지시한다. 예수의 죽음과 부활은 하나님의 위대한 행위이시다. 이로써 그분은 세상을 자신과 화해시켰다(롬 5:9-11; 고후 5:18-19). 하나님은 이 복음을 통해 죄를 제거하고 자신의 생명을 실제적으로 내어 주셨다.

속죄의 신비는 성경이 제공하는 이미지나 은유를 훨씬 뛰어넘는다. 그 속죄의 신비스런 실재는 "하나님께서는 그리스도 안에서 세상을 당신께 화해하게 하셨다"라는 사실을 넘어선다(고후 5:19). 또한 "하나님께서는 죄를 모르는 그리스도에게 우리를 대신해서 죄를 지우셨다"(고후 5:21). 이 같은 말씀들은 우리의 유한한 생각을 뛰어넘는다. 우리는 언젠가 그 나라에서 하나님과 어린 양을 예배할 뿐만 아니라, 또한 우리의 예배를 고무시켰던 그 신비를 탐색하는 데 많은 시간을 보낼 것이다. 속죄는 모범적인 삶, 순교 혹은 계시 그 이상이다. 그리스도는 우리의 죄를 대신하여 죽으셨다. 우리의 유한한 생각은 속죄 신비의 깊이를 결코 다 파악할 수 없다. 속죄는 하나님이 누구이신지(그분의 거룩한 사랑), 그분께서 무엇을 이루셨는지(자기 내려놓음), 그리고 그분께서 우리를 어떻게 사랑하셨는지(자기 비움)를 전해 준다.

※ ※ ※
죄를 위한 속죄

　복음에 대한 바울의 요약은 그리스도께서 '우리의 죄를 위하여' 죽으셨다는 개념, 곧 그리스도의 죽음의 중요성에 기본적으로 집중된다(갈 1:4). 역시 다른 본문에서도 바울은 하나님의 사역을 '우리를 위한' 그리스도의 죽음으로 요약한다(참고, 롬 5:8; 고후 5:15; 갈 2:20; 3:13). 그리스도의 죽음이 지니고 있는 속죄 기능의 신비는 두 가지 사실을 내포한다: 그리스도께서는 (1) 죄를 대신하여 죽으셨다. 그리고 (2) 우리를 위하여 죽으셨다.

　이것은 단지 신비에 대한 바울만의 설명이 아니라, 신약성경 전편에 흐르는 증언이다. 베드로는 "그리스도께서 의인으로서 불의한 자를 대신하여 단번에 죽으셨다"라고 기록하고 있다(벧전 3:18; 참고 2:24). 히브리서 저자도 그리스도의 죽음이 지니고 있는 속죄의 중요성에 대해("많은 사람의 죄를 감당하시기 위하여" 히 9:28; 참고, 2:17; 7:27; 10:12) 말하고, 또한 그 대속의 성격에 대해("모든 사람을 위하여 죽음을 맛보도록 하시려 했다" 히 2:9) 진술한다. 요한 또한 예수의 죽음은 "우리의 죄를 위한 것"이었다고(요일 2:2; 4:10), 게다가 "우리를 위한 것"이었다고 증언한다(요일 3:16). 예수께서는 자신의 죽음이 "죄 사함을 얻게 하려고"(마 26:29) 그리고 "많은 사람을 위한 것"이었다고 가르치셨다(마 20:28).

　그러나 여기서 다음과 같은 사실을 한번 짚어 보자! '그리스도께서 죄를 위하여' 그리고 '우리를 위하여' 죽으셨다고 말할 때 그러면 과연 그 의미가 무엇인가? 이것이 만일 가장 기초적인 그리스도인의 신앙고백이라면 어째서 그렇게 많은 그리스도인들은 그 근본적인 의미를 모호하게 이해하여 그것을 적절하게 설명하지 못하는가? "그리스도께서 우리의 죄를 위하여 죽으셨다"라고 우리가 고백한다고 할 때 그것은 무엇을 의미하는가?

하나님은 예수 그리스도를 통해 그의 백성의 죄를 도말하셨다.

이는 속죄에 대한 가장 근본적인 이해다. 예수의 죽음은 죄를 사해 주었다. 죄를 도말했다. 예수의 죽음으로 죄는 더 이상 하나님과 인간 간의 장벽으로 존재하지 않는다. 하나님과 인간을 가로막았던 장벽은 십자가에서 무너졌다. 하나님은 죄를 제거함으로써 당신 자신이 죄인과 화해하셨다.

이것이 구약성경 레위기에 기록된 희생 제물의 기능이다. 희생 제물들은 하나님의 백성 앞에서 그들의 죄를 제거하고, '거룩한 영역'(성소)을 마련했다. 이로써 하나님은 그들 가운데 임재臨在하실 수 있었다. '언약의 피'는 백성, 장막, 제단, 그리고 두루마리를 깨끗케 하고 정결케 한다. 구약의 율법은 "거의 모든 물건이 피로써 정결케 되어야 함"을 요구했다(히 9:22). 희생 제물을 통해, 죄의 제거를 통하여 하나님은 당신을 위하여 '성소'를 마련하시고, 거룩한 교제 속에서 그들 백성과 함께 거하실 수 있었다.

이는 또한 예수의 죽음의 기능이었다. 죄가 예수를 통해 제거되었기 때문에 이제 하나님은 성령이 거하실 수 있도록 우리 마음 가운데 성소를 마련해 주셨다. 이로써 우리는 이제 성령을 통하여 하나님이 거하실 수 있는 하나님의 성전이다(엡 2:18-22). 우리는 하나님의 성도요 그의 거룩한 백성이다. 하나님은 이제 단순히 물리적인 성전에 거하시기보다는 자신의 거룩한 백성 가운데 거하신다. 실로, 레위기의 희생 제물들은 하나님의 궁극적인 목적에 그렇게 썩 적합한 것은 아니었다. 그것들은 이를테면 잠정적인 것이어서 장차 예수 그리스도 안에서 성취될 하나님의 목적을 위한 하나의 모형이었다(히 9:1-10:18). 하나님의 영원한 계획 속에, 비록 옛 언약 아래서 속죄가 하나님의 백성에게 잠정적으로 허용되었지만, 이제 대속하시는 예수의 사역을 통하여 죄가 제거되었다(히 9:15).

그렇다면 그리스도의 죽음이 어떤 의미에서 죄를 도말했단 말인가? 바울은 이 사역에 대하여 여러 은유들을 사용하여 설명한다. 그 중 하나는 매우 상업적 은유이다. 하나님은 죄의 채무를 탕감해 주셨다. 그분은 십자가에다 그 채무 증서를 못 박아 버리셨다. 바울은 우리의 채무 증서('나는 당신에게 빚을 졌다'는 증서)가 십자가에서 소멸되었다고 말한다. 이제 십자가에 그 채무 증서가 못 박혔다(골 2:13-15). 바로 그 방식으로 하나님은 십자가에서 채무를 탕감하셨다. 우리의 대차계정으로부터 그 채무 기록을 삭제해 버리셨다. 몸값이 지불되었다. 이제 우리는 채무로부터 자유롭게 되었다.

다른 하나의 은유는 그 성격상 법률적이다. 하나님은 우리에게 더 이상 죄과를 묻지 않으신다. 우리에 대한 기소가 기각되었다. 우리는 법률적으로 '혐의 없음'으로 선고되었다. 하나님은 "저희의 죄를 저희에게 돌리지 아니하심"으로써 세상과 화해하셨다(고후 5:19). 하나님은 예수 그리스도 안에서 더 이상 저희의 죄에 대해 '고소'하지 않는다. 따라서 그분 안에 있는 자들에게는 '정죄함'이 없다(롬 8:1).

그렇다면 거룩한 하나님께서 어떻게 부패하고 타락한 인간들의 죄를 도말하실 수 있는가? 하나님은 어떻게 죄인들에 대해 '죄 없음'이라고 선언하실 수 있는가? 우리가 마땅히 변제해야 할 채무를 하나님은 어떻게 탕감해 주실 수 있는가? 하나님은 죄를 사해 주신다. 그렇다면 어떤 근거에서 그런가? 이를 좀 더 살펴보자!

하나님은 예수 그리스도 안에서 죄인들과 제휴하셨다.

하나님은 자신을 타락한 죄인들로부터 먼 거리에 위치해 놓지 않으신다. 오히려 그분은 가까이 우리에게 다가오셨다. 우리의 타락한 현실 세계에 들어오셔서 친히 자신을 죄인들과 동일시하며 우리와 제휴하셨다. 거룩한 하나님께서 타락한 세상에 오셔서 이 세상의 수치, 고통, 그리고 죽음을 함께 공유하셨다.

하나님의 이 같은 동일시의 첫 번째 행위가 성육신이었다. 하나님은 우리의 육체, 질병, 노고, 굶주림, 그리고 죽음까지도 함께 공유함으로써 이 타락한 세상에서 우리와 제휴하신다. 하나님은 우리 중 한 사람이 되심으로써 우리를 위해 종이 되셨다. 예수 그리스도는 사람의 모습으로 태어나심으로 자신을 "하나님과 동등 됨을 취할 것으로 여기지 않으시고 오히려 자기를 비워(착취당하여, NRSV) 자기를 낮추셨다"(빌 2:6-8). 하나님은 우리에게 단지 연민의 카드를 보내지 않으시고, 오히려 우리의 수치와 고통 속에서 우리와 함께 신음하기 위해 슬픈 애도자의 자리에서 우리를 만나신다.

예수께서 세례를 받으셨을 때 이미 자신을 죄인들과 동일시하셨다. 예수는 당대에 전해 온 세례 의식에 그대로 자신을 내맡기셨다. (1) 죄의 회개 (2) 죄의 고백 (3) 죄의 용서를 위한 세례가 그것이다(막 1:4-5). 그 의인(예수)이 죄인들을 위해 제정된 의식에 복종했다. 의인이 인간적 행위와 복종을 통해 죄인들과 제휴했다. 예수는 죄인들과 이렇게 자신을 동일시했던 것이다.

그러나 십자가는 하나님에게 중대한 수치의 기회이다. 거기서 예수는 "불법자의 동류同類로 여김을 받았다"(눅 22:37). 거기서 예수는 우리를 대신하여 "죄인이 되셨다"(고후 5:21, NRSV). 거기서 그는 "자기를 낮추시고 죽기까지 복종하여 곧 십자가에서 죽으셨다"(빌 2:8). 우리를 위해 "저주"를 받으셨다(갈 3:13). "그 몸으로 우리 죄를 감당하셨다"(벧전 2:24). 죄를 모르신 분이 십자가에서 '우리를 위해' 죽으심으로 죄인이 되셨다.

그러면 그리스도께서 죄인들과 같이 되셨다 함이 무엇을 의미하는가? 그분은 어떻게 우리를 위해 '죄인'이 되셨는가? 예수의 이런 행위가 어떻게 죄를 도말하는가? 좀 더 살펴보자!

하나님은 친히 예수 그리스도 안에서 우리 죄를 대속하셨다.

십자가는 근본적으로 인간의 희생 제물이 아니다. 그것은 인간을 위해 하나님께서 자신을 육체로 드리는 희생 제물이다. 하나님은 몸소 그 대속의 역할을 감당하신다. 십자가는 인간의 대속적 행위가 아니라, 오히려 그것은 삼위일체 하나님의 대속이다. 거기서 하나님은 자기 비허脾虛의 행위를 통해 죄인들에게 자신을 희생 제물로 내어 주신다. 삼위일체 하나님은 십자가에 못 박힌

분이 이제 신에게 처절하게 버림받음으로써 그 소름끼치는 죄의 현실을 친히 경험하신다. 삼위일체 하나님은 마땅히 사랑받기 위해 존재하는 세상과 화해하기 위해 당신께서 몸소 자신의 생명, 공동체, 그리고 친교를 제의하신다.

하나님은 예수 그리스도 안에서 죄에 맞서 행동하신다. 죄를 응징하신다. 그러나 하나님은 죄인들에게 고통을 가함으로써 그 응징을 드러내기보다는 오히려 당신 자신의 생명 안에서 그 죄를 응징하신다. 다시 말하면 하나님은 우리에게 고통을 가하기보다는 당신이 몸소 그 죄의 고통을 경험하신다. 영광의 주께서 "나의 하나님, 나의 하나님 왜 나를 버리셨나이까?"라고 울부짖으셨다(막 15:34). 여기서 삼위일체 하나님은 인간에게 고통을 가하기보다는 오히려 당신이 그 고통을 받으셨다. 삼위일체 하나님은 영원한 형벌로 인간을 응징하기보다는 오히려 그 죄의 공포와 응징을 자신 안으로 받아들이셨다. 하나님은 예수 그리스도를 통해 자신의 삼위일체적 생명 안에서 친히 그 진노를 겪음으로서 이제 "장차 닥쳐 올 진노"로부터 우리를 건지셨다(살전 1:10). 이것이 실로 우리 죄를 속하려고 당신의 아들을 이 세상에 보내셨던 하나님의 사랑이다(요일 4:10).

십자가는 하나님의 자기 대속의 기회이다. 하나님은 '불의한 자를 의롭다 여기시고' 죄인들에게 '그 죄를 전가하지 않은 것'이 너무나 당연한 것처럼 자신을 비워 대속하셨다. 하나님은 그 대속을 통해서 우리에게 미칠 진노를 경험하셨고 친히 그 진노를 자신 안으로 받아들이셨다. 예수 그리스도는 우리가 마땅히 받아야 할 저주를 경험하셨고, 우리가 갚아야 할 빚을 변제하시고, 우리가 자초한 종말론적인 죽음의 고통을 겪으셨다.

그러면 하나님은 왜 스스로 대신하셨는가? 왜 대속하셨는가? 대속 없이는 왜 '용서'할 수 없으셨는가? 누군가가 왜 '변제'해야만 했는가? 좀 더 살펴보자!

하나님은 예수 그리스도 안에서 친히 당신 자신을 만족시키셨다.

우리는 하나님을 만족시킬 수가 없다. 우리는 그분의 거룩함에 비추어 부끄럽지 않게 살아갈 수 없고, 그분의 온전한 품성에 도저히 필적할 수 없다. 우리가 아무리 순종의 삶을 산다 할지라도 우리는 무익한 종들일 뿐이다. 우리는 우리의 죄를 어떻게 제대로 처리할 수 없고, 우리의 과실을 어떻게 만회할 수 없다. 죄악에 대해 어떻게 속죄할 수도 없다. 오직 하나님만이 우리의 죄 값을 지불할 수 있으셨다.

그렇다면 하나님은 과연 누구에게 혹은 무엇을 지불하셨단 말인가? 혹자는 이를 하나님이 마치 사탄에게 중대한 채무를 져서 그 사탄에게 변제했다고 믿는다. 혹자는 이를 하나님이 마치 당신 자신이 굴복해야 할, 보다 높은 곳에 있는 어떤 공의公義의 본체(principle of justice)가 있기나 한 것처럼 중대한 채무를 그 본체에 변제했다고 믿는다. 그러나 하나님은 자신보다 더 높이 있는 어떤 법을 만족시키시는 분이 아니다. 하나님은 어떤 높은 본체에 종속되시는 분이 아니다. 그와는 반대로, 하나님의 품성은 우주에서 가장 고상한 원리요 본체이다. 그분은 누구에게도 빚을 지시는 분이 아니다(욥 41:11; 롬 11:35).

속죄(보상)는 죄를 처리해야 한다. 진노는 가라앉혀야 한다. 그러나 이는 하나님의 자기 속죄요 화해이다. 이런 맥락에서 만족이란 개념은 성경적이다. J.스톳트는 "외부의 다른 어떤 것(이를 테면 고상한 도덕적 질서, 영예, 혹은 진정되어야 할 일종의 모욕감)은 하나님을 만족시킬 수가 없고, 오히려 만족되어야 할 분은 다른 누가 아니라 당신 자신 안에 있는 하나님이다. 우리가 이 사실을 바르게 깨닫는 한 만족이란 용어는 여기서 적절하다"라고 해석한다.[120] 하나님은 자신을 포기할 수 없으시다(딤후 2:13). 그분은 자신이 세운 법을 만족시켜야만 하셨다. 이런 화해(달램)가 필요했던 이유는 하나님이 화를 벌컥 잘 내서도, 심술궂어서도, 변덕스러워서도, 제멋대로여서도 아니다. 도리어 악이 항상 선동하기 때문이다. 그분의 진노는 항상 악에 대해서 확고하고, 가차 없고, 타협하지 않고, 적대적이다. 이것이 하나님의 거룩한 사랑이다. 그런 화해를 실로 가능케 하는 이는 우리도 아니요, 인성을 지니신 그리스도도 아니다. 오히려 이 일에 있어 하나님이 주도권을 가지시고 자신의 절대적인 은혜와 자비를 베푸신다. 화해의 희생은 제물이 아니라, 사람이었다. 그래서 바쳐진 이가 곧 하나님 자신이셨다. 하나님께서 친히 화해의 중심에 계셨다. 이런 의미에서 십자가는 종말론적 죽음을 모두 삼켜 버리는 삼위일체 하나님의 자기 대속이다. 하나님은 진노를 타락한 이 세상의 피조물에게 지우지 않으시고 오히려 당신 자신이 떠맡으신다. 성부·성자·성령의 친교인 신적공동체는 그 같은 만족을 종말론적 진노에서 외부로 돌리지 않으시고 오히려 자신 안으로 끌어들이신다.

하나님은 자신의 품성에 일관되게 행동하신다. 자신을 포기하지 않으신다. 하나님은 자신의 품성에 일치하여 성실하게 행동해야만 하셨다. 이것이 하나님 자신의 신실성의 근거이다. 그분은 스스로 자신에게 신실해야만 하셨다. 그분은 자신이 아닌 자로 존재하실 수 없고, 언제나 그분은 마땅히 자신의 방식으로(who he is) 계신다. 따라서 하나님은 죄인들을 구원하기로 결정하셨다. 그러나 이런 결정에서도 그분은 자신의 품성에 일관되게 행동하셨다. 그러므로 하나님은 자신의 자비로부터 그리고 크신 사랑 때문에 이제 불의한 자들을 의롭게 하시기로 결정하셨던 것이다. 이것이 하나님의 방식이다. 그분은 자신의 피조물을 사랑하셨고, 그들과의 친교를 몹시 그리워했기 때문에, 자신의 거룩성을 고려하여 당신 자신을 만족시키기로 결정하셨다.

십자가는 하나님의 자기만족의 기회이다. 하나님은 바로 자신의 진노를 되돌릴 수 있는 수단으로서 예수 그리스도를 내세우기로 마음먹으셨다. 로마서의 서두 부분은 하나님의 진노와 죄의 선고에 대한 많은 진술로 가득 채워져 있다(롬 1:18,32; 2:2,3,5,8,12,25; 3:8-10,19-20,23). 하나님의 해법은 화해를 통해 자신의 의를 드러내는 것이다. 그렇게 해서 그분은 자신의 의를 유지할 수 있었고, 동시에 믿는 자들을 의롭다고 선언하실 수 있었다. 로마서 3장 25-26절이 분명하게 함축하고 있는 바는 만일 예수께서 화목 제물로 드려지지 않았다면 하나님은 결코 불의한 자들을 의롭다고 선언하시지 않았을 것이라는 것이다. 하나님께서 당신 자신이 의롭고 또한 의롭게 하시는 분으로 여전히 계시려 했다면, 그분 자신의 자기만족은 필요한 것이었다. 그리스도 안에서 하나님의 사역은 신적 자기 화해이다. 이로써 삼위일체 공동체(성부·성자·성령)는 우리에게 임할 종말론적 죽음을 삼켜 버린다. 이 같은 자기 화해 때문에 하나님은 불의한 자들을 이제 의롭다 하실 것이다(롬 4:5). C.크랜피일드는 이 점을 아주 잘 요약하고 있다:

> 하나님께서 그리스도를 화해를 위한 희생 제물로 결정했다는 바울의 선언을 우리는 이렇게 이해한다: 곧 하나님은 자신의 자비 때문에 죄인들을 용서하기로 마음을 먹었고, 자신의 진정한 자비로 말미암아 그들을 이제 용서하여 의로운 자로 여기기로 마음을 먹었다. 다시 말하면, 하나님은 죄인들이 당연히 받았어야 했을 의로운 진노의 무거운 짐을 이제 자신의 아들 가운데 있는 바로 당신 자신에게 향하도록 결정했다.[121]

그렇다면, 속죄는 대속代贖(substitution)으로 나타난다. 예수 그리스도는 이제 우리가 서 있는 그 자리에 서 계시고 우리를 대신하여 서 계신다. 그분은 우리를 대신해서 몸값을 지불하셨다. 이것이 하나님의 자기 대속이다. 이 대속적 기능이 복음 메시지의 핵심이다. 이는 "하나님의 자기 대속을 통한 신적 자기 만족이다."[122]

속죄에 대한 이 같은 이해는 그동안 현대인들의 사고 구조에 비추어 반지성적反知性的인 것인 양 비난받아 왔다. 이것은 언뜻, 인간의 가치를 희생시키는 것으로 보여 결국 매우 신화적이거나 소름 끼치는 것으로 생각된다. 그러나 이 속죄의 원리를 적당히 절충하기보다는, 오히려 당신을 내어 주는 사랑 속에서 자신을 희생시키는 하나님의 이 내적 도덕적 갈등의 원리는 여전히 유효하다고 여겨진다. 자녀가 빗나갈 때 상한 마음으로 자신을 내리 찢는 부모에게서 그 속죄의 원리를 이해할 수 있다. 부모들은 조건 없이 용서하고 싶어 한다. 그러나 그들은 자식의 비행을 어떻게 용서할 수도 그렇다고 격려할 수도 없는 처지에 있곤 한다. 진정한 용서란 값비싸다. 그것은 하나님께 값비싼 희생을 치르게 한다. 하나님은 몸소 자신의 생명을 취해서 인간의 죄를 처리하기로 결정하셨다. 이로써 죄의 권세를 무너뜨렸다. 하나님은 자기 백성을 위하여 자신을 속죄 제물로 희생하셨다. 이로써 그분은 자신의 거룩함이 당신의 사랑을 충족시키게 하셨다. 삼위일체 공동체는 당신 자신의 깨어질 수 없는 지복至福을 자유 가운데서 희생하셨다. 이로써 타자들(인간과 우주)이 신적 공동체에 제휴할 수 있게 되었다. 그 같은 '위대한 대체'(대속)에 대해 우리가 무엇을 더 어떻게 진술할 수 있을까?

✳ ✳ ✳
부활: 하나님은 죽음에 대해 어떻게 하셨는가?

시간이 존재하기 전, 하나님은 당신의 영광을 위해 인간의 존재를 계획하셨고, 아무것도 당신 자신의 계획에 맞서 존재하는 것을 원하지 않으셨다. 영원부터 하나님은 죽음을 정복하기로 결정하셨기 때문에, 세상이 죽음의 나락으로 떨어질 때도 하나님의 계획은 무효가 되지 않았다. 그리스도인의 확신은 우리를 향하신 바로 이 같은 하나님의 영원한 계획으로부터 생겨난다. 하나님은 죽음이 영원히 우리를 지배하기를 허용하지 않으신다. 그분은 사망의 대적을 타파하실 것이다. 하나님은 예수 그리스도의 죽음과 부활을 통해 그 같은 죽음의 대적을 이미 멸하셨다. 하나님은 자신의 선하신 뜻에 따라 그 은혜로 말미암아 우리를 구원하셨다. 바울은 이를 이렇게 기술한다: "오직 하나님의 계획과 은혜를 따라 하신 것입니다. 이 은혜는 영원 전에 그리스도 예수 안에서 우리에게 주신 것인데, 이제는 우리 구주 그리스도 예수의 나타나심으로 밝히 드러났습니다. 그리스도께서는 죽음을 폐하시고, 복음으로 생명과 썩지 않음을 밝혀 보이셨습니다"(딤후 1:9-10, 표준). 부활은 사탄, 죄, 그리고 죽음에 대한 정복이다. 이로써 부활은 실현되고, 확증되고, 그리고 공포되었다.

※ ※ ※
저주받은 자의 정당성 입증

예수는 십자가에서 죽으심으로 죄인들의 수치와 선고를 대신 받으셨다. 예수는 '나무'에 달리셨다(행 5:30; 10:39; 13:29; 참고, 벧전 2:24). '나무'는 중요한 문화적 의미를 갖는다. 그것은 '수치와 선고'의 개념에 '죽음'을 고착시키는 기능을 한다. 십자가의 죽음은 단순한 순교도 아니고, 그렇다고 일반적으로 겪는 죽음도 아니었다. 오히려 십자가는 고통당하는 사람이 마땅히 받아야 할 수치와 선고를 받은 것이라고 확인시켜 주었다. 그것은 죽음의 고통스런 수단일 뿐만 아니라 치욕이었다. 범죄자에 대한 선고였다.

그러나 '나무'는 또한 여기서 신학적 의미를 갖는다. 죄의 선고는 범죄 그 자체보다 더 중요하다. 그것은 신학적 문제이다. 그것은 단순한 법률적 선고가 아니라, 하나님의 선고이다. 이 같은 신학적 이해는 신명기 21장 23절의 말씀에 근거하고 있는데, 율법은 여기서 "나무에 달린 자는 하나님께 저주를 받았다"라고 선포한다. 바울은 이 본문을 다시 갈라디아서 3장 13절에서 인용하여 예수에게 적용하고 있다. 여기서 나무는 저주를 상징한다: 나무에 달린 자는 신적 저주를 받는 자이다. 하나님의 저주는 죄, 죄악, 그리고 타락에 임하는 저주이다. 하나님의 선고이다. 그것은 하나님의 율법의 저주이다. 참으로, 예수는 "율법의 저주로부터 우리를 속량하시려고" "우리를 위하여 저주"를 받으셨다(갈 3:13).

복음의 대적자 유대인들이 종종 이 '저주'를 하나님의 메시아적 구속으로서의 십자가를 거부하면서 사용했던 것은 분명한 것 같다. 물론, 십자가는 하나님의 저주를 나타내기 때문에 그것은 유대인들에게는 장애물이었고, 그들을 걸고넘어지게 했다(고전 1:23). 하나님의 메시아와 그분의 구속적 권능은 사실 '나무' 위에서 발견될 수 없었다. 메시아는 대적들을 정복하는 영웅이었지, 십자가에 못 박히는 초라한 시골 사람이 아니었다. 결과적으로, 신명기서 본문을 제대로 이해했던 사람은 '예수가 메시아'라고 하기보다는 '예수는 저주를 받았다'라고 자연스럽게 말할 수 있었다. 우리의 후기 기독교 문화에서는 오늘날 십자가가 사랑, 은혜, 감사의 대상이지만, 초기 1세기 기독교 공동체에서 그것은 공포, 저주, 치욕의 대상이었다. 그러므로 십자가에 대한 설교는 그들에게 걸림돌이었다.

그러나 하나님은 그 걸림돌을 다른 형식으로 바꾸셨다. 사도행전의 설교는 유대인 지도자들이 예수에게 사형선고를 내렸던 사실과 하나님께서 예수를 죽은 자 가운데서 살리신 사실을 서로 현저히 대조시킨다. 베드로는 예수를 죽음으로 내몰았던 유대인 대중들을 비난한다. "그러나 하나님께서 사망의 고통을 풀어 그를 살리셨다"(행 2:23-24). 그들은 "거룩하고 의로운 자를 부인하고 … 생명의 주를 죽였다 그러나 하나님이 죽은 자 가운데서 그를 살리셨다"(행 3:14-15). 베드로는 유대인 산헤드린 의원들에게 말한다. "너희가 십자가에 예수를 못 박았다. 그러나 … 하나님께서 그를 죽은 자 가운데서 살리셨다"(행 4:10). 또 다른 산헤드린 의원들과의 모임에서도 베드로는 선포한다. "너희가 나무에 달아 죽인 예수를 우리 조상의 하나님이 살리셨다"(행 5:30). 고넬료에 대한 성령의 역사役事를 재론하면서 베드로는 "예수를 저희가 나무에 달아 죽였으나 하나님이 사흘 만에 다시 살리셨다"라고 상기시킨다(행 10:39-40; 참고, 행 13:26-31).

예수의 생명이 그 나무에서 종말을 맞았다면, 그는 분명 저주받은 중죄를 저지른 사형수이어야 했다. 그러나 예수의 부활은 그 저주받는 자의 정당성에 대한 입증이다. 하나님께서 죽은 자 가운데서 그를 다시 일으키신 것은, 바로 그 하나님께서 저주를 완전히 취소하고, 예수의 정당성을 입증하신 것이다. 바울은 로마서에서 죄와 의라는 용어를 사용하여 십자가와 부활을 균형 있게

진술하고 있다: "예수는 우리의 죄 때문에 (죽음에) 내어 주신 바 되셨고, 우리를 의롭다고 하시려고 살아나셨습니다"(롬 4:25). 예수의 죽음은 우리를 위한 죽음이었다. 곧 예수는 우리를 위해 죄인이 되심으로써 율법의 저주의 고통을 받으셨다. 그러나 그분의 부활은 그의 정당성을 입증하셨다. 하나님은 죽은 자 가운데서 그를 다시 살리심을 통하여 그의 의로움을 입증하셨다. 저주받은 자의 정당성이 이제 입증된 것이다. 하나님은 죽음의 심판을 완전히 뒤엎으셨다. 이제 그리스도는 우주적으로 죽음에 대한 개선자로, 승리자로 그리고 원수를 갚은 자로 굳건히 서 계시다.

그 "경건의 비밀"(딤전 3:16)은 바로 예수께서 육신(성육신과 죽음)으로 나타나심에 있으나, 그 사실이 다시 성령으로 말미암아 부활로 '입증' 되었다. 죽음은 승리하지 못했다. 사탄은 패했다. 하나님의 기름 부음을 받은 자는 홀로 하데스(음부)에 머물 수 없었다. 하나님은 오히려 그를 죽은 자 가운데서 다시 일으키셔서 우리에게 주로 선포하셨다(행 2:24-28). 예수의 부활은 사탄, 죄, 죽음에 대한 하나님의 승리를 선언한다. 그분의 승리가 곧 우리의 승리이다. 그분의 부활은 우리의 부활이다.

※ ※ ※
우리의 생명을 위해 부활하신 그리스도

우리가 그리스도의 죽음을 종종 '우리를 위한' 죽음으로 진술해 오면서도, 우리는 그분의 부활에 대해서는 소홀히 언급해 온 것 같다. 우리는 '그리스도와 함께' 와 같은 관용어를 사용하여 기독교의 중요한 내용을 보다 쉽게 기술해 왔다. 물론 이 말이 신약성경에서 주요한 용어임은 분명하다(고후 4:14; 롬 6:5-8; 골 2:12; 3:1). 그러나 그리스도께서는 '우리를 위해' 다시 사셨다고 말하는 것이 보다 적절하다. 그리스도는 '우리의 의롭다 하심' 을 위해 살아나셨다(롬 4:25). 따라서 우리는 '그의 생명'으로 인하여 구원을 받는다(롬 5:10). 그리스도께서 우리를 위해 죽으셨던 것처럼 동일한 방식으로 그리스도는 또한 우리를 위하여 부활하셨다. 바울은 이 사실을 고린도후서 5장 15절에서 참으로 분명하게 기술한다. "그런데 그리스도께서 모든 사람을 대신하여 죽으신 것은, 살아 있는 사람들이 이제부터는 자기들 스스로를 위하여 살지 않고, 자기들을 대신하여 죽으셨다가 살아나신 그를 위하여 살게 하려는 것입니다"(표준). 그리스도의 죽음이 '우리를 위한' 죽음이셨다면, 우리는 이제 그리스도가 우리와 우리의 생명을 위하여 죽으셨다는 것이 과연 무엇을 의미하는지 물어야 한다.

예수와 함께하는 부활은 변화를 가져오는 성령의 현존이다.

그리스도는 죄에 대하여 죽고 우리 또한 그분 안에서 죄에 대하여 죽었기 때문에, 우리는 이제 하나님께 대하여 산 것이다. 바울은 이렇게 말한다: "너희 자신을 죄에 대하여는 죽은 자요 그리스도 예수 안에서 하나님을 대하여는 산 자로 여기라"(롬 6:11). 우리가 지금 사는 생명은 이제 우리 자신의 것이 아니다. 그것은 예수의 부활의 생명이다. 우리는 예수와 함께 십자가에 못 박혔다. 그렇다면 이제 우리는 그분과 함께 부활했다. 따라서 우리가 지금 사는 생명은 그분의 것이다(갈 2:20). 우리는 이제 생명을 내어 주신 성령의 능력 가운데서 산다. 성령은 그리스도 안에서 우리에게 '새로운 생명'을 허락하셨다.

성령의 현존은 하나님의 선물이다. 이 선물로 하나님은 우리를 아들의 형상에 이르기까지 변화시킨다. 성령의 사역은 성화이다(벧전 1:2; 살후 2:13). 하나님의 성령은 우리의 성화를 가능하게 하신다(엡 3:16-17). 성령의 현존에 의하여 하나님은 우리를 "저와 같은 형상으로 화하여 영광으로 영광에 이르게 하신다"(고후 3:18). 하나님은 거룩한 삶을 살도록 우리를 부르신다. 그리고 변화시키는 능력으로써 성령을 우리에게 선물로 주셨다.

이 성령은 부활한 생명의 활기이다. 우리가 기대하는 몸의 부활에서 충만한 능력은 나타날 것이다. 바울은 로마서 8장 10-11절에서 이 점을 강조한다: "또한 그리스도께서 여러분 안에 살아 계시면, 여러분의 몸은 죄 때문에 죽은 것이지만 영은 의 때문에 생명을 얻습니다. 예수를 죽은 사람들 가운데서 살리신 분의 영이 여러분 안에 살고 계시면, 그리스도를 죽은 사람들 가운데서 살리신 분께서, 여러분 안에 계신 자기의 영으로 여러분의 죽을 몸도 살리실 것입니다"(표준). 따라서 성령으로 말미암아 우리가 지금 변화의 능력을 우리 삶 가운데서 경험하는 것은, 장차 부활에서 나타날 우리의 온전한 구속을 성령의 능력으로 말미암아 여기서 미리 맛보는 것이다.

결과적으로, 우리가 지금 살고 있는 성화의 삶은 자기 생명을 내어 주시는 성령의 능력으로 사는 것이다. 성령은 예수 그리스도의 죽은 몸에 생명을 주시지 않았던가! 하나님께서 우리에게 거룩한 삶을 살 수 있도록 능력을 주셨기 때문에, 우리는 거룩한 삶을 산다.

예수와 함께하는 부활은 죽음에 대한 우리의 경험을 변화시킨다.

하나님이 죽음을 멸했기 때문에 우리는 더 이상 죽음의 적대적 지배를 두려워하지 않는다. 부활이 죽음을 멸했기 때문에 이제 음부의 열쇠가 예수의 손 안에 들려졌다(계 1:18). 예수가 장차 수확할 '첫 열매'가 되셨기 때문에 그분의 부활은 우리에게 미래의 부활의 계시이다. 예수의 부활은 실제로 시간의 끝에 속한다. 그러나 하나님께서 그 끝의 계시인 역사의 와중에서 예수를 살리셨다. 하나님은 우리에게 역사의 끝이 무엇인가를 보여 주기 위해 예수를 살리셨다. 그분은 우리에게 다가올 수확이 무엇인가를 확신시키기 위해 그 '첫 열매'(부활)를 주셨다. 우리는 장차 이 수확에 참여할 것이다. 비록 그 미래가 아직 도래하지 않았지만, 우리는 예수의 부활 때문에 그 역사의 끝이 무엇인가를 안다. 이 복음은 어둡고 타락한 이 세상에 빛과 썩지 아니할 생명을 가져왔다(딤후 1:10).

결과적으로, 죽음에 대한 우리의 경험은 절망, 공포, 좌절로부터 이제 희망, 가능성, 그리고 기대로 바뀐다. 우리가 비록 죽음을 몹시 싫어하지만 그 죽음을 더 이상 두려워하지 않는다. 죽음이 하나님의 원수이기 때문에 우리는 그것을 몹시 싫어한다. 그러나 하나님께서 그리스도 안에서 죽음을 정복하셨기 때문에 우리는 그것을 두려워하지 않는다. 히브리서 저자는 이를 이렇게 기술한다: "이 자녀들은 피와 살을 가진 사람들이기에, 그도 역시 피와 살을 가지셨습니다. 그것은, 그가 죽음을 겪으시고서, 죽음의 세력을 쥐고 있는 자 곧 악마를 멸하시고, 또 일생 동안 죽음의 공포 때문에 종노릇하는 사람들을 해방하시려고 한 것입니다"(히 2:14-15, 표준).

예수와 함께하는 부활은 종말에 하나님과의 온전한 친교를 가능하게 한다.

하나님께서 '신령한(영적인) 몸'으로 그리스도를 살리셨기 때문에, 우리가 새 하늘과 새 땅에서 나타날 하나님의 성령을 기대할 때에 우리는 우리의 신령한 몸을 갈망한다. 참으로 성령의 내주는 우리가 장차 부활할 것이라는 약속이며, 우리 가운데서 역사하시어 우리가 하나님의 영광에 이르도록 우리를 변화시키시는 성령의 능력이다. 곧 성령의 내주는 우리의 연약한 몸이 예수 그리스도의 영광에 이르도록 변화시킨다(롬 8:11; 빌 3:21). 현재 우리의 몸은 죽을 수밖에 없고, 연약하고, 타락한 몸이다. 그러나 예수의 부활로 인하여 우리는 장차 죽지 않으며, 능력 있고, 영광의 몸으로 바뀔 것이다. 그날에, 온전히 변화시키시는 하나님의 성령의 현존으로 말미암아 우리의 몸은 활기를 되찾고 능력을 부여받는 '신령한 몸'으로 변화될 것이다(고전 15:42-44).

우리를 매일 새롭게(고후 4:16) 하시는 성령의 현재적 사역은, 우리가 부활할 때에 온전한 열매를 맺을 것이다. 그 때 성령은 우리의 전 삶(몸과 정신)을 성화시킬 것이다. 지금 우리를 성화시키시는 성령은 장차에도 영원히 우리의 몸에 생명을 허락하실 것이다. 성령은 부활을 통해 당신의 성화의 사역을 성취할 것이다. 우리는 바로 여기서 곧 성령의 능력과 거룩함으로 인해 하나님의 현존 안에서 영원히 살게 될 것이다. 하나님의 백성이 새 하늘과 새 땅에서 성령으로 말미암아 온전히 성화될 때에 하나님은 그 백성 가운데 함께 거하실 것이다. 그 성화의 사역은 아직 성취되지 않았고, 여전히 진행 중에 있다. 성령의 내주는 하나님의 약속이다. 우리가 지속적으로 그분을 의지하고 신뢰함으로써 성령께서는 그 성화의 사역을 완성하실 것이다(엡 1:13-14; 고후 1:22; 5:5).

부활은 단순한 소생(resuscitation)이 아니다. 그것은 변형(transformation)이다. 변모(metamorphosis)는 그리스도의 변화(transfiguration)를 잘 설명해 준다. 그것은 마치 내적 인간이 그리스도의 형상으로 바뀌는 것과 같다. 이 같은 변모는 이미 시작되었다. 우리는 성령으로 말미암아 끊임없이 속사람으로 나아간다. 성령은 우리를 그리스도의 영광스런 형상에 이르도록 도우신다(고후 3:17-18; 4:16; 엡 3:16-17; 골 3:10). 부활은 우리의 겉 사람의 변모이며, 속사람의 완성이다. 그것은 몸의 구속救贖이다(롬 8:23). 그것은 그리스도로 변화하는 최종적인 단계이다(빌 3:9-21). 우리는 거기서 육체와 영혼 모두에서 그리스도의 형상에 온전히 이르게 될 것이다(롬 8:29-30).

마치 그리스도의 죽음이 타락한 이 세상에 대한 모든 것의 종지부이고 대표이듯이, 부활은 이 세상을 원래의 아름다운 형태로 회복하리라는 하나님의 서약이다. 하나님은 성 금요일의 효력(죽음)을 결정적으로 반전反轉시켜 버렸다. 부활은 새 하늘과 새 땅에서 하나님의 종말론적 반전을 가져올 것이라는 서약이다. 부활은 창조와 구속의 새 날이며, 하나님의 대적들, 특히 마지막 원수인 죽음의 패망에 대한 신호이다.

※ ※ ※
두 번째 아담과 종말의 계시

고린도전서 15장 22절은 두 번째 아담의 논제論題를 명료하게 진술하고 있

다: "이와 같이 모든 사람이 아담 안에서 죽은 것처럼, 또한 모든 사람이 그리스도 안에서 살아나게 될 것입니다." 바울은 이 논제를 로마서 5장 12-21절에서 다음과 같이 풀어 설명한다.

아담	그리스도
죽음의 저주	생명의 선물
정죄	은사
아담의 죄	그리스도의 의
아담의 불순종	그리스도의 순종
많은 사람을 범죄케 함	많은 사람을 의롭게 함
죽음의 지배	생명의 지배

예수는 아담의 죄로 인해 들어오게 되었던 타락의 효력을 일대 반전시키기 위해 두 번째 아담으로 행동하셨다. 예수는 죽음 대신에 생명이, 죄 대신에 의가, 불순종 대신에 순종이 지배하는 새로운 인간이시다. 예수는 타락한 이 세상을 구속하기 위해 오셨다. 그리고 자신이 순종함으로 모든 이에게 생명을 주셨다. 예수 그리스도 안에 있는 하나님의 활동은 세상의 타락한 조건들을 반전시키고 생명을 회복시킨다. 마치 한 사람이 세상에 죽음의 저주를 가져온 것처럼, 한 사람으로 인해 하나님은 생명을 통해 세상을 새롭게 갱신하신다.

로마서 5장 12-21절에서 바울의 논점은 아담이 이 세상에 미친 결과에 이제 그리스도께서 바로 종지부를 찍으셨다는 사실이다. 아담이 자신의 죄로 인해 이 세상에 타락을 가져왔다 한들, 그리스도께서는 이제 자신의 신실한 순종함을 통해 아담의 모든 행위를 반전시키셨다. 아담의 죄가 이 우주에 어떤 결과를 가져왔든, 그것은 이제 그리스도 안에서 반전되었다. 아담의 죄의 결과가 혹 자녀의 죽음, 피조물의 부패와 타락, 죽음의 지배를 초래한다 할지라도, 그같은 결과들은 이제 완전히 무력화되었다. 유아들이 아담의 죄의 결과로 죄 가운데서 태어났다고 생각하진 않지만, 로마서 5장의 교훈은 분명하다. 아담의 죄가 그의 모든 미래의 세대에 죄악을 가져왔다면, 이제 그리스도 안에서 그 결과가 모두 반전되었다는 사실이다. 따라서 한 사람의 신학적 취향이 무엇이든 상관없이, 여기 그리스도의 사역은 아담의 모든 죄과가 이제 당신 안에서 완전히 무효화되고 취소되었다는 사실을 의미한다. 그러므로 아담의 죄 때문에 이제 어느 누구도 더 이상 종말론적으로 죽음의 저주 아래 놓여 있지 않다. 오히려 모든 사람은 그날에 자신의 죄 때문에 심판 아래 서게 될 것이다. 따라서 우리는 유아 때에 죽은 어린아이들의 운명에 대해 너무 이상하게 추론할 필요가 없다. 하나님은 그리스도 안에서 그들을 구속하셨다. 아담이 자신의 죄로 말미암아 부패시켜 놓은 그 어떤 것이라도 하나님은 이제 그리스도 안에서 그 모두를 회복시키셨다.

그리스도의 부활은 "잠자는 자들의 첫 열매"이다(고전 15:20). '첫 열매'의 개념은 추수의 약속을 의미한다. 예수는 곧 다가 올 추수의 첫 이삭이다. 그리스도는 장차 다가올 추수의 약속으로서 이미 부활하셨다. "그러나 각각 자기 차례대로 되리니, 먼저는 첫 열매인 그리스도요 다음에는 그리스도 강림하실 때에 그에게 붙은 자"이다. 그리스도의 부활은, W.판넨베르크가 잘 지적했듯이, 종말의 '예기적'豫期的 계시이다.[123] 여기서 '예기적'이라는 말은 '기일 전에 먼저 받는다'는 헬라적 용어의 의미로부터 파생한 것이다. 예기적이란 실제 사건이나 혹은 인물보다 더 훨씬 이른 시기에 먼저 그 사건 혹은 인물을 선점한다. 다른 말로 하면 예수의 부활은 종말론적 사건이다. 부활은 종말에 속한다. 참으로, 예수의 성육신, 지상 사역, 그리고 십자가는 종말론적인 사건들이다. 성육신에서 하나님은 종말에 그렇게 하실 것처럼 바로 그렇게 자신의 백성 가운데 거하신다. 예수의 지상 사역에서 하나님은 종말에 그렇게 하실 것처럼 자신의 백성을 치유하시고 악귀를 축출하고 멸하신다. 예수의 십자가에서 하나님은 종말론적 진노를 친히 겪으신다. 이로써 우리는 그 진노로부터 구원을 받는다.

그러나 그 같은 그리스도 사건이 비록 종말론적인 사건이기는 하나, 이는 역사 속에서 이미 발생했다. 그리스도 사건은 연대기적으로가 아니라, 종말론적으로 역사의 중심이다. 그것은 하나님께서 종말을 계시함으로써 역사의 중대한 기회이다. 하나님은 역사 자체의 목표와 그 끝을 선언하셨다. 따라서 우리가 희망의 돛은 굳게 잡고 하나님의 승리의 확신을 견고하게 붙잡을 수 있도록, 하나님은 예수 안에서 역사의 목표를 예기적으로 계시하셨다. 하나님은 우리에게 역사의 목표와 끝이 어떤 것인가를 보여 주시기 위해 예수를 죽은 자 가운데서 다시 일으키셨다. 그분은 우리가 장차 참여할 추수에 대해 우리에게 확신시키시기 위해 부활이라는 첫 열매를 주셨다. 결과적으로, 예수의 부활은 우리의 부활이다. 새로운 생명으로 나가는 물세례에서 우리가 마치 그분과 함께 다시 산 것처럼, 우리는 장차 새 하늘과 새 땅에서 그분과 함께 부활할 것이다.

하나님은 예수의 부활에서 역사의 목표와 끝을 제대로 계시하셨다. 부활에서 그 끝은 죽음의 파멸이다. 바울 사도가 진술하고 있듯이, 그리스도가 "모든 원수를 그 발아래 둘 때까지 불가불 왕노릇 하시리니 맨 나중에 멸망 받을 원수는 사망이니라"(고전 15:25-26). 그 마지막 원수, 죽음은 추수가 완전히 무르익었을 그 종말에 완전히 정복된다. 하나님께서 예수를 죽은 자 가운데서 다시 살리셨기 때문에, 죽음이 이미 정복되었다는 것을 우리가 비록 알고 있지만, 그러나 그 완전한 종말론적 실재는 아직 도달하지 않았다. 그 마지막 원수는 아직 파멸되지 않았다. 그러나 우리는 예수의 부활을 통해 그 추수의 예기적 비전을 여기서 현재 경험한다. 그 종말론적 미래가 아직 도달하지 않았지만, 우리는 예수의 부활 때문에 역사의 끝이 어떤 것인가를 안다.

※ ※ ※
결론

성경의 구원론적 세 가지 사건들은 타락한 세상을 구속하기 위한 하나님의 위대한 행위이다. 성육신은 자신의 피조물을 향한 하나님의 통렬한 감정이입이다. 예수의 죽음은 타락한 인간을 위한 하나님의 구속이다. 예수의 부활은 구속의 첫 열매이다. 따라서 복음은 우리를 위한 하나님의 성육신이며, 우리의 죄를 위한 그분의 죽음이며, 우리를 의롭다 여기기 위한 삼 일 만의 그분의 부활이다. 예수는 성육신, 죽음, 그리고 부활을 통해 타락한 인간 존재를 성화시키셨고, 죄와 사망을 파멸시키셨다. 그분은 죽음의 저주를 멸하시고, 다시 한 번 인간에게 생명을 부여하셨다.

이 같은 인간의 구속에는 우주적 영적 갈등이 내포되어 있다. 이 우주적 싸움은 피조물 자체의 회복을 포함한다. 우주의 타락이 사실이라면 하나님은 이제 당신의 아들, 예수의 성육신, 죽음, 그리고 부활에서 이 전쟁에 결정적으로 개입하셨다. 이 그리스도 사건(그분의 성육신부터 현양顯揚에 이르기까지)은 우주를 재편시킨다. 그 사건은 타락을 압도하고 악을 이긴다. 속죄란 예수의 죽음과 부활을 통해 나타난 우리를 위한 하나님의 역사役事이지, 우리의 공로가 아니다. 하나님은 우리가 할 수 없는 것을 하신다. 그분은 우리를 위해 세상의 악을 멸하시고 타락한 이 세계에서 궁극적 승리를 거두신다.

예수 그리스도 안에서 하나님은 우리와 함께 그리고 우리를 위해 고통을 받으셨다. 그분은 먼 거리에서 우리의 고통을 물끄러미 바라보지 않으시고, 오히려 우리 중 하나가 되어 그 고통 속에서 우리와 함께 행동하셨다. 하나님은 고통 속에 우리를 홀로 남겨 두지 않으시고, 예수의 죽음과 부활에서 사탄과 죄 그리고 사망을 멸하시고자 친히 움직이셨다. 예수의 성육신, 지상 사역, 죽음, 그리고 부활을 다루는 기독론은 이 같은 고통에 대한 하나님의 해답이다. 그것은 타락한 세상에 대한 하나님의 반응이다. 거기서 하나님은 자신의 본래적 특성을 계시하시고, 우리를 향한 자신의 진정한 사랑을 나타내신다.

성육신은 이 같은 행동의 토대이다. 죄를 위한 속죄는 하나님의 행위이다. 부활은 사망의 패배이다. 하나님의 사역으로서, 구속은 하나님 자신이 친히 이루신다. 우리 인간과 하나가 되심으로써 하나님은 우리를 사탄으로부터 구원하셨다. 우리는 이제 죽음과 죽음의 공포로부터 자유케 되었다. 성육신적 사역에서 예수는 유혹 속에서도 사탄을 멸하셨고 사탄의 공작works들을 분쇄하셨다. 그분은 악귀들을 축출하셨고, 병자를 치유하셨으며, 죽은 자를 다시 살리셨다. 하나님은 사탄의 공작들을 분쇄하시고(요 3:8) 하나님의 나라의 침노를 선포하시고자 예수 안으로 오셨다. 이제 하나님의 나라는 예수의 삶 속으로 들어왔다. 그 하나님의 나라는 예수의 사역을 통하여 계시되었다. 예수께서 악귀들을 축출하시고 병자를 치유하시며 죽은 자를 다시 살리실 때, 역사의 그 종말이 잠정적인 방식으로 우리에게 드러났다. 예수의 사역은 하나님 나라가 이미 우리 앞에 임했음을 선포하며, 종말론적 영광의 한 단면을 제공한다(마 10:5-8; 11:4-6; 12:28). 예수의 사역은 종말론적인 하나님 나라의 실재와 사탄의 궁극적 패배를 증거한다. 하나님은 우리를 사랑하시기 때문에 우리를 구속하셨다.

그러나 종종 하나님의 사랑이 그렇게 썩 분명하지 않은 것처럼 생각될 때가 있다. 예를 들면, 이스라엘 백성은 종종 회의적이었다. "주께서 어떻게 우리를 사랑하셨나이까?"라고 그들은 물었다(말 1:2). 그들의 관점에서 하나님의 사랑은 그렇게 썩 분명하지 않았다. 아마도 느헤미야 시대에 살던 이스라엘 백성은 이웃 지역 나라들의 압제와 페르시아 왕의 중과세에다가 농작물의 실패와 기근으로 심한 고통을 받았기 때문이었으리라. 하여 그들은 노예들에게까지 자신의 자녀들을 팔았고 살아남기 위해 전답을 담보로 잡혔다(느 5:1-5). 이스라엘은 이 같은 고통 속에서 감히 하나님의 사랑을 느낄 수 없었다.

나는 아직 여섯 살 배기밖에 안된 딸 라헬(Rachel)과 대화 중에 이 말라기 본문의 의미를 생각해 본 적이 있다. 우리 부부 중 한 사람은 매 저녁 잠자리에 들 때마다 침대 맡에서 딸아이를 위해 기도해 주곤 했다. 우리는 이때마다 기도가 필요한 다른 사람들을 위해서도 기도하곤 한다. 특히 딸이 알고 있는 환자를 빼 놓지 않는다. 기도가 길어지는 시간이면, 딸아이는 매일 저녁, 페트(Pat) 양과 오빠 조슈아를 위해 기도한다.

당시 주일학교 교사였던 페트 양은 유방암으로 진단을 받은 상태였고, 딸애의 오빠 곧 우리의 아들 조슈아는 샌필립뽀(Sanfilippo)증후군으로 진단을 받은 환자였다. 수술과 약물치료를 통해 페트 양의 암세포는 절제되었다. 조슈아의 병세는 유전적이며 말기 상태였다. 어느 날 저녁, 우리가 페트 양의 치유에 하나님께 감사드리고 조슈아를 위해 기도를 마치자, 라헬의 두 눈은 눈물로 가득 고였다. 금세 나를 응시하며 물었다. "하나님은 페트 양을 치유했어요! 그렇지 않아요? 아빠!" 나는 "딸아! 그렇단다!"라고 대답했다. "하나님은 페트 양을 사랑하시지요! 그렇지 않나요?" 이에 나는 "그렇고 말고! 그분은 사랑하시지!"라고 대답했다. 딸아이의 그 다음 질문은 생각지도 못하게 나에게 충격적이었다. "하나님은 조슈아도 역시 사랑하시지 않나요?" 딸애의 생각은 분명했다. 논리에 오류가 없었다. 하나님은 페트 양을 사랑하시기 때문에 그녀를 치유하셨다. 그렇다면 그분께서 조슈아를 사랑하신다면 왜 그를 낫게 하실 수가 없는가? 딸애의 질문은 이스라엘 백성의 질문이었다. "오, 주님! 주께서 조슈아를 어떻게 사랑하셨나이까?"

    딸아이의 순수하고 정직한 질문은 당시 우리 부부가 직면한 가장 어려운 수수께끼를 제기했다. 우리는 고통의 와중에서 어떻게 하나님의 사랑을 느끼고 이해할 수 있는가? 우리는 하나님께서 혹 어떤 다른 사람은 치유하시지 않았다는 사실에도 불구하고, 그분께서 현재 다른 누구를 치유해 주신 것에 대해 우리는 어떻게 감사하고 또한 찬양을 드릴 수 있는가? 하나님께서 우리의 자녀들 혹은 형제자매를 낫게 하지 않았을 때, 우리는 어떻게 하나님의 사랑을 계속 신뢰할 수 있는가?

    이스라엘이 이와 동일한 질문을 제기했을 때, 예언자 말라기는 그들에게 이스라엘의 시작을 되돌아보게 했다. 이스라엘의 존재는 하나님의 자유롭고 주권적인 선택에 의해 출발한 나라였다. 이스라엘은 자력으로 나라를 세우지 않았다. 오히려 하나님께서 이스라엘을 세웠다. 이스라엘이 다른 나라에 비해 숫자가 많거나 혹은 썩 의로웠기 때문에 세워진 나라가 아니었다. 하나님께서 그들을 사랑하셨기 때문에 이스라엘은 세워진 나라였다(신 7:7-9; 9:4-6). 이스라엘의 역사는, 아브라함에게 하신 약속으로부터 출애굽과 가나안 정복을 통하여 그리고 바벨론 포로 이후 이스라엘의 회복에 이르기까지, 하나님 당신 자신의 사랑에 대한 증거이다. 말라기 예언자의 메시지는, 하나님은 이스라엘에게 신실함으로 자신의 사랑을 나타내셨다는 것이다. 이스라엘 백성은 그런 증거를 의심하지 말았어야 했다.

우리의 해법도 이와 유사한 모형을 따라야 한다. 우리는 하나님 당신 자신의 사랑에 대한 증거를 기억해야 한다. 우리가 그분의 원수가 되었을 때조차도 그리스도께서 우리를 위해 죽으심으로, 하나님은 우리를 위한 당신의 사랑을 나타내셨다(롬 5:8). 성경에서 하나님의 사랑에 대한 최상의 표현은 어떤 것일까? 잠정적인 암의 치유, 어떤 잠정적인 번영? 그것을 훨씬 뛰어넘는다. 곧 하나님이 세상을 이처럼 사랑하사 우리를 구원하기 위하여 당신의 독생자를 내어주셨다 함이다(요 3:16). 하나님의 사랑에 대한 최상의 표현은 당신께서 친히 우리의 아픔과 수치를 함께 나누시고자 함이었다: 성부는 죽음의 비탄을 아시며, 성자는 죽음의 경험을 이제 아신다. 이와 함께 우리의 고통으로부터 우리를 구속하신다. 하나님의 이 같은 사랑은 궁극적으로 구속을 지향하며, 장차 우리를 새롭게 하실 것이다. 거기서 모든 고통은 사라지고 모든 눈물은 그 눈에서 씻겨질 것이다(계 21:4).

우리가 아래를 내려다보고 주변을 살펴보면 우리를 둘러싼 많은 어려운 문제들이 우리를 실로 압도한다. 마치 하나님의 최우선 관심이 우리의 소유에 달려 있기나 한 것처럼 우리가 건강, 부, 혹은 번영의 관점에서 그분의 사랑의 증거를 찾고자 할 때는, 하나님의 사랑에 대해 의심해 볼 만한 이유들은 항상 널려 있다. 그러나 하나님은 우리의 만족보다는 우리의 믿음에 보다 더 관심이 있으시다. 건강과 번영은 단지 잠시뿐이다. 어느 날 우리네 건강도 쇠약해져 병이 들 것이며, 번영은 쇠퇴하여 종말을 맞이할 것이다. 우리가 아래를 내려다볼 때, 파도는 우리로 하여금 하나님의 사랑에 대해 의심을 품게 할 것이다. 그러나 우리가 눈을 들어 십자가를 바라보게 되면, 하나님이 얼마나 우리를 사랑하셨는가를 우리는 기억할 수 있다. 성육신, 십자가, 그리고 빈 무덤은 하나님의 사랑에 대한 흔들릴 수 없는 증거이다. 바울은 이에 대해 이렇게 말한다. "내가 확신하노니 사망이나 생명이나 천사들이나 권세자들이나 현재 일이나 장래 일이나 능력이나 높음이나 깊음이나 다른 아무 피조물이라도 우리를 우리 주 그리스도 예수 안에 있는 하나님의 사랑에서 끊을 수 없다"(롬 8:38-39).

"라헬! 그렇단다! 하나님은 물론 조슈아를 사랑하신다. 예수는 조슈아를 위해서도 죽으셨다. 비록 하나님께서 지금 조슈아를 치유하시지 않을지라도, 어느 날 치유하실 것이다. 예수처럼 조슈아도 어느 날 죽을 것이다. 그러나 예수처럼 어느 날 하나님은 그를 죽은 자 가운데서 다시 살리실 것이다. 그리고 그날에 우리 모두는 하나님과 함께 영원한 생명을 누릴 것이다. 어느 날 하나님은 당신 자신을 믿고 받아 모시는 모든 자들을 치유하실 것이다. 그렇다! 하나님께서 지금 누구를 치유하신다면 우리는 이에 대해 그분께 감사를 드린다. 혹 주께서 지금 누구를 치유하기로 결정하시지 않았다 해도, 언젠가 주께서 치유해 주실 것을 우리는 믿기 때문에 여전히 주님을 찬양한다."

지금 열한 살 된 라헬은 지속적으로 조슈아를 위해 기도한다. 오, 하나님! 어린아이의 신앙을 저에게도 주소서!

제10장

우리는 무엇을 희망해야 하는가?

| 하나님의 이야기가 보여 주는 영광스런 목표 |

내가 새 하늘과 새 땅을 보았다.
거기에는 처음 하늘과 처음 땅이 없어졌고, 바다도 없었다.
또 거룩한 새 예루살렘 성이 하나님께로부터 내려오는 것을 보니,
이는 마치 신부가 자기 신랑을 위하여 단장한 것 같았다.
또 보좌에서 큰 음성이 들려오기를,
"보라, 하나님의 장막이 사람들과 함께 있고,
하나님께서 저희와 함께 계시며,
저희의 백성이 그분과 함께 있을 것이고,
하나님께서 친히 저희의 하나님이 되셔서,
저희와 함께 계실 것이다.
하나님께서 저희의 눈에서 모든 눈물을 씻어 주실 것이며,
사망이나 슬픔이나 통곡이나 고통이 없으리니,
이는 처음 것이 사라졌기 때문이다."

계 21:1-4

※ ※ ※

"아버지의 나라가 이 땅에 오게 하여 주시고 아버지의 뜻이 하늘에서 이루신 것 같이 이 땅에서도 이루어지게 하옵소서"(마 6:10). 이 친숙한 기도는 종말론적 열망과 하나님의 백성의 기대를 표현한다. 이는 더 이상 눈물도, 아픔도, 죽음도 없는 하나님 나라의 성취에 대한 갈망이다. 그것은 아담의 타락 이후 하나님의 백성의 기도가 되어 왔다. 어느 날 여인의 씨가 뱀의 머리를 상하게 할 것이라는 처음 약속으로부터(창 3:15), 사도 요한이 "주 예수여 어서 오시옵소서"(계 22:20)라고 기도하는 계시록의 마지막 행동까지, 하나님의 백성은 세계 내에서 하나님의 완전한 통치를 기대해 왔다. 그들은 하나님께서 세계의 통치를 완전하게 이행하시며, 적들을 궤멸시키고, 당신의 백성 가운데 거하시기를 기도한다.

그 성취를 위한 기도는 사망의 속박으로부터 해방을 위해 억압받고 있는 하나님의 백성의 부르짖음이다. 어느 날 하나님은 이 부르짖음에 응답하실 것이며, 당신의 나라를 나타내실 것이다(딤후 4:1). 그 나라가 비록 아직 도래하지 않았지만, 하나님은 구속의 역사 가운데서 다양한 권능을 통하여 그 의도를 계시하셨다. 이스라엘 백성이 노예의 고통 아래서 하나님께 부르짖었을 때, 하나님은 친히 그 소리를 들으시고, 가까이 다가와, 모세를 통해 그들을 해방하셨다(출 2:23-25; 민 20:16; 신 26:7; 삼상 12:8). 이스라엘이 아람 왕 시대에 그들의 압제 아래서 하나님께 부르짖었더니, 하나님은 친히 그들의 소리를 들으시고, 가까이 다가와, 옷니엘을 통하여 그들을 해방하셨다(삿 3:8-9). 이스라엘이 미디안 족속의 억압 아래서 하나님께 부르짖었더니, 하나님은 친히 그들의 소리를 들으시고, 가까이 다가와, 사사 기드온을 통해 그들을 구원하셨다(삿 6:7-12). 이스라엘이 팔레스틴 족속의 압제 아래서 하나님께 부르짖었더니, 하나님은 친히 그들의 소리를 들으시고, 가까이 다가와, 사무엘을 통하여 그들을 구원하셨다(삼상 7:5-11). 이스라엘의 역사 속에서 각기 개인들도 자신들의 고난 가운데서 주님께 부르짖었을 때, 하나님은 친히 그들의 소리를 들으시고, 가까이 다가와, 고통으로부터 그들을 구원하셨다(시 18:6; 34:6; 40:1; 107:13,19; 145:19). 이 같은 억압-부르짖음-해방이라는 하나의 유형(pattern)은 타락과 구원의 순환 구조이다. 하나님의 백성이 타락한다. 그들은 고통으로 억압을 받는다. 그리고 나서 그들은 구속적 사역을 통하여 그들에게 응답하시는 하나님께로 다시 돌아온다. 느헤미야는 이 같은 은총의 유형을 이렇게 회상한다: "저희가 평강을 얻은 후에 다시 주 앞에서 악을 행하므로 주께서 그 대적의 손에 버려두사 대적에게 제어를 받게 하시다가 저희가 돌이켜서 주께 부르짖으매 주께서 하늘에서 들으시고 여러 번 긍휼을 발하사 건져내셨다"(느 9:28).

이 주제는 신약성경에서도 순탄하게 잘 이행된다. 명백하게 누가복음에서, 예수의 탄생은 이스라엘에 대한 하나님의 회상으로 이해된다(눅 1:54-55,72-75). 여기서 예수는 단연, 세계를 영원히 통치하시고 그의 나라를 무궁토록 하실 분으로 선언된다(눅 1:32-33). 지극히 높으신 예언자 세례 요한은 그분을 "어두움과 죽음의 그늘에 앉은 자에게 빛을 비추일 것"이라고 선언한다(눅 1:79, NRSV). 하나님은 대적들의 손에서 이스라엘을 건지시기 위하여 당신의 백성을 기억하신다(눅 1:74). 이제 마가는 예언자 세례 요한을 통하여 새로운 출애굽을 선언한다. 하나님은 광야에 새로운 길을 내실 것이다(막 1:2-3). 마태는 예수가 어두움에 빛을 비추시고 사망의 그늘에서 하나님의 백성을 건지시기 위해 오시는 분으로 선언한다(마 4:15-17). 이사야 9장 1-2절을 인용하면서, 마태는 예수의 사역을 억압받는 백성을 구원하시는 하나님의 권능의 행위로 해석한다. 예수의 사역을 통해, 하나님은 미디안의 시대에 하셨던 것처럼 이제 압제자의 막대기를 꺾으신다(사 9:4). 예수는 다윗의 보좌 위에 앉으실 것이며, 그의 나라는 영원할 것이다(사 9:6-7).

그 때, 예수 그리스도의 사역에서 하나님은 당신의 나라를 나타내신다. 그분은 압제자를 궤멸시키기 위해 행동하신다. 그분은 앉은뱅이, 소경, 그리고 병자를 고치신다: 악귀를 축출하고, 대적을 멸하신다(마 11:4-6; 눅 4:18-19). 이는 억압받은 사람에게는 기쁜 소식이다. 예수는 억압받은 자, 상처 입은 자, 그리고 병자의 부르짖음을 들으시고, 그들의 부르짖음에 깊이 동감하여 구속으로 반응하신다. 두 명의 소경이 길에서 자비를 베풀어 달라고 소리쳤을 때, 예수는 그 소리를 들으시고 그들을 치료해 주셨다(마 9:27-31). 악귀 들린 아이의 아버지가 도움을 요청하여 소리 지르자, 예수는 그 소리를 들으시고 악귀를 축출하셨다(막 9:24). 예수께서 '하나님의 나라의 복음'을 선포하셨을 때, 그분은 또한 '모든 병과 모든 약한 것'을 고치셨다(마 9:35). 그분의 깊은 동정, 병자의 치유, 복음 선포의 사역 가운데서 예수는 "우리의 연약함을 친히 담당하시고 우리의 병을 짊어지셨다"(마 8:14-17, NRSV). 예수의 사역은 사탄과 죄 그리고 사망의 권세로부터 해방을 바라는 타락한 인간의 요구에 대한 하나님의 응답이다.

이것은 우리와 함께 고통을 당할 뿐 아니라, 또한 우리를 위해 고통을 당하시는 분의 부르짖음에서 잘 요약된다. 감람산에서 그분의 눈물은 그의 고뇌를 나타내며, 그분의 부르짖음은 해방을 위한 기도이다(눅 22:39-46). 이에 하나님 아버지는 그의 부르짖음을 들으시고, 그분을 구원하신다. 예수는 그 잔을 옮겨 달라고 요청하기도 한다. 아버지의 뜻에 복종한다고 할 때, 그분은 십자가 상에서 이렇게 울부짖으신다. "나의 하나님 나의 하나님 어찌하여 나를 버리셨나이까"(마 27:45; 시 22:1의 인용). 하나님은 그분의 부르짖음을 들으셨다. 히브리서 기자는 이를 이렇게 주석한다. "그분은 이 세상에서 육신으로 계실 때에, 자기를 죽음에서 구하실 수 있는 분께, 큰 통곡과 눈물로 기도와 소원을 아뢴 결과, 그분의 깊은 믿음 때문에, 하나님께서 들어주셨습니다"(히 5:7). 당신의 백성과 함께하시는 하나님의 역사의 유형은 이렇게 반복된다: 신실한 자가 부르짖는다. 하나님은 들으신다. 그리고 하나님께서 해방시키신다. 시편 22편은 이 같은 동일한 유형을 반영하고 있다. 제1절의 부르짖음과 그리고 첫 몇 절의 고뇌("나는 벌레요" 시 22:6)는 하나님에 의해 응답된다. 그들의 열조烈祖가 예전에 하나님을 의지하였을 때(시 22:4-5), 하나님께서 그의 백성의 부르짖음을 친히 들으셨듯이, 이제도 그분은 신실한 자의 기도에 응답하신다(시 22:22-24):

> 내가 주의 이름을 형제에게 선포하고
>   회중에서 주를 찬송하리이다
> 여호와를 두려워하는 너희여 그를 찬송할찌어다
>   야곱의 모든 자손이여 그에게 영광을 돌릴찌어다
>   너희 이스라엘 모든 자손이여 그를 경외할지어다
> 그는 곤고한 자의 곤고를
>   멸시하거나 싫어하지 아니하시며
>   그 얼굴을 저에게서 숨기지 아니하시고
>   부르짖을 때에 들으셨도다

하나님은 예수의 부르짖음을 들으셨다. 그리고 그에게 응답하셨다. 하나님은 부활을 통하여 그를 건지셨다. 하나님은 하데스(지하)에서조차 그의 거룩한 자를 떠나지 않으시고, 오히려 그를 죽은 자 가운데서 다시 일으키셨다. 이같은 회상에서 부활을 통해, 하나님은 "당신이 친히 열방의 주재主宰"임을 계시하신다(시 22:28). 하나님은 이처럼 사탄, 죄, 그리고 사망을 멸하기 위하여 행동하셨다. 하나님은 예수의 부활에서 그 최종적 승리를 선포하셨다.

이제 하나님의 백성은 승리의 완성을 기다린다. 그것은 마치 제단(altar)

아래 있는 영혼들이 "어느 때까지"(계 6:10)의 탄식과 함께 '큰 소리로 부르는 것' 처럼, 우리는 신음과 눈물과 부르짖음으로 그 성취를 기다린다. 우리는 하나님 나라의 최종적인 계시를 기다린다. 우리는 이스라엘처럼, 그 시간을 기다린다. 하나님은 친히 우리의 신음에 주목하시고, 우리의 부르짖음을 들으시고, 당신의 나라를 계시하기 위해 한 번 더(one more time) 아들을 보내실 것이다. 우리의 확신은 이것이니, 하나님께서 과거에 이스라엘을 위하여 행동하셨던 것처럼 그리고 예수의 부활을 통해 행동하셨던 것처럼, 장래에도 당신의 아들이 재림할 때에 우리의 구속을 위해 친히 행동하실 것이다.

※ ※ ※
구약의 기대

구약성경은 이스라엘의 회복이라는 형식에서 보면, 사망으로부터 하나님의 해방을 간절히 기대한다. '회복'(restoration)의 개념은 포로로 잡혀간 이스라엘의 기대에 중심적 사상이다(예, 렘 16:15; 23:8; 24:6; 50:19). 그러나 이것은 비단 이스라엘의 기대만을 형성하고 있는 유일한 비전이 아니다. 사자와 어린 양이 함께 뛰놀 수 있는 원래의 에덴동산의 비전은, 실로 포로 이전 이스라엘에게 있어서도 특별한 중심적 개념이다(사 11:1-9). 이스라엘에게서 명백히 나타난 것처럼 하나님의 나라는 미래에서 완전한 계시를 기대한다. 그것은 뱀(사탄)이 궤멸될 때를, 새 하늘과 새 땅이 세워질 때를, 하나님의 평화와 통치가 이 땅에서 완전히 드러날 때를 기다린다.

결과적으로 구약은 하나님의 최종적인 종말론적 회복을 매우 중대하게 말씀하고 있다. 사도 베드로는 그의 성전 설교에서(행 3:17-21) 이 점을 분명하게 밝히고 있다:

형제들이여, 여러분이나 지도자들 역시 몰랐기 때문에, 그랬을 것으로 나는 압니다. 그러나 하나님께서는, 모든 예언자들의 입을 빌어 그리스도는 고난 받으시리라고 예언한 바를, 이렇게 이루셨습니다. 그러므로 여러분은 회개하고 돌아와, 여러분의 죄를 씻어버리십시오. 그러면 주 앞에서 여러분을 위로하시는 때가 올 것이며, 주께서 예정해 두신 그리스도 예수를 여러분에게 보내 주실 것입니다. 예수께서는 하나님의 거룩한 예언자들의 입을 빌어서 말씀하신 바, 만물을 새롭게 할 때까지 하늘에 머물러 있어야만 합니다.

예언자들은 그리스도의 고난받으심뿐만 아니라, 또한 만물의 부활을 예언하였다. 구약의 예언자들은 그때, 시간의 끝에 대한 종말론적 비전을 지니고 있었다. 그들은 그 비전에 대한 전반적인 이해를 갖고서(참고, 벧전 1:10-12), 하나님의 지명자(예수)가 성취할 그 갱신을 기다렸다(참고, 벧후 1:16-21은 그 예언자들이 증언하고 있는 두 번째 오심의 사건이다). 구약의 예언자들은 만물의 회복을 약속했고, 신약은 그리스도께서 다시 오실 때 그 약속을 성취하실 것이라고 기대한다.

이 같은 구약의 주제들은 신약의 종말론을 기다린다. 신약은 그리스도 안에서 그 성취를 증거하기 위해 그리고 완성에서 그 주제들의 궁극적인 실행을 위해 구약의 묵시문학적 언어를 그대로 받아들인다. 인자가 다시 오셔서 영광의 자리에 앉을 때, 그 '갱생更生'의 때가 드러날 것이다(마 19:28). 구약의 종말론적 기대들은 장차 만물의 완성을 가져오시는 종말론적 왕이신 그리스도 안에서 성취된다. 그분은 만물을 새롭게 회복하실 것이다. 이사야로부터 발췌한 두 성경 본문은 이 같은 구약의 기대를 잘 설명하고 있다.

※※※
이사야 24장

이사야 24장은 열방(나라)들에 대한 하나님의 여러 연속적인 신탁神託이 끝나고 나서 제시된다. 연속적인 순서로 이사야는 여러 열방들에게 예언한다: 바벨론(사 13:1-14:23), 앗시리아(사 14:24-27), 블레셋(사 14:28-32), 모압(사 15:1-16:13), 다메섹(사 17:1-14), 구스(사 18:1-7), 애굽(사 19:1-20:6), 바벨론(사 21:1-10), 두마(사 21:11-12), 아라비아(사 21:13-17), 예루살렘(사22:1-25), 그리고 두로(사 23:1-17)가 그것이다. 이들 각기 심판에서, 그 열방들은 자신들의 교만과 우상숭배 때문에 저주를 받는다. 각기 그 열방들은 하나님께서 그들의 죄 때문에 심판을 내리실 때, 그들은 참혹한 최후의 날을 맞이한다. 그날에 하나님은 바벨론을 "끊으실" 것이며(사 14:22), 앗시리아를 "밟을" 것이며(사 14:25), 블레셋을 "멸절시킬" 것이며(사 14:30), 모압의 우물에는 "피"로 채울 것이며(사 15:9), 다메섹은 "폐허의 무더기"가 되게 하며(사 17:1), 구스는 새들의 먹이로 남겨 두겠으며(사 18:6), 애굽은 매사에 "비틀거리게" 할 것이며, 두마에게는 아침이 오자 바로 밤이 오게 하며(사 21:12), 아라비아에게는 칼을 가져오게 하며(사 21:15), 예루살렘의 지도자들을 쓰러지게 하며(사 22:19), 그리고 두로는 멸시를 받게(사 23:9)할 것이다. 참으로 이사야가 선언하고 있듯이, "보라, 여호와께서 땅을 공허하게 하시며 황무하게 하시며 뒤집어엎으시고 그 거민을 흩으시리라"(사 24:1).

하나님은 온 땅을 심판하실 것이다. 그리고 누구도 여기서 벗어날 수 없다. 그대들이 주인이거나 종이거나, 파는 자나 사는 자나, 제사장이거나 일반인이거나 간에, 그 땅은 "온전히 공허하게 되고 온전히 황무지가 될 것"이다(사 24:2-3). 하나님은 땅의 죄악에 대해 맞서 행동하신다. 왜냐하면 그 땅이 '사람으로 인하여 더럽게' 되었기 때문이다. 결과적으로 "저주가 땅을 삼켰고 그 중에 거하는 자들이 정죄함을 당하였다"(사 24:6). 하나님은 심판의 자리에 앉으시며 누구도 그분의 공의를 피해 갈 수 없다. 열방이든 예루살렘이든 누구든 그들이 스스로 자초한 그 저주의 고통을 당할 것이다. 그날에, 하나님은 당신을 시온 산과 예루살렘을 다스리시는 '만군'의 여호와로 계시하실 것이다(사 24:23).

그러나 거룩하신 하나님은 또한 구속자 하나님이시다. 시온 산에서 다스리시는 그 하나님은 당신이 심판하셨던 그 땅을 새롭게 하시며, 구속하실 것이다. 이 심판의 자국을 좇아서 그리고 갱신의 희망 속에서, 이사야는 하나님께서 오래 전에 계획하셨고, 장래에 성취하실 그분의 권능에 대해 주께 기쁨으로 찬양을 드린다(사 25:1). 하나님은 신실하시다. 그분은 "빈궁한 자의 보장이시며, 환난당한 빈핍한 자의 보장이시며 폭풍 중에 피난처시며 폭양을 피하는 그늘이 되실 것이다"(사 25:4). 하나님은 무정한 자에게는 침묵하시나, 가난하고 궁핍한 자를 구속하시기 위해 일어서신다. 하나님께서 시온 산에서 다스리실 때 그분은 교만한 자를 누르시나 겸손한 자를 높이신다(사 25:11-12). 하나님은 장차 무엇을 하실 것인가? 이사야는 우리에게 이렇게 말한다(사 25:6-9):

> 이 산에서 만군의 여호와께서 만민을 위하여
> 　기름진 것과 오래 저장하였던 포도주로 연회를 베푸시리니
> 　곧 골수가 가득한 기름진 것과
> 　오래 저장하였던 맑은 포도주로 하실 것이며
> 또 이 산에서 주께서 모든 민족의 그 가리워진 면박과 열방의
> 　그 덮인 휘장을 제하시며 사망을 영원히 멸하실 것이라
> 주 여호와께서 모든 얼굴에서 눈물을 씻기시며
> 　그 백성의 수치를 온 천하에서 제하시리라
> 여호와께서 이같이 말씀하셨느니라
> 　그날에 말하기를 이는 우리의 하나님이시라
> 　우리가 그를 기다렸으니 그가 우리를 구원하시리로다
> 　이는 여호와시라 우리가 그를 기다렸으니
> 　우리는 그 구원을 기뻐하며 즐거워하리라 할 것이다

하나님은 예루살렘의 시온 산에서 우리를 위해 연회를 베푸실 것이다. 그분은 사망을 다 쓸어낼 것이다. 하나님은 사망의 슬픔과 눈물을 생명과 구원의 기쁨으로 대치할 것이다. 하나님은 사망을 멸하시고 당신의 거룩한 현존 속에서 연회를 베푸심으로 당신을 의지하는 백성을 구원하실 것이다. 하나님은 사

망이 멸절되고 더 이상 눈물이 없는 곳에서 그의 백성 가운데 거하실 것을 약속하신다.

신약은 이 같은 언어를 그 성취에 적용한다. 바울 사도는 이 본문을 인용하여 부활에서 사망에 대한 생명의 승리를 노래한다(고전 15:54). 요한계시록 7장 17절과 21장 4절은 종말(eschaton)에 하나님께서는 당신의 백성의 눈에서 그 눈물을 씻어 내신다는 것을 강조하기 위해 배열되어 있다. 구약은 이 땅이 소멸되고 심판을 받을 뿐만 아니라, 또한 죽음 자체가 멸절되는 그때를 기대했다. 이사야 24장은 그 성취 - 죽음의 멸절 - 를 기대하고 있다. 그것은 하나님과 함께 베풀어지는 하늘의 연회에 대한 기대이다. 이것이 종말의 본질이다. 그것은 구속을 이루시는 하나님의 목표이다: 죽음을 멸하시고 당신의 백성과 함께 이뤄지는 새로운 친교이다.

이사야 65-66장

이사야 65-66장은 바벨론에 포로로 잡혀간, 하나님의 백성에게 하신 말씀이다. 이 신탁의 말씀은 회복의 희망을 노래한다. 이사야 40-48장은 하나님의 백성 가운데서 이미 열릴 구속의 새로운 시대를 선언한다. 그들은 다시 한 번 고향 땅으로 돌아올 것이다. 그들은 자신들의 죄로 인해 고통을 받았다. 이제 하나님께서 다시 한 번 그들을 향한 깊은 동정에서 행동하실 차례이다(사 40:1-2). 이 희망의 메시지의 절정은 새로운 예루살렘에 대한 비전을 노래하는 이사야서의 마지막 두 장이다.

이사야 65-66장은 다시 세 가지 주요 부분으로 나누어질 수 있다.[124] 이사야 65장 1-16절은 그의 성읍에 대한 하나님의 심판을 묘사할 뿐만 아니라, 또한 남은 자에 대한 희망을 제시한다. 하나님은 그의 백성의 죄를 심판하신다.

그들의 죄 값에 따라 '충분하게 보응' 하신다. 하나님은 그들이 불러도 이에 대답하지 않고 도리어 선보다 악을 행하기를 선택한 자들을 멸하신다(사 65:11-12). 하나님의 대적들은 이제 죽게 된다(사 65:15). 그럼에도 불구하고, 하나님은 그의 백성을 다 멸하시지는 않는다(사 65:8). 오히려 하나님은 샤론(Sharon)을 양 떼의 우리로, 그리고 아골(Achor) 골짜기를 소 떼의 눕는 장소로 제공하신다. 그분은 저주 받은 땅을 축복으로 회복하신다(사 65:9-10). 하나님의 종들은 이제 더 이상 굶주리지도 않고 목마르지도 않을 것이다. 오히려 그들은 "즐거운 마음으로 노래할" 것이다(사 65:14).

이사야 65장 17절-66장 5절은 새 하늘과 새 땅에 세워질 새 예루살렘의 상태를 노래한다. 하나님은 새 하늘과 새 땅을 창조하실 것이다. 그리고 그분은 새 예루살렘이 '기쁨'이 되도록 세울 것이다. 이제 하나님은 새 예루살렘으로부터 세계를 다스리실 것이며, 그 백성은 즐거워할 것이며, "우는 소리와 부르짖는 소리가 그 가운데서 다시는 들리지 아니할 것이다"(사 65:17-19). "이전 것"(사 65:17)과 새 것 간의 대조는 장차 세계 내에서 일어날 급진적인 변화들을 나타낸다.

이전 것들	새 것들
눈물과 슬픔	기뻐함
유아 사망	유아 생명 보존
조기 사망	천수 누림
집이 없음	자기 집에 거함
먹을 것이 없음	자족함
열매 없는 노동	열매 있는 노동
아이의 죽음	풍성한 후손
부름에 응답이 없음	부르기 전에 응답함
폭력과 파괴	평화와 조화

새 창조는 세계에 대한 하나님의 완전한 통치이다. 하늘은 하나님의 보좌이고, 땅은 그분의 발등상이다. 하나님은 창조자이시고, 또한 재창조자이시다.

하나님은 그의 땅과 백성을 구속할 것이다. 그러면, 하나님은 누구를 구속하시는가? 대답은 이렇다: "무릇 마음이 가난하고 심령에 통회하며 나의 말을 인하여 떠는 자"를 구속하신다(사 66:2).

세 번째 부분(사 66:6-24)은 위로를 노래한다. 하나님은 그의 진노와 불로 죄인과 그 원수들을 징계하실 것이다(사 66:14-16). 그러나 그분은 평강과 부로 이제 시온을 위로하실 것이다. 이는 마치 여인이 아이를 낳기 전 산고의 고통을 겪는 것처럼, 이제 타락한 피조물이 새 창조의 기쁨을 맛보기 전, 저주의 고통을 겪는 것과 같다(사 66:7-11). 그 새로운 순간에 하나님은 약속하신다(사 66:12-13):

> 보라 내가 그에게 평강을 강같이
> 　그에게 열방의 영광을 넘치는 시내같이 주리니
> 　너희가 그 젖을 빨 것이며 너희가 옆에 안기며
> 　그 무릎에서 놀 것이라
> 어미가 자식을 위로함같이
> 　내가 너희를 위로할 것인즉
> 　너희가 예루살렘에서 위로를 받으리라

하나님은 처음 이스라엘을 자신의 새로운 자녀로 선택했던 그 때처럼, 이제 당신의 사랑을 다시 갱신하실 것이다. 처음부터 하나님은 이스라엘을 사랑하셨다. 그리고 독수리가 그 새끼 위에 너풀거리듯이 이스라엘에게도 그러셨다(신 32:11). 하나님은 새 하늘과 새 땅에 세워질 새 예루살렘에서 이 같은 관계를 갱신하실 것이다. 하나님은 처음을 돌아보시고, 그 끝을 처음처럼 재생시키실 것이다. 하나님은 에덴을 회복하실 것이다. 그러나 죄로 인한 반역자들은 이 같은 새로움을 경험할 수 없다. 왜냐하면 그들의 시체들이 전쟁터의 온 지면을 덮을 것이기 때문이다. 그것은 마치 "그 벌레가 죽지 아니하며, 그 불이 꺼지지 아니한 것"과 같다(사 66:24). 그러나 하나님의 백성은 새 하늘과 새 땅이 항상 있은 것 같이, 거기에 맞는 이름을 항상 가지게 될 것이다(사 66:22-23).

신약은 이 '새 하늘과 새 땅 그리고 새 예루살렘'의 동기(motif)를 그 성취에 적용한다. 그것은 이 장(10장)의 시작(계 21:1-4)에서 표제어로 인용된 묘사와 같다. 아들이 다시 올 때, 하나님은 그 땅을 갱신할 것이고, 그 하늘을 새 예루살렘에서 하나님의 백성이 살 수 있도록 재창조할 것이다(계 21:1-4). 새 하늘과 새 땅은 의가 거하는 곳이 될 것이다(벧후 3:13). 신약은 또한 '죽지 않은 벌레와 꺼지지 않은 불'이라는 용어를 그 종말에 적용하고 있다. 그것은 게헨나(Gehenna)이다(지옥, 막 9:48). 하나님은 그날에 그의 대적들을 궤멸시키어 그들을 게헨나로 쳐 넣을 것이다. 동시에 당신의 백성을 위해 새 하늘과 새 땅을 창조하실 것이다. 신약은 이것을 예수 그리스도께서 다시 오시는 날에 적용하고 있다.

✳ ✳ ✳

새 하늘과 새 땅

예수의 첫 번째 오심은 성육신이었다. 그분은 겸손, 연약, 가난 가운데 오셨다. 그러나 두 번째 오심은 그분의 위대함, 권세, 그리고 위엄을 나타낼 것이다. 예수의 두 번째 오심은 하나님의 영광과 나라에 대한 완전한 계시를 동반할 것이다. 하나님은 당신의 종말론적 진노로부터 그의 백성을 구원할 것이며, 이 땅에 의를 실행할 것이다. 하나님은 예수께서 다시 오실 때 새 하늘과 새 땅이 지향하는 목표를 확고히 성취할 것이다.

하나님이 우리의 하나님이 되시고, 우리는 그의 백성이 될 수 있는 곳, 거기 그 백성 가운데 주님은 항상 거하기를 원하셨다(창 17:7; 레 26:11-12; 렘 24:7; 32:38; 겔 36:28; 슥 8:8; 고후 6:16; 계 21:3). 하나님의 종말론적 약속은 바로 우리가 그분과 '영원히' 함께할 것이라는 것이다. 이것이 하나님의 백성이 지닌 가장 중요한 희망이다. 다시 말하면, 하나님이 그 백성 가운데 현존하시는 것이다. 주님의 집에 영원히 거하는 것은 하나님의 백성의 단일한 희망이다. 그것은 예수께서 다시 오실 때 성취될 수 있는 희망이다. 그때 우리는 하나님의 얼굴을 볼 것이며, 그분과 영원히 함께 살 것이다(계 22:1-5).

그러나 그 '새 땅'은 우리가 지금 살고 있는 이 땅과는 아주 다를 것이다. 죄, 타락, 부패, 눈물, 그리고 죽음이 더 이상 그 땅을 채우지 못할 것이다. 지난 세대의 문제들을 고스란히 지니고 있는 옛 땅은 사라질 것이며, 새 땅은 "처음 것들이 다 사라진" 상태에 이를 것이다(계 21:4). 우리는 새 하늘과 새 땅에서 주님과 함께 살 것이다. 옛 타락한 모든 것은 거기서 갱신되고 회복될 것이다(계 21:1-4). 이 같은 새 하늘과 새 땅은 의로운 자의 거처가 될 것이다. 옛 하늘과 옛 땅은 이제 불로 파괴되어 정제되고, 이제 하나님의 성도들의 거처를 위해 새롭게 갱신될 것이다(벧후 3:10-13). 하나님께서 노아의 홍수를 통해서 옛 세계를 심판하시고 파괴하신 뒤, 노아의 후손들을 통해서 그 세계를 갱신했던 것처럼, 이제 하나님은 불로 옛 세계를 심판하시고 멸하신 뒤, 그곳을 당신의 성도들이 당신과 영원히 함께 살 수 있도록 갱신하실 것이다. 이것이 처음부터 하나님의 의도였다. 하나님은 땅을 당신의 영광을 반영하는 사람들이 거기서 살고, 번성하도록 창조하셨다(사 45:18). 그분은 이 목적을 위해 에덴을 창조하셨으나, 죄는 그 세계를 파괴했고, 여기에 사망의 저주가 임했다(창 3:14 이하). 이에 피조물은 저주의 결과와 속박으로부터 해방을 받기 위해 신음하고 있다(롬 8:20-21). 또한 구속을 열망하고 있다.

하나님은 우리의 영혼과 몸을 구속하실 것처럼 피조물 그 자체를 구속하실 것이다(참고, 롬 8:23). 하나님의 구속은 성격상 우주적이다(골 1:20, 땅에 있는 것이나 하늘에 있는 것). 그분은 하늘에 있는 것이나 땅에 있는 만물을 그 원래의 목적대로 되돌려 놓을 것이다. 그분은 부활을 통하여 타락한 육체들을 구속하실 것처럼 그리고 지금 성령을 통하여 우리를 변화시키듯이, 재창조를 통하여 타락한 피조물을 또한 구속하실 것이다. 이것이 로마서 8장 19-23절의 핵심이다:

> 피조물은 하나님의 아들들이 나타나기를 간절히 기다리고 있습니다. 피조물이 허무한데 복종하고는 있지만, 이는 자진해서 그런 것이 아니고, 복종하게 하시는 분의 의도이며, 그것은 피조물 자신도 망할 종살이에서 해방 받아, 하나님의 자녀들이 누릴 영광된 자유를 얻고자 하는 희망 때문입니다. 우리는 지금까지 모든 피조물이 함께 신음하고, 함께 해산하는 고통을 겪고 있는 줄 압니다. 그뿐만 아니라, 첫 열매로, 성령을 모신 우리 자신도, 하나님의 아들이 되는 것, 즉 속량을 받기 위하여 간절히 기다리며 신음하는 것입니다.

우리의 육체를 포함하여 피조물은 타락한 세계의 결과와 속박에 굴복할 수밖에 없었다. 하나님은 그 속박으로부터 피조물을 해방시키고자 하는 희망 가운데서도 이 세계를 좌절시켰다. 타락 때문에, 우리의 육체는 죽고, 우리는 신음하고, 우리는 고통을 받는다. 죄와 질병으로 가득한, 이 세계는 하나님께서 원래 창조하셨던 그런 세계는 아니다. 하나님은 이 세계를 심판하실 것이며, 지속적으로 죄악 가운데서 주님을 알기를 거부하고 복종하기를 거부하는 반역자들을 진노의 불꽃 속에서 멸하실 것이다(살후 1:7-9). 그러나 하나님의 구속적 의도는 그분께서 우리의 육체를 구속하기를 원하시는 것처럼, 이 세계를 또한 새롭게 갱신하는 것이다. 하나님은 이제 새 하늘과 새 땅을 창조하실 것이다(계 21:1-4; 벧후 3:13; 참고 사 65:17; 66:22). 하나님은 새 하늘과 새 땅에서, 새 성읍과, 새 에덴에서 그리고 더 이상 저주가 없는 그 정원에서 당신의 백성과 함께 거하실 것이다. 이제 더 이상 아픔이나 눈물이나 사망이 없을 것이다(계 21:1-4; 22:1-5). 그리스도의 사역을 통하여, 하나님은 타락을 거꾸로 역전시키고, 이 땅을 갱신하신다. 그분은 우리의 죄로부터 우리를 구속하시고, 우리의 죽을 몸을 다시 일으키신다. 하나님은 에덴동산에서 사셨던 것처럼 다시 한 번 당신의 백성 가운데 거하실 것이다. 하나님의 창조 사역의 원래 목적은 타락한 피조물의 구속을 통하여 이제 성취될 것이다.

종종 천국에 대한 우리의 시야가 너무 내재적이다. 우리는 천국이 어떤 천상이거나, 거의 초현실적이거나, 혹은 다소 하늘 어느 공간에 위치한 장소쯤으로 생각한다. 우리는 천국이 저 밖 어디에, 저 위 어디에, 혹은 여기보다 다소 다른 어느 장소쯤으로 생각한다. 분명히, 여기 이곳과 지금은 천국이 아니다. 그것은 다른 차원이다. 지금 여기 이곳은 죄, 사망, 슬픔, 눈물, 그리고 아픔으로 가득 채워져 있다. 이 모습은 하나님이 창조하셨던 바가 아니다. 그분은 동산의 중앙에서 당신의 음성이 들려질 수 있는 그런 에덴을 창조하셨다: 그곳은 조화와 평화 그리고 기쁨이 피조물과 더불어 경험되는 곳이다. 그곳은 하나님께서 당신의 새로운 피조물인 공동체와 더불어 친교를 나누는 곳이다. 어느 날, 하나님은 이 타락한 땅을 멸하시고, 그리고 이 땅을 새롭게 갱신하여 구속하실 것이다. 이로써 성도들이 거기에 거하는 땅이 될 것이다. 새 땅에서 우리는 하나님과 영원히 함께 지낼 것이다. 그곳은 크고 거룩한 성으로 - 지중해 크기로- 묘사되어 있다(계 21:9-27). 그것은 그리스도와 교회 간의 결혼 예식으로 묘사되어 있다. 그것은 새 하늘과 새 땅으로 그려지고 있다. 죄는 이 세계를 파괴시켰다. 그러나 하나님은 이 세계를 다시 갱신하실 것이다. 하늘은 저 밖 어디쯤 혹은 저 위 어디쯤에 있지 않다. 하늘은 하나님이 당신의 성도들과 영원히 거하시는 곳이다. 그분은 새 하늘과 새 땅에서 그들과 함께 거하실 것이다.

호크마(Anthony A. Hoekema)는 네 가지 이유를 들어, 새로운 갱신이 있다고 하여 옛 하늘과 옛 땅이 전적으로 멸절될 수도 있다는 주장을 거부한다.[125] 첫째, 그 하늘과 땅의 새로움(벧후 3:13; 계 21:1)은 (시간과 기원에서 새로움을 뜻하는) 헬라어 '네오스'(neos)라기보다는 오히려 (특성과 본질에서 새로움을 뜻하는) '카이노스'(kainos)에 의해 묘사되고 있다. 결과적으로 그 핵심은 옛 것이 전적으로 멸절되기보다는 오히려 그 옛 것이 이제 새로운 질적 변화를 갖는다는 것이다. 둘째, 로마서 8장은 물리적인 땅(지구)이 우리의 육체와 함께 구속을 받을 것이라고 가르친다. 셋째, 우리의 부활할 육체와 새 땅 간의 유비는 물질성의 방향을 가리킨다. 옛 땅과 새 땅 간의 불연속성이 존재하는 한편, 그 옛 땅과 새 땅 간에는 또한 연속성이 존재한다. 넷째, "만일 하나님이 현재의 우주를 그렇게 멸절로 몰아가신다면, 그것은 결국 사탄이 큰 승리를 거두게 될 것이다." 이 세계가 그렇게 파괴될 만큼, 그래서 이제 새로운 세계가 세워질 만큼 사탄은 이 세계를 부패시켰는가? 하나님은 그러면 이 땅의 전쟁에서 과연 패하셨단 말인가? 하나님의 승리는 결정적이고 완전하다. 그분은 당신이 창조하셨던 이 세계를 구속하실 것이다.

   새 땅의 희망은 또 다른 땅이 아니라, 이 땅이 구속받고 갱신되는 것이다. 이 땅은 불로 인해 정화될 것이고, 그 옛 구성물들은 다 녹아 없어져 버릴 것이다. 이로써 이 땅은 하나님의 은총으로 말미암아 갱신될 것이다.[126] 우리의 희망은 이 땅이 일신-新되고 다시 한 번 그 원래의 여건으로 회복되는 것이다. 이것은 많은 그리스도인들이 바라던 신령한 것 혹은 천상의 그 이상이다. 어쩌면 그것은 성경에 묘사된, "온유한 자들이 땅을 이어받을 것이다"(마 5:5; 참고 시 37:11)라는 의미 그 이상일 것이다. 혹은 아브라함의 약속의 한 대상인 이방인들이 물려받을 우주 그 이상일 것이다(롬 4:13). 새 하늘과 새 땅의 의미는 곧 하나님께서 우주를 구속하실 것이라는 것이다. 그 때에, 하늘과 땅에 있는 모든 것이 다시금 그분께 화해될 것이다. 만물이 새롭게 된다. 에덴의 동산은 회복된다. 그리고 더 이상 어떤 저주도 없게 될 것이다(계 22:1-5):

> 또 그 천사는 수정같이 빛난 생명수 강을 내게 보여 주었다. 그 강은 어린 양과 하나님의 보좌에서부터 흘러나와, 성내의 중앙을 흘러가는데, 양쪽으로 생명나무가 있어서, 열두 가지의 열매를 맺으며, 달마다 각기 다른 열매를 맺고, 나뭇잎으로는 모든 인간들을 치료하는 데 쓰이고 있었다. 거기에는 저주할 것이 아무 것도 없었고, 하나님의 보좌와 어린 양이 저희와 함께 계시며, 그 종들이 하나님께 예배드리고 있어서, 하나님의 얼굴을 뵈올 것이며, 저들의 이마에는 그분의 이름이 새겨져 있었다. 다시는 밤이 없을 것이므로 등불이나 햇빛이 필요 없을 것이다. 주 하나님이 저들을 비춰 주셔서, 영원토록 저들을 다스리시기 때문이다.

   에덴동산의 회복된 평온, 저주의 사라짐, 그리고 생명나무의 새로운 접근은 하나님이 친히 거하시는 새 예루살렘의 본질이다. 하나님은 만물을 완전히 새롭게 순환시키신다 - 하나님이 창조하셨던 것이 타락했다. 그러나 하나님은 그 타락한 세계를 다시 구속하신다. 그분은 다시 한 번 우리에게 그 에덴을 제공할 것이다. 그러나 이 때, 우리가 주님과 함께 영원히 살 곳은 바로 에덴이다.

만일 그 하늘이 하나님의 충만한 현존으로 정의될 수만 있다면, 성경이 이 땅을 실제적인 의미로 설명하든, 혹은 다소 다른 물리적인 영역으로 설명하든 간에, 그것은 그리 대수롭지 않다고 생각된다. 새 하늘과 새 땅의 정확한 특성에 대해 우리가 여기서 그렇게 토론할 가치는 없는 것 같다. 우리는 그 새 하늘과 새 땅이 어떤 것인가에 대해 정확히 잘 모른다. 우리는 단지 여기서 몇 가지 맛보기 힌트 정도만을 가지고 있을 뿐이다. 우리가 갱신된 땅으로 돌아가든, 혹은 우리가 하늘 어느 공간에 살게 되든, 혹은 우리가 알고 있는 식의 그런 시간과 공간이 아닌 다른 차원의 시공간이든 간에, 그 같은 고찰은 사실 이차적인 문제이다. 여기 우선시되어야 할 요점은 우리의 종말론적 거주지가 바로 하나님이 그의 백성과 함께 충만히 거하시는 곳이라는 것이다. 그분께서 우리의 하나님이 되시고, 우리가 그분의 백성이 되는 곳, 바로 거기다. 우리는 새 하늘과 새 땅에 대한 정교한 의미들에 대해 토론을 할 수 있다. 그러나 그런 토론 자체보다 더 중요한 것은 하나님은 그의 백성과 함께 거하실 것이며, 우리는 주님과 영원히 함께 살 것이라는 종말론의 근본적 핵심을 손상시켜서는 안 된다. 종말론이란 그 때가 언제인지, 그 장소가 어디인지에 대한 것이 아니라, 오히려 우리가 누구와 함께 살 것인가? 그분에 대한 이해이다. 하나님은 우리 가운데 현존하실 것이다.

그리스도가 다시 오실 때, 하나님께서는 과연 무엇을 하실까 혹은 무엇을 하지 않으실까 등은 그 재림의 약속에 비해 이차적이다. 우리는 그 때 새 하늘과 새 땅에서 하나님과 영원히 함께 살 것이다. 이것이 우리의 희망이고, 우리의 목표이다. 우리를 혼란에 빠뜨리고 그 목표로부터 우리를 이탈시키는 종말론적 공리空理는 비성경적이다. 하나님께서 마음속에 두고 있는 그 목표를 우리를 위해 정확하게 언제 그리고 어떻게 성취하실 것인가에 대해 논쟁하는 것 대신에, 우리는 하나님께 영광을 돌려 드릴 수 있는 그 윤리적 삶을 제대로 살아가는 사람이 되어야 한다. 사도 베드로가 지적한 것처럼, 예수께서 다시 오실 때 하나님은 우리에게 무엇을 원하실까에 대한 종말론적인 삶의 이유가 있어야 한다. 그것이 "우리가 어떤 식으로 살아가야 하겠습니까?"에 대한 대답이기도 하다. 그것은 마치 우리가 "의로움이 사는, 새 하늘과 새 땅을 간절히 기다리고" 살아가는 것과 같다(벧후 3:11,13). 종말론은 그것이 지금 우리가 살아가는 삶의 방식에 영향을 미치기 때문에 중요하다. 그것은 우리가 새 땅에서 변화된 새로운 몸으로 하나님과 영원히 함께 살아갈 그날을 기다릴 수 있는 희망을 안겨 준다. 이는 또한 우리에게 거룩한 삶의 동기를 부여하여, 우리가 하나님이 원하신 바의 삶을 살아갈 수 있도록 한다. 그리스도는 오신다. 그분은 그날에 죽은 자들을 다시 살리신다. 그리고 그분은 우리와 영원히 친교를 나누신다. 이것이 종말론의 토대들이다. 이 토대가 우리에게 희망을 안겨 주고, 하나님을 찬양할 수 있는 우리의 바람을 더욱 고취시킨다.

※ ※ ※
성령을 힘입어 인내로써 기다림

우리는 타락한 세계에서 살아간다. 그러나 하나님의 구속은 이 세계에서 이미 적극적으로 시작되었으나, 아직 완전하게 그 성취에 도달하지 않았다. 하나님은 우리의 구속의 성취를 위하여 예수 그리스도 안에서 이미 행동하셨다. 그러나 그 구속은 아직 완전하게 드러나지 않았다. 결과적으로 하나님의 백성은 하나님의 구속의 성취를 지금 기다리고 있다. 바울이 말했듯이, "성령의 도우심으로 우리가 믿으면 의로워지는 소망을 간절히 기다리고 있습니다"(갈 5:5).

이 시대에 우리의 실존(삶)은 세 가지 지평地坪으로 성격지어질 수 있다(롬 8:18-26). 첫째, 우리의 세계에 전면적으로 침투해 있는 현재의 타락성이다. 우리는 이에 비탄해 하며 신음한다. 우리의 육체들은 고통을 당하고 부패한다.

우리는 사망에 속박되어 살아간다. 두 번째 지평은, 성령을 통하여 기도와 간구 가운데서 실현되는 하나님의 현존의 '이미성'(alreadiness)이다. 우리는 성령을 통하여 기도 가운데 하나님의 얼굴을 보려고 하는 것처럼, 하나님의 궁극적 승리를 기다리고 있다. 하나님은 이미 성령의 내주하심을 통하여 당신의 현존을 우리에게 나타내 보이셨다. 우리는 이미 성령의 사람 가운데서 그 종말의 첫 열매를 맛보았다. 그러나 우리는 아들 됨의 완전한 계시를 아직 경험하지 못했다. 우리의 세 번째 지평은, 우리의 희망이 지닌 '아직 아님'(not-yetness)이다. 우리는 그 종말에서 나타날 영광과 부활의 삶의 자유를 아직 경험하지 않다. 결과적으로, 우리는 세 가지 지평에서 살아간다: (1) 현재의 시대는 타락한 세계이다. (2) 하나님은 비록 당신 자신을 아직 완전히 계시하시지 않았지만, 그러나 (3) 그분은 이미 우리에게 당신의 현존을 제시했다. 아래의 간단한 도표는 이 시대에 대한 삼중적인 이해를 나타내고 있다:

타락성	이미성	아직 아님
신음하고 있음	성령의 내주	양자 됨
고통	희망	계시
속박	기다림	자유
부패	기도	부활
허무	간구	영광

※ ※ ※

'아직 아님' – 타락의 지속성

하나님은 세계를 허무와 좌절에 빠지게 했다(롬 8:18-21). 바울은 이 같은 허무를 묘사하기 위해 '마타이오테스'(*mataiotes*)라는 용어를 사용한다. 이것은 바울이 이방인의 허무한 마음(엡 4:17)을 묘사한 것 이외에는 단 한번 사용한 용어이다. 로마서 8장 전체 맥락에서 이것은 특별히 의미심장하다. 왜냐하면 70인역 본문은 이를 전도서에서 '공허, 헛됨, 의미 없음'을 나타낼 수 있는 히브리어 용어로 번역하여 사용하기 때문이다. 70인역이 이 용어를 54회 사용하면서, 그 중 39회는 바로 전도서에 나타난다(전 1:2[5],14; 2:1,11,15,17,19,21,23,26; 3:19; 4:4,7,8,16; 5:5,9; 6:2,4,9,11,12; 7:6,15; 8:10,14; 9:2,9; 11:8,10; 12:8). 바울은 그 타락한 세계를 지혜의 교사의 눈에 비쳤던 의미 없음과 염세주의로 동일시한다.

하나님은 그 타락한 세계에 '수고'(burden)를 더하게 했다. '수고'라는 그 용어가 오직 전도서와 히브리어 본문에서만 나타난다(전 1:13; 2:23,26; 3:10; 4:8; 5:2,14; 8:16). 그분은 기쁨, 조화, 그리고 평화로 가득 채워진 세계를 창조하셨다. 그러나 죄가 그 원래의 조화를 파괴하였고, 하나님은 세계를 허무에 빠지게 했다. 하나님은 우주를 저주 아래에 놓아, 하나님께서 생명에 특별히 은사를 주시는 것 외에는 이제 그 생명이 제구실을 못하게 되었다. 생명의 그 '수고로움'에도 불구하고, 사망의 지평에도 불구하고, 하나님은 당신을 신뢰하고 찬양하는 자들에게는 '지혜, 지식, 그리고 희락'을 주시고, 죄인에게는 다른 이를 위하여 "저로 [그 재물을] 모아 창고에 쌓게 하신다"(전 2:26). 그분은 어떤 이에게든지 재물과 부요를 주신다. 그러나 그분은 당신을 의지하고 찬양하는 사람에게만 그 노고의 기쁨을 주시며, 하나님의 선물을 제대로 알아보게 하신다(전 5:18-6:2). 삶의 허무가 단지 죽음만을 바라보는 것으로 나타날 때도, 하나님은 여전히 그의 피조물들에게 좋은 선물을 주신다. 그들이 비록 타락한 세계에 살고 있지만, 하나님은 신앙인들로 하여금 당신의 그 선물들을 즐길 수 있도록 하신다.

현재는 언제나 고통을 수반한다. 그것은 피할 수 없다. 신앙인들은 자신들이 타락한 세계의 그 영향을 어떻게 벗어날 수 있다고 생각해서는 안 된다. 고통은 타락의 일부이다. 우주는 그 완성이 이뤄질 때까지 타락한 상태로 남게 될 것이다. 바울이 여기서 마음에 그리고 있는 고통의 그 종류는 단순히 박해만이 아니다. 그 전체 맥락에 따르면, 이 고통은 또한 곤궁, 혹은 괴로움을 포함한다. 그것은 칼로 자행되는 박해 혹은 위협과 마찬가지로 벌거벗음과 배고픔(기근)을 포함한다. 이것은 타락한 우주 그 자체의 모든 세력을 포함한다(롬 8:38-39).

고통에 대한 그리스도교의 전망은 이것이 "그리스도와 함께" 받는 고통이라는 것이다(롬 8:17). 그 고통은 단지 포괄적인 것이 아니라, 오히려 그것은 특수한 방식에서 고찰되어져야 하는 것이다. 모든 고통은 그리스도와 함께하는 고통이다. 그리고 그리스도와 함께하는 모든 고통은 그리스도와 함께 영광으로 변화할 것이다. 그리스도와 함께 고통을 당하는 것은 타락에 대한 그분의 경험을 함께 공유하는 것이다. 그것은 우리가 그분의 십자가 상의 아픔과 치욕에 함께 동참하는 것이며, 또한 그분의 고통이 제시하는 구속적 의제議題를 함께 나누는 것이다.

바울은 자신의 편지에서 여러 번 이 이미지를 사용한다. 예를 들면, 바울은 자신이 죽은 자로부터 부활에 도달하여, 그리스도를 아는 지식이 그분의 고난과 능력 모두를 동반할 수 있도록 그리스도를 알기를 원한다. 고통과 능력은 그리스도인의 삶의 경험적 차원과 관련되어 있다(빌 3:10-11). 바울은 자신의 고통을 그리스도와의 일치의 표현으로 인식하고, 자신의 경험을 죽은 자로부터 예수를 살리셨던 그 능력으로 인식한다. 참으로, 바울은 자신의 고통을 예수의 고난과 동일시하여, 자신의 고통이 그리스도의 남은 고난을 채워 갈 수 있다고 믿는다(골 1:24). 바울은 자신의 고통이 교회를 통한 그리스도의 고난의 연속이기 때문에 그 고통 속에서도 즐거워한다. 그리스도 자신은 교회가 고난을 당하듯이 스스로 고난을 받는다. 교회가 그리스도의 사역을 계속 이어가는 한, 교회는 그리스도의 고난을 경험한다. 그리고 그리스도는 교회의 고난에 깊이 감정이입하신다.

결과적으로 고통에 대한 그리스도인의 전망은 근본적으로 기독론적이다. 우리는 우리의 고통을 예수 그리스도와의 일치로 인식한다. 이로써 우리는 또한 그분의 영광을 우리의 영광으로 바라볼 수 있다. 고통은 세계가 타락했기 때문에 발생한다. 그러나 우리의 고통은 그리스도를 통한 하나님의 구속의 목적 때문에 그 성격이 뚜렷하다. 우리의 고통은 기독론적이다. 우리는 그리스도의 사역을 함께 공유하는 사람으로 고통에 참여한다. 그 고통을 통해 우리는 그리스도의 부활의 능력을 경험한다. 고통을 통한 이 같은 능력의 경험은 우리의 희망을 담대하게 한다.

그러므로 신앙인들은 하나님의 자녀로서 자신들의 영광스런 자유가 드러나기를 열망한다. 바울은 이를 신앙인들의 '신음'이라고 부른다. 그것은 새로운 어떤 것, 곧 구속적인 어떤 것에 대한 기대로부터 나오는 신음이다. 우리는 때로 타락한 세계에 의해 당황하고, 압도되고, 핍박을 받기 때문에 그 완성을 위해 깊이 신음한다. 그러나 우리는 부활의 희망을 믿기 때문에, 부서지지 않고, 절망하지 않고, 파괴되지 않는다(고후 4:7-14). 그러나 우리의 희망은 열망을 낳는다. 바울은 고린도후서 4장 16절-5장 5절에서 그 종말을 향한 신음을 이렇게 표현한다:

> 그런즉 우리는 실망하지 않습니다. 비록 우리의 겉 사람은 쇠퇴하지만, 속사람은 날마다 새로워져 갑니다. 우리에게 일시적이며 가벼운 환난은, 그것으로 인하여 영원하고도 무게가 있는 영광을 넘칠 만큼 차지하도록 주시기 때문입니다. 우리는 보이는 것을 주목하지 않고, 보이지 않는 것을 주목하고 있습니다. 보이는 것은 한 때 뿐이지만, 보이지 않는 것은 영원하기 때문입니다.
> 땅 위의 우리 장막집이 무너지면, 하나님께서 세우신 집, 곧 손으로 세우지 않은 하늘의 영원한 집이 있음을 우리가 압니다. 그리고 여기서 우리가 하늘로부터 내리시는 그 장막을 덧입기를 바라며, 신음하는 것입니다. 그러나 우리가 (이 땅의 옷을) 벗어버릴지라도, (하늘의 장막을 입을 것이니) 알몸이 되지 않을 것입니다. 우리가 이 장막에 사느라고 짓눌려 신음하면서도, 여기서 벗어나려고 하는 것이 아니라, 덧입으려고 그러는 것인데, 이는 죽음이 삶에 삼켜지기를 바라기 때문입니다. 그 일을 이루게 하신 분은 하나님이시며, 그분은 우리에게 보증으로 성령까지 주셨습니다.

바울은 단지 임시적인 장막에서 살 수밖에 없는 썩어져 가는 몸이라는 용어로, 우리의 현재의 타락성을 기술하고 있다. 그 몸은 덧없고, 부서지기 쉽다.

그것은 종국에 죽는다. 결과적으로 우리는 이 같은 수고와 고통 아래서 신음한다. 우리는 비탄해 하며, 불평하며, 고통과 상처를 받는다. 우리는 타락에 의해 고통을 당한다. 비록 우리가 부활을 희망한다 할지라도 우리는 현재 속에서 상처를 받는다. 우리가 부활을 희망하기 때문에, 우리는 하나님의 종말론적인 승리를 위해 부르짖는다. 우리는 그게 과연 "얼마 동안이냐?"라고 외친다. 우리는 우리를 위해 준비되어 있는 하늘의 집(부활한 몸)이 있음을 알기 때문에 신음하며 외친다. 하나님은 그들의 타락 와중에서도 자기 백성에게 갱신을 허용하시고, 희망을 일으키는 종말론적인 실재를 약속하신다.

그러나 하나님은 현재 속에서 어떤 증거 없이 우리를 대하지 않으신다. 하나님은 예수 그리스도의 성육신, 죽음, 그리고 부활에서 자신의 증거를 제시하셨다. 그러나 그분은 또한 우리에게 성령의 현존을 통해서도 당신의 증거를 제시하신다. 하나님은 우리의 심령 속에 당신의 사랑을 쏟아 부으셨고, 당신의 종말론적 친교의 적립積立(deposit)을 우리에게 맡기셨다. 매일의 삶 속에서 우리에게 성령을 당신의 충만한 삼위일체적 현존의 분할(down payment)로 허락하셨다. 따라서 비록 우리의 겉 사람은 날마다 부패하나 속사람은 생명을 내어주시는 하나님의 영으로 말미암아 새롭게 된다. 성령은 우리의 속사람을 강하게 하시고, 우리 안에서 희망을 일으키신다(엡 3:16-17; 롬 15:13).

※ ※ ※
이미 – 성령의 현존

완성을 향한 신앙인들의 신음은 성령의 열매를 통하여 희망의 현재적 경험과 균형을 이룬다(롬 8:22-27). 그 '아직 아님'은 '이미'에 의해 균형이 유지된다. 타락의 와중에서도 종말론적 희망을 가져오게 하고 평화와 기쁨을 가능하게 하는 것은 우리 그리스도인들의 현재적 경험이 지니고 있는 그 '이미성'

이다.

그 전쟁이 아직 끝나지 않았음에도 승리는 이미 도달했다. 그리스도는 지금 지배하신다. 그러나 모든 대적들을 아직 당신의 발아래 굴복시키지 않으셨다. 그 궁극적인 대적은 사망이다. 사망은 예수의 부활에서 이미 패배했다. 그러나 사망은 여전히 타락한 세계를 지배하고 있다. 원리상, 사망은 이미 패배했다. 그러나 그 사소한 충돌은 계속되고 있다. 승리가 이미 도달했음에도, 사소한 충돌은 그렇게 의미 없는 것이 아니다(계 12장). 그와 반대로, 그리스도께서 사탄을 이미 궤멸시키시고, 이 타락한 세계의 나라는 하나님의 나라가 이미 되었음에도, 사탄은 여전히 광야에서 교회를 끈질기게 괴롭히며, 하나님의 성도들을 멸망시키려고 하고 있다. 그 같은 싸움은 현실이고 지금도 계속되고 있다. 따라서 여기에는 "성도들의 인내와 믿음"이 요구된다(계 13:10, NRSV). 그럼에도 불구하고 모세와 어린 양의 승리의 노래들은 하나님의 보좌 주변에 울려 퍼진다. 이때 한 거대한 무리가 어린 양과 함께 시온 산에 서 있는데, 이들 무리는 하나님께서 사람들 가운데서 구속하셨던 처음 열매들이다(계 14:1-5).

성령의 내주는 타락한 세계 내에서 경험되는 하나님의 승리의 그 '이미성'이다. 그것은 종말론적 영광에 대한 하나님의 지불이다. 하나님은 장막과 성전을 통해 이스라엘 백성 가운데 거하셨다(레 26:11-12). 하나님은 성육신을 통해 우리 인간 가운데 거하셨다(요 1:14-18). 하나님은 새 예루살렘에서 당신의 백성과 함께 종말론적으로 거하실 것이다(계 21:1-4). 그러나 이스라엘 가운데서 하나님의 거주의 실현을 통해서 그리고 새 예루살렘에서 당신의 거주의 기대 속에서, 하나님은 지금, 성령을 통하여 당신의 백성 가운데 거하신다. 우리는 이에 하나님의 성전이다(고후 6:16). 성령의 현존은 우리가 하나님의 나라의 상속자라는 것을 의미한다(롬 8:16-17). 바울은 이를 하나님의 종말론적 목적의 '분할' 혹은 '보증' (arrabon)이라 부른다.

보증(*arrabon*)으로서 성령(NRSV)

- 고후 1:22: 그분이 우리를 인치시고, 첫 보증(first installment)으로 성령을 우리 마음에 주셨습니다.
- 고후 5:5: 그 일을 이루게 하신 분은 하나님이시며, 그분은 우리에게 보증(guarantee)으로 성령까지 주셨습니다.
- 엡 1:14: 이 성령은 우리에게 상속자가 되는 보증(pledge)이며, 우리가 속죄함을 받아 하나님의 영광을 찬송하게 하려고 세워 주신 분입니다.

그리스도인들은 우리를 친히 양자養子 삼으시는 성령을 받았다. 우리는 그 성령에 의해 하나님을 '아바 아버지'라 부른다. 하나님은 당신과 우리와의 관계의 증거로, 그 아들의 영을 우리의 마음 안에 불어넣어 주셨다(갈 4:6). 이것이 그리스도인의 신앙이 지니는 관계의 차원이다. 이로써 성령은 우리가 그분의 자녀임을 하나님께 증거한다. 그 성령으로 말미암아, 우리 또한 우주의 하나님을 감히 '아바'라고 부른다. 우리를 통해 우리의 기도에 말씀하시는 분은 성령이시다. 우리가 감히 하나님을 '아버지'라고 부를 수 있는 것은 바로 성령에 의해서이다.

성령의 현존은 신자들의 삶 속에서 여러 열매들을 맺게 한다(갈 5:22-23). 그 성령은 신자들을 그리스도의 형상으로 변화시키시며(고후 3:16-18), 그들의 마음에 하나님의 사랑을 확신시키신다(롬 5:5). 기쁨, 평화, 그리고 위로가 고통을 인내하는 신자의 마음에 주시는 성령의 선물들이다(롬 5:5; 15:13; 살전 1:6).

바울에게 있어서 성령의 이 같은 경험이 특별히 기도 가운데서 언급되는 것은 분명하다. 예를 들면, 그는 독자들에게 "어느 때나 성령의 도우심으로 기도하라"라고 권고한다(엡 6:18, NRSV). 따라서 우리는 기도를 통해 성령의 능력을 "우리가 구하거나 생각하는 것보다 풍성하게" 받는다(엡 3:20, NRSV). 바울은 로마의 그리스도인들에게 "우리 주 예수 그리스도와 성령의 사랑으로" 힘써서 자신을 위하여 하나님께 기도해 달라고 부탁한다(롬 15:30, NRSV). 바울은 골로새 교인들이 "모든 영적인 지혜와 깨달음이 가득하여" 하나님의 뜻을 충분히 알 수 있기를 바란다고 기도한다(골 1:9, NRSV). 에바브라는 골로새 교인들이 하나님의 모든 뜻을 잘 받들어서 성숙한 사람이 되기를 기도한다(골 4:12). 바울은 기도와 성령의 관계를 동일한 기조로 언급한다. 그가 로마서 8장에서 성령의 간구를 묘사할 때, 그 기도와 성령의 관계는 더욱 분명해진다. 바울에 따르면, 우리를 통하여 기도 가운데서 말씀하시는 분은 성령이시다.[127] 이 같은 방식에서 성령은 또한 우리가 하나님의 자녀라는 것을 우리의 심령에 대고 증거하신다.

하나님의 성령은 그 백성의 기도를 통해 그들을 대신하여 적극적으로 삶 속에서 역사하신다. 성령은 "우리의 약함을 도와주신다."라고 바울은 말한다(롬 8:26). 긴박한 상황 속에서 바울은 지금 기도에 대하여 생각하고 있다. 그러나 바울이 고통, 신음, 그리고 희망에 대해 생각할 때, 성령의 그 주제가 그의 마음으로 그리 멀지 않다는 것을 여기서 주목하는 것은 중요하다. 그가 현재의 고통으로부터 이제 그 '이미'라는 인식에 도달할 때, 그의 마음속에서 먼저 최상으로 떠오른 것은 바로 성령이다. 성령의 현존은 어떤 의미에서 '이미'이다. 그 '이미'를 통해 우리는 그 기다림을 견디어 낸다. 우리가 '아직 아님'에 대해 신음할 때도, 우리는 하나님의 성령으로 말미암아 그 '이미' 때문에 견디어 낸다. 타락성은 여전히 잔존해 있다. 그것은 여전히 우리를 겁먹게 하고 연약하게 한다. 그래서 우리는 하나님의 성령의 도움을 필요로 한다. 하나님의 얼굴을 감히 보려고 하는 우리의 필사적인 시도 - 곧 우리의 기도 - 가운데서조차도 연약한 우리는 도움을 필요로 한다. 성령은 우리를 도우시고 충분한 것으로 채워 주시고자 현존하신다. 이로써 우리의 연약함이 기도를 통해 하나님의 능력을 힘입어 극복된다.

이런 상황에서 성령의 역할은 우리의 기도를 통해 우리를 위하여 중보(중개)하시는 일이다. 이것이 성령의 도우심의 한 형태이다. 여기에는 생명의 친밀감이 있다. 성령은 우리의 마음을 헤아리신다. 그분은 우리를 너무 잘 알기 때문에, 우리를 위해 중보하실 수 있다. 성령은 우리를 하나님과 연결시키는 관계의 역동성이다. 성령이 우리를 위해 신음하며 중보하실 때 우리의 형언할 수 없는 신음까지 당신이 아시는 것처럼, 하나님은 성령의 생각을 아신다. 이것이 친밀감, 친교, 그리고 함께 공유한 경험의 언어이다.

성령께서 우리를 위해 우리의 신음과 함께 중보하신다는 것이 무엇을 의미하는가? 성령은 하나님과 우리의 친밀한 관계를 통해 우리와 함께 친히 신음하신다. 하나님께서 구약에서 이스라엘과 함께 신음하셨듯이 그리고 예수께서 성육신에서 우리와 함께 고통을 당하셨듯이, 이제 성령께서 우리와 함께 신음하며 탄식하신다. 지금, 성령도 우리와 함께 고통을 당하시며, 말로 형언할 수 없는 방식으로 하나님과의 이 경험을 우리와 공유하신다. 아버지와 아들 그리고 성령의 이 삼위일체적 공동체는 지금 우리의 고통을 함께 공유하시며, 우리를 도우신다.

예수께서 이 땅을 떠나 홀연히 승천하셨던 것처럼, 하나님은 그렇게 그의 백성으로부터 멀리 떠나시지 않는다. 그와 반대로 하나님은 성령을 그의 백성에게 풍성히 부어 주셨다(딛 3:5-6). 하나님은 그의 성령을 통해 그들 백성 가운데 거하신다(고전 3:16; 6:20; 12:13; 엡 2:22). 하나님은 성령을 통해 그의 백성과 역동적인 관계를 맺으신다. 이로써 성령은 신자들의 경험을 친밀하게 공유하시고, 그들에게 하나님의 현존, 하나님의 위로, 하나님의 평화를 경험하게 하신다. 다른 말로 하면, 좀 더 전통적인 용어로 표현하면, 신자들은 성령의 내주하심을 통해 하나님과의 인격적 관계를 갖는다. 성령은 하나님과 그의 백성 간에 교제와 친교를 제공한다(고후 13:14). 우리는 성령을 통해 하나님께 나아간다(엡 2:18). 우리는 성령을 통해 기도한다(엡 6:18, 참고, 유 20장). 우리는 성령에 의해서 예배드린다(빌 3:3). 하나님과의 우리의 관계는 그리스도의 사역에 기초를 두고, 하나님의 성령에 의해서 인격적으로 중재된다. 이것이 기도와 인격적 변화를 통해서 이뤄지는 하나님에 대한 우리의 역동적 경험이다. 우리는 성령을 통해(through) 그리스도에 의해(by) 아버지 하나님께 다가

간다. 성령의 현존은 실상, 하나님과의 우리의 인격적 친교이다.

※※※

기다림 – 신자들의 인내

신자들은 타락성의 '아직 아님'과 그 종말의 '이미'라는 때의 어간에 잡혀 있다. 이 같은 긴장은 신자들이 두 세계에서 살아간다는 것을 의미한다. 그들은 고통, 사망, 슬픔, 그리고 아픔의 허무 속에서 살아간다. 그러나 그들은 또한 희망, 평화, 그리고 위로를 제공하는 성령 안에서 살아간다. 그들은 세계의 타락에 의해 학대를 당한다. 그러나 그들은 성령의 내주하심을 통해 해방되고 새롭게 된다. 이 긴장은 신자들이 이미 부분적으로 소유하고 있는 그 중요한 무엇을 이제 기다려야만 하는 그 상황을 조성한다. 신자들은 타락의 허무를 정복해 내는 희망으로 그 종말을 기다린다. 이것이 바울에게 있어 중요한 성경의 주제이다.

바울에게 있어서 기다림(NRSV)

- 고전 1:7: 어떤 은사든지 모자라지 않게 되고, (여러분은) 우리 주 예수 그리스도께서 나타나시기를 간절히 기다리는 이들이 되었습니다.
- 갈 5:5: 성령의 도우심으로, 우리가 믿으면 의로워지는 소망을 간절히 기다리고 있습니다.
- 빌 3:20: 그러나 우리의 시민권은 하늘에 있으며, 거기서 우리를 구원하러 오실 주 예수 그리스도를 기다리고 있는 것입니다.
- 딛 2:13: 복스러운 소망, 곧 크신 하나님이시며 우리 구주이신 그리스도 예수께서 영광 가운데 나타나시기를 기다리게 하셨습니다.

희망 가운데 기다림

우리의 희망은 영광스런 구속의 경험이다. 우리는 타락과 죽을 운명으로부터 자유를 기다린다. 우리는 우리의 육체의 구속을 기다린다. 하나님의 영광스런 의도는 우리를 육체와 영혼 모두에 있어서 당신의 아들의 형상에 이르게 하여 일치시키는 것이다.

우리의 희망은 예수 그리스도 안에서 하나님의 사역에 토대를 두고 있다. 하나님께서 죄로 인해 세계를 타락에 내어 준 것처럼, 이제 하나님은 그 세계를 예수 그리스도를 통해 구속하신다. 하나님은 그 구속 사역을 위하여 당신의 아들을 내어 주셨다. 하나님은 타락이 종종 하나님의 구속적 의도에 대한 우리의 인식을 왜곡할 때조차도 여전히 우리를 위하시는 하나님이시다. 하나님의 구속적 사랑의 명백한 증거는 그분이 우리에게 아들을 내어 주셨다는 것이다. 하나님께서 당신의 아들을 아끼지 않으시고 우리에게 내어 주셨다면, "어찌 그분과 함께 모든 것을 우리에게 넉넉히 주시지 않겠는가?"(롬 8:32). 하나님은 우리를 대적하시는 분이 아니다. 그와 반대로 예수 그리스도를 통해서 우리를 의롭게 하셨다.

우리의 희망은 예수 그리스도의 중재를 통해 확립된다. 죄의 타락이 하나님께서 우리를 얼마나 사랑하시는가에 대한 우리의 인식을 혹 왜곡할 때조차도, 신자들은 사망의 저주를 두려워하지 않는다. 하나님께서 그리스도 안에서 우리를 의롭게 하셨고, 예수 그리스도께서 또한 하나님의 우편에 앉으셔서 우리를 중재하시기 때문에, 아무것도 우리를 저주하지 못한다. 하나님은 이미 예수 그리스도의 중재를 통해 우리의 편에서 심판을 내리셨다.

우리의 희망은 하나님의 성령의 현존으로 말미암아 우리의 심령 속에서 넘치게 된다(롬 15:13). 성령의 첫 열매는 하나님과 우리와의 관계를 분명히 증거한다. 우리는 그의 자녀들이기 때문에, 성령을 통하여 우리는 "아바, 아버지"라고 부른다. 하나님은 우리의 마음속에 능히 부어 주시는 성령의 능력에 의해, 우리의 일상의 삶에서 기쁨과 평화를 드러내신다. 하나님의 사랑은 우리의 마음을 채우시기에, 우리의 심령은 타락의 와중에서도 위로를 받는다.

확신 가운데 기다림

우리는 하나님께서 예수 그리스도 안에서 우리를 사랑하신다는 것을 확신하고 있다. 타락은 하나님의 사랑에 대해 의심을 일으킨다. 고통은 우리로 하여금 하나님의 의도, 동기, 근거, 혹은 능력에 대해 의심을 품게 한다. 그러나 예수 그리스도 안에 있는 하나님의 사랑의 명백한 표명은, 설혹 그것이 우리의 모든 의심에 다 답해 주지 않는다 할지라도, 우리의 의심을 모두 내어 쫓는다.

우리는 하나님께서 우리의 선을 위해 매사에 역사하신다는 것을 확신하고 있다. 로마서 8장 28절의 약속은 그 의미에서뿐만 아니라, 그 성경 본문의 문맥 때문에도 매우 중요하다. 타락의 덫에 걸려 있으나 성령에 의해 희망을 덧입은 그리스도인들은 어찌 보면 현재에 대한 불안에 휩싸여 있다. 미래는 비록 희망으로 채워져 있다 하지만, 현재는 고통으로 가득 채워져 있다. 이 같은 불안에 대해 응답하시는 하나님의 끈질긴 약속은, 하나님께서 우리의 선을 위해 매사에 역사하시고 있다는 사실이다.

하나님은 행동하시는 분이다. 일상에서 활동하신다. 그분은 당신이 하시는 모든 일에 선한 의도를 지니고 계신다. 하나님은 먼 거리에 계시지 않으시고 매사에 무관심하지 않으시다. 어느 것도 그분의 활동 밖에서 이뤄지는 일은 없다. 모든 일에서 그분은 선을 도모하신다. 하나님이 바로 이런 분이시라면, 그분은 모든 상황에서 역시 선한 것을 성취하실 것이다.

여기서 '선한 것'이란 행복에 대한 인간의 정의를 두고 하는 말이 아니다. 그것은 또한 나쁜 일은 발생하지 않는 것을 의미하지도 않는다. 오히려 하나님은 그것이 발생하는 모든 일에 있어서 무엇인가 좋은 것을 의도하신다. 혹은 '하나님의 뜻이 적극적으로 좋은 어떤 것을 성취하실 것이다'는 그런 의미이다. 곧 여기서 '선한 것'이란 궁극적인 의도를 두고 하는 말이다. 하나님이 이루시는 그 선한 것은 최상의 좋은 것을 말한다. 곧 그분과의 아름다운 친교이다. 그것은 예수 그리스도의 형상에 이르러 그분과 일치하는 것이다(롬 8:29-

30). 이것은 세계 내에서 하나님의 목적이다.

고통 가운데 기다림

하나님의 백성이 살아가는 길에는 많은 장애물들이 있다. 그중 몇 가지가 로마서 8장 35절, 38-39절에서 두 가지 목록으로 나타나 있다. 그러나 바울은 이들 목록을 다 포괄하는 형식으로 언급한다. 그는 단지 복음을 향한 핍박이나 인간의 적의를 지금 언급하고 있지 않다. 오히려 그는 이 허무한 세계에 명백하게 나타나고 있는 고통의 모든 형태에 대해 말하고 있다. 이 같은 시련들은 인내의 근본적인 장애물을 형성하고, 하나님의 백성 가운데 좌절을 가져오게 한다.

우리는 하나님을 위하여 고통을 받을 준비가 되어 있어야 한다(롬 8:36). 바울은 시편 44편 22절을 인용하여 이 점을 분명히 밝힌다. 시편 44편은 하나님께서 그의 백성을 잊으셨는지(시 44:20), 그래서 버리셨는지(시 44:9)에 대해 문제들을 제기하는 공공의 비탄 시이다. 하나님은 그의 백성을 심히 상해하셨고(시 44:19), 욕을 당하게 하셨다(시 44:13). 시편 기자는 여기서 "어찌하여?"라는 질문을 제기한다. "어찌하여 그리 주무시나이까?"(시 44:23). "어찌하여 주의 얼굴을 가리우시고 우리 고난과 압제를 잊으시나이까?"(시 44:24). 그는 하나님께 그의 백성을 위하여 이제 깨셔서 행동하시라고 청원한다. "일어나 우리를 도우소서! 주의 인자하심을 인하여 우리를 구속하소서"(시 44:26).

바울은 시편 기자가 하나님의 고통받는 백성의 심적 상태를 표현하고 있는 그 시편의 마지막을 인용한다. 지금 그의 백성은 하나님을 대신하여 죽음에 직면하고 있다. 그들은 참으로 양같이 도살당하고 있다. 하나님의 백성은 그 몰락을 어떻게 도피할 수 없다. 그런데 하나님의 백성은 신앙을 유지하고 그 고통을 견디어 내고 있다. 그러나 그들의 청원은 구속을 기다리는 것이다. 그리고 그들의 확신은 그 시편 기자의 마지막 표현대로, 하나님의 실패할 수 없는 사랑이다(시 44:26). 시편 기자가 집착하고 있는 하나님의 실패할 수 없는 그 사랑은 또한 바울이 내세우고 있는 것과 동일하다. 하나님의 실패할 수 없는 사랑은 예수 그리스도에게서 드러났다.

하나님의 사랑이 우리 마음속에 넘치기 때문에, 인내는 희망을 낳는다(롬 5:5). 바울은 우리의 고통 속에서 우리는 '자랑하고' 혹은 '기뻐해야' 한다고 말한다. 왜냐하면 그러한 고통은 인내, 연단, 그리고 희망을 낳기 때문이다. 하나님은 그 희망으로부터 이제 우리의 품성을 좀 더 맑게 하고 도야시킨다. 그 희망은 성령의 능력에 의해 일어난다. 시련을 통한 신앙의 인내는 하나님께서 우리를 하나님 나라에 합당한 자로 만들어 가시는 수단이다. 바울은 데살로니가 교회 사람들에게 이렇게 말했다(살후 1:4-5):

> 우리는 하나님의 교회들 앞에서 여러분을 자랑하고 있습니다. 여러분은 모든 핍박과 환난 가운데서도 믿음과 인내를 간직하였는데, 이 환난은 여러분을 하나님 나라에 합당한 자로 인정받기 위한, 하나님의 공의로우신 판단의 표입니다. 여러분이 지금 고난을 받는 것은 바로 하나님 나라를 위해서입니다.

이것이 단 한번, 바울이 "합당하게 하기 위하여"(NRSV) 혹은 "합당하게 여기기 위하여"를 표현하기 위해 사용하는 동사의 예이다. 이 동사는 종말론적 의미로 사용된다. 이것은 바울이 전형적으로 이해하고 있는 '처음 고통 그리고 후에 영광'에 대한 다른 표현 방식이다. 그 고통은 하나님의 백성의 성품을 보다 순화시키고 완전하게 한다. 고통은 그들에게 하나님의 영광을 맞이할 준비를 하게 한다. 따라서 인내는 마음에 한 목표를 설정하게 한다. 우리는 우리 앞에 놓여 있는 상을 바라보면서 인내한다. 우리는 예수께서 그러셨던 것처럼, 우리 앞에 놓여 있는 기쁨을 위하여, 고통을 참아 낸다(히 12:2).

그러나 그 고통은 의미 없는 것이 아니다. 그것은 목적이 있는 고통이다. 하나님은 우리를 '그 나라에 합당한 자로 여기기' 위하여 그것을 사용하신다. 예수의 고난이 구속의 성취에 있어서 의미 있었던 것처럼, 우리의 고통도 의미 있다. 그 고통은 하나님께서 종말에 허락하실 그 영광을 위해 우리를 완전하게 단련시킨다.

더더욱, 우리의 고통은 또한 구속적이다. 우리는 우리의 삶과 행동을 통하여 이 땅에 하나님의 나라를 구현하려고 애쓴다. 이것은 우리가 이 세계를 위해 희생적으로 행동한다는 것을 의미한다. 우리는 하나님의 구속적 준거準據에서 고통에 접근한다. J.베이커(J. Christian Beker)가 설명하고 있듯이, "고통과 희망은 불의의 세력에 맞서 있는 교회의 '희망적인' 고통에 의해 구체화되고 견고해진다. 따라서 일상의 삶에서 그 희망을 위해 고통을 받으려는 의지가 우리에게 없는 한 진정한 희망이란 있을 수 없다."[128] 만일 그 희망의 '근거'가 예수 그리스도의 십자가와 부활이라면, 그래서 그것에 의해서 그리스도인들이 하나님의 나라의 도래를 기념하는 것이라면, 그리고 만일 그 희망의 '지평地坪'이 하나님의 종말론적 나라의 약속이라면, 그래서 모든 불의와 우상숭배가 파괴되어 사라질 것이라면, 이때 그 희망의 '목표'를 위한 교회의 과제는 무엇인가? "그것은 고통받는 세계의 와중에서도 동터 오는 하나님 나라의 도래를 위해 교회가 고안해 내야 할 전략과 가능성이다."[129] 세계 내에서 하나님의 구속적 도구로서 교회는 세계의 구속을 위해 기꺼이 고통을 받으려고 해야 한다. 더 나아가 교회가 장차 그리스도의 영광을 함께 누리려고 할 것 같으면, 또한 그분의 고난도 함께 받아야 한다.

※ ※ ※

결론

'이미, 그러나 아직 아닌'으로 출발한 종말론은 성경 신학에 있어서 중요하다. 어떤 의미에서 그 종말론은 항상 현재적이다. 비록 피조물이 저주를 받는다 해도, 하나님은 아직도 그의 백성에게 좋은 선물을 제공하신다. 그분은 좋은 선물들을 통해 악한들에게까지 은총을 베푸신다. 비록 이스라엘이 자신들의 죄로 고통을 받았을지라도 그들은 약속의 땅에 들어가는 축복을 받았다. 축복을 받은 그들은 종말 그 자체를 기대했다. 바울의 신학적 구조는 종말론적이다. 하나님은 이미 사탄, 죄, 사망을 타파했다. 그러나 그분은 아직 완전히 이 같은 구속을 계시하지 않았다.

현재에 하나님의 백성은 고통 없이 살아가는 것을 기대해서는 안 된다. 왜냐하면 우리는 오직 종말에 가서야 타락이 완전히 역전된다는 것을 알기 때문이다. 우주는 이제껏 허무에 굴복했다. 그러나 하나님은 이제 그것을 희망으로 돌려 놓으셨다. 하나님은 피조물에 대한 목표를 지니고 계신다. 그분은 우주를 구속하기를 원하신다. 하나님은 예수 그리스도 안에서 구속에 대한 명백한 증거를 이미 계시하셨지만, 그러나 아직 그 구속은 완전히 실현되지 않았다. 따라서 하나님의 백성은 종말론적 구속을 지금 기다린다.

그럼에도 불구하고 하나님은 그 구속이 이미 시작되었다는 증거로서 그리고 그 종말의 새로운 시대가 이미 열렸다는 증거로서 성령을 그의 백성에게 허락하셨다. 하나님의 성령은 그 완성의 할부처럼 그의 백성 가운데 현존하신다. 이때, 하나님은 그들의 하나님으로서 그들과 온전히 함께 거하실 것이며, 또한 그들은 하나님의 백성으로 온전히 하나님과 함께 살 것이다. 그들이 자신들의 고통을 통해 그 종말의 완성을 기다리는 동안, 하나님의 성령은 그의 백성 가운데서 중재하시며, 증언하시며, 희망을 가져오신다. 하나님은 그의 백성의 마음속에 당신의 사랑을 쏟아 내시기 때문에, 하나님의 백성은 희망으로 견디어 낸다.

그때 하나님의 백성이란 성령 가운데서 살아가는 사람들이다. 그들은 하나님의 성령을 호흡한다. 이에 하나님의 성령은 그들에게 생기를 불어넣어 주고 생명을 주신다. 이것이 우리를 하나님의 구속의 희망으로 안내하는 종말론적 삶이며, 하나님의 생명이 우리의 생명이 될 것이라는 기대이다. 성령은 타락한 세계에서 살아가는 그의 백성 가운데 거하시는 하나님의 현존이다.

우리는 타락의 압제하에 '여기서' 신음하기 때문에, 우리는 그 타락이 모두 타파될 '거기'를 동경한다. 우리는 더 이상 눈물도, 아픔도, 슬픔도, 사망도 없는 그날을 갈망한다. 우리는 하나님의 충만한 현존을 기다린다. 그분의 현존에서 우리는 하나님과의 깊은 친교를 경험할 것이다. 우리는 모든 어두움을 내어 쫓는 하나님의 빛을 열망한다. "아멘, 주 예수여 오시옵소서!"(계 22:20).

제11장

고통받는 사람들이 기억해야 할 것이 무엇인가?

| 우리들의 이야기가 보여 줄 신실한 인내 |

그 때에 욥의 친구 세 사람,
곧 데만 사람 엘리바스와 수아 사람 빌닷과 나아마 사람 소발은,
욥이 이 모든 재앙을 만나서 고생한다는 소식을 듣고,
욥을 달래고 위로하려고, 저마다 집을 떠나서 욥에게로 왔다.
그들이 멀리서 욥을 보았으나,
그가 욥인 줄 알지 못하였다.
그들은 한참 뒤에야 그가 바로 욥인 줄 알고,
슬픔을 못 이겨 소리 내어 울면서 겉옷을 찢고,
또 공중에 티끌을 날려서 머리에 뒤집어썼다.
그들은 밤낮 이레 동안을 욥과 함께 땅바닥에 앉아 있으면서도,
욥이 겪는 고통이 너무나 처참하여,
입을 열어 한 마디 말도 할 수 없었다.

욥 2:11-13(표준)

※ ※ ※

　욥의 세 친구들은 그가 곤경에 처했다는 소식을 듣고, 큰 마음을 먹고 욥을 드디어 방문한다. 이 세 친구들의 의도는 호의적이었다. 그들은 "욥을 달래고 위로하려고" 왔다(욥 2:11). 이와 동일한 히브리 용어들이 욥기 말미에서 (비록 다르게 번역되기는 했지만) 다시 한 번 사용되고 있다. 곧 욥의 친구들과 친척들이 다 찾아와 "주께서 그에게 내리신 그 모든 재앙을 생각하면서, 그를 동정하기도 하고, 또 위로하기도 하였다"(욥 42:11).

　욥기 2장 11절에서처럼, 욥에 대한 그 세 친구들의 진정어린 위로(동정)는 전통적인 근동近東문화의 예의를 잘 표현하고 있다. 그들은 큰 소리로 비탄을 쏟아 놓을 뿐 아니라, 또한 겉옷을 찢고 또 공중에 티끌을 날려 머리에 뒤집어 썼다. 재앙에 대한 욥 자신의 반응도 그 친구들의 태도와 비슷했다(욥 1:20). 친구들은 침묵 가운데서 이레 동안 머리에 재를 뒤집어쓰고서 욥과 함께 머물렀다(욥 2:13). 그들의 우정은 이보다 더 어떻게 다른 표현이 없었으리라. 종종 다른 사람의 고통에 직면해서 몇 마디 말로 그들의 아픔을 달래려고 하기보다는 오히려 침묵하는 것이 훨씬 나을 때가 있다. 욥은 이제 더 이상 혼자가 아니었다. 그의 친구들이 욥 곁에 함께 있었다. 이 때 욥은 혼자서 "이제! 나에게는 아픔을 함께 나누고 내 곁에서 나를 위로해 줄 누군가가 있다."라고 이렇게 생각했을지도 모른다. 그러나 욥과 우리 독자들은 그 친구들이 '괴롭히는 위로자들'이라는 사실을 곧 알아차리게 된다.

공동체는 고통을 겪는 상황에서 매우 중요하다. 고통 중에 있을 때 친구들의 도움은 헤아릴 수 없을 만큼 크다. 그러나 고통은 또한 공동체를 파괴시킬 수도 있다. 고통의 와중에서 인간들은 자신들의 이익을 먼저 챙기려는 경향이 있다. 우리는 타락한 인간성이 지니고 있는 그 기본적인 이기심을 드러내는 방식에서 자신들의 신학적 경향을 어찌하든 보존시키려고 한다. 욥은 자신의 신실함을 보존시키려고 했을 때, 이기심으로 기우는 이 같은 기본적인 경향을 어찌하든 초월하려고 했다. 그러나 친구들은 그렇지 않았다. 그들은 거짓으로 보이는 욥의 죄의 고발에 대해 여러 가지로 충고했다. 세 친구들은 욥의 신실성에 중대한 문제가 있다고 제기함으로써 자신들의 신학을 보존시키려고 애를 썼다. 그들은 자신들의 관점에서 볼 때 하나님께서 이미 욥을 심판하셨기 때문에, 욥은 스스로 그들 공동체로부터 관계를 끊어야 한다고 생각했다. 이제 욥에게는 공동체란 없게 되었다. 우리 현대인들도 이와 다르지 않다. 최근에 어느 한 목회자는 과거에 자신이 받았던 수혈 때문에 후천성면역결핍증(HIV)에 감염되었다는 사실을 우연히 알게 되었다. 그는 이 사실을 교회에 알렸다. 그러자 교회는 그를 단박에 해고시켰다. 그 교회공동체 식구들이 보기에, 목회자가 분명히 어떤 남모르는 죄를 지었을 것이라고 확신하게 되자, 한 때 그렇게도 사랑했던 공동체는 그에게 가혹한 결정을 내린 것이다. 욥의 친구들의 신학은 지금도 그렇게 살아 있고 교묘하다.

욥기에서 친구들의 대화는 공동체를 파괴할 뿐 아니라, 질이 나쁜 신학과도 같다. 욥기의 서시/序詩(이야기 앞부분)의 입장에서 그 대화를 평가하는 독자들은 욥과 친구들 간의 비극을 곧 알게 된다. 그 친구들은 고통에 대한 사탄의 문제의 접근 방식을 모델로 삼는다. 참으로, 여기서 그들은 욥의 신앙을 파괴하려는 사탄의 세 번째 시도에 해당된다. 그의 친구들은 욥의 신실함을 공격할 뿐만 아니라, 이제 사바 사람들과 그의 아내까지 가세하여 그를 공격한다. 그의 아내는 욥에게 그 신실성을 그대로 유지한 채, 오히려 하나님의 부당함을 저주하라고 충고한다. 친구들은 욥에게 그 신실성을 이제 부인하고 하나님의 공의에 대한 자신들의 의견에 복종하라고 채근한다. 이 둘 중 어느 쪽이든, 사탄은 그 내기에서 이긴다. 욥의 아내는 하나님께서 복을 주실 때만 그분을 섬긴다. 친구들은 하나님께서 복을 주실 것이기 때문에 그분을 섬긴다. 결국, 아내나 친구들은 이익이 되기 때문에 하나님을 섬긴다. 그러나 욥은 이들 양자의 대안을 단호하게 거절한다. 그 대신, 그는 하나님을 경배하고, 비탄해 하고, 그러면서도 신뢰한다.

※ ※ ※
여러분은 고통당하는 자들을 어떻게 대하는가?

비극에 직면하여 하나님의 공동체는 곧 신실한 사람들은 "서로 말을 주고 받는다"(말 3:13-18). 하나님은 이를 듣고, 기억하고, 그리고 언젠가는 그들을 당신의 특별한 소유로 삼아 구속하실 것이다. 어느 날, 구속은 비극을 잠재울 것이고, 슬픔은 기쁨으로 변할 것이다. 그러나 신앙의 공동체가 장차 그런 날을 기다리는 동안, 우리의 공동체는 이 현실 속에서 어떻게 말을 서로 주고 받아야 하는가? 어떻게 대화를 해야 하는가? 예를 들면, 자녀의 비극적 죽음으로 고통을 겪고 있는 사람들에게 신앙의 공동체는 무슨 말을 어떻게 해야 하는가?

첫째 … 어떤 말도 하지 마라.

때로는 침묵이 말보다 더 낫고 듣는 것이 충고하는 것보다 더 낫다. 연민이 어떤 가르침보다도 더 낫다. 욥의 친구들은 처음 이레 동안은 머리에 재를 뒤집어 쓴 채 침묵하며 그의 곁에 앉아 있었다(욥 2:11-13). 욥은 이제 자기 생일을 저주하면서 울부짖으며 그 침묵을 깼다(욥 3:1). 욥의 그런 비탄에 불쾌해

하면서, 엘리바스는 욥의 재앙이 분명 악한 자에게 불어 닥친 것이기 때문에, 이제 욥이 자신의 죄를 고백해야 한다고 충고한다(욥 5:3-7). 참으로, 사악한 자는 욥이 경험했던 그런 재앙을 겪고, 하나님이 욥에게 내렸던 그런 심판을 받는다는 것이다(욥 4:5-8). 엘리바스의 의견에 의하면, 욥의 집안은 그 아들의 죄 때문에 분명 저주를 받았다(욥 5:3). 따라서 욥은 하나님의 훈계에 이제 복종해야만 한다(욥 5:17). 하나님께서 구원해 주시도록 이제 욥은 겸손히 자신을 낮추고, 자신의 죄를 고백하고, 하나님의 자비를 구해야만 한다(욥 5:11). 비록 하나님께서 욥을 치셨지만, 욥이 만일 회개한다면 그를 싸매 주시고 낫게도 해 주실 것이다(욥 5:18). 욥이 오직 겸손히 자신을 낮출 때만이, 하나님은 그에게 부와 자녀와 안전을 회복시켜 주실 것이다. 엘리바스는 자신의 충고에 확신을 갖고서, 욥에게 이렇게 말한다. "부디 잘 듣고 너 스스로를 생각해서라도 명심하기 바란다"(욥 5:27, 표준).

욥은 엘리바스의 말에 낙담한다. 엘리바스는 욥의 짐을 덜어 주기보다는 오히려 무겁게 했다. 욥은 하나님에 대한 신앙을 견지하려고 고투하지만 엘리바스는 욥이 신앙이 없다고 그를 책망한다. 욥은 자신의 죽음을 통해서라도 무자비한 고통을 경감해 달라고 하나님께 울부짖는다. 그는 '거룩하신 분의 말씀'을 거역하지 않고서 자신의 생명이 끝나기를 바라고 있다(욥 6:9-10). 여기서 욥은 여전히 신실하나, 그의 고통이 그로 하여금 하나님을 부인하도록 시험한다. 엘리바스는 욥에게 어떠한 연민도 보여 주지 않는다. 그와 반대로, 그는 욥의 신실성을 공격하고, 감추어 놓은 죄악을 이실직고 하라고 몰아붙인다. 욥은 '절망 속에서 허덕일 때야말로 친구의 경건이 필요하듯이' 친구들로부터 위로 받기를 희망했었다(욥 6:14). 오히려, 그 친구들은 욥에게는 마치 메마른 개울과 같았다. 사막을 여행하는 대상隊商들은 물이 흐르는 개울을 얼마나 고대하는가(욥 6:15-17). 그러나 그들이 그곳에 이르러서는 실망하고 만다(욥 6:18-20). 그의 친구들은 '허망한 자'로 전혀 도움이 안 되고 (욥 6:21), 욥의 짐을 덜어 주기보다는 오히려 짐을 무겁게 한다.

이에 욥은 "귀 기울여 듣겠다"라고 한다(욥 6:24-26). 욥은 친구들이 만일 무언가 유용한 말을 할 것 같으면 침묵하겠다고 한다. 악한 자의 곤경에 대한 엘리바스의 해석과 묘사는 아주 교묘하다. 욥이 바로 그런 자 중의 한 사람이라는 것이다. 욥은 친구들이 제기하는 어떠한 비난도 힐책에도 귀 기울이려고 한다. 그러나 그는 그에 상응하는 증거를 원한다. 욥은 그 친구들이 자신에게 실제로 귀를 전혀 기울이지 않았다고 불만을 토로한다. 욥의 말은 정직했다(히브리어로, 달콤했다). 그들은 욥의 큰 불행과 절망을 두고 말만을 쏟아 내는 사람들이었다. 그러나 엘리바스는 그 같은 불행과 절망이 별것 아닌 것처럼 간주했으나, 실은 그것은 욥에게는 뜨거운 공기('바람')였다. 여기서 엘리바스가 욥의 비탄에 귀 기울인 것은 그를 위로하기 위해서가 아니라 그를 비난하기 위해서였다.

엘리바스의 그 같은 냉정한 반응은 욥으로 하여금 절박한 심정으로 스스로 사정査定하게 한다(욥 6:27). 엘리바스는 가히 고아라도 제비를 뽑아 노예로 넘기고, 친구라도 서슴지 않고 팔아넘길 자이다. 엘리바스는 모든 상황을 자신의 이익을 위해 되돌려 놓은 그런 사람이다. 이 상황에서 엘리바스는 친구를 돕기보다는 오히려 자신의 전통과 신념의 방어자가 된다. 그의 책망은 욥이 당한 재앙과 영적 건강보다는 자신의 전통과 가치에 더 관심을 둔다.

욥은 이를 정확하게 지적한다(욥 6:28-30). 그가 엘리바스와 다른 친구들로부터 기대한 친절은 신뢰이다. 욥은 그의 친구들이 자신을 신뢰해 주기를 단순히 바란 것이다. 욥은 거짓말쟁이가 아니다. 그는 자신이 정당하게 연민 가운데서 취급되기를 원한다. 이 같은 대화 가운데서 실제적으로 문제가 되는 것은 친구들의 전통이 아니라, 욥의 신실성이다. 하나님은 재앙이 욥에게 발생하기 전에도 그 후에도 그의 신실성을 확인하셨다(욥 1:1; 2:3). 욥은 사악한 무리 가운데 결코 속하지 않는다. 그는 실로 의로운 고통을 당하는 자이다. 그는 누구를 속이지도 않고 악한 말을 하지도 않는다. 욥기의 화자話者는 욥의 두 번째 시험을 이렇게 평가한다, "이 모든 일에 욥은 말로 죄를 짓지 않았다"(욥

2:10; 참고, 42:7).

그렇다면, 우리는 어떻게 고통당하는 자들에게 다가갈 수 있는가? 첫째, 우리는 침묵으로 그들에게 다가가야 한다. 우리는 종종 너무나 조급하게 고통당하는 자들에게 무슨 말을 걸려고 한다. 고통의 상황에서 침묵은 우리에게는 불편하다. 그래서 무언가 그들에게 말을 걸어보려고 한다. "너도 말이 앞서는 사람을 보았겠지만 그런 사람보다는 오히려 미련한 사람에게 더 바랄 것이 있다"(잠 29:20). 긴 침묵이 조급한 의견보다 더 낫다.

그러나 침묵은 거북하다. 그래서 침묵이 때로 우리에게 부담을 주면, 우리는 고통받는 자들에게 별로 도움이 되지 않을 것이라고 스스로 생각한다. 그러나 실로 말보다는 바로 곁에 함께 있어 줌으로써 더 위로가 된다. 많은 조문객들이 쉘라(Sheila)의 장례식장에서 나에게 위로 차 했던 말들을 별로 기억하지 못한다. 그러나 누가 그 장례식장에 와서 우리와 함께 있었는지는 기억한다. 슬픔에 잠긴 자를 위로하는 최상의 방법은 위로의 말이 아니라, 그냥 그들 곁에 함께 있는 것이다. 장례식장에서 위로자의 함께 있음은 그 자체로 어떤 위로의 말보다 더 중요하다. 누군가 카드를 보냈다는 그 사실 자체가 그 카드에 담았던 말보다 더 중요하다. 위로의 첫 번째 규칙은 이것이다: 그 자리에 함께 있으라. 그리고 침묵하라.

둘째, 우리는 경청하는 자로서 그들에게 다가가야 한다. 고통당하는 자들이 말할 수 있는 기회를 주어야 한다. 우리는 그들의 슬픔 속에서 그들과 함께 있고, 우리의 연민을 보이고, 그들과 함께 울 수 있어야 한다. 엘리바스는 욥의 말에 충격을 받았다. 그는 욥의 고뇌에 귀 기울이지 않았다. 그는 욥이 자신의 심정을 토로하고, 더 나아가 하나님께 울부짖을 수 있는 기회를 주지 않고 욥을 몰아세웠다. 우리는 할 수만 있으면 고통당하는 자들과 함께 있어야 한다. 그리고 그들이 깊은 비탄 속에서 모든 의심, 눈물, 그리고 자신들이 품은 회의懷疑에도 불구하고 하나님께 심정을 토해 낼 수 있도록 해야 한다. 우리는 다른 사람의 슬픔과 고통을 듣는 것이 불편하기 때문에, 너무나 종종 대화를 현실적인 주제로 돌리려 한다. 하나님은 우리의 비탄을 들으신다. 따라서 우리는 각자 상호 간의 비탄에 귀 기울여야 한다.

슬픔의 정황 속에서 토론을 잘 이끄는 것이 위로자의 과제가 아니라, 단지 침묵의 경청자가 되는 것이 위로자의 몫이다. 그러나 우리가 뭔가 듣는 것에 의해 우리의 고통이 더 깊어지게 될 때조차도, 우리는 들으려고 해야 한다. 비탄에 빠진 자가 슬픔에 못 이겨 계속 큰 소리로 울 때, 우리는 그들을 제지시키거나 혹은 훈계해서는 안 된다. 침묵 가운데 그냥 들으라. 비탄에 빠진 자가 자신을 토해 낼 때까지 기다리며 그냥 들으라. 비탄에 빠진 자가 무언가 말을 하려고 하면, 우리는 들을 준비를 해야 한다. 슬픔에 빠진 자가 비통함과 가슴 졸임으로 하나님께 혹은 그분에 대하여 분노하고 충분히 토해 낼 수 있도록 우리는 기회를 주어야 한다. 의로운 욥이 그랬던 것처럼 말이다. 우리는 애통하는 자가 기억하고 울부짖을 수 있도록 허용할 필요가 있다. 이런 상황이 우리를 불편하게 할지 모른다. 그러나 그것은 상처받고 있는 사람들을 치유할 수 있는 매우 중요한 국면이다. 우리는 위로를 위한 하나님의 도구들이다. 하나님께서 들으셨던 것처럼, 우리도 그렇게 해야 한다.

셋째, 우리는 사랑이 깃든 연민을 가지고 그들에게 다가가야 한다. 비극의 상황은 신학적 매도를 위한 장이 아니다. 그것은 이미 발생한 일에 대한 해석의 장도 아니다. 허풍을 위한 시간도, 지나치게 단순화하는 시간도, 핵심만 말하는 평범한 이야기를 위한 시간도 아니다. "미련한 사람은 명철을 좋아하지 않으며 오직 자기 의견만을 내세운다"(잠 18:2). 우리는 고통받고 있는 친구들의 상황이 과연 무엇인가를 그들에게 정확하게 알려 줄 수 있다는 명분 아래, 그들의 생각과 신학을 교정하려든다거나 혹은 그들의 삶의 여건들을 애써 탐색하려고 시도해서는 안 된다. 오히려 그 친구들과 함께 아파해야 한다. 우리는 이미 발생한 일에 대해 설명하려고 하기보다는 오히려 그들과 함께 울어야 한다.

욥의 친구들은 그의 고통을 함께 나누기보다는 오히려 욥을 교정하려는 잘못을 범했다. 그들은 욥의 고통에 대해 충분히 설명해 줄 수 있을 것이라 생각했다. 그러나 욥이 실로 원했던 것은 누군가가 그 고통을 자신과 함께 나눌 수 있는가였다. 그의 친구들은, 욥을 도와주기보다는 "번뇌케 하는 위로자"가 되었다(욥 16:2). 월터스톨프는 등반사고에서 잃은 자신의 아들의 죽음을 비통해 하면서 이 점을 이렇게 숙고한다:

> 고통받고 있는 사람에게 여러분은 무엇을 어떻게 말해야 하는가? 어떤 사람은 적시에 지혜의 말을 하는 은사가 있다. 그에게 있어서 그것은 참으로 감사할 일이다. 당시 우리에게도 그런 분들이 많았다. 그러나 모든 이들이 그런 은사를 받은 것은 아니다. 어떤 사람들은 불쑥 이상한 말을 꺼내 상황을 난처하게 한다. 여러분의 말은 지혜로울 필요가 있다. 말을 내뱉은 사람의 마음이 그 내뱉어진 말보다 더 잘 전달되는 법이다. 혹 그런 상황에서 여러분이 딱히 할 말이 없으면, 단지 이렇게 말하라, "무슨 말을 어떻게 해야 할지 모르겠습니다. 그러나 우리도 형제(자매)의 슬픔과 함께하고 있음을 아시기를 바랍니다."
> 혹은 단지 포옹만 하라. 어떤 최상의 말이라 할지라도 그 아픔을 어떻게 제거할 수 없다. 혹 전해 줄 수 있는 말이 있다면, 이 땅에서 우리 네 인생의 고통보다 새로운 날엔 더 나은 삶이 있다는 것을 나타내는 것이어야 한다. 더 나은 것 중에서 가장 위대한 것은 사랑이다. 여러분의 사랑을 나타내라. 위로와 사랑이 없는 가운데 벌어진 자녀의 죽음만큼 무시무시한 잔인함이 있을까?
> 그러나 부탁하건대, 이 일(예, 자녀의 죽음)이 실제로 그렇게 나쁜 것은 아닐 것이라고 제발 말하지 말라. 죽음은 실제로 무섭고 마성적魔性的이기 때문이다. 여러분이 위로자의 위치에서 그런 상황에 대해 말하려고 할 것 같으면, 모든 것을 신중히 고려하라. "그 일이 그렇게 썩 나쁜 것이 아니다."라고 말해 놓고, 여러분이 슬픔의 와중에 있는 사람과 함께하지 않고, 멀찍이 떨어져 앉아 있다면, 그 상황이 어떠하겠는가? 거기서 여러분은 전혀 도움이 되지 않는다. 내가 당시 나를 위로하고자 찾아아 온 분들에게서 실로 듣기를 원했던 바는 자녀를 잃은 고통이 얼마나 큰 것인가를 그분들이 단지 공감하는 것이었다. 나는 그분들이 나의 절망 와중에서조차 그냥 나와 함께 있다는 사실을 듣기를 원했던 것이다. 고통받는 사람을 위로할 요량이라면, 여러분은 그의 곁에 가까이 다가가 있으라. 비탄의 자리에 와서 그 곁에 앉아 있으시라. 그것뿐이다.130)

말하지 말라

자녀를 잃고 슬픔에 잠겨 있는 부모의 면전에서, 말의 실책은 어찌할 바를 모르게 만든다. 우리는 무슨 말을 해야 할지, 어떻게 말을 해야 할지, 혹은 말을 해야 되나 하지 말아야 되나를 잘 모른다. 그 땐, 차라리 말을 하지 않은 것이 더 낫다. 여기 슬픔의 상처를 안고 있는 동안 그들에게 결코 해서는 안 되는 말이 있다.

"이것은 하나님의 뜻이었어!" 슬픔에 젖어 있는 그 상황 속에서 이 같은 말은 위로가 전혀 아니다. 오히려, 이런 말은 하나님에 대한 비난이 될 수 있다. 그리고 고통받는 자에게는 분노, 의심, 비통함을 더 유발시킬 수 있다. 혹 이 말은 고통받고 있는 당사자가 할 수는 있다. 그러나 이것은 위로자가 결코 해서는 안 되는 말이다. 고통당하는 사람들이 세상 가운데 역사(役事)하시는 하나님의 사역에 대해 나름대로 믿음을 갖고서, 당사자가 위로할 요량으로 그렇게 말할 수는 있다. 그러나 자칭 위로자라는 사람에 의해 그 같은 말이 내뱉어질 때, 그것은 정반대의 결과를 가져온다. 자칫 그런 말은 우리에게 하나님께서 마음만 먹으시면 우리의 자녀들을 데려가실 수도 있다는 공포의 이미지로 연상시킨다. 하나님께서 실로 그런 소름끼치는 일들을 원하실 수도 있다고 우리는 믿어야 되는가? "하나님의 뜻이었어!"라는 말이 과연 무엇을 의미하는가? 하나님은 나의 자녀가 죽기라도 원하셨는가? 이런 질문들은 고통받는 자가 스스로 제기할 수는 있다. 그러나 그것은 감히 위로자가 제기하거나 혹은 답변해서는 아니 될 말이다. 왜냐하면 고통의 와중에서는 이성적인 답변이 불가능하기 때문이다. 월터스톨프도 이와 유사한 생각들로 갈등했다:

> 하나님을 죽음의 대리자(代理者, agent)로 바라보는 것은 하나님, 우리 인간, 그리고 죽음이라는 합리적 유형(pattern)에서 보면, 잘 들어맞는 사고방식이다. 여기 다른 사고방식들도 있다. 이들 중 하나는 롸비 커쉬너(Rabbi Kushner)의 저술 속에서 잘 탐구되었다: 하나님 역시 죽음에 의해 여러분이나 내가 겪는 아픔보다도 더 아픔을 겪고 있다: 그러나 그분이 그 죽음에 대해 어찌 할 수 있는 것이라곤 아무것도 없다.
> 나는 "그분이 내 아들의 죽음의 작인(作因)이었어!"라고는 참아 생각할 수 없다. 그러나 또한 "그분은 내 아들의 죽음에 있어서 하실 수 있었던 일이라곤 아무것도 없었어!"라고도 감히 말할 수도 없다. 나는 어찌 그것을 이렇다 저렇다 라고도 전혀 생각할 수 없다. 나는 단지 욥(Job)처럼, 고통을 견디고 있을 뿐이다. 나는 하나님이 어찌 에릭(Eric)의 죽음을 미연에 방지하지 않았을까 그것을 알 수가 없다.

> 이에 대한 대답이 없이 살아간다는 것은 실로 불안하다. 쭉 일관성 있게 사고하고 살아가는 것이 쉽지 않다. … 나는 이런 것들을 일관성 있게 생각할 수가 없다. 나는 지금 어찌할 바를 모르고 있다. 나는 나에게 임한 하나님의 방식들(에릭의 죽음)이 혹 정당하다면, 그것을 증명할 수 있는 신정론에 관한 책들을 쭉 살펴보았다. 그러나 어떤 신정론도 나를 확신시키지 못했다. 내가 제기했던 가장 괴로운 질문에서조차, 나는 그 대답을 발견하지 못한다. 하나님이 어찌 내 아들이 추락하는 것을 빤히 바라만 보았을까? 나는 알 수가 없다. 하나님이 어찌 내가 부상을 당하는 것을 빤히 바라만 보았을까? 나는 알 수가 없다. 나는 어떤 짐작조차도 할 수가 없다.131)

고통당하는 자는 아마도 자신이 처한 상황들을 결코 일관성 있게 생각할 수가 없다. 이것은 고통 자체가 주는 갈등의 특징이다. 그것은 우리가 이익 때문에 하나님을 섬겨야 할지 말지, 혹은 사랑으로 그분을 섬겨야 할지 말지를 발견하도록 우리의 마음을 열어 준다. 그러나 각자 고통당하는 자가 견디어 내야만 하는 것은 바로 그가 처한 갈등이다. 고통당하는 자는 자칭 위로자가 찾아 와서 자녀의 죽음이 하나님의 뜻이었을 것이라고 말한다고 해서 결코 도움이나 위로를 받지 못한다. 아마도 후일에 고통받는 자의 심령에 신앙이 정착이 된 이후, 적절한 기회에 고통의 문제를 제대로 다루는 그런 기회에서 그런 말이 가능할지 모르겠다. 그러나 슬픔의 초기 단계에서 그런 말들은 평안이 아니고 소란만 유발시킨다.

"*하나님은 당신의 정원에서 장미를 꺾으셨다.*" 이 표현은 놀라운 은유이다. 왜냐하면 이것은 하나님을 애정 어린 정원사로 묘사하기 때문이다. 이것은 우리에게 죽음의 한 장면을 떠올리게 한다. 하나님께서 당신이 쓰시고자 정원에서 장미 한 송이를 꺾으셔서 진열시키실까? 그러면 하나님께서는 스스로를 기쁘시게 하기 위해서 그들(우리의 어린 자녀들)을 취해 집으로 데려가시는 것일까? 이게 말이 되는가? 따라서 슬픔 중에 있는 사람에게 이런 말은 하나님에 대해 소름끼치는 장면을 떠올리게 한다. 비통에 잠긴 사람은 이 같은 감상적인 언동을 이해하지 못하고, 오히려 하나님께서 장미 한 송이를 훔쳤다고 생각하고 그런 표현에 반발한다. 하나님에게는 물론 많은 장미가 있다. 그런데 왜 하필이면 나의 장미를 꺾으셨단 말인가? 하나님은 이 장미를 꺾으실 수 있다. 그런데 그것이 나의 장미였다! 슬픔에 잠긴 사람은 이 같은 이미지에서 사랑의 정원사를 떠올리기보다는 일종의 도둑 정도를 떠올린다. 슬픔에 잠겨 있는 사람은 그 상황에서 이것을 들을 준비가 되어 있지 않다. 따라서 위로자는 그런 식의 말로는 위로할 수 없다. 오히려, 그것은 고통의 슬픔을 가중시키고, 하나님에 대한 비통함을 더 자극시킨다.

"이 사건으로부터 어떤 좋은 일이 생길 것이다." 그 어떤 것이 감히 자녀의 죽음을 정당화시킬 수 있는가? 그 어느 누가 좋은 일이 있다 하여 자녀의 죽음과 기쁘게 맞바꿀 수 있는가? 슬픔의 와중에서, 특히 여러분의 자녀가 죽었을 때, 감히 이 고통의 순간에 필적할 만한 좋은 일이 있는가? 자녀의 상실로부터 그래도 어떤 좋은 일이 있을 수도 있다는 식의 희망 섞인 문제 제기는, 고통당하는 자로 하여금 자녀의 생명에 필적할 만한 선한 이미지가 어떤 것인가 하고 비교하여 묻게 한다. 그러나 비탄의 와중에서는 어떤 우열의 경쟁도 없다. 하나님께서 우리의 자녀의 생명을 담보로 하여 성취하실 수 있는 좋은 일이란 없다. 고통의 어둠은 보다 좋은 일의 작인(作因)을 허용하지 않는다. 혹 보다 좋은 일이 있다손 치더라도, 고통의 어둠 속에 있는 사람은 그것을 알 수 없다. 고통으로부터 좋은 일이 생길 수 있다는 것은 물론 의심할 바는 아니다. 보라! 하나님은 당신의 아들의 죽음을 통해서 선한 일을 성취하지 않았는가! 그러나 어떤 특별한 좋은 일이 어떤 특별한 고통에 필적할 만한가 하는 문제는 항상 의문시된다. 그것이 특히 고통의 초기 단계에서는 더욱 그렇다. 다시금, 월터스톨프의 고통에 귀를 기울여보자!

> 당신은 바뀌었는가? 누군가가 물었다. 세상이 지금 나에게 다르게 보일지에 대해 그가 묻는 것이 아니었다. 그가 묻는 것은 나의 품성이 바뀌었는가? 이다. 나는 바뀌었는가? … 그렇다, 나는 바뀌었다. 나는 무엇인가 선한 것을 의심하지는 않는다. 그러나 한 순간도 주저하지 않고, 나는 에릭을 위한 것이라면, 그러한 변화들

을 다시 바꿀 것이다. 132)

보다 위대한 선한 일이란 무엇인가? 그것은 선한 것에 대한 나의 품성의 변화를 의미하는가? 그것이 나의 아들의 죽음에 필적할 만한 가치가 있는가? 고통당하는 자의 심장에서 아들의 생명만큼 그렇게 절대적으로 더 선한 것이란 없다. 따라서 그렇게도 귀한 자녀의 죽음을 통해서 성취되어질 수 있는 선한 것이란 없다. 내가 무슨 선한 것으로 나의 아들의 생명과 맞바꿀 수 있는가? 만약 그것이 아들의 생명이라면 하나님께라도 돌려주고 싶지 않다. '선하다는 것'이 무슨 가치가 있는가? 아마도 훗날에, 그 선한 것이 하나님과의 친교 속에서 이해될 때, 고통받은 자는 보다 선한 것의 본질을 받아들일 수도 있을 것이다. 그러나 슬픔의 와중에서 그런 말은, 위로자란 자가 고통의 깊이와 그 어두움을 전혀 이해하지도 못하고 있다는 사실을 고통받은 자에게 드러낼 뿐이다.

"그것은 최선이었어!" 내 아들의 죽음이 어떻게 '최선'일 수 있는가? 이 같은 말은 극도로 고통받고 있는 사람들에게 혹은 노환으로 사망하는 분들에게 별 생각 없이 그동안 내뱉어진 말이었다. 지금도 죽음을 놓고 이런 식으로 흔히들 해석하기도 한다. 어느 정도 사실일 수도 있다. 그러나 위로자는 결코 해석자가 아니다. 위로자는 고통당하는 자 앞에 해설을 늘어놓아서는 안 된다. 오히려 위로자는 고통당하는 자 곁에서 그와 함께 아픔과 슬픔을 나누면서, 죽음에 반발하고, 세상 가운데서 하나님의 현존에 대해 불만을 토로할 수 있어야 한다. 오직 하나님만이 죽음을 놓고 상대적으로 그 죽음의 '좀 나음' 혹은 '최상'을 판단할 수 있다. 단도직입적으로 말하면, 하나님만이 그 죽음이 상대적으로 '좀 나은 것'인지 어떤지를 판단할 수 있다. 해석은 먼저 그분에게만 그리고 두 번째로는 고통받고 있는 당사자에만 남겨 놓은 일이 최선이다. 위로자에게는 그런 권한이 없다.

"당신의 삶을 한번 뒤돌아보라. 뭔가 하나님께서 당신에게 말씀하시는 바가 있을 것이다." 이 말은 고통당하는 자들로 하여금 자신들이 현재 겪고 있는 그 고통에 대해 성찰해 보고, 무엇이 문제였는가 혹은 근본적 이유가 무엇인가를 그들의 삶 속에서 한번 찾아보라는 것이다. 이 말의 전제前提는 하나님은 까닭 없이 고통받은 자를 처벌하시지 않는다는 것, 그리고 하나님께서 자녀의 죽음을 허락하셨던 이유는, 그 고통당하는 자에게 어떤 뚜렷한 결함이 있었다는 것이다. 이럴 때, 그 부모들은 죄책을 뼈저리게 경험하거나 아니면 그 같은 말을 비난으로 해석한다. "하나님께서 나의 아들을 취하셨던 것이 바로 나에게 심각한 죄가 있어서 그랬는가?", "내 아들의 질병에 대해 나는 비난받을 만큼 나쁜 사람인가?", "하나님은 나를 변화시키려고 혹은 나를 개선시키려고 사랑하는 내 아들을 그렇게 치셨단 말인가?" 월터스톨프는 이 같은 생각에 직면하여 또한 갈등했다:

> 고통의 와중에서 절망과 비통함이 일어난다. 그러나 거기서 또한 선한 품성이 형성된다. 고통의 계곡은 영혼을 조련調練하는 고뇌의 세계이다. 그러나 지금 나는 혼란스럽다. 내가 받는 지복至福에 대해 나는 어떻게 말해야 되는가? 나는 감사해야 하는가? 비탄해야 하는가? 어떤 때는 기쁜 일을 놓고 나는 슬퍼하고, 어떤 때는 슬픈 일을 놓고 나는 기뻐하고 있는가? 나는 아들의 이른 죽음에 대해 "그것은 말도 안돼"(No)라는 말을 어떻게 계속할 수 있는가? 특히 나의 힘이 미칠 수 없는 방향으로 바꿔지는 그 기회를 감사함으로 받아들이면서 말이다.
>
> 하나님은 나를 보다 나은 품성으로 조성하기 위해 대지大地(삶의 터전)를 한번 흔들어 대셨을 거야 같은 불결한 생각을 한편에서 거부하면서, 나는 어떻게 나의 고통을 축복으로 받아들일 수 있는가?[133]

자녀의 죽음은 나의 영혼을 조련할 만큼 참으로 가치가 있는가? 슬픔의 와중에서 부모는 자녀의 생명을 넘어서서 보다 더 나은 자신들의 삶의 가치를 추구하고 높일 수 있다고 생각하는 사람이 있겠는가? 하나님은 부모를 위하여 그 자녀를 치실 수도 있다고 하는 것은 실로 회의적인 생각이다. 그러나 아마도 시간이 흘러, 고통을 통한 그리스도인의 품성 개발이 하나님과의 친교의 수단으로 이해될 때, 그땐 고통당하는 자가 하나님께서 고통을 통해 교훈하셨던 바나 고통 그 자체를 평가하셨던 바를 받아들일 것이다.

이 같은 진술들이 어떤 의미에서 진실일 때가 있다. 혹 고통당한 자가 하나님께서 그 죽음을 막을 수도 있었겠지만 그 죽음을 의도하셨기 때문에 그렇게 되었다고 받아들인다면, 그것은 나름대로 수긍이 간다. 하나님은 비극으로부터 선한 것을 가져오실 수 있다고 믿는다면 또한 나름대로 수긍이 간다. 모든 비극적 사건을 내적 성찰의 기회로 삼으려고 하거나 또한 기도와 반성을 통해 그 비극의 의미를 새롭게 발견하려고 것은 또한 도리에 맞다. 하나님은 우리의 삶 가운데서 일어나는 모든 사건을 통해 무엇인가 중요한 것을 교훈하시고, 또한 우리를 향한 당신의 종말론적인 의도를 나타내신다. 그러나 각각의 이 같은 진술에 어느 정도 진실이 있기는 하지만, 슬픔에 잠겨 있는 부모는 사건 초기에는 아니 몇 달이 걸려도, 아마도 수년 동안 이를 알아들을 수가 없다. 진실의 말일지라도 슬픔에 잠겨 있는 부모의 귓전에는 불쾌하게 들릴 뿐이다. 따라서 그 같은 말은 자칭 위로자란 사람들, 혹 그분들이 지적으로 잘 갖추어진 사람들이라도 그들에 의해서 내뱉어져서는 안 된다. 고통의 와중에 있는 사람들에게 그런 말은 피상적인 상투어로 들릴 뿐이다.

일종의 그와 같은 위로의 말은 도움이 전혀 안 된다. 왜냐하면 자칭 위로자란 사람들은 자녀의 죽음의 의미를 해석하려고만 들기 때문이다. 자녀의 죽음이 만일 하나님의 뜻이라면, 그분은 왜 하필이면 이 같은 자녀의 죽음을 통해 무엇을 의도하셨단 말인가? 하나님은 과연 무엇을 성취하셨는가? 무슨 선한 일이 어린아이들의 죽음으로부터 생겨난다는 것인가? 하나님은 지금 나를 시험하시고 있는가? 하나님은 내가 무엇을 배우기를 원하시는가? 혹 어떤 교훈을 얻었다 할지라도 그것이 나의 자녀의 죽음에 필적할 만한 어떤 학습이라도 되는가? 방금 앞에서 제기한 이것들이 바로 해석적 질의들이다. 위로자들은 자녀의 죽음의 의미를 해석하려고 든다. 그러나 이 같은 의미의 추구는 슬픔의 와중에서는 별반 도움이 되지 않고 지속될 수도 없다. 슬픔에 잠겨 있는 부모들은 비탄, 항의 질문, 비난, 하나님의 존재에 대해 의심까지 한다. 이때는 해석하거나 혹은 성찰할 시간이 아니다. 훗날에 최초의 충격이 어느 정도 가시고 나면, 고통당하는 자는 스스로 알아서 죽음의 의미와 의도를 되돌아볼 것이다. 고통당하는 자들은 자기 해석을 스스로 내릴 것이고, 도움을 스스로 요청할 것이다. 바로 그럴 때만, 위로자는 고통받는 자들과 함께 그들이 이해하는 선에서 죽음의 의미를 해석할 수 있다. 그러나 궁극적으로 해석의 권한은 오직 고통당하는 당사자들에게만 속해 있다. 분명히 말해 둘 것이 있다. 장례식 혹은 상을 당한 최초의 순간은 외부자가 그 비극의 의미에 대하여 가타부타할(욥의 친구들이 그랬던 것처럼) 시간이 아니다. 해석은 고통당하는 자들에게 남겨 놓은 것이 최상의 방책이며, 그것까지도 단지 나중에 생각나는 묘안으로 나와야 된다.

다섯 가지 원리들을 그들에게 상기시키라.

위로자의 역할은 설명하려 들거나 해석하는 것이 아니고, 상기시키는 것이다. 위로자란 우는 자들과 함께 자신을 하나님의 현존의 도구로써 그들 곁에 있는 자이다. 위로자는 고통의 의미에 대해 설명하려 들거나 신학화하려는 자도 아니고, 어린 자녀가 왜 죽었는지에 대해 판단을 내리는 자가 아니다. 욥의 친구들이 이런 실수를 범했다. 위로자는 거기에 단지 함께 있는 자이다. 진정한 위로자는 고통받은 자 곁에 앉아서, 그 고통을 함께 나눈다. 위로자는 우는 자와 함께 앉아서 울면서, 그들과 함께 비탄해 하고, 하나님께 항의하고, 때론 의문을 제기하는 자이다. 위로자들은 고통을 함께 나누는 방법을, 우는 자들과 함께 우는 방법을, 그리고 비탄에 싸인 고통받는 자 곁에서 침묵 가운데 앉아 있는 방법을 알아야 한다.

그러나 고통당한 자가 무엇인가 말하려 하고 다른 사람과 말문을 트려 할 때, 위로자는 먼저 그에게 귀 기울여라. 그리고 나서 천천히 조금만 말하라. 그러나 이때 위로자는 무엇을 어떻게 말한단 말인가? 이 때, 위로자는 둘(위로자와 고통당하는 자) 사이에 존재하는 우정과 사랑의 관계를 보강시킬 수 있다:

그들은 월터스톨프가 지적했듯이, 상호 우정과 사랑을 표현할 수 있다. 위로자들은 연민과 아픔에 대한 위로의 말을 전할 수 있다. "사랑하는 이를 떠나보냈다는 슬픈 소식을 들었습니다." 혹은 "상심이 얼마나 크실까 상상조차 못하겠습니다. 명복을 빌 뿐입니다!" 혹은 "단지 기도할 뿐입니다! 저희가 곁에 있고자 합니다! 저희도 마음이 저미어 옵니다!" 혹은 "당신이 그를 얼마나 사랑했는지를 저희는 기억하고 있습니다!"

그러나 위로자들은 상을 당해 고통받는 자에게 그 와중에서 그런 말이 조금은 불명료하다는 것도 상기시킬 수 있다. 그들은 고통당한 자에게 고통은 너무나 깊기 때문에 쉽게 잊혀질 수 없다는 사실도 상기시킬 수 있다. 이 때 상기시키려는 사람들은 할 수만 있으면 하나님이 어떤 분이신지, 하나님께서 그 비극에 얼마나 아파하시는지, 그리고 그분께서 언젠가 이루실 것이 무엇인지에 대하여 우선 초점을 맞추어 이야기해야 한다. 고통당한 자에게 하나님은 그들과 함께 슬피 우는 그 자리에 지금 임재하고 있다는 사실을 실로 상기시켜 줄 필요가 있다고 생각한다.

나는 종종 다음과 같은 질문을 받는다. "무엇이 당신으로 하여금 그런 시험들을 참아 내고 이겨 내게 합니까? 무엇이 당신으로 하여금 그 힘한 시련기를 통과하게 합니까?" 이런 질문에 대한 충분한 답변은 이 책에서 내가 이제껏 진술해 왔던 그 신학적 이야기를 본질적으로 이끌어 내게 한다. 그러나 그 이야기는 결국 다섯 가지 원리들, 그러나 심오한 신학적 원리들로 요약될 수 있다. 의심과 절망의 파도가 엄습해 올 때, 나는 이 다섯 가지 원리들을 종종 성찰해 보곤 한다. 이 원리들은 나에게 하나의 신학적 토대를 제공해 주고, 하나님의 성령을 통해 감당할 수 있는 인내라면 무엇이든지 간에 거기에 새로운 힘을 부여해 준다.

결과적으로, 그 원리들은 신앙 가운데서 나 스스로가 찾아야 할 성찰이며, 또한 어떤 적절한 상황 아래서 기회가 되면 다른 사람들에게 들려줄 수 있는 이야기라고 생각된다. 나아가 그 다섯 가지 원리들은 오늘날 교회의 삶 속에서 권장해 보고 싶은 내용이기도 하다. 이 원리들이 우리의 삶 속에서 일어난 하나님의 사역에 대한 해석을 완벽하게 제공하지는 않지만, 적어도 그 원리들은 하나님은 어떤 분이신지, 그리고 그분께서는 고통을 통해 무엇을 성취하시는지를 상기시켜 준다. 곧 그 원리들은 실로 하나님의 이야기가 무엇인가를 상기시켜 준다. 고통당하는 자들은 먼저 하나님의 이야기를 기억할 필요가 있다. 그리고 나서 그들은 이를 해석할 수 있다(비록 그것이 주의를 요하고, 일시적이기는 하지만 말이다). 위로자들은 그분의 이야기를 상기시켜야 한다. 그러나 해석의 유혹은 물리쳐야 한다. 위로자들이 고통당하는 당사자들에게 해석을 남겨 두지만, 그 원리들은 적절한 해석을 위한 기본적 토대를 제공하게 된다. 따라서 그 원리들은 해석을 위한 렌즈이다. 우리는 그 렌즈를 통해 우리 자신의 이야기들을 해석해 낸다. 여기에서 더 나아가 그 원리들은 어쩌면 신학적 상황이다. 곧 우리는 그 상황과 견주어서 우리의 삶 속에서 일어나는 하나님의 사역을 해석해 내야만 한다. 그러나 어디까지나 해석은 고통받고 있는 당사자의 몫이지, 위로자의 몫은 아니다.

결과적으로 이 같은 다섯 가지 원리들은 하나님의 이야기를 요약할 뿐만 아니라, 또한 이제껏 진술하고자 했던 바의 핵심이기도 하다. 곧 이 원리들은 고통당하는 자들이 하나님의 이야기를 기억할 필요가 있다는 것을, 위로자들은 고통받는 사람들에게 무엇을 제공해야 하는가를, 그리고 교사나 상담가들은 고통에 직면하고 있는 교회의 식구들에게 과연 무엇을 제공할 것인가를 알려 준다.

✼✼✼
하나님의 흔들리지 않은 사랑

창조는 하나님의 흔들리지 않은 사랑의 첫 번째 행위이다. 하나님은 사랑의 삼위일체적 교류를 통해 타자를 포용하려는 넘치는 사랑으로 세상을 창조하셨다. 그분은 당신이 이미 소유하고 있는 바를 함께 공유하고자 세상을 창조하셨다. 영원한 본질 속에서 성부, 성자, 그리고 성령께서는 상호 호혜 가운데 교류하신다. 그리고 이 삼위일체 하나님은 자신의 형상에 따라 사람을 지으시고, 그 지으신 바를 통해 당신의 것을 타자와 함께 공유하기를 의도하셨다. 하나님은 타자를 위하여 창조를 시작하셨고, 그 창조를 통해 타자들이 그분의 놀라운 지복의 공동체적 삶을 누리기를 바라셨다. 하나님의 사랑은 너무나 크셔서 자신의 삼위일체적 공동체의 지복을 위태롭게까지 노출시켜, 타자들이 거기에 참여할 수 있도록 하신다.

인간이 하나님을 거역하고 죄악에 빠졌을 때, 하나님은 당신의 주도권을 가지시고 자신의 흔들리지 않은 사랑으로 인간을 구속하셨다. 성경의 선택 개념은 하나님이 인류 구속에 있어서 주도권을 가지시고 행동으로 옮기셨다는 것을 보여 준다. 선택은 하나님께서 먼저(first) 행동하셨다는 것을 의미한다. 하나님은 만물을 조성하기 전에 그리스도를 통해 세상을 구속하실 것을 당신이 결정하셨다. 하나님은 그리스도 안에서 우리를 선택하셨다(엡 1:3-5). 하나님께서 먼저 움직이셨다. 우리의 죄라도 그분의 사랑을 어찌 끊을 수 없고, 오히려 그분의 구속적 행위들은 그 사랑으로부터 넘쳐 난다.

비록 우리가 하나님의 사랑을 손상시켰을 때조차도, 그분의 사랑은 어떻게 억제될 수 없었다. 이스라엘 백성이 비록 하나님을 알기를 거절했을 때에도, 그분은 당신의 백성을 결코 포기할 수 없었다. 이스라엘이 신의信義를 저버린 아내로 전락하여 자기 몸을 창녀로 내다 팔았을 때조차도, 하나님은 그 사랑의 화해를 몹시도 그리워하는 한 남편의 신분으로서 이스라엘을 설득했다(호 1-3). 이스라엘이 바알 신과 간음했을 때조차도, 하나님의 마음은 이렇게 솟아오른다. "에브라임아! 내가 어찌 너를 버리겠느냐? 이스라엘아! 내가 어찌 너를 원수의 손에 넘기겠느냐? … 너를 버리려고 하여도, 나의 마음이 허락하지 않는구나! 너를 불쌍히 여기는 애정이 강하게 치솟아 오르는구나!"(호 11:8,

표준). 하나님의 사랑은 그 시간으로부터 이스라엘을 설득하여, 애굽으로부터 그들을 이끌어 내었고, 끝내는 바벨론 포로생활로부터 그들을 해방시켰다. 하나님의 사랑은 결코 당신의 백성을 포기할 수 없다는 것을 의미한다.

구속사에서 이 같은 사랑의 계시의 절정이 곧 예수 그리스도 안에 나타난 하나님의 사역이다. 바울은 이렇게 진술한다, "우리가 아직 죄인으로 있을 때에, 그리스도께서 우리를 위해 죽으셨다"(롬 5:8). 사도 요한은 이것이 우리가 '하나님은 사랑이시다' 라는 사실을 아는 방법이라고 말했다. 왜냐하면 하나님은 "우리의 죄를 속하여 주시려고, 당신의 아들을 속죄 제물로 보내 주셨기" 때문이다(요일 4:10). 하나님의 흔들리지 않는 사랑은 끝이 없는 사랑이다. 이로써 우리와의 친교를 이루시고자 끝이 없이 앞으로 나가셨다. 하나님은 인간으로 오셔서, 인간의 연약함을 떠맡으시고, 또한 멍에를 지시고, 인간의 수치를 다 당하시고, 종국에는 십자가에서 죽으셨다. 하나님은 타자를 위하여 예수 그리스도 안에서 자신을 희생 제물로 드렸다. 그분의 사랑은 끝을 모른다. 희생이 있었기에 하나님께서 당신의 백성과의 친교를 위해 자신을 드렸다. 그분은 십자가에서 이 같은 사랑을 계시하셨다. 하나님은 당신의 모든 백성을 위하여 아낌없이 희생하셨다. 바울은 이렇게 말한다. "당신의 아들을 아끼지 않으시고, 우리 모두를 위하여 내주신 분이 어찌 그 아들과 함께 모든 것을 우리에게 선물로 거저 주지 않으시겠습니까?"(롬 8:32).

하나님은 우리가 당신 자신과 사랑의 교제를 나누기를 참으로 의도하신다. 이것이 그분의 창조의 목적이고, 구속의 목적이다. 이것은 또한 하나님께서 왜 흔들리지 않고 인간을 찾으신가에 대한 이유이다. 그분은 이를 위해 우리와 같은 성정으로 오셔서 십자가를 짊어지셨다. 하나님은 당신의 사랑을 이렇게 드러내셨다. 우리가 온갖 아픔과 고통으로 점철된 타락한 이 세계를 바라볼 때, 우리는 그분의 사랑을 쉽게 의심할 수 있다. 악이 우리를 이렇게 둘러싸고 있는데 하나님은 어디에 계시는가? 나의 자녀가 죽어 가고 있는데, 하나님의 사랑은 어디에 있는가? 우리가 타락한 자아만을 들여다볼 때, 하나님은 과연 우리의 이런 흠에도 불구하고 실로 우리를 사랑하실 수 있는가에 대해 우리는 쉽게 의심할 수 있다. 내 부모가 나를 이렇게 학대하는데, 하나님은 어떻게 나를 사랑하신단 말인가? 내 남편이 까닭 없이 나와 이혼하려 하는데 하나님이 어떻게 나를 사랑하신단 말인가? 내가 죄악으로 가득 차 있는데 하나님이 어떻게 나를 사랑하시는가? 타락한 세계는 하나님의 사랑을 의심할 수 있는 이유들로 가득 차 있다. 그러나 그것이 바로 하나님께서 우리에게 당신의 구속의 이야기를 왜 허락하셨는가에 대한 이유이다.

성경 이야기의 구상構想은 자기 백성을 위한 하나님의 사랑의 부단한 추구이다. 우리는 이로써 그분의 사랑에 감응하고 그분과 친교를 함께 나눌 수 있다. 하나님은 징벌할 구실 때문에 우리를 찾으시는 것이 아니다. 그분은 진노를 과시할 기회 때문에 우리를 찾으시는 것이 아니다. 하나님은 당신의 백성을 몹시도 열망하고, 그들에게 깊은 연민으로 나아가서, 그들을 대신하여 값비싼 자아 희생으로 자신을 내어 준다. 하나님은 징벌할 구실 때문에가 아니고, 그들과 공유할 기회 때문에 당신의 백성을 찾으신다. 그분은 진노에 대한 그럴싸한 핑계 때문이 아니고, 친교를 위한 계기 때문에 백성을 찾으신다.

온갖 의심이 소리 없이 들려오고 공포가 나를 쇠약하게 할 때, 예수 그리스도의 십자가를 기억한다. 나는 아내의 관 옆에 서서 하나님의 사랑을 의심할 수 있다. 그러나 십자가 밑에 무릎을 꿇고서 그 십자가를 의심할 수는 없다. 하나님은 나에게 당신의 사랑의 확실한 증거를 제시해 주셨다. 이 타락한 세계를 가득 채우고 있는 온갖 반대 증인에도 불구하고, 하나님은 이 역사 속으로 개입해 오셔서, 우리를 위한 당신의 사랑을 예수 그리스도 안에서 성육신, 지상 사역, 죽음, 그리고 부활을 통해 가감 없이 나타내셨다.

❈❈❈
우리를 초대하시는 하나님의 현존

타락이 우리의 삶에 침범해 들어오고, 고통과 질병 혹은 사망이 우리의 사랑하는 이들을 급습할 때, 우리의 심령은 오열하며 항의한다. 우리는 무엇인가 세계가 아주 심각하게 잘못되어 있다는 것을 알고 있다. 이것은 실재 세계가 본래 진행되는 방식이 아니라는 것도 우리는 알고 있다. 참으로 그런 방식은 하나님이 창조하신 세계가 아니다. 하나님은 에덴동산에 평화, 생명, 조화, 기쁨을 조성하셨다. 그러나 죄악이 그런 세계를 대폭 감소시켜 버렸다. 죄악이 원래의 조화를 산산이 부숴버렸다. 사망이 하나님의 선한 피조 세계에 들어 왔다. 이제, 우리의 항의는 원래의 조화를 열망한다. 그 항의는 우리가 지금 경험하고 있는 타락성에 대한 반응이다. 우리는 죽음에 맞서서 대항한다. 우리는 하나님의 창조 세계에서 그 같은 사망의 유용성을 수용하기를 거부한다.

성경의 비탄들은 일종의 이 같은 항의들로 가득 차 있다. 하나님의 백성은 이 같은 타락의 무거운 짐 아래서 신음하며 울부짖는다. 시편들은 신실한 비탄의 많은 예들을 보여 주고 있다. 하나님의 백성은 분노, 비통함, 의심, 혼란, 당황 속에서 자신들의 하나님을 대면한다. 그들은 "어찌하여?" 그리고 "어느 때까지?"라고 묻는다. 그들은 항의하듯 묻는다, "당신은 어디에 계십니까?" "왜 당신의 백성에게서 얼굴을 숨기시나이까?" 그들은 하나님께 묻는다, "이 땅에 정의를 언제쯤 시행하시럽니까?" 그들은 불평하고, 회의하고, 그리고 신음한다. 하나님의 이야기는 그의 백성의 항의들로 가득 차 있다. 왜냐하면 그의 백성에게는 오직 하나님 말고는 어디에도 다른 출구가 없기 때문이다.

그러나 이들 비탄들은 성경에서 매우 귀중하다. 왜냐하면 하나님께서 우리를 비탄에 초대하시기 때문이다. 그분은 당신의 현존으로 우리를 초대하셔서 우리의 심령을 당신에게 쏟아 놓게 하신다. 하나님은 친교를 - 진정한 교제 - 를 원하신다. 그분은 의식儀式의 반복이나 혹은 야단스러운 진부한 의례를 원하지 않으신다. 하나님은 당신의 백성의 심령을 듣기를 원하시며, 하나님 당신과의 마음의 교류를 원하신다. 하나님은 진정한 친교 속에서 그들에게 개입하시기를 원하신다. 그러나 그들 백성이 하나님께 정직하지 않으면 그런 진정한 교제란 존재할 수 없다. 우리가 기도 중에 마음으로는 이탈하면서, '좋은 얼굴로 가장하여' 하나님을 속일 수 있을까? 하나님은 그런 피상적인 자들을 찾지 않으신다. 오히려 그분은 그의 백성의 부르짖음을 간절히 듣기를 바라시고, 그들의 상한 마음에 반응하시고 그들의 무거운 짐들을 함께 지신다.

하나님은 우리를 초대하셔서 우리의 항의를 당신 앞에 쏟아 놓게 하시고, 우리의 비탄에 반응하신다. 하나님은 그런 이의 제기에 의해 감정이 상하지 않는다. 그분은 인내하신다. 그분이 친히 비탄을 경험하셨기 때문에 우리의 비탄을 아신다. 하나님은 눈물의 예언자 예레미야를 통하여 이스라엘의 죄악과 멸망을 비탄해 하셨다(렘 8:21-9:2). 예수께서는 예루살렘 성전을 바라보시고 우시면서 죄악으로부터 돌아서지 않은 이스라엘의 고집에 비탄해 하셨다(마 23:37). 참으로 예수께서는 시편 기자의 말을 인용하여 십자가 위에서 자신의 비탄을 쏟아 놓으셨다. "나의 하나님, 나의 하나님! 어찌하여 나를 버리시나이까?"(시 22:1; 마 26:46). 하나님은 친히 예수 그리스도를 통하여 그렇게 비탄해 하셨다. 하나님은 비탄을 일으키는 그 아픔과 소외가 무엇인가를 아신다. 그분은 신앙이 어떻게 불평할 수 있을까를 아신다. 왜냐하면 세계는 신앙인이 기대하는 것처럼 신앙을 바라보지 않기 때문이다.

하나님은 당신의 자녀들에게 귀를 기울이시는 사랑의 아버지이다. 그분은 꾸짖으려고가 아니라, 치료하려고 귀 기울이신다. 그분은 자녀의 비탄과 항의에 노하지 않으신다. 오히려 그분은 사랑으로 반응하신다. 이 같은 항의들이 하나님을 거부하지 않는다. 그와 반대로 항의들은 하나님의 사랑의 현존을 환기시킨다. 상처받은 자녀를 위로하는 부모처럼, 하나님은 그렇게 당신의 팔로 보호하고자 비탄해 하는 자들을 감싸신다. 하나님은 이런 항의자들의 아픔을 수용하고 그의 사랑은 그들을 압도한다. 하나님의 현존은 우리의 비탄에 엄습해 와서, 우리를 위로하시고 당신의 사랑을 재확인하신다. 이것이 비탄 시들이 종국에는 찬양으로 마무리되는 이유이다. 하나님의 백성은 그분의 현존, 위로, 신실함을 안다. 하나님은 들으시고 그의 백성에게 반응하신다. 그분은 비탄해 하는 자들에게 당신의 '지성소'의 현존을 제공하신다.

타락이 우리의 삶을 무력하게 만들 때, 우리는 항의하면서 하나님께 나아간다. 우리의 신앙은 세상의 파기(몰락)를 비탄해 하며, 이에 하나님의 해방을 부르짖는다. 우리의 신앙은 세상에서 하나님의 완전한 통치의 도래를 갈망한다. 아들의 병세가 서서히 더 악화되는 것을 볼 때, 나는 아들의 최종적인 죽음을 예감하기도 한다. 이에 항의하면서, 하나님 나라가 지금 성취되기를 기도한다. 죽음이 더 이상 내 아들을 지배하지 않은 그런 날이 오기를 갈망한다. 나의 비탄은 죽음에 대해 항의한다. 타락에 대해 항의한다. 하나님의 완전한 승리를 기다리는 동안, 하나님은 나의 기도를 들으시고, 나는 그분의 위로의 현존을 경험한다.

※※※
우리를 향한 하나님의 공감

우리 모두는 세계의 타락을 경험했던 다른 사람들에게 깊은 연민을 갖는다. 우리는 때론 상을 당한 친구의 장례식장을 방문하여 그들과 자리를 함께 한다. 때론 연민에 찬, 위로의 카드를 보내기도 한다. 우리는 상처를 받을 때 사람들을 깊게 이해하게 되고, 그들에게 연민을 갖는다. 왜냐하면 그들 또한 상처를 받았기 때문이다. 그들이 슬피 울기 때문에 우리 또한 운다. 하나님은 친히 이렇게 연민을 경험하신다. 우리의 하나님은 우리의 죄, 아픔, 그리고 죽음을 슬퍼하시며 우는 하나님이시다. 하나님은 우리의 상처에 둔감했던 스토익(Stoic)의 성상聖像이 아니다. 그분은 누구에게도 방해받지 않은 즐거운 축복의 보좌 위에 앉아 계시는 분이 아니다. 그와는 반대로 하나님은 우리의 타락을 슬퍼하신다. 그분은 타락한 피조물에 비탄해 하신다. 그분은 당신의 백성과의 친교의 상실을 놓고 우신다.

그러나 하나님은 사실 연민 그 이상이다. 그분은 우리의 고통에 감정이입 하신다. 하나님은 우리에게서 한 발짝 멀리 떨어져 서 계셔서 타락한 피조물을 단지 애석하게 바라보시는 분이 아니다. 그 이상으로 행동하신다. 그분은 가까이 다가오셔서 우리의 경험을 이해하고 거기에 함께하신다. 종국에는 우리와 함께 세계의 타락을 경험하신다. 하나님은 나의 고통에 대해 우실 뿐만 아니라, 그 고통을 함께 공유하신다. 하나님은 나의 아들의 시한부 죽음에 대해 우실 뿐만 아니라, 또한 당신의 아들 예수의 죽음을 친히 경험하셨다. 하나님은 가출한 자녀의 거역拒逆에 대해 우실 뿐만 아니라, 또한 거역한 자녀들로 비롯된 일촉즉발의 부모의 애간장을 친히 아신다. 하나님은 친히 타락한 세계의 아픔과 고통을 경험하셨다. 따라서 우리의 고통을 아신다. 그분은 연민에 차, 우리와 공감하신다.

절정에 이른 감정이입의 사건은 예수 그리스도 안에서 하나님의 성육신이다. 예수 안에서 하나님은 타락을 경험하셨다. 그분은 이 땅에서 아픔, 심신의 피로, 갈증, 배고픔, 슬픔과 죽음을 경험하셨다. 예수 안에서 하나님은 친구의 죽음을 놓고 우셨다(요 11:35). 예수 안에서 하나님은 십자가의 치욕을 경험하셨다. 예수 안에서 부요하신 하나님이 우리를 위해 가난을 자초하셨다(고후 8:9). 예수 안에서 하나님은 우리의 연약함을 짊어지시고, 시험과 유혹을 받으시고, 우리의 수치를 감내하셨다. 하나님은 예수 안에서 우리에게 가까이 다가와 우리와 함께 애도자의 자리에 친히 앉으신다. 그분은 그 처절한 아픔을 아신다. 그분은 이를 친히 몸으로 경험하셨다. 하나님은 예수 그리스도 안에서 나의 인간성을, 나의 아픔을 경험하셨다.

이젠, 하나님은 단지 우리의 고통을 소문으로 듣고 연민의 카드나 보내시는 그런 먼 친척이 아니다. 하나님은 더 이상 슬픔에 찬 우리를 한 쪽 구석에

서서 관망하시거나 혹은 멀찍감치 서서 우리를 동정하시는 분이 아니다. 그와는 반대로, 하나님은 우리와 같은 성정으로 우리와 연합하셔서, 우리의 슬픔을 함께 나누고, 우리의 타락을 경험하시며, 우리의 고통에 감정이입하신다. 예수 안에서 하나님은 친히 타락과 비존재非存在(죽음)에 대해 우리와 함께 비탄해 하신다. 하나님은 예수 그리스도 안에서 실로 우리 중 하나가 되셨기 때문에, 그분은 진실로 우리를 아신다. 따라서 예수는 "몸소 시험을 받아서 고난을 당하셨으므로, 시험을 당하는 사람들을 도우실 수 있다"(히 2:18).

우리의 고통, 상처, 아픔, 울부짖음, 근심은 그분의 것이다. 그분은 우리의 이 모든 실존을 아신다. 그분은 친히 그것들을 체감하셨다. 이를 놓고 기도하셨다. 하나님은 친히 죽음의 타락을 경험하셨기 때문에, 그분은 장례식장에서 우리 곁에 함께 앉으신다. 하나님은 우리 곁에 함께 앉으심으로 우리와 함께 슬퍼하실 수 있으며, 이런 세계의 타락에 대해 비통해 하신다. 하나님은 이렇게 타락한 피조물에 감정이입하시며 그 고통을 체현하신다. 죽음이 나를 둘러쌀 때, 나는 그 고통을 다시금 경험한다. 그러나 우리는 하나님께서도 몸소 그런 동일한 죽음을 경험하셨다는 사실을 기억한다. 주님은 이를 아신다. 체감하신다. 하나님께서 그 고통의 자리, 거기에 계셨다. 지금 주님은 나를 위해 여기에 계신다. 주님은 나와 함께 자리에 앉으시고, 나와 함께 우시고, 내가 그렇게 그리워하듯이 세계의 역사가 성취되기를 갈망하신다.

❋❋❋
하나님의 제한 없는 주권

타락은 종종 우리로 하여금 하나님이 도대체 이 세계를 통치하시거나 할까라고 의심하게 한다. 아마도 하나님은 염려만 하실 뿐, 이에 대한 어떠한 처방도 내리시지 않고 실천에 옮기실 수 없다고. 그러나 성경의 이야기는 하나님을 이런 식으로 묘사하지 않는다. 로마 제국이 하나님의 백성들을 핍박할 때처럼, 사탄과 그 한 패들이 기세등등할 때조차도 하나님은 여전히 당신의 보좌에 계신다(계 4장). 하나님은 여전히 통치하신다. 참으로, 하나님은 그 같은 핍박의 범위와 기간을 통제하신다(계 6:9-10). 사탄은 하나님을 어떻게 끌어내릴 수 없다. 타락이라도 하나님의 주권을 위태롭게 할 수 없다. 하나님은 여전히 당신의 보좌에 좌정해 계신다. 하나님은 나의 상황이 아무리 어려울 때조차도 이를 여전히 통제하신다.

하나님께서 사랑하고, 들으시고, 감정이입하시기 때문에, 하나님은 당신의 백성을 향해 최상의 유익을 마음에 두고 계신다고 우리는 믿는다. 하나님은 당신의 백성이 직면하고 있는 시험과 재난에도 어떤 뜻을 가지고 계신다. 따라서 하나님에 관한 한 악의적인 것도, 변덕스러움도 없다. 하나님은 당신의 인자하심과 신실함을 인하여 또한 당신의 주권을 인하여 찬양을 받으신다. "오직 우리 하나님은 하늘에 계셔서 당신을 기쁘게 하는 모든 것을 행하신다"(시 115:1,3). 하나님은 그의 인자하심을 따라 그의 백성을 축복하시기를 원하시고, 당신의 주권으로 이들 축복을 보증하신다. 하나님은 당신의 백성을 향해 목표를 두고 계시기에, 이 세계에서 일어나는 모든 일은 그 목표를 이행한다.

그러나 그 목표는 반드시 이 땅의 행복만이 아니다. 오히려 그것은 주님과의 영적 친교이다. 하나님은 우리의 즐거움보다는 우리의 믿음에 더 관심을 갖는다. 하나님의 목표는 우리와의 영원한 교제를 세우고 이를 기뻐하시는 것이다. 하나님은 우리의 건강이나 부요보다는, 오히려 당신과의 거룩한 교제에 더 관심을 갖으신다. 이 세계 내에서 하나님이 어떤 특별한 사건을 허락하시든 혹은 일으키시든 간에, 우리가 분명히 말할 수 있는 것은 하나님이 모든 사건에 주권을 행사하신다는 것이요, 또한 그분의 허락 없이는 아무것도 발생할 수 없다는 것이다. 만일 그분의 허락 없이는 아무것도 일어날 수 없다면, 그렇다면 발생하는 모든 일은 그분의 목표를 이행한다. 그렇지 않으면 주님은 그 일을 허용하시지 않을 것이다. 하나님은 당신의 허용과 행위에 대해 타당한 이유를 가지고 계신다. 그 이유란 창조 시에 나타난 그분의 원래의 의도이다. 하나님은 그의 백성이 삼위일체적 친교를 당신과 나누시기를 원하신다. 그 때, 하나님은 이 같은 원래의 의도를 위하여 당신의 뜻에 따라 무엇이든 허용하시고 무엇이든 일으키신다.

    이 일이 결정적으로 예수 그리스도 안에서 나타났다. 하나님은 백성을 구속하시기 위하여 예수의 죽음까지도 의도하셨다. 하나님은 예수의 사역, 생애, 그리고 죽음의 모든 사건에서 당신의 주권을 가지셨다. 예수가 죽음에 내어 준 바 된 것도 "하나님의 정하신 뜻과 미리 아신 것"에 따라 된 것이다(행 2:23). 어떤 순간에 혹 그 계획이 바뀌어질 수 있다면 그것은 하나님이 그 계획을 주관하시기 때문이다. 예수는 "열두 군단軍團 이상의 천사들"을 부를 수도 있었으나(마 26:53. 표준), 대신에 아버지의 뜻에 자신을 맡기셨다. 하나님은 당신의 주권으로 예수 그리스도를 통하여 타락한 세계에 대한 구속의 계획을 실행하셨다. 그러나 이것은 의로운, 곧 하나님 당신의 아들의 고난과 죽음을 수반했다. 그럼에도 불구하고 하나님의 목표가 백성과의 교제이기 때문에, 그리고 우리를 향한 당신의 크신 사랑 때문에 하나님은 당신의 아들의 죽음을 의도하셨다. 하나님은 자신의 즐거움을 희생함으로써 그의 백성이 친교에 합류하게 하셨다.

    하나님은 당신을 찾는 자들을 찾으시며, 당신을 사랑하는 자들을 동경하신다. 하나님은 상호 사랑의 호혜적 관계를 원하신다. 하나님은 그 관계의 가능성을 확대하시고 깊게 하시고자 이 세계 내에서 허락하시고 행동하신다. 주님은 당신의 원의의 목표를 바로 세우시고자 시험하고, 훈계하고, 구속하고 때론 징계하시기도 한다. 하나님은 당신의 원래의 목표를 이룩하기 위하여 허락하고 행동하신다. 하나님은 당신의 궁극적인 목적을 수행하기 위하여 타락한 세계의 상황들을 활용하신다.

    그러므로 하나님은 그의 백성의 좋은 것 혹은 선을 위하여 모든 일에 역사하신다(롬 8:28). 하나님이 마음에 품고 있는 그 '선'은 인간의 행복, 성공, 즐거움과 같은 열망만으로 정의되지 않는다. 오히려 하나님이 의도하시는 그

'선'이란 지금 생에서와 역사의 종말에서 그분의 아들의 형상에 다가가 이르는 것이다. 하나님은 당신 자신과 그의 백성 간의 거룩한 교제를 원하신다. 만일 징계, 시험, 고통, 혹은 번영이 이러한 목적에 필요하다면, 그때 그것은 하나님이 허용하실 수도 허용하시지 않을 수도 있는 것이다.

결과적으로, 어떠한 상황이 나에게 닥친다 해도, 하나님에게는 목적이 있으리라고 믿는다. 하나님은 우리를 위해 당신의 원의의 성취를 촉진하고 이루시고자 활동하신다. 하나님은 우리의 종말론적 선을 위해 모든 타락한 상황을 활용하신다. 하나님께서 고통을 통하여 당신의 아들을 온전케 하신 것처럼, 그분은 우리의 고통을 통하여 우리를 새롭게 조성해 가신다(히 5:7-10). 나는 믿는다. 나의 현재의 상황이 우연한 행운이나 혹은 불행의 맹목적인 결과라고 생각하지 않고, 나를 새롭게 조성하여 당신의 아들의 형상을 본받도록 삶 속에서 일어나는 하나님의 역사役事라고 믿는다. 하나님은 친히 나의 성품을 도야시키고, 믿음을 형성시키고, 당신과의 교제를 선도하기 위해 내 삶 속에서 모든 것을 활용하실 것이다. 성경의 이야기는, 하나님이 바로 세계의 주권자라는 사실을 그래서 우리를 사랑하시어, 우리 생애 가운데서 그분의 목적을 수행하지 않은 것은 아무것도 일어나지 않는다는 사실을 들려준다.

그 같은 하나님의 주권은 우리를 겁먹게 하지 않는다. 그와는 반대로, 우리를 위로한다. 하나님이 만일 악의에 찬 폭군이었다면 우리는 아마도 두려움에 떨었을 것이다. 그러나 하나님은 당신의 사랑, 돌봄, 감정이입을 나타내셨다. 나에게는 하나님을 신뢰할 만한 이유가 있다. 하나님의 주권은 이제 나의 삶의 절망적인 처지에서도 나의 신앙을 담대하게 하고, 우리의 만족을 단단하게 하고, 하나님의 목적에 순종하게 한다. 내가 하나님의 돌보심뿐 아니라 그분의 주권을 이렇게 경험한다는 사실은, 생에 어떤 일이 발생한다 하여도 그 일이 종국에는 하나님이 나에게 품고 있는 종말론적 선을 수행할 것이라는 신뢰이다. 물론 지금 이를 다 이해할 수는 없다. 그러나 나는 하나님을 신뢰한다.

❋ ❋ ❋
하나님의 궁극적인 승리

죽음은 타락의 요약이다. 그것은 전 인류를 뒤덮는다. 어린아이들을 포함하여 모든 인간은 죽음의 지배를 받는다. 죽음은 하나님께서 본래 의도하셨던 것에 대한 반역이다. 하나님은 당신의 백성이 그렇게 죽도록 세상을 창조하시지 않았다. 그 역逆이 진실이다. 하나님은 생명, 교제, 친교를 위해 인간과 세계를 창조하셨다. 죽음은 낯선 침입자이다. 죄는 죽음을 낳았다. 따라서 죄가 지배하는 한, 죽음이 우리를 지배한다.

그러나 하나님은 죽임이 승리하도록 놔두지 않으실 것이다. 죽음이 최종적 승리를 주장할 수 없을 것이다. 오히려 피조 세계를 향한 하나님의 궁극적인 의도는 새 하늘과 새 땅에서 나타날 종말론적인 현실(실재)의 열매로 나타날 것이다. 거기서 하나님은 생명수로 생명나무를 심을 것이며, 더 이상 죽음의 저주가 없을 것이다(계 22:1-5). 거기서 우리는 하나님의 얼굴을 볼 것이며, 그분의 충만한 현존을 경험할 것이다. 거기서 하나님은 창조 시 품으셨던 원래의 의도를 성취하실 것이며, 당신의 백성과 함께 거하실 것이다. 하나님이 모든 눈물을 씻겨 주실 것이기에, 거기는 더 이상 아픔, 죽음, 슬픔이 없을 것이다(계 21:1-4). 타락한 모든 것이 이제 새롭게 될 것이다: 옛 것은 새 것이 될 것이다. 하나님은 당신의 백성과 영원히 함께 거하실 것이다.

그러나 죽음이 지배하는 오늘의 현실에서, 하나님이 궁극적으로 종말론적인 새로운 현실을 가져오실 것이라고 믿기란 그리 쉽지 않다. 우리가 사랑했던 사람의 입관을 지켜볼 때, 새 하늘과 새 땅에 대한 비전을 갖는다든가 혹은 신뢰하기란 쉽지 않다. 신앙이 그리 쉽지 않도록 죽음이 우리를 그렇게 지배한다. 죽음이란 우리가 도저히 열 수 없는 잠겨진 문과 같다. 죽음이 희망을 그렇게 정복한다.

바로 이런 이유 때문에 하나님께서 예수 그리스도를 통해 역사 속으로 들어오셔서, 사망에 대한 미래의 궁극적 승리를 나타내셨다. 하나님은 예수의 부활에서 사망에 대한 당신의 승리를 선취적先取的으로 나타내셨다(고전 15:12-18). 참으로 예수의 부활은 그 자체로 종말론적인 행위이다. 그것은 미래로부터 오는 사건이다. 예수는 종말론적인 수확의 첫 열매이다. 예수는 부활 수확의 첫 열매이다(고전 15:21-28). 하나님은 예수의 부활에서 우리에게 미래의 맛을 보여 주셨다. 하나님은 미래가 과연 어떤 것인가를 우리에게 계시하셨다. 역사의 목표가 과연 무엇인가를 보여 주셨다. 부활 생명은 역사의 목표이다. 부활은 죽음을 정복한다. 역사의 목표에 대한 진정한 질문은, 신앙으로 하나님을 기다리며 의지하고 살아가는 백성을 주님이 실로 찾으실 것인가이다(눅 18:8). 하나님은 당신의 미래의 사역을 – 곧 주께서 죽은 자를 다시 일으키실 것 – 검증하셨다. 그러나 하나님에 대한 우리의 증언은 – 곧 우리가 신앙으로 기다리는 것 – 무엇인가?

사망은 신앙의 눈으로 볼 때 희망을 정복하지 못한다. 예수의 부활에서 하나님은 우리에게 사망의 파멸을 볼 수 있는 눈을 주셨다. 우리는 여전히 슬퍼한다. 그러나 우리는 희망 없이 슬퍼하지 않는다(살전 4:13-18). 우리는 여전히 상실을 경험한다. 그러나 우리는 상실했던 것을 다시금 얻을 것이라는 것을 안다. 우리는 여전히 비탄해 한다. 그러나 우리는 사망에 대한 하나님의 주권을 신뢰한다. 물론, 나는 아들의 죽음의 시점을 예측하지 못한다. 그래서 비탄은 계속된다. 그리고 아들의 그 시점이 점점 더 가까이 다가올 때, 나의 슬픔은 한층 격렬해질 것이라고 예상한다. 사실 나는 주님이 속히 오시기를 갈망한다. 지금, 오셨으면 한다. 아들의 병세가 악화되어 서서히 죽어 가는 모습을 보지 않기를 바란다. 지금 아들의 부활 생명을 보기를 원한다. 이 부활 생명이 아들의 고통을 위한 것이었으면 한다. 어느 날 아들이, 다시금 내게 "아빠 사랑해요."라고 한 마디 말이라도 우리는 듣기를 바라고 있다. 아들의 뛰노는 모습을 보기를 원한다. 내가 실로 바라고 원하는 것은, 우주적 사망이 파멸되는 것이다. 여기서 지금 그 종말론적 실재를 보고 싶다. 그래서 기도한다, "당신의 나라가 속히 임하옵소서!" 라고 기도한다. "주여 어서 오시옵소서!"(마라나타!). 나는 이렇게 되기를 기도하고, 의지하고, 신뢰하고, 그리고 기다리겠다.

이런 회상이 우리에게 매우 중요하고, 믿는 자들에게 희망의 실체를 제공한다 할지라도, 그것이 부모의 슬픔을 다 떨쳐버리는 것은 아니다. 우리는 실로 너무나 사랑하는 이를 잃었기에, 여전히 슬퍼한다. 우리는 희망을 가지고 슬퍼한다. 그러나 여전히 슬퍼한다. 이게 현실이다. 우리가 사랑하는 이는 더 이상 여기에 없다. 우리의 꿈은 산산조각이 났다. 우리는 더 이상 그 자녀의 자녀를 보지 못할 것이다(참고, 시 128:6). 월터스톨프는 부활이 분명 종말론적인 희망에 근거하나, 그렇다고 하여 그 희망이 반드시 그 순간의 아픔을 경감시킬 수는 없다고 말한다:

> 내가 항상 그렇게도 생각해 왔던 복음의 내용들이 나의 슬픔을 위로하지 못했다. 분명 그것들은 매우 중요하고 긴요했다. 그러나 당시는 그렇지 못했다. 복음은 내가 부활의 희망을 회상하도록 나를 위로하지 못했다. 내가 그 희망을 잊었다면, 내가 그 희망을 상기할 수 있도록 그 복음은 내 삶에 빛을 던져 주었어야 하지 않은가? 그러나 나는 그 죽음이 지옥이라고 생각하지 않았다. 하여 처음에 나는 슬퍼하지 않았다. 그러나 지금 아들 에릭은 여기에 없다. 이제 그는 죽었다. 지금 나는 아들과 대화할 수 없다. 지금 그를 볼 수 없다. 지금 나는 그와 포옹할 수도 없다. 지금 나는 미래에 대한 그의 계획을 들을 수도 없다. 그것이 나의 슬픔이다. 어떤 친구는 내게 말한다, "그는 선하신 분의 팔에 안기었음을 기억하라"고. 나는 깊이 감동을 받았다. 그러나 그 현실은 에릭을 지금 다시 내 품으로 돌려주지 못한다. 그것이 바로 나의 슬픔이다. 이 슬픔의 기간에, 어떤 위로가 아들을 다시 내게로 돌려줄 수 있단 말인가?[134]

부활은 희망 없이 슬퍼하는 사람들보다 우리가 다른 태도로 슬퍼하는 것을 의미한다. 그러나 우리 곁을 떠난 이는 지금은 여전히 상실로 남아 있기 때문에, 부활이 우리의 슬픔을 다 가시게 하지 못한다. 상실은 그 종말의 때까지는 회복되지 않는다. 그러나 부활의 희망은 믿는 자들을 위로한다.[135] 하나님은 예수 그리스도 안에서 우리에게 희망을 주셨다. 그리고 믿음으로 우리는 주님의 영원한 나라를 인내하며 기다린다(롬 8:18-23).

❈ ❈ ❈
결론

　이 같은 원리들은 하나님 중심이다. 곧 하나님께서 행하신 바에 초점을 맞춘 것이다. 그러나 그 원리들은 또한 그리스도 중심이기도 하다. 곧 예수 그리스도 안에서 계시된 바이다. 이것이 하나님의 이야기이요, 하나님께서 행하신 바이다. 그 이야기는 주님이 우리를 어떻게 사랑하시는지, 주님이 어떻게 돌보시는지, 그리고 주님이 무엇을 의도해 오셨는지에 대한 이야기이다. 바로 예수 그리스도 안에서 이뤄진 하나님의 이야기이다. 예수의 이야기는 성경 이야기의 절정이다. 그것은 우리를 위한 하나님의 사랑, 돌보심, 감정이입, 주권, 그리고 승리의 이야기이다. 예수의 이야기가 곧 하나님의 이야기이다.

　하나님은 우리를 사랑하신다. 십자가에서 이 같은 사랑을 나타내셨다. 하나님은 우리에게 귀 기울이신다. 그리고 위로하시는 당신의 현존으로 우리에게 반응하신다. 하나님은 우리를 아신다. 그리고 예수 그리스도 안에서 고통을 통하여 친히 이 타락을 경험하신다. 하나님은 우리를 위하여 세계를 지휘하신다. 주권적으로 지배하신다. 결과적으로 세계가 주님의 궁극적 목표를 수행한다. 하나님은 사망과 타락을 타파하실 것이다. 이미 주님은 예수의 부활에서 이를 나타내셨다.

　이 같은 회상은 예수 그리스도 안에서 다시금 계시된다. 이것이 복음의 메시지이다. 그것은 기쁜 소식이다. 하나님은 친히 예수 안에서 의심의 여지가 없는 그 증거를 우리에게 주셨다. 의심, 두려움, 혼란, 그리고 회의가 아무리 우리를 둘러싼다 하여도, 예수의 성육신, 사역, 십자가, 그리고 부활은 하나님의 구속을 증거한다. 예수 그리스도 안에서 하나님은 당신이 누구이신지, 그리고 무엇을 하실 것인지를 우리에게 극명하게 계시하셨다. 그 증거는 우리의 모든 의심을 풀어 주고 모든 회의를 안심시킨다.

　하나님은 우리를 사랑하신다. 하나님은 우리의 탄원을 들으시며 우리를 아신다. 하나님은 지배하시며 종국에 승리하신다. 이것이 신앙의 토대이며 실체이다. 이 확신은 우리로 하여금 고통을 견디어 내도록 하여, 신앙을 담대하게 한다. 이는 성도들이 마땅히 경험해야 할 하나님의 이야기이다. 하나님의 이야기는 이렇게 우리의 신앙에 확신을 제공한다.

※ 역자 후기

    이 책은 인간의 고통의 문제를 성경 신학적으로 성찰한다. 저자인 존 마크 힉스(John M. Hicks) 박사는 자신의 고통에 하나님의 고난의 이야기를 넌지시 포개어 이해한다. 이 때, 하나님의 이야기는 내 이야기가 되고, 내 고통의 이야기는 그분의 구속의 이야기 속에서 용해된다. 역자는 존. M.힉스 교수의 『주님! 여전히 당신을 신뢰해야 합니까?』라는 책을 읽기 전까지, 주로 성경에서 하나님의 사랑이란 주제에 주목했다. 그러나 이 책을 읽고 나서 삶의 고통의 문제가 하나님의 구속사를 이해하는 데 얼마나 중요한가를 깨닫게 되었다. 고통은 성경의 중요한 주제이다.

    제1장에서 저자는 자신의 개인사의 고통을 여과 없이 드러낸다. 저자는 만 19세에 신앙심 깊고 착한 쉘라 펫티(Sheila Pettit)와 결혼한다. 그러나 결혼한 지 삼년 만에 사랑하는 아내는 갑작스런 병으로 세상을 뜬다. 이때부터 처절한 몸부림이 시작된다. '왜?' 사랑하는 아내는 꽃다운 나이에 세상을 떠나는 것일까? 이러한 고통 이후, 저자는 겨우 삶을 추스려 하나님의 축복 속에서 바바라(Barbara)와 새로운 가정을 꾸민다. 지극히 행복한 시간을 경험한다. 그러나 이런 행복도 잠시! 그에게는 또 다른 비극이 찾아온다. 사랑하던 아들 조슈아(Joshua)가 상상할 수 없는 유전적 결함(과당단백질) 때문에, 아이는 인식 능력에서 성장하는 것이 아니라 오히려 점차 6개월쯤 되 보이는 유아처럼 쇠퇴衰退해 간다. 저자는 다시금 삶의 처절한 고통을 경험한다. 하나님께 원망, 탄식, 비통, 회의를 쏟아 놓는다. 이 과정에서 저자는 구약의 욥을 새롭게 만난다.

    제2-10장에서 저자는 더 나아가 구약의 예언자들이 이스라엘의 운명을 놓고 던졌던 질문, "주님! 어찌 하여", "언제까지 이옵니까?"에 공감한다. 그리고 이사야, 욥기, 시편, 예레미야, 하박국 그리고 성경 이외의 문헌 자료들을 통해 고통의 문제를 더 깊게 천착해 들어간다. 이 부분에서 독자들은 진지한 신앙의 성찰과 때론 신학적 상상력이 요구될 것이다.

제11장은 이 책의 결론으로, 신앙공동체가 고통을 당하고 있는 사람들에게 어떻게 구체적으로 공감할 수 있는가를 묻는다. 저자는 자신의 경험에 비추어 몇 가지 실천적 제안을 한다. "그들 곁에 침묵 가운데 함께 있으라!", "섣불리 상담하려고 들지 말라!" 이것이 제안의 핵심이다. 그 이유는 다른 사람의 고통을 우리는 다 이해할 수 없기에 공동체가 취하여야 할 자세라는 것이다.

이 책을 번역하면서 역자는 주변의 고통을 여러 번 회상해 보았다. 특히 개인적으로 사랑하고 아끼던 후배 동역자 중 故김인성 전도자가 제일 먼저 떠 올랐다. 그는 청운의 꿈을 안고 미국 유학길에 올랐으나 1년 만에 피부암으로 꽃다운 나이에 우리 곁을 떠났다. 그리고 미국 아틀란타 캠퍼스 교회의 중학생이던 임진솔 군을 잊을 수 없다. 총명하고 예의 바르고 착하던 그가 심장병으로 작년 10월에 우리 곁을 떠났다. 언제나 활짝 웃던 그 모습이 눈에 선하다. 이런 고통을 독자 여러분도 흔히 주변에서 직·간접으로 경험했으리라. 어디 슬픈 사연이 이뿐이랴. 세계 곳곳에는 이루 말할 수 없는 고통이 있다. 인종, 종족, 종교적 분쟁뿐 아니라, 자연재해(지진, 쓰나미, 폭우, 산불)에 따른 수만 명의 인명피해, 정치적 편견으로 인한 억압과 고문, 전쟁으로 인한 파괴와 살상이 세계 도처에 있다. 이뿐이랴. 이스라엘은 금년 초에도 팔레스타인 '가자지구'를 원천 봉쇄하여 그곳을 현대판 아우슈비츠로 만들었다. 아프리카(예, 콩고)에서 제3세계인들은 말로 다 표현할 수 없는 고통(질병, 전쟁, 기근)을 겪고 있다. 우리는 어디에서 희망을 찾아야 하는가?

물론, 이 책은 이 같은 모든 고통의 문제에 다 주목하지는 않는다. 그러나 이 모든 고통의 원인이 어디에 있으며, 우리 그리스도인들은 그 같은 고통의 현실 속에서 누구를 주목하고 어떻게 책임적으로 행동해야 하는가를 저자는 묻는다. 우리가 경험하는 고통은 하나님을 만나는 신앙의 경계선境界線이다.

한국어 번역 및 출판권을 기꺼이 허락해 준 저자 존 마크 힉스 박사와 '대학출판사'(College Press)의 편집자이신 S.제닝스(Jennings) 형제에게 깊은 감사를 드린다. 출판계의 어려움 속에서도 이 책을 출판해 준 '땅에쓰신글씨'의 조병호 박사님과 편집진에게 감사드린다. '그리스도대학교' 학술연구소가 이 책의 출판비 일부를 덜어 줌에 감사드린다. 번역의 노역을 덜어 주기 위해 바쁜 중에도 3장을 초역해 준 사랑하는 딸, 다비에게 고마운 마음을 전한다. 다비는 언제나 우리 가정의 비타민이다. 성경을 인용함에 있어서 역자는 주로 '대한성서공회'의 개역한글판『성경전서』를 사용하였고, 때로 독자의 이해를 돕기 위해『표준새번역』을 인용하였다. 신약성서로는 '광명문화사'의 원어에서 옮긴『신약전서』(박로수 역)를 상당히 인용하였다. 이『신약전서』는 매우 정확한 헬라어의 번역본이다. 박로수 목사님은 개인적으로 본 역자의 은사시고, 헬라어에 해박하시다.

독자들이 이 책을 통해 삶의 고통 속에서조차 하나님의 구속의 이야기를 자신의 이야기로 새롭게 발견하기를 역자는 기대해 본다.

※ 미주 및 참고문헌

✱ 제1장 _ 하나님은 어디에 계시는가?

1) Elie Wiesel, 『밤』, Stella Rodway 역 (New York: Avon Books, 1960), 87.
2) C. S. Lewis, 『신앙인의 비탄』(New York: Bantam Books, 1976), 5.
3) Claus Westermann, 『시편에 나타난 찬양과 비탄 시』, 재판, K. R. Crim and R. N. Soulen 편집 및 역 (Atlanta: John Knox Press, 1981); "구약 신학에서 비탄의 역할," *Interpretation* 28 (1974): 20-38; Walter Brueggemann, 『시인의 담대한 선포』(Minneapolis: Fortress Press, 1989) and 『시편의 메시지: 구약 주석』(Minneapolis: Augsburg, 1984); and Andre Resner, Jr., "비탄: 상실喪失에 대한 신앙의 반응," *Restoration Quarterly* 32 (1990): 129-142.

✱ 제2장 _ 하나님은 이 세계에 어떻게 개입하시는가?

4) Joan I. Duffy, "천재天災를 법안으로 이행하는 입법부," *Commercial Appeal*, March 21, 1997.
5) Karel Dobbelaere, "속화: 그 다양한 개념," *Current Sociology* 29 (Summer 1981): 1-213.
6) Paul W. Pruyser, 『신앙과 불신앙 사이』(New York: Harper & Row, 1974), 15.
7) W. Donald Hudson, 『종교에 대한 철학적 접근』(New York: Macmillan Press, 1974), 110.
8) Nicholas Wolterstorff, 『쟌 락크와 신앙의 윤리』(Cambridge: Cambridge University Press, 1996).
9) William Lane Craig, *Reasonable Faith: Christian Truth and Apologetics* (Wheaton: Crossway Books, 1994), 36-48; 정남수 역, 『오늘의 기독교 변증학』(서울: 그리스도대학교, 2006).
10) J. Gleick, 『카오스: 새로운 과학』(New York: Penguin, 1987) and David Ruelle, 『우연과 카오스』(Penguin, 1993). 신학적 관점에서 카오스 이론을 살펴보려면 다음을 보라. John Jefferson Davis, "카오스 이론에 대한 신학적 성찰," *Perspectives on Science and Christian Faith* 49 (June 1997): 75-84 and J. T. Houghton, "물리학에서 카오스의 새로운 개념," *Science & Christian Belief* 1 (1989): 41-51.
11) Arthur A. Vogel, 『기도와 치유자, 하나님』(Grand Rapids: Eerdmans, 1995), 93-

106.

12) Diogenes Allen, 『후기현대주의에서 기독교 신앙』(Louisville, KY: Westminster/John Knox Press, 1989), 1-19; Timothy R. Philipps and Dennis L. Okholm, eds., 『후기현대주의에서 기독교 변증학』(Downers Grove, IL: InterVarsity, 1995); David S. Dockery, ed., 『후기현대주의의 도전과 복음주의의 책무』(Wheaton, IL: Victor Books, 1995); and J. Richard Middleton and Brian Walsh, 『후기현대주의에서 성서적 신앙』(Downers Grove, IL: InterVarsity, 1995).

13) 이 같은 범주와 자료는 Philip Dale Krumrei의 다음의 박사학위논문에 의존하고 있다. "기독교 신앙과 기도의 범례範例에 대한 전前 근대, 현대, 후기 현대주의의 분석" (D. Min. dissertation, Harding 대학원, 1992), 240-246. 또한 본인(Hicks)의 홈페이지를 보라. www.collegepress.com/jmhicks/providence.htm.

14) Richard J. Coleman, 『신학적 갈등의 현안들』(Grand Rapids: Eerdmans, 1972), 195.

15) 이 같은 논의는 부분적으로 앞의 Coleman의 『신학적 갈등의 현안들』, 183-204에 기초하고 있다.

16) 앞의 책, 196.

17) Harold S. Kushner, 『선한 사람에게 나쁜 일이 발생할 때』(New York: Avon Books, 1981), 113-131.

18) 앞의 책, 122, 124, 125.

19) 앞의 책, 113-114.

20) 앞의 책, 119, 122, 125, 127.

21) Wiesel, 『밤』, 44.

22) Kushner, 『선한 사람에게 나쁜 일이 발생할 때』, 148.

23) E. Frank Tupper, 『이해 불가능한 하나님의 섭리: 하나님의 사랑을 드러내는 예수의 이야기』(Macon, GA: Mercer University Press, 1995), 75; cf. 78-81, 116-118.

* 제3장 _ 하나님은 왜 이 세계를 창조하셨는가?

24) Ted Peters, 『삼위일체 하나님』(Louisville, KY: Westminster/John Knox Press, 1993), 81-145. 또한 현대신학의 삼위일체에 대하여 다음을 보라. Catherine Mowry LaCugna, 『우리를 위한 하나님: 삼위일체와 그리스도인의 삶』(San Francisco: HarperSanFrancisco, 1991), 이세형 역 (서울: 대한기독교서회, 2008).

25) Stanley Grenz, 『하나님의 교회를 위한 신학』(Nashville: Broadman &Holman,

1994), 133-139.
26) Donal Bloesch, 『전능하신 하나님: 능력, 지혜, 거룩, 사랑』Christian Foundations, 3 (Downers Grove, IL: InterVarsity, 1995), 39-40.
27) John Piper, 『기쁨을 원하시는 하나님』Desiring God (Portland, OR: Multnomah Press, 1986).
28) 하나님은 어떤 사람에게는 하나님의 나라를 위해 결혼하지 않은 은총을 허락하신다(고전 7:7). 따라서 결혼하지 않은 그리스도인도 교회 공동체의 삶 가운데서 함께 살아가기 때문에 결코 독거獨居는 아니다.
29) S. Kierkegaard, 『철학적 단편들』(Princeton: Princeton University Press, 1962), 14-15.
30) 여기에 대한 해석은 분분하다. 예를 들면 아담이 하와를 사랑한 것인지 혹은 미워한 것인지, 혹은 그가 아내를 학대한 것인지 혹은 아내가 남편을 학대한 것인지 등. 그러나 그 나무는 하나님과의 친교와 인간의 자율 간의 선택을 상징적으로 보여 주고 있다.
31) Paul Helm, 『하나님의 섭리, 기독교 신학의 윤곽』(Downers Grove, IL: InterVarsity, 1994), 39-68.
32) William Hasker, 『하나님, 시간, 지식』(Ithaca, NY: Cornell University Press, 1989), 197.
33) 이에 대한 신학적 조화를 Jack Cottrell의 저술에서 엿볼 수 있다. 『창조자 하나님에 대해 성경은 어떻게 말씀하고 있는가?』(Joplin, MO: College Press, 1983), 274-92. 또한 이에 대한 철학적 분석은 Alvin Plantinga의 책을 보라. 『하나님, 자유 그리고 악』 (New York: Harper & Row, 1974), 66-72. 이에 대한 고전적 논의는 Thomas Aquinas의 『신학대전』 Summa Theologica, Part I, Question 14를 보라.
34) Gordon J. Wenham, 『창세기 1-15장』, Word Biblical Commentary, 1 (Waco, TX: Word Books, 1987), 62-64 and Victor P. Hamilton, 『창세기 1-17장』, The New International Commentary on the Old Testament (Grand Rapids: Eerdmans, 1990), 163-66.
35) Hamilton, 『창세기 1-17장』, 166.
36) 앞의 책, 174.
37) Geerhardus Vos, 『성서신학: 구약과 신약』(Grand Rapids: Eerdmans, 1948), 49.
38) 다음을 참고하라. Susan T. Fof, "여인의 욕망은 무엇인가?" Westminster Theological Journal 37 (1974/75): 376-383. 성性의 역할에 대해 다음을 보라. John Piper and Wayne Grudem, eds., 『남성과 여성에 대한 성서의 재발견: 복음주의적 페미니즘에 대

한 반응』(Wheaton, IL: Crossway Books, 1991); and Jack Cottrell, 『성의 역할과 성서: 창조, 타락, 그리고 구속』(Joplin, MO: College Press, 1994).
39) Cornelius Plantinga, Jr., 『죄의 일과서日課書』 A Breviary of Sin(Grand Rapids: Eerdmans, 1995), 7.
40) 다음을 보라. W. S. Lasor, "Prophecy, Inspiration, and Sensus Plenior," Tyndale Bulletin 29 (1979): 57.
41) Wenham, 『창세기』, 90.

* **제4장 _ 하나님은 타락한 이 세상에 무엇을 허락하시는가?**
42) 여기서 '사탄'이 정확히 악의 인격적 대리인을 언급하는지, 혹은 하나님의 현존에서 특별한 천사의 역할을 두고 하는 말인지는 나에게 그리 별로 중요하지 않다. 이에 대해 다음을 보라. Peggy L. Day, 『천상天上의 대적자: 구약성경에서 사탄』(Atlanta: Scholars Press, 1988) and Marvin Tate, "구약성경에서 사탄," Review and Exposition 89 (1992): 461-474.
43) D. A. Carson, 『오 하나님! 어느 때까지?: 고통과 악에 대한 신학적 성찰』(Grand Rapids: Baker, 1990), 199-228. 여기서 Carson는 이 문제를 아주 상세히 다룬다.
44) 앞의 책, 224.
45) James S. Nelson, "하나님의 행위: 신뢰할만 한가?" Zygon 30 (1995): 279-280.
46) Francis I. Anderson, 『욥기』 Tyndale Old Testament Commentaries (Downers Grove, IL: InterVarsity, 1976), 91-92.
47) Jack Cottrell, 『주권자 하나님에 대해 성경은 무엇을 말씀하는가?』(Joplin, MO: College Press, 1984), 407.
48) 참고하라. Ted Peters, 『죄: 개인과 사회 속에서 근본적인 악』(Grand Rapids: Eerdmans, 1994).
49) Cottrell, 『주권자 하나님』, 314.
50) M. P. Deroche, "창 1:2c에 묘사된 엘로힘: 창조냐 혼돈이냐?" "The ruah elohim in Gen 1:2c: Creation or Chaos," in Ascribe to the Lord: Biblical & Other Studies in Memory of Peter C. Craigie, Journal for the Study of the Old Testament Supplement Series 67 (Sheffield: JSOT Press, 1988): 318.
51) 다음을 보라. B. W. Anderson, 『혼돈 대對 창조: 성경의 신화적 상징에 대한 재해석』 (Philadelphia: Fortress, 1987, reprint of 1967 edition); S. Niditch, 『질서를 향한 혼돈: 창조에 대한 성경적 유형 연구』(Chico: Scholar's Press, 1985); Ronald A.

Simkins, 『창조자와 피조물: 고대 이스라엘의 세계관에서 자연』(Peabody, MA: Hendrickson, 1994); and Claus Westermann, 『창세기 1-11장』주석. John J. Scullion 역 (London: SPCK, 1984), 19-47.

52) 참고하라, Jack Vancil, "창조에서 혼돈으로: 예레미야 4:23-26에 대한 석의" *Biblical Interpretation: Principles and Practices*, ed. F. Furman Kearley, et al. (Grand Rapids: Baker, 1986), 181-192.

53) 많은 사람들은 여기 악어와 하마를 무질서(자연)에 대한 하나님의 통제로 해석한다. 하여 하나님은 사탄을 멸하신다. 다음을 보라. Elmer B. Smick, "욥기의 신화적 요소들에 대한 또 다른 시각," *Westminster Theological Journal* 40 (1978): 213-228; and J. C. L. Gibson, "욥기에서의 악." *Ascribe to the Lord: Biblical & Other Studies in Memory of Peter C. Craigie*, Journal for the Study of the Old Testament Supplement Series 67 (Sheffield: JSOT Press, 1988): 399-419.

✱ 제5장 _ 하나님은 의도하신 바를 타락한 이 세상에서 왜 이행하시는가?

54) Piper, 『기쁨을 원하시는 하나님』, 11, n. 4.

55) Wolfhart Pannenberg, 『인간이란 무엇인가?』, Duane A. Priebe 역 (Philadelphia: Fortress, 1970). Grenz, 『하나님의 교회를 위한 신학』, 169-173은 본인의 이 같은 관점을 잘 요약해 주고 있다.

56) Augustine, 『고백록』, 1.1.

57) 이같은 신학적 통찰을 본인은 Philip Yancey의 다음의 글에 의존하고 있다. "사실이 부합되지 않을 때," *Christianity Today* 30 (June 13, 1986): 19.

58) Paul Feinberg, 『하나님에 의해 속임을 당할 수 있는가?』(Wheaton, IL: Victor Books, 1997), 85-93.

59) 참고. Jack Cottrell, 『구속자 하나님에 대해 성경은 어떻게 말씀하시는가?』(Joplin, MO: College Press, 1987), 175-400 and Bloesch, 『전능자 하나님』, 137-165.

60) 가나안 족속의 파멸에 대해 다음의 고전적 논문을 참고하라. William B. Green, Jr., "구약신학의 윤리," *Classical Evangelical Essays in Old Testament Interpretation*, ed. Walter C. Kaiser, Jr. (Grand Rapids: Baker, 1972), 207-235; 그리고 보다 최근의 다음의 논문을 참고하라. J. P. U. Lilley, "하나님의 심판: 가나안 족속의 문제," *Themelios* 22 (January 1997): 3-12.

61) John Hick, 『악 그리고 사랑의 하나님』개정판 (New York: Harper & Row, 1978). 또한 Austin Farrer, 『절대적 사랑과 제한 없는 악』(Garden City, NY: Doubleday,

1961); S. Paul Schilling, 『하나님과 인간의 고통』(Nashville: Abingdon, 1977); and Thomas B. Warren, "하나님과 악: 유대-기독교 신론은 논리적 모순을 필연적으로 포함하고 있는가?" (Ph.D. dissertation, Vanderbilt University, 1970). 이후 Warren의 논문은 책으로 출판되었다. 『죄, 고통 그리고 하나님』(Jonesboro, AR: National Christian Press, 1980), 또한 Warren,『무신론자들은 하나님의 부재不在를 증명하였는가?』(Jonesboro, AR: National Christian Press, 1972). 이 점에 대해 균형 잡힌 반응은 Douglas R. Geivett, 『악과 하나님에 대한 증거: John Hick의 신정론에 대한 도전』(Philadelphia: Temple University Press, 1993)을 참고하라.

62) John W. Wenham, 『악의 수수께끼: 우리는 하나님의 선하심을 신뢰할 수 있는가?』(Grand Rapids: Zondervan, 1985), 50-88.

63) G. C. Berkouwer, 『죄, 교의학적 연구』, P. C. Holtrop 역 (Grand Rapids: Eerdmans, 1971), 371.

64) Cottrell, 『구속자 하나님』, 375.

65) James Luther Mays, 『시편』, *Interpretation* (Louisville, KY: John Knox Press, 1994), 346.

* 제6장 _ 신앙은 고통을 어떻게 견디어 내는가?

66) Robert Alter, 『성서 시가詩歌의 예술』(New York: Basic Books, 1985), 76-84. 이 책은 본인이 『욥기』 3장의 빼어난 문학형식을 이해하는 데 큰 도움을 주었다.

67) "어찌하여"에 대한 히브리어는 단지 욥 3:11,20에서 나오는데, 이는 욥 3:12,16,23의 구조와 상황에 의해 그 의미가 더 명료해진다.

68) 욥 1:10과 3:23은 서로 다른 히브리어를 사용하지만 그 개념은 동일하다.

69) James L. Crenshaw, "지혜," 『구약성서의 양식비평』 John H. Hayes 편집 (San Antonio: Trinity University Press, 1974), 228, 254.

70) Claus Westermann, 『욥기의 구조: 양식비평적 이해』, Charles A. Muenchow 역 (Philadelphia: Fortress, 1981), 97-99.

71) Michael Brennan Dick, "욥기 31장의 법률적 은유," *Catholic Biblical Quarterly* 41 (1979): 37-50; "욥기 31장, 무고한 자의 맹세, 현인賢人," *Zeitschrift fur Alttestamentliche Wissenschaft* 95 (1983): 31-53; Sylvia Hubermann Scholnick, "욥기에 나타난 '미스팟 *Mispat* (公義)의 의미," *Journal of Biblical Literature* 101 (1982): 521-529; "법정에서의 시가: 욥기 38-41장," *Directions in Hebrew Poetry*, Elaine Follis 편집 (Sheffield: JSOT, 1987), 185-204; J. J. Roberts, "야훼 앞으로

욥의 출두: 법률적 은유의 탐구," *Restoration Quarterly* 16 (1973): 159-165; and Norman Habel, 『욥기』, *Old Testament Library* (Philadelphia: Westminster Press, 1985), 54-57.

72) Ludwig Kohler, 『히브리 사람』, P. R. Ackroyd 역 (Nashville: Abingdon Press, 1957), 134-139.

73) Gerald Janzen, 『욥기』, *Interpretation* (Atlanta: John Know Press, 1985), 168-169.

74) John E. Hartley, 『욥기』, *The New International Commentary on the Old Testament* (Grand Rapids: Eerdmans, 1988), 352-53.

75) 이는 현대어로 번역하기에 가장 까다로운 유명한 구절이다. 하여 NIV 성경은 그 대안으로 이렇게 주석을 달았다. "그분은 분명히 나를 죽이려고 한다: 나에겐 희망이 없다 - 그러나 여전히 나는 그분에게 희망을 두련다." 그 난해함은 히브리어 구조 때문이다. 이 구절은 '나에겐 희망이 없다'를 뜻하는가 아니면 '나는 여전히 그분에게 희망을 두련다'를 뜻하는가? 하여 본인(Hicks)은 Anderson의 『욥기』, 166에서 Anderson이 의존하고 있는 NIV 본문을 따랐다. 이 둘 어느 것이든 욥은 자신의 무죄 입증을 확신한다. NIV 각주는 이런 의미를 담고 있는 것으로 보인다: 하나님이 욥을 죽이시든 혹은 그렇지 않으시든, 혹은 욥이 장래의 번영에 희망을 두든 두지 않든 간에, 그는 언젠가는 자신의 무죄가 판명될 것을 확신하고 있다(참고, 욥 13:18).

76) Anderson, 『욥기』, 166.

77) David J. A. Clines, 『욥 1-20』, *Word Biblical Commentary* (Dallas: Word Books, 1989), 333.

78) Robert R. Alden, 『욥기』, *New American Commentary* (Nashville: Broadman Press, 1993), 168.

79) Hartley, 『욥기』, 264.

80) Roy B. Zuck, 『욥기』, *Everyman's Bible Commentary* (Chicago: Moody Press, 1978), 92; and Alden, 『욥기』, 207.

81) Clines, 『욥기』, 459-460.

82) Hartley, 『욥기』, 293-295.

83) 여기서 욥이 말하고 있는 부활은 오늘날 학계에서 논쟁이 되고 있다. 그러나 본인은 여기서 그 부활의 의미를 논할 의도는 없고, 독자들에게 Janzen, 『욥기』, 142-145의 빼어난 해설을 상기시키고 싶다.

84) Dale Patrick, "하나님에 대한 욥의 제언," *Zeitschrift fur die Alttestamentliche*

Wissenschaft 91 (1979): 279-281. 그의 보다 이른 다음의 논문을 보라. "욥기 42:6 의 번역," Vetus Testamentum 26 (1976): 369-371; Habel, 『욥기』, 583; and Gustavo Gutierrez, 『욥: 하나님과의 담화談話와 무고한 자의 고통』, Matthew J. O'Connell 역 (Maryknoll, NY: Orbis Books, 1987), 82-87.
85) David Wolfers, 『어두움으로부터 깊은 실재』 (Grand Rapids: Eerdmans, 1995), 461 에서 Wolfers는 욥 42:6을 "나는 위로 받는다"로 번역하였다. 또한 다음을 보라. D. J. O'Conner, "욥의 최종적인 말 - '나는 위로(console)받는다…'" (욥 42:6b), Irish Theological Quarterly 50 (1983/84): 181-197.
86) Westermann, 『욥기의 구조』, 128.
87) Ingvar Flosvik, 『하나님이 나의 원수가 될 때: 시편의 불평시 연구』(Saint Louis: Concordia Academic Press, 1997).

* 제7장 _ 신앙은 때로 어떻게 의심할 수 있는가?
88) Michael E. W. Thompson, "기도, 신탁, 신현神顯: 하박국 서," Tyndale Bulletin 44.1 (1993): 33-53.
89) O. Palmer Robertson, 『나훔, 하박국, 스바냐』, The New International Commentary on the Old Testament (Grand Raphids: Eerdmans, 1990), 160.
90) J. G. Harris, "하박국 예언의 비탄," Evangelical Quarterly 45.1 (1973), 29.
91) 이 같은 하박국 2:4의 이해를 위해서는 다음을 보라. Robertson, 『나훔, 하박국, 사바냐』, 174-185.
92) Ralph L. Smith, 『미가-말라기』, Word Biblical Commentary, 32 (Waco, TX: Words Books, 1984), 114.
93) Theodore Hiebert, 『나의 승리의 하나님: 하박국 3장에 나타난 고대 찬가』, Harvard Semitic Monographs, 38 (Atlanta: Scholars Press, 1986): 118-120.
94) Brueggemann, 『시편의 메시지』, 16 이하. 이 같은 논의는 브르지만의 저술에 거의 의존하였다.
95) Lester Meyer, "교회는 시편 사용에 있어서 비탄 시를 거의 사용하지 않는다," Lutheran Quarterly 7 (1993): 67-78; David N. Duke, "예배에서 고통의 표현: 성가 聖歌의 신정론에 대한 연구," Encounter 52 (1991): 263-272; and Resner, "비탄," 133.
96) W. H. Bellinger, Jr., 『시편: 찬양시에 대한 이해』(Peabody, MA: Hendrickson Publishers, 1990), 45. Westermann, 『찬양과 비탄시』, 52. 이도 유사한 구조를 보이

고 있다: 제언, 비탄, 신뢰의 고백, 청원, 찬양의 서원이 그것이다.
97) 저주詛呪 시편에 대한 본인의 이해는 www.collegepress.com/jmhicks/imprecat.htm. 를 참고하라.
98) Westermann, 『찬양과 비탄시』, 71ff.
99) Westermann, 『찬양과 비탄시』, 59-64; Brueggemann, 『시편의 메시지』, 57-58.

★ 제8장 _ 내가 잠에서 깨어나기 전에 만일 죽는다면
100) 필자는 www.hugsr.edu/Hicks/theodicy.htm.에 "신정론"에 대한 글들을 올려 놓았다.
101) Fyodor Dostoevsky, 『카라마조프네 형제들』, Alexandra Kropotkin 역(Garden City, NY: Literary Guild of America, 1949), 179-180.
102) Wiesel, 『밤』, 44.
103) Elie Wiesel, 『하나님의 공판』, Marison Wiesel 역(New York: Random House, 1964).
104) 앞의 책, 130.
105) 앞의 책, 156.
106) Tupper, 『이해 불가능한 하나님의 섭리』, 75; 또한 78-81, 116-119를 보라.
107) T. E. Fretheim, 『하나님의 고통: 구약신학의 시각』(Philadelphia: Fortress Press, 1984), 127-137.
108) Stanley Hauerwas, 『하나님, 의학, 고통』(Grand Rapids: Eerdmans, 1990), 65-67, 여기서 하우엘바스는 이 점을 좀 불공평하게 다루는 것 같다.
109) 앞의 책, 126.
110) Diane M. Komp, 『하늘의 창: 어린아이들이 죽음에서 생명을 볼 때』(Grand Rapids: Zondervan, 1992), 24-27.
111) 앞의 책, 28-29.
112) 앞의 책, 36.
113) Yancey, "사실을 더 보태지 않을 때," 20. 다음의 보라. Philip Yancey, 『하나님에 대한 낙담: 누구도 크게 문제를 제기하지 않은 세 가지 질문들』(Grand Rapids: Zondervan, 1988), 155-246.
114) 이것은 번역하기에 어려운 본문이다. 그러나 그 의미는 대체로 분명하다.
115) Judith A. Cook and Dale W. Wimberley, "혹 잠에서 깨어나기전 내가 죽는다면: 신앙적 헌신과 어린아이의 죽음에 대한 적응," *Journal for the Scientific Study of*

Religion 22 (September 1983): 228-230. 이따금식 있는 일이지만, 어떤 이들은 그런 사건을 우연의 일치로, 사고로 혹은 자연의 과정으로 설명한다(228). 그러한 생각은 욥기의 저자와는 결코 일치하지 않는다.

✱ 제9장 _ 그 최종적 승리는 어디에 있는가?

116) Karl Barth, 『교회교의학』 II/1, G. W. Bromiley and T. F. Torance 편집 (Edinburgh: T. & T. Clark, 1957), 301-307.
117) William Placher, 『취약脆弱하신 하나님의 이야기: 그리스도, 신학, 성서』(Louisville: Westminster John Knox Press, 1994), 16.
118) Fretheim, 『하나님의 고통』, 107-148.
119) Nicholas Wolterstorff, 『아들을 위한 비탄』(Grand Rapids: Eerdmans, 1987), 81.
120) John R. W. Stott, 『그리스도의 십자가』(Downers Grove, IL.: InterVarsity, 1986), 123.
121) C. E. B. Cranfield, 『로마서 연구와 석의釋義』 International Critical Commentary (Edinburgh, T. & T. Clark, 1975), 1:217.
122) Stott, 『그리스도의 십자가』, 159; 참고, 133-169.
123) Wolfhart Pannenberg, 『예수 - 하나님과 인간』, Lewis L. Wilkins and Duane A. Priebe 공역 (Philadelphia: Westminster Press, 1968), 108.

✱ 제10장 _ 우리는 무엇을 희망해야 하는가?

124) John D. W. Watts, 『이사야 34-66장』, Word Biblical Commentary (Waco: Word Books, 1987), 337ff.
125) Anthony A. Hoekema, 『성서와 미래』 (Grand Rapids: Eerdmans, 1979), 280-281.
126) 베드로후서 3:12은 옛 땅은 완전히 사라질 것이라고 가르친다. 그러나 여기 "불에 타고"와 "녹아지고"는 단지 묵시(은유적) 문학적 묘사이다. 예를 들면, 이사야 34:4은 열방에 대한 심판 날에 하늘의 별들이 녹아난다고 언급한다. 또한 미가 1:4은 여호와 앞에서 산들이 녹는다고 묘사한다.
127) Oscar Cullmann, 『신약성서의 기도』, Overtures to Biblical Theology(Philadelphia: Forttress Press, 1995), 72-80.
128) J. C. Beker, 『고통과 희망: 성서의 비전과 인간의 곤궁困窮』(Grand Rapids: Eerdmans, 1994), 89.

129) 앞의 책, 88-89.

* 제11장 _ 고통받는 사람들이 기억해야 할 것이 무엇인가?
130) Wolterstorff, 『아들을 위한 비탄』, 34.
131) 앞의 책, 66-67.
132) 앞의 책, 72-73.
133) 앞의 책, 97.
134) Wolterstorff, 『아들을 위한 비탄』, 31.
135) 다음을 보라. Gary R. Habermas, 『영원한 사랑의 대상: 슬픔과 부활에 관한 한 개인의 이야기』(Joplin, MO: College Press, 1997), 119-121.